LE COMBAT SPIRITUEL

Christian Poirier

LE COMBAT SPIRITUEL

DE L'OMBRE À LA LUMIÈRE

Préface de
Daniel-Ange

Postface de
Matthieu Rouillé d'Orfeuil

SALVATOR
103, rue Notre-Dame-des-Champs
F-75006 Paris

Les citations bibliques sont données d'après la
traduction Osty-Trinquet de la Bible, parfois adaptée par l'auteur

Maquette intérieure : Atlant'Communication
Couverture : Isabelle de Senilhes

103, rue Notre-Dame des Champs F-75006 Paris
e-mail : salvator.editions@wanadoo.fr
www.editions-salvator.com

ISBN : 978-2-7067-0547-2
Dépôt légal : février 2008

Je remercie très particulièrement le Père Daniel-Ange qui a bien voulu enrichir ce livre d'une préface toute fraternelle, et le Père Matthieu Rouillé d'Orfeuil, professeur de théologie au séminaire de La Castille – diocèse de Fréjus-Toulon – d'avoir avec bonté accepté de relire ce travail. Je le remercie pour la rigueur avec laquelle il l'a fait et pour la postface qu'il a bien voulu nous offrir.

Préface

Christian, frère très aimé !

Te connaître et vivre avec toi depuis tant d'années a été une des grandes grâces de ma vie. Et je ne cesse d'en rendre grâce.

Tu es arrivé dans notre petite école de prière et d'évangélisation, Jeunesse Lumière, en ses tout débuts, faisant ainsi partie de la génération fondatrice. Peu avant, à l'âge de dix-huit ans, tu avais vécu la terrible épreuve de perdre la vue, en l'espace de quelques mois. En arrivant chez nous, à peine remis de cet électrochoc, tu commençais à vivre un magnifique chemin non de guérison mais de résurrection, ouvrant sur une nouvelle manière d'exister, d'aimer, d'espérer et de... voir ! Sur une vision neuve des visages et des choses.

Au long des années j'ai été le témoin émerveillé de ce cheminement spirituel et de cet épanouissement humain. Tes années de formation philosophique et théologique ont été, elles aussi, décisives, et t'ont immensément enrichi.

Et que dire de ce cadeau de Dieu dans ta vie qu'a été le don de ta merveilleuse épouse Hélène, tellement dévouée, discrète, donnée : une grande dame, pour tout dire d'un mot !

Plus tard, ce fut cet autre don, des mains de l'Église : celui du diaconat, venant confirmer et sceller ecclésialement ton ministère d'enseignement et d'accompagnement spirituel, dans ton diocèse d'abord, mais bien au-delà aussi.

Pour revenir à notre école, depuis plus de quinze ans, tu y donnes des sessions, tu y assures l'accompagnement spirituel d'un grand nombre, et tu fais partie de l'équipe animatrice, y apportant le meilleur de ton sens pédagogique et pastoral si affiné, de ta sagesse.

Si la vue des choses de la terre te manque, le Seigneur t'a donné une vue intérieure très claire – une véritable clair-voyance – qui te permet de sentir, pressentir, deviner, les cœurs et les âmes. Oui, tu vois ce que beaucoup ne voient pas et aimeraient voir.

Dans bien des cas le Seigneur te donne d'exercer une véritable paternité spirituelle, engendrant des personnes à Dieu, faisant croître en elles la semence de vie divine, inséminée en elles au baptême. Tu es devenu un humble serviteur de l'Esprit Saint dans son œuvre de lente divinisation. Ou comme un petit pinceau dans les mains du Divin Iconographe qui doucement restaure la ressemblance de Dieu, en laquelle nous avons été créés. Et l'Esprit Saint doit être fier de ton travail !

C'est donc le fruit mûr de cette longue expérience que tu nous livres ici. Fruit croisé de la formation aux meilleures sources de la philosophie, de la théologie et de la psychologie, d'un côté, et, de l'autre, de ce beau ministère d'engendrement spirituel.

Le point focal de ton travail est le combat spirituel, thème sur lequel tu nous donnes des sessions de Carême, année après année. Comparée à tant d'ouvrages qui en traitent, sous un aspect ou un autre, ton approche se caractérise par une double particularité : méthodique et rationnelle d'un côté, large et globale de l'autre.

Par le biais du combat, tu abordes quantité de thèmes collatéraux et connexes qui en éclairent aussi bien les tenants et les aboutissants que les constantes et les composantes (tentations, discernements, miséricorde, sacrements, ascèse, vie théologale, etc.). Ce qui en fait la grande richesse. Tu t'y réfères souvent aux vies et écrits de saints qui sont un « lieu théologique » majeur, un terrain habituellement trop laissé en friche. Tu laisses monter surtout la grande sève de la sagesse monastique séculaire, depuis ses racines dans les sables des déserts de Thébaïde et Scété, jusqu'aux fruits les plus beaux dans le terreau fertile des monastères d'aujourd'hui.

Au fil des pages, se croisent et s'entrecroisent – vaste tapisserie – les fils bariolés de la Tradition tant orientale qu'occidentale. Car s'il est une attitude spirituelle commune à l'Unique grande Tradition ecclésiale, en ses deux courants majeurs, c'est bien celui du combat spirituel. Jean de Cronstadt côtoie la petite Thérèse, Syméon rencontre Catherine de Sienne, Jean Cassien rejoint saint Bernard…

En passant, tu nous rappelles un certain nombre de vérités qui relèvent du simple bon sens humain, en ce temps où l'homme semble perdre la tête. Vérifiant par là ce mot du cher Père Marie-Dominique Philippe que tu aimes citer : « Tout le but de la philosophie est de nous ramener au simple bon sens du paysan. »

Le combat spirituel est d'une actualité, d'une réalité saisissante. Aujourd'hui, peut-être comme jamais, il apparaît clairement que ce combat qui se joue dans le cœur de chacun de nous, est le même qui engage l'Église dans son ensemble à l'échelle mondiale. Les racines qui s'opposent au bien sont toujours les mêmes.

Aujourd'hui, peut-être comme jamais, toute l'Église est en état de combat, luttant jusqu'au sang – le sang des martyrs – pour simplement sauver la vie, protéger l'amour, défendre la vérité, promouvoir la beauté. En un mot, arracher l'homme aux griffes de l'homme quand l'homme devient un loup pour l'homme.

Finalement : pour sauver Dieu dans notre monde qui se déconnecte de la Source même de tout amour, donc de toute vie.

Ce combat redoutable, en dernière instance, n'est que la lutte apocalyptique entre celui que Dieu a stigmatisé comme l'Homicide, l'assassin par excellence, et celui à qui Pierre décerne le titre formidable de Prince de la vie.

Mais, dans chacune de nos existences comme dans l'histoire du monde, nous le savons en toute certitude : la victoire finale est à Dieu. La décisive victoire sur la mort de la Vie, sur la haine de l'Amour, sur le mensonge de la Vérité, sur la laideur de la Beauté, cette Beauté divine qui seule sauvera le monde.

Et cette victoire, n'est-elle pas déjà nôtre, mienne et tienne ? Ne suis-je pas déjà le grand vainqueur en Celui qui, par son sang déjà, me restitue ma beauté d'enfant de Dieu ?

Finalement, ton ouvrage est-il autre chose qu'un pèlerinage aux sources de la Sagesse ? Comment t'en bénir, au nom de tous les lecteurs qui viendront s'y abreuver, s'y désaltérer, s'y fortifier, d'un mot s'y restaurer ?

Daniel-Ange

Jeunesse Lumière
Ce 15 décembre 2007,
dimanche de la Joie de Dieu : *Gaudete* !

Introduction

J'adresse ces pages aux baptisés et à tout ceux qui sont dans l'épreuve. Je souhaite qu'elles leur permettent de mieux comprendre les mécanismes de la tentation, d'affiner leur discernement et d'enraciner leur foi en Christ. De tout cœur j'espère que ces pages aideront ceux qui sont dans l'épreuve à s'ouvrir grand au don de la grâce pour qu'ils puissent vivre cette expérience de passer de l'ombre à la lumière. Dans l'épreuve, dans le combat spirituel nous pouvons permettre au grand Artiste qui est l'Esprit Saint de restaurer l'icône de l'image de Dieu en notre âme, comme l'iconographe qui peint, qui écrit une icône en commençant par appliquer les couleurs les plus sombres pour faire jaillir et éclater progressivement la lumière dans les formes. De même, dans nos épreuves nous pouvons faire cette expérience de voir jaillir la lumière au plus profond de nous-même et de surprendre la puissance de Dieu se déployant dans notre faiblesse.

Il y a quelques années, alors que je donnais à des jeunes un enseignement sur le combat spirituel, plusieurs m'encouragèrent à le publier. Après bien des hésitations, j'allais répondre à leur demande afin que ce travail puisse profiter à un plus grand nombre. Cette entreprise fut de nombreuses fois interrompue par mon ministère diaconal, ce qui me permit, par la grâce de Dieu, de mûrir plus encore ma réflexion. Vous en trouverez ici le fond et l'essentiel, qui j'espère vous sera profitable.

Ces pages sont le fruit de mon expérience d'accompagnateur spirituel, ministère dans lequel j'ai été souvent confronté à des souffrances, des demandes, des interrogations. Pour aider ces personnes je devais m'appuyer sur le meilleur de la Tradition et le discernement des esprits.

Les demandes, les interrogations de ceux que j'ai accompagnés allaient encourager ma recherche intellectuelle à la fois pour mieux les aider, mais aussi parce que leurs interrogations rejoignaient souvent les miennes, car mon histoire est marquée par la souffrance, la cécité à l'âge de dix-huit ans et, à une certaine période, la confrontation à des phénomènes occultes.

Ces pages ont été écrites dans « l'encrier » de l'expérience, illuminée par les Saintes Écritures et la grande Tradition de l'Église qui ont tant à nous enseigner. C'est pourquoi, tout au long des chapitres de ce livre, ma réflexion s'appuiera sur la Parole de Dieu, les Pères de l'Église d'Orient et d'Occident et de nombreux autres saints témoins plus récents.

Il m'a semblé bon de préciser dans cet ouvrage ce qu'est la tentation, sur quoi elle porte dans notre humanité, de préciser encore l'importance du discernement des esprits qui contribue à diagnostiquer la cause ou les différentes causes de nos maux, de mieux saisir ce que sont les maladies spirituelles et de montrer qu'elles nécessitent – pour en être libéré – la volonté d'en guérir, la conversion, et le secours de Dieu. Dans le combat spirituel, la puissance de Dieu est agissante par les remèdes que la Providence divine nous donne et la victoire est acquise par et dans le Seigneur Jésus.

Toute cette recherche s'enracine et s'appuie sur une anthropologie chrétienne qui se fonde sur la Parole de Dieu, la théologie et une philosophie réaliste. Cette anthropologie est indispensable pour le réalisme humain et spirituel, et pour éviter des confusions dans l'approche du combat spirituel que véhiculent aujourd'hui des personnes, des groupes et des mouvements spirituels. Une saine anthropologie permet d'affiner le discernement et de distinguer ce qui vient de l'homme de toute autre influence en lui. L'anthropologie chrétienne, qui apparaît dès le premier chapitre, fait appel à la théologie dont l'éclairage permet de mettre en lumière les nœuds et la complexité de la pâte humaine qui ne peuvent être expliqués par les seules sciences humaines. La théologie chrétienne apporte un éclairage sur la nature humaine et une espérance dans les difficultés que l'on rencontre, particulièrement dans le combat spirituel, car la théologie met en évidence non seulement des principes de vie mais aussi les remèdes qui permettent de lutter contre le mal.

Si les sciences humaines ont beaucoup apporté dans la compréhension du fonctionnement du psychisme ainsi que des maladies psychiques et psychosomatiques, elles atteignent souvent leurs limites et réclament aujourd'hui l'éclairage plus pointu qu'apporte la théologie, notamment par la réflexion sur le péché originel et ses conséquences dans la nature humaine. Cet éclairage permet de mieux saisir les conditionnements que provoque ce mal en notre nature. En outre, la théologie permet de comprendre l'influence sur notre nature d'esprits déchus dont on est parfois tenté d'expliquer les effets par les seuls dysfonctionnements psychologiques mis en avant par les sciences humaines. Il ne s'agit pas de tomber dans le psychologisme ou le spiritualisme, mais il s'agit de discerner, dans l'aide à la personne, la ou les causes du mal qui l'atteint et d'apporter les vraies solutions. On peut regretter que des hommes d'Église, dans le discernement, ne prennent plus suffisamment en compte la dimension spirituelle. C'est pourquoi il m'a semblé important d'apporter ma contribution à cette réflexion, et mon témoignage de l'action de Dieu qui libère des entraves et des emprises démoniaques les personnes qui s'ouvrent à sa grâce.

Pour terminer, je souhaite remercier tout ceux qui m'ont aidé et ont contribué à ma croissance spirituelle.

Après avoir été atteint de cécité et plus tard m'être converti, des jeunes sont venus vers moi et m'ont aidé à me mettre en marche à la suite du Seigneur. Je les en remercie, eux qui allaient fonder en 1982 le groupe de prière *Joie de Bethléem*, dans les Mauges.

Je remercie les moines de *l'abbaye trappiste Notre-Dame de Bellefontaine* à Bégrolles-en-Mauges d'avoir été si accueillants et disponibles, de m'avoir catéchisé et donné le goût de la lecture des Pères ascétiques. Que Dieu bénisse cette belle communauté et lui donne de saintes vocations !

Je remercie le Père Daniel-Ange d'avoir fondé l'école d'évangélisation *Jeunesse Lumière*, école où j'ai pu épanouir mon goût pour l'évangélisation et où aujourd'hui il m'est donné d'exercer un ministère d'accompagnateur spirituel et d'enseignant.

Je rends grâce pour la *communauté saint Jean* et son fondateur le Père Marie-Dominique Philippe qui, malgré mon handicap, furent si accueillants, et m'ont permis d'accéder à des études de philosophie et de théologie. Dieu les bénisse !

Je rends grâce au Seigneur pour mon épouse Hélène sans laquelle je n'aurais pu rédiger ce livre. Elle m'a aidé dans l'écriture et a contribué à la réflexion de ces chapitres. Je lui dédie donc ce livre.

Chapitre 1

LE MYSTÈRE DE L'HOMME

Dans ce premier chapitre nous allons modestement dégager les fondements d'une anthropologie qui soutiendra, tout au long de cet ouvrage, notre réflexion sur le combat spirituel. Cette anthropologie permettra de mieux comprendre par la suite les effets de la grâce en notre nature humaine.

Cette anthropologie permettra de voir les conséquences du péché en notre nature, le désordre qu'il y engendre et, ainsi, la complexité de tout ce que recouvre le combat spirituel en la personne. Nous ne pourrons terminer ce premier chapitre sans nous laisser toucher par la grandeur de Dieu qui dans son infinie miséricorde vient restaurer notre nature blessée et qui pour cela se rend proche de nous.

I. Image de Dieu et dignité de la personne

A. « Faisons l'homme à notre image, selon notre ressemblance[1] »

L'image et la ressemblance avec Dieu constituent l'identité profonde de la nature humaine. L'image, c'est ce que l'on a en propre avec Dieu. La ressemblance, c'est de vivre en acte selon l'effigie, l'image de Dieu en notre âme, ainsi nous devenons pleinement nous-mêmes selon Dieu. « Oui, Dieu a créé l'homme pour l'incorruptibilité, il en a fait une image de sa propre nature[2]. »

---

1. Gn 1, 26.
2. Sg 2, 23.

À la lumière de la Parole de Dieu, nous découvrons toute la dignité de la personne humaine. Elle est créée à l'image et à la ressemblance de Dieu[1]. L'image et la ressemblance avec Dieu, dans la création visible, c'est d'avoir en commun avec Dieu l'*intelligence*[2], la *capacité d'aimer* (volonté)[3]et le *dominium*[4]. Le *dominium* découle des facultés que sont l'intelligence et la capacité d'aimer par lesquelles l'homme est à la ressemblance de Dieu. Le *dominium*, dans son exercice, est une manifestation de ces facultés. Par son exercice, le *dominium* permet à l'homme, créé à l'image de Dieu, de pouvoir entrer dans la ressemblance à son Créateur. En effet, le *dominium* met l'homme devant sa dignité, dans l'exercice de sa prudence et des choix libres qu'il peut poser devant la loi naturelle inscrite au plus profond de son être et devant les commandements divins. « L'âme possédera l'objet de son espérance comme le prix de sa vertu, et non pas seulement comme un don de Dieu. C'était bien là porter la bonté à son comble que le bien fût aussi notre propriété. Un bien qui n'est pas seulement une semence confiée à la nature, mais qui est aussi l'objet d'une culture qui dépend de notre volonté[5]. » L'intelligence et la volonté font d'Adam un homme responsable. Le *dominium* met l'homme devant sa grandeur, il fait de lui le grand liturge qui, loin d'être dominateur, est serviteur : il nomme les animaux, il fait fructifier par son travail, il réordonne religieusement à son Auteur par l'adoration toute la création qui lui est confiée. Dans l'œuvre divine de la création visible, seul l'homme a été voulu pour lui-même[6] ; celui-ci, par sa dignité, et sa vocation est appelé à entrer dans le repos du septième jour, à entrer dans la contemplation de Dieu. « Vivifiante est la splendeur de Dieu. Ils auront donc part à la vie, ceux

1. Gn 1, 26.
2. « Dieu leur dit », donc Il s'adresse à l'homme, à son intelligence en Gn 1, 28 et 29 – « cultiver le sol et le garder » en Gn 2, 15 – Dieu « prescrivit » à l'homme en Gn 2, 16.
3. « Une aide qui lui soit accordée » Gn 2, 18 – « une seule chair » Gn 2, 24 – « soyez féconds et prolifiques » Gn 1, 28b.
4. « Dominez », « soumettez » en Gn 1, 28c – « cultiver le sol et le garder » Gn 2, 15 – « l'homme désigna par leur nom tout bétail, tout oiseau du ciel et toute bête des champs » Gn 2, 20.
5. S. Grégoire de Nazianze, *Discours* 2, § 17. Texte et traduction par J. Bernardi, « Sources chrétiennes » n° 247, Paris, 1978.
6. Cf. Concile Vatican II, *Gaudium et spes*, I, 2, n° 24.

qui voient Dieu [...] La gloire de Dieu c'est l'homme vivant, et la vie de l'homme c'est la vision de Dieu[1]. »

Comme vivant, l'homme émerge du monde physique, et comme vivant à l'image de Dieu, l'homme émerge du monde animal. Bien qu'il y ait des similitudes entre l'homme et les animaux, comme le corps et la psychologie, il n'en demeure pas moins que le corps et la psychologie de l'homme, du fait de son identité profonde, ne peuvent en aucun cas se confondre avec le corps et la psychologie de l'animal. En effet, l'homme, créature spirituelle à l'image et à la ressemblance de Dieu, est plus proche de son Auteur que de toutes les autres créatures visibles. « Aussi conditionné qu'il puisse être, de diverses manières, par la nature, l'homme la "domine", fort de ce qu'il est, de ses capacités et de ses facultés d'ordre spirituel qui le différencient du monde naturel, il le domine. Et ce sont là précisément ces dernières facultés qui constituent l'homme [...] Il faut comprendre que la réponse au mystère de son humanité ne doit pas être cherchée dans sa ressemblance avec le monde de la nature. L'homme ressemble plus à Dieu qu'à la nature. C'est en ce sens que le psaume dit: "Vous êtes des dieux!" (Ps 62a), paroles que Jésus reprendra (cf. Jn 10, 34)[2]. »

B. « Il insuffla dans ses narines l'haleine de vie[3] »

Avec le deuxième récit de la Création, nous découvrons Dieu qui insuffle en l'homme l'haleine de vie, et celui-ci devint vivant. Le souffle (en hébreu *nèphèsh*) communiqué par Dieu, rend manifeste le lien substantiel entre la créature qu'est l'homme et son Créateur. Ce *souffle* communiqué par Dieu, est ici l'*âme* en tant que *principe de vie*. Mais à la différence des animaux, elle fait de l'homme une créature *à l'image et à la ressemblance de Dieu*. Dans la Bible en effet, à la différence de celle des animaux, l'âme de l'homme comme principe de vie est immortelle. Dans l'Ancienne Alliance, c'est plus particulièrement avec le deuxième

1. S. Irénée de Lyon, *Contre les hérésies*, IV, 20, 5.7. Traduction par Adelin Rousseau, éd. Cerf, 1991, p. 472-474.
2. Jean-Paul II, Audience générale du 6 décembre 1979.
3. Gn 2, 7.

livre des Maccabées[1] et celui de la Sagesse[2] que nous est mis en lumière, de la manière la plus évidente, l'immortalité de l'âme, désignée par le terme grec *psukhê*.

Dieu insuffle la *nèphèsh* (= haleine de vie)[3]. Ce « bouche-à-bouche » peut être désigné en latin par le terme *ad-orare*, qui signifie aussi « face à face ». En ce « bouche-à-bouche », en cette étreinte, nous recevons l'empreinte de la Trinité, qui détermine la structure fondamentale de l'âme humaine. Par cette intimité avec le Créateur, dans l'adoration la créature se reçoit du Créateur. L'adoration s'exprime et se comprend par le « face-à-face », la « présence à », le « demeurer avec ».

L'adoration est en premier lieu naturelle. Elle relève de la vertu de religion, elle est une attitude volontaire, amoureuse, par laquelle la créature se porte vers le Créateur. Dans l'adoration, la créature est reliée à son Créateur. Il est pour elle le Tout-Autre. Face aux limites de la créature, Il est l'Infini. L'homme est dans un lieu, le Créateur est l'Omniprésent; l'homme est dans le temps, le Créateur est l'Éternel; l'homme est sujet au mouvement, à la transformation, le Créateur est l'Immuable.

L'adoration établit l'adorateur dans l'attitude d'humilité, de confiance, de pauvreté. Elle établit l'adorateur dans l'abandon qui dispose à la flexibilité dans la main de Dieu. La créature, par l'adoration, communie à la Source de son être, qui donne sens à toute son existence, guérissant des maux de l'angoisse et de l'aliénation. L'adoration n'est pas une aliénation, une régression, mais elle met la créature dans la vérité de son être et le rend libre.

Le premier commandement de Dieu, dans le Décalogue[4], est celui de l'adoration. Il éclaire et rejaillit sur toute la vie éthique, tant verticale qu'horizontale. L'adoration est un chemin d'obéissance, de disponibilité à l'égard du Créateur. Elle est attitude d'écoute qui permet à l'homme de vivre en conformité avec sa nature profonde. Nous verrons plus loin que la désobéissance au Créateur est une attitude de non-écoute, qui est chemin d'idolâtrie, de rigidité, de tromperie, de magie, etc. La désobéissance détourne la créature du « face-à-face », du

1. 2 M 7, 9.
2. Sg 2, 22; Sg 3, 1; Sg 1, 2-3; Sg 15, 8.
3. Gn 2, 7.
4. Ex 20, 2-5; Dt 6, 13.

« bouche-à-bouche » avec son Créateur, la plongeant dans le non-sens, le mal-être, le non-être.

C'est avec l'Incarnation du Verbe, Jésus-Christ, que l'homme à sa suite peut désormais entrer dans l'adoration « en esprit et vérité[1] ». Celle-ci, toute théologale[2], permet à l'enfant de Dieu d'entrer dans une relation de communion et dans une vie dont les mœurs sont tout ordonnées à l'amitié, au respect et à la fidélité à Dieu.

C. Grandeur et dignité de la personne humaine

1. Pourquoi et pour quoi deux récits de la Création ?

Indépendamment de deux sources, deux origines différentes, l'Esprit Saint, en permettant ces deux récits, veut nous montrer, par leur complémentarité, la richesse et la grandeur du genre humain. Le but de ces deux récits ne consiste pas à nous dire le comment de la création[3], mais son pour quoi.

L'objet de ce propos n'est pas de regarder le détail de ces récits, ô combien riches. Mais il nous faut souligner cependant, pour notre recherche, que le premier récit nous dévoile plus particulièrement la noblesse de l'intelligence et la sagesse manifestées dans l'ordre de la création, alors que le deuxième nous dévoile plus particulièrement la grandeur de l'amour qui se dégage de la gestuelle de Dieu. Ces facultés,

1. Jn 4, 24.
2. Dans la foi, l'espérance et la charité. Cf. « Vertus théologales » dans le chapitre 5, I.B.1.
3. Lorsqu'on regarde le comment de la création, se confrontent des idéologies telles que le créationnisme et l'évolutionnisme. Ces visions des origines sont réductrices. Les deux récits de la création dans la Genèse ne peuvent en aucun cas être crédibles pour soutenir la thèse créationniste. Quant aux thèses évolutionnistes elles ne devraient pas mépriser ces récits de la création qui sont théologiques et anthropologiques et ne peuvent être utilisés à la manière des sciences modernes. Pour les croyants ainsi que pour les sages, le monde ne peut être le fruit du hasard, il trouve son origine dans l'Acte créateur. La création n'exclue en rien une évolution au sein des espèces. Cependant la thèse évolutionniste n'est pas crédible lorsqu'elle explique l'origine de l'homme comme étant le seul fruit du hasard et de l'évolution des espèces.

intelligence et amour présentes en l'homme, font que celui-ci est à l'image et à la ressemblance du Créateur. Il y a là un éclairage qu'il faut prendre en compte pour la compréhension de ces récits et de l'anthropologie qui s'en dégage. Car, en effet, c'est de ce qui fait l'image et la ressemblance avec Dieu que découle l'identité profonde de l'homme, et que tout le reste s'éclaire et se comprend.

Tout notre travail s'appuiera et se comprendra à la lumière de ce fondement anthropologique.

2. Dignité de la personne

La philosophie qui se fonde sur le réel, met en lumière l'importance de la réflexion philosophique sur la personne[1] , notamment pour permettre à l'homme de mieux se connaître, pour qu'il vive en toute sagesse, pour l'aider à un grand discernement face à toutes les formes d'idéologies qui le diminuent toujours dans sa dignité.

Une saine vision de l'homme nous permet d'accéder à la compréhension de la soif du cœur de celui-ci et à la connaissance de sa nature qui appelle ordre et finalité. La compréhension du *je suis* peut nous aider ici à discerner le réalisme anthropologique de l'Ancien et du Nouveau Testament. Or, avec la Révélation, Dieu apparaît comme Créateur, qui dans sa bonté crée l'homme comme couronnement de son œuvre créatrice. Il crée une nature humaine qui réclame de s'épanouir dans toutes ses dimensions. Il veut que l'homme devienne pleinement lui-même. Le Dieu qui se dévoile à nous dans la Bible ne peut vouloir diminuer, amputer l'homme dans l'une ou l'autre de ses dimensions, au

1. Cf. *Gaudium et spes* dans le concile Vatican II : Dans « La dignité de la personne humaine », n° 12, 14, 15, 17. Il convient plus que jamais, dans la réflexion sur la personne humaine, de se référer à l'enseignement philosophique et théologique du Père Marie-Dominique Philippe, o.p. (1912-2006). Cet homme, dans un grand réalisme, a consacré sa vie à la recherche de la vérité et à l'enseignement – enseignement qui aujourd'hui mériterait d'être connu et reconnu. Son enseignement, tel un phare, luit dans les ténèbres et permet d'éviter les écueils des eaux troubles que sont les nombreuses idéologies de notre monde, par la qualité du discernement, du réalisme qu'apporte sa pensée philosophique et théologique. Son enseignement est disponible dans de nombreux articles et ouvrages, et tel un héritage il est rendu accessible dans la communauté Saint-Jean qu'il a fondée en 1975.

détriment d'un épanouissement, d'un bien-être de celui-ci. Dieu ne peut pas faire une chose et vouloir son contraire, sinon Il serait mauvais.

En considérant ce qu'est la personne, on étudie ce qu'est le *je suis*. En lisant la Parole de Dieu il convient de regarder quel est le *Je suis* du Tout-Autre qui se révèle, quel est le *Je suis* de la personne de Jésus, Verbe de Dieu incarné, quel est le *je suis* de la créature qu'est l'homme à la lumière du Créateur. Nous pouvons nous émerveiller, en regardant le *je suis* de l'homme dans le Nouveau Testament, et dans l'Ancien à la lumière du Nouveau, et en découvrant le profond réalisme biblique sur la personne humaine. Loin d'être en contradiction avec la sagesse philosophique, la Parole de Dieu communique une lumière nouvelle, nous permettant ainsi d'accéder à la compréhension de notre identité profonde. La personne humaine se comprendra principalement à la lumière de ce qui fait son identité profonde d'être qui est à l'image et à la ressemblance de Dieu. La réflexion philosophique nous amène à envisager sept dimensions dans la personne. On retrouve celles-ci dans la Parole de Dieu qui, loin de les aliéner, les appelle et les élève à une dignité plus grande.

En regardant le *je suis* de la personne, on regarde celle-ci en tant qu'elle *est*, on regarde la personne qui possède l'intelligence, capacité de connaître le vrai, qui possède la volonté, capacité d'aimer le bien, qui est capable de prudence lui permettant de s'orienter et d'ordonner ses forces vers sa fin, qui est capable de réaliser une œuvre (l'art), qui a un corps (son conditionnement substantiel) et, en tant qu'être religieux, est capable par l'intelligence de découvrir que Dieu existe et par la volonté est capable de l'aimer, de l'adorer. L'éducation consistera à faire passer de la puissance à l'acte dans chacune de ces dimensions, permettant ainsi à la personne de se réaliser et de devenir toujours davantage elle-même. Avec le don de la grâce en notre nature humaine, le Seigneur veut déifier notre personne, Il veut nous faire participants de Sa Vie divine.

II. Image de Dieu et péché de l'homme

A. Le péché

> « Certainement rien ne nous heurte plus rudement que cette doctrine [du péché originel] ; et cependant, sans ce mystère, le plus incompréhensible de tous, nous sommes incompréhensibles à nous-mêmes. Le nœud de notre condition prend ses replis et ses tours dans cet abîme. De sorte que l'homme est plus inconcevable sans ce mystère que ce mystère n'est inconcevable à l'homme[1]. »

« Dieu donna cet ordre à l'homme : "De tous les arbres du jardin tu peux manger, mais de l'arbre de la connaissance du bien et du mal, tu n'en mangeras pas ; car le jour où tu en mangeras, tu mourras sûrement"[2]. »

Ce commandement divin adressé à Adam met celui-ci devant la dignité de sa personne, en le plaçant devant sa liberté et sa responsabilité. Par l'obéissance, Adam est appelé à entrer dans la Sagesse divine sur lui. Par sa liberté, Adam avait la possibilité de suivre une autre voie, « de quitter le bien, d'aller au mal en se séparant de Dieu par choix délibéré[3] ».

Par imprudence et orgueil, l'homme et la femme vont entrer dans la séduction et la tromperie du serpent[4]. Celui-ci inocule en eux son venin mortel. Le mensonge amène Adam et Ève à désirer et vouloir devenir dieux sans Dieu, c'est-à-dire devenir d'autres dieux par eux-mêmes, alors que ceux-ci étaient appelés à devenir dieu par participation à la vie de Dieu, c'est-à-dire en entrant dans l'unité et la communion en Dieu, en ne devenant plus qu'un par amour avec Celui qui est l'Amour. Dans l'épreuve de la tentation, Adam et Ève pouvaient manifester à Dieu leur confiance et leur abandon en sa Sagesse

1. Blaise Pascal, *Pensées, Contrariétés.* Éd. Pocket, Coll. Agora Les Classiques, 2003, p. 142.
2. Gn 2, 16-17.
3. S. Jean Damascène, *Exposé exact de la foi orthodoxe,* II, 12. PG 94. Traduction par E. Ponsoye, Paris-Suresnes, 1992.
4. Gn 3.

divine, et par là même, dans l'adoration renouvelée, intensifier leur lien au Créateur. « Une fois éprouvée [l'âme] possédera l'objet de son espérance comme le prix de sa vertu et non pas seulement comme un don de Dieu[1]. »

Par la duperie du serpent, nos premiers parents entrèrent dans la suspicion à l'égard de la Bonté divine et ainsi communièrent au même calice que celui du démon. « Alors se dessillèrent leurs yeux, à tous deux, et ils connurent qu'ils étaient nus[2]. » L'homme et la femme, en voyant leur nudité, prirent conscience de la conséquence de leur acte. « Ils connurent qu'ils étaient nus parce qu'ils avaient été dépouillés de la contemplation de Dieu et qu'ils avaient tourné leur pensée dans une direction opposée[3]. » Cette nudité manifeste la perte du « vêtement de la grâce ». De l'acte peccamineux s'ensuit un profond séisme en l'image de Dieu inscrite en la nature humaine. L'homme et la femme, en Dieu dans la grâce, vivaient dans une profonde harmonie et santé de l'âme et du corps. L'intelligence était toute ordonnée à l'amour et dans l'amour l'homme et la femme exerçaient leur *dominium*, leur service ; celui-ci était autorité[4], don et fécondité. Le péché d'orgueil de l'intelligence, par lequel l'homme se croit être la mesure de son destin et de son bonheur, a pour conséquence que l'intelligence n'est plus ordonnée à l'amour. L'intelligence, qui n'est plus ordonnée à l'amour et à son service, rend égoïste notre volonté, la replie sur elle-même. Alors le *dominium* devient domination, pouvoir. Le péché[5] entraîne une séparation, une division entre l'intelligence et le cœur, le cœur et l'intelligence. L'intelligence n'est plus contemplative, elle n'est plus portée par l'amour, elle n'est plus relative au Créateur. Nous portons aujourd'hui un profond désordre en nous. De manière imagée, saint Jean Chrysostome nous compare au « vase du potier mystiquement brisé ». Au plus profond de nous, nous portons les vestiges de l'image de Dieu. Bien souvent dans notre vie et

1. S. Grégoire de Nazianze, *Discours*, II, 17. *Op. cit.*
2. Gn 3, 7.
3. *Discours contre les païens*, 3, attribué à S. Athanase. Texte et traduction par P. Th. Camelot, « Sources chrétiennes » n° 18 bis, Paris, 1983.
4. Du latin *auctoritas, auctor* = celui qui augmente, fait croître, qui fait avancer.
5. Cf. Concile Vatican II, *Gaudium et spes*, *La dignité de la personne humaine*, n° 13 *Le péché.*

dans de nombreuses caricatures, apparaît le désir de Dieu… mais quel Dieu ? ainsi que le désir du « jardin d'Éden »… mais quel paradis ?

« Celui qui s'éloigne de son propre principe, alors qu'il se trouve être parcelle de Dieu par la raison de la vertu qui est en lui selon la cause qui lui a été donnée, est porté déraisonnablement vers le non-être ; à juste titre il est dit déchoir, puisqu'il ne se meut pas selon son principe et sa cause selon laquelle, dans laquelle, et par laquelle il est venu à l'existence ; il est dans un balancement instable et un désordre épouvantable de l'âme et du corps ; il se fait l'auteur de sa propre déchéance de la cause inhérente et toujours identique à elle-même, vers le pire par une déviation consentie. Partant, il est dit tomber d'en-haut, puisque ayant le pouvoir de diriger les démarches de son âme irrésistiblement vers Dieu, il a volontairement échangé le meilleur et l'être pour le pire et le non-être[1]. »

B. Conséquences du péché

> « Les hommes dans leur folie méprisèrent le don qui leur a été fait, se détournèrent de Dieu et souillèrent tellement leur âme, que non seulement ils oublièrent l'idée de Dieu, mais qu'ils se forgèrent d'autres dieux à sa place. Ils se firent des idoles au lieu de la vérité, et préférèrent le néant au vrai Dieu, adorant la créature au lieu du Créateur[2]. »

1. La tache

La conséquence immédiate du péché de nos premiers parents est la perte de la pureté, de la limpidité du cœur (sainteté et état de justice originels). L'âme de nos premiers parents était l'icône de la Très Sainte Trinité. Le péché souilla, défigura cette icône sainte. Alors nos premiers parents perdirent la simplicité du cœur ; ils entrèrent dans le trouble et la confusion ; ils constatèrent leur nudité et la conséquence

1. S. Maxime le Confesseur, *Ambigua à Jean*, 7, PG 91. Traduction par E. Ponsoye, Paris-Suresnes, 1994.
2. S. Athanase, *Sur l'incarnation du Verbe*, 11. Texte et traduction par C. Kannengiesser, « Sources chrétiennes » n° 199, Paris, 1973.

de leur acte, et plutôt que de se jeter dans la miséricorde de Dieu, ils se replièrent sur eux-mêmes et se dissimulèrent. Ils perdirent en même temps que la confiance, le jugement éclairé. Le démon les plongea dans ses ténèbres qui empêchèrent nos parents d'entrer dans l'abandon. En cet état de misère, l'attitude d'abandon aurait pu les conduire à être en vérité devant le Créateur, à venir au-devant de Lui et à se plonger dans sa miséricorde. Cependant, du fait de la perte de la simplicité du cœur, dans le repliement sur eux-mêmes, nos premiers parents plongèrent dans l'angoisse, la culpabilité et l'aliénation. La relation à l'autre s'en trouva affectée, tant à l'égard de Dieu qu'à l'égard de l'homme.

2. La disharmonie

Le péché est venu briser l'unité primordiale, introduisant au plus profond de la nature humaine une disharmonie dans le vivant. La vie psychique et les instincts naturels, composantes de la nature humaine, jadis, avant le péché, étaient assumés par l'intelligence et la volonté. Mais depuis le péché originel la nature humaine est devenue le théâtre d'une profonde anarchie. De cette disharmonie en la nature humaine apparaissent des inclinations au mal. Ces inclinations, qu'on peut appeler « concupiscences[1] », se manifestent dans les maladies spirituelles appelées encore péchés capitaux[2].

3. La peine

La peine n'est en aucun cas le fruit d'une méchanceté divine, mais plutôt d'un ordre que l'homme et la femme ont rompu, provoquant ainsi un profond désordre. Dieu n'est que Lumière, Amour et plénitude de Vie. « C'est de Dieu que tout ce qui est bon tire sa bonté, et pour autant qu'on s'éloigne de Lui on va vers le mal[3]. » Par leur idolâtrie, par leur repliement sur eux-mêmes, nos premiers parents se séparèrent de la source de Vie. En détruisant en eux le mystère de la grâce, de la

1. 1 Jn 2, 16.
2. Nous traiterons de ces maladies au chapitre 4.
3. S. Jean Damascène, *Exposé exact de la foi orthodoxe*, IV, 20. *Op. cit.*

vie divine, nos premiers parents perdirent la santé de l'âme et du corps. Ils brisèrent l'union substantielle de l'âme et du corps.

Une des peines de nos premiers parents sera l'expérience de la mort corporelle ; cette mort visible met en évidence une réalité plus profonde, celle de la damnation, la mort de l'âme. « Après la transgression de nos ancêtres au paradis [...], le péché vint à la vie ; quant à nous nous sommes morts et, avant la mort corporelle, nous subîmes la mort de l'âme, c'est-à-dire la séparation de l'âme d'avec Dieu[1]. »

« Le jour où Adam, s'en remettant à l'esprit malin, s'est détourné de son bon Maître, son âme a perdu la santé et le bien-être ; dès lors le corps aussi est allé de pair avec l'âme et a subi le même sort : il a dégénéré avec elle[2]. »

À la mort s'ajoutent d'autres souffrances. Il est certain que la souffrance avant le péché était inexistante. Elle est la conséquence de la privation du bien auquel on devrait normalement avoir part, des peines que l'on rencontre dans notre vie et qui sont le résultat de l'équilibre brisé dans notre nature. La souffrance, au long des générations, revêtira différentes formes, au point de devenir la souffrance aux « mille visages ».

Il est une souffrance qui est conséquence du péché originel et qui habite le cœur de l'homme, celle d'être séparé de Dieu. En effet la nature profonde du cœur de l'homme demeure faite pour l'infini. Seul l'infini peut combler la soif d'infini du cœur de l'homme. Le désir qui habite le cœur de l'homme, expression de son amour, s'il n'est pas tourné vers Dieu ne sera pas comblé dans sa soif d'infini. Dans ses désirs, l'homme errera en quête de biens par lesquels il croit pouvoir être satisfait, mais ces biens ne pourront jamais le combler, le laissant ainsi dans l'insatisfaction. « Notre capacité de désir [...], nous constatons que dans la nature, rien ne la comble, mais tout se trouve en déficience par rapport à elle[3]. » La profonde frustration, qui habite le cœur de l'homme, se traduit souvent par de constantes tristesses que l'on retrouve dans l'humanité blessée

1. Grégoire Palamas, *Homélies*, 11. Dans *Douze homélies pour les fêtes*, traduction par J. Cler, Paris, 1987.
2. Nicolas Cabasilas (1320-1390), *La vie en Jésus-Christ*, II, 38. Texte et traduction par M.-H. Congourdeau, « Sources chrétiennes » n° 355, Paris, 1989.
3. *Ibid.*, VII, 60. « Sources chrétiennes » n° 361, Paris, 1990.

d'aujourd'hui. En ne communiant plus à l'Amour de Dieu par le saint désir, l'homme a perdu la vie bienheureuse, qu'il ne pourra jamais trouver en plénitude dans un quelqu'autre bien que Dieu, Source de tout bien et plénitude de Bonheur. « Quels que soient les biens dont on est favorisé, quand même l'on posséderait l'universalité des biens, on porte les regards plus loin, et, par-delà les biens présents, on poursuit les biens absents, bref, rien n'assouvit notre désir, rien n'apaise notre soif de joie, rien ne rassasie pleinement notre capacité de jouir[1]. » « Le plaisir n'est qu'une jouissance fugitive. Oui, le plaisir s'envole rapidement, et nous ne saurions le fixer même quelques instants. Car telle est la destinée des choses humaines et sensibles. À peine les possédons-nous qu'elles nous échappent. […] Elles ne nous offrent rien de solide ni d'assuré; rien de fixe ni de permanent. Elles s'écoulent plus rapidement que l'eau des fleuves et laissent vides et indigents tous ceux qui les recherchent avec un si vif empressement. Mais au contraire les biens spirituels nous présentent un caractère tout différent. Ils sont fermes, assurés, constants et éternels. [N'est-ce] donc pas une étrange folie que d'échanger une jouissance passagère contre des biens immuables, des plaisirs momentanés contre un bonheur immortel, et des voluptés frivoles et rapides contre une félicité vraie et éternelle[2] ? »

Le travail deviendra pénible, parfois il deviendra servitude. Les fruits et la fécondité du travail deviendront aléatoires. Aujourd'hui on voudrait jouir des fruits du travail sans avoir même à travailler. Le travail peut être le lieu où l'on exerce sa domination (ici au sens de tyrannie). Il n'est plus nécessairement service et respectueux de la création; il n'est plus nécessairement ordonné au Créateur dans l'offrande et la dîme offerte.

La tache, la peine, la disharmonie plongent leurs racines au plus profond de la personne humaine, et rejaillissent dans chacune de ses dimensions au point de les affecter et de devenir le lieu de nombreux troubles, confusions et combats. Nous le verrons concrètement en abordant la question des maladies de l'âme.

1. *Ibid.*
2. S. Jean Chrysostome, *Homélies sur la Genèse*, I, 4. *Œuvres complètes*, traduction sous la direction de M. Jeannin, Bar-le-Duc, 1863-1867.

C. La propagation du péché

1. Un douloureux héritage

> « La parole du Seigneur m'advint en ces termes : Qu'avez-vous à proférer ce dicton en terre d'Israël : "Les pères mangent du raisin vert, et les dents de leurs fils sont agacées"[1] ? »

Il est redoutable pour nous de découvrir les conséquences du péché originel dans notre nature ; elles provoquent souvent en nous un profond sentiment d'injustice d'avoir à porter les conséquences d'une faute dont nous ne sommes pas la cause. Si l'on devait en rester à ce sentiment, cela serait bien révoltant et désespérant. Mais nous découvrons que le Dieu Amour ne peut détruire son œuvre d'amour, Il peut tirer un bien d'un mal et faire que ce qui pourrait être source de désespoir se transforme en chemin de bénédiction. « Tout comme par la désobéissance d'un seul homme, la multitude a été constituée pécheresse, de même par l'obéissance d'un seul la multitude sera constituée juste [...] où s'est multiplié le péché, a surabondé la grâce[2]. »

Il est certain que nous aussi, à la suite de nos premiers parents, par nos actes, nous pouvons parfois laisser un piètre héritage. Nos actes peuvent avoir des conséquences. Je peux mettre toutes mes richesses dans un jeu, et si je perds je me ruine, non pas moi seul, mais aussi mon entourage et ma descendance. « Dieu fait en sorte que la responsabilité de l'homme soit effective, et se refuse à y substituer sa responsabilité divine. S'il avait simplement fermé les yeux sur la faute commise, et avait supprimé les conséquences de cette libre action, il aurait troublé et compromis le sérieux de la liberté et de la responsabilité humaines. C'eût été enlever toute efficacité véritable à la volonté humaine. Le Père, au contraire, a considéré que cette volonté devait être respectée, puisque le don de la liberté était irrévocable[3]. »

« Nous savons par la Révélation qu'Adam avait reçu la sainteté et la justice originelles non pour lui seul, mais pour toute la nature

1. Ez 18, 1-2 ; cf. Rm 5, 12.
2. Rm 5, 19-20.
3. Père Jean Galot, S.j., *Le cœur du Père.* DDB, coll. « Museum Lessianum », section ascétique et mystique, 1961.

humaine : en cédant au tentateur, Adam et Ève commettent un *péché personnel*, mais ce péché affecte la *nature humaine* qu'ils vont transmettre *dans un état déchu*. C'est un péché qui sera transmis par propagation à toute l'humanité, c'est-à-dire par la transmission d'une nature humaine privée de la sainteté et de la justice originelles. C'est pourquoi le péché originel est appelé "péché" de façon analogique : c'est un péché "contracté" et non pas "commis", un état et non pas un acte[1]. »

2. « La grâce ne détruit pas la nature, mais la parfait[2] »

Nous reparlerons de l'œuvre de la grâce en nous[3], mais tout de suite il nous faut souligner que la grâce, qui nous est communiquée dans la miséricorde de Dieu, restaure en nous l'image et la communion avec Dieu. La grâce opère en nous l'œuvre nouvelle. La nouvelle création, c'est l'homme nouveau dans le mystère de la grâce, c'est l'homme régénéré, configuré et incorporé au Christ. Si la grâce reprend tout en l'homme, si elle enlève en lui la tache et la peine (la damnation), il n'en demeure pas moins que la disharmonie demeure comme conséquence du premier péché. La disharmonie, c'est ce désordre en notre nature où les concupiscences luttent et essayent d'intensifier ce désordre, luttant contre l'unification et la guérison qu'apporte la grâce. Les concupiscences sont ces tendances en nous, qui, bien que l'on soit dans un état de grâce, sont comme autant de possibilités offertes à l'homme de vivre des dépassements et de montrer sa préférence pour Dieu en Le choisissant ; et ainsi nous coopérons à l'action et à l'épanouissement de la grâce en nous, ceci en vue du développement et de la croissance de toute notre personne, de l'Homme nouveau[4] dans le Seigneur.

---

1. Catéchisme de l'Église Catholique § 404.
2. S. Thomas d'Aquin, *Somme théologique*, Ia q.1 a.8. Tome I, Éd. Cerf, 1990.
3. Cf. chapitres 5 à 7.
4. Ep 4, 22-24 ; Col 3, 9-10.

III. Miséricorde de Dieu et pédagogie divine

A. Miséricorde divine

> « Dieu n'a pas fait la mort, il ne prend pas plaisir à la perte des vivants […] c'est par l'envie du diable que la mort est entrée dans le monde : ils en font l'expérience, ceux qui lui appartiennent[1] ! »

Dieu est Amour. L'amour infini de Dieu a été rendu manifeste dans la première création, « Dieu vit tout ce qu'il avait fait, et voici que cela était très bon[2] ». Si le péché amène l'homme à se détourner de Dieu, Dieu, Lui, reste fidèle[3] à son alliance d'amour. Dieu, dans son infinie Bonté, ne cesse d'appeler Adam : Adam, « où es-tu[4] ? » Dieu veut que celui-ci puisse se retrouver en Lui. Dans sa justice, Dieu voit combien l'homme a été abusé par le Démon, c'est pourquoi Il l'appelle à la vie. Celle-ci ne pourra se réaliser sans la liberté et la coopération de l'homme.

La miséricorde[5] de Dieu, c'est cet Amour infini qui se penche sur notre misère pour y faire naître la Vie et jaillir le Bien. La miséricorde de Dieu, ce sont les entrailles divines qui s'émeuvent pour nous, c'est cette matrice maternelle qui, dans l'amour, nous fait naître à une vie nouvelle[6].

Tout au long de l'Ancien et du Nouveau Testament se dévoile un Dieu de miséricorde. Dieu, comme Il l'a fait pour Adam, ne cesse d'appeler les hommes à la vie. Il veut restaurer en chacun l'œuvre de l'amour. Dans l'œuvre nouvelle, Il veut élever chacun à une dignité nouvelle d'enfant de Dieu. Plus que d'être des créatures, Il veut désormais nous amener en son Fils à l'appeler « *Abba* », c'est-à-dire *Papa*. La miséricorde divine de tout l'Ancien Testament trouvera son visage et la plénitude de sa manifestation dans le visage de Jésus. « Dieu a tant aimé le monde qu'il a donné le Fils, l'Unique, pour que tout homme

1. Sg 1, 13 – 2, 24.
2. Gn 1, 31.
3. 1 Th 5, 24 ; 2 Tm 2, 13.
4. Gn 3, 9.
5. En hébreu : *rahamim* qui veut dire « entrailles ».
6. Is 49, 14-16a.

qui croit en lui ne périsse pas, mais qu'il ait la vie éternelle[1]. » C'est par Jésus que nous est donnée la plénitude de l'Esprit qui, en nous, vient former l'Homme nouveau[2].

Avant de regarder plus encore ce qu'est la miséricorde de Dieu qui se manifeste à nous dans la grande pédagogie divine, nous pouvons lire quelques extraits de l'Ancienne Alliance qui nous mettront en lumière la miséricorde de Dieu et nous permettront d'y goûter. À la suite de l'Ancienne Alliance, nous pourrions lire tout le Nouveau Testament qui n'est que miséricorde, miséricorde qui trouve un visage en la personne de Jésus. Puissent ces textes allumer un grand feu d'espérance dans notre cœur !

« Mais tu as pitié de tous parce que tu peux tout, tu fermes les yeux sur les péchés des hommes pour qu'ils se repentent. Tu aimes en effet tout ce qui existe, et tu n'as de dégoût pour rien de ce que tu as fait ; car si tu avais haï quelque chose, tu ne l'aurais pas formé[3]. »

« Je leur donnerai un cœur pour connaître que je suis le Seigneur. Ils seront mon peuple, et moi je serai leur Dieu ; car ils reviendront vers moi de tout leur cœur[4]. »

« Et maintenant encore – oracle du Seigneur – revenez à moi de tout votre cœur, avec des jeûnes, des pleurs et des lamentations. Déchirez votre cœur, et non pas vos habits, et revenez vers le Seigneur, votre Dieu ; car il est compatissant et miséricordieux, lent à la colère, riche en fidélité et se repentant du mal. Qui sait s'il ne se ravisera pas et ne se repentira pas, et s'il ne laissera pas après lui une bénédiction : oblation et libation pour le Seigneur, votre Dieu[5] ? »

« Je vous prendrai d'entre les nations, je vous rassemblerai d'entre tous les pays et je vous amènerai sur votre sol. Je vous aspergerai d'une eau pure, et vous serez purs ; de toutes vos impuretés et de toutes vos Saletés je vous purifierai. Je vous donnerai un cœur nouveau, et c'est

1. Jn 3, 16.
2. Ep 1, 3-14. Cf. chapitre 6, I.
3. Sg 11, 23-24.
4. Jr 24, 7.
5. Jl 2, 12-14.

un esprit nouveau que je mettrai au-dedans de vous ; j'ôterai de votre chair le cœur de pierre et je vous donnerai un cœur de chair. Je mettrai mon esprit au-dedans de vous, et je ferai que vous marchiez suivant mes décrets, que vous observiez et exécutiez mes règles. Vous habiterez dans le pays que j'ai donné à vos pères ; vous serez mon peuple, et moi je serai votre Dieu. Je vous délivrerai de toutes vos impuretés. J'appellerai le froment et le multiplierai, et je ne vous imposerai plus la famine. Je multiplierai les fruits des arbres et les produits des champs, afin que vous ne receviez plus l'opprobre de la famine parmi les nations. Vous vous souviendrez de votre conduite mauvaise et de vos actions qui n'étaient pas bonnes. Vous vous prendrez vous-mêmes en dégoût à cause de vos fautes et à cause de vos abominations. Ce n'est pas à cause de vous que j'agis – oracle du Seigneur – sachez-le bien, soyez honteux et confus de votre conduite, maison d'Israël[1] ! »

« C'est pourquoi, voici que je vais la séduire ; je l'emmènerai au désert et je parlerai à son cœur. De là, je lui donnerai ses vignes, et [je changerai] la vallée de Akor en Porte d'espérance. Là, elle répondra comme aux jours de sa jeunesse, comme au jour où elle montait du pays d'Égypte. Il adviendra, en ce jour-là – oracle du Seigneur – que tu m'appelleras : "Mon mari", et tu ne m'appelleras plus : "Mon baal." J'ôterai de sa bouche les noms des Baals, et ils ne seront plus mentionnés par leur nom. Je conclurai pour eux une alliance – en ce jour-là – avec la bête des champs, avec l'oiseau du ciel, le reptile du sol ; l'arc, le glaive et la guerre, je les briserai [et les bannirai] du pays, et je ferai qu'on se couche en sécurité. Je te fiancerai à moi pour toujours, je te fiancerai dans la justice et dans le droit, dans la fidélité et dans la miséricorde, je te fiancerai à moi dans la sincérité, et tu connaîtras le Seigneur. Il adviendra, en ce jour-là, que je répondrai – oracle du Seigneur – je répondrai aux cieux et eux répondront à la terre ; et la terre répondra au froment, et au vin nouveau et à l'huile fraîche, et eux répondront à Yizréel. Je l'ensemencerai pour moi dans le pays, et j'aurai pitié de *Lô-Rouhama* [Celle-dont-on-n'a-pas-pitié], et je dirai à *Lô-Ammi* [Pas-mon-peuple] : Tu es *Ammi* [mon peuple], et lui dira : "Mon Dieu[2] !" »

1. Ez 36, 24-32.
2. Os 2, 16-25.

B. Pédagogie divine

1. Pédagogie divine dans l'Ancienne Alliance

Qu'est-ce que la pédagogie divine ?

Avec l'Ancien Testament toute une pédagogie divine est mise en lumière dans la manière que Dieu a de rejoindre et de conduire les hommes. La conduite de Dieu et ses interventions s'inscrivent dans l'histoire d'individus et du peuple d'Israël. Par son gouvernement et sa providence, Dieu se révèle et révèle à l'homme qui il est. Dieu, dans sa pédagogie, veut éduquer l'homme pour que celui-ci revienne à Lui dans un cœur sans partage, pour que l'homme retrouve le chemin de la vérité avec Dieu et lui-même, et qu'ainsi l'homme puisse recouvrer la liberté intérieure face au péché et à ses conséquences. La pédagogie divine consiste à montrer à l'homme qu'il ne peut se sauver lui-même. Dieu établit l'homme dans l'attente et le désir d'un véritable Sauveur. En plus du salut qui nous est donné dans le Christ, il nous faut découvrir en Jésus le pédagogue qu'Il est, qui vient prolonger et réaliser cette pédagogie divine de l'Ancienne Alliance.

Avec l'Ancienne Alliance, Dieu ne se révèle pas seulement comme étant le « Tout-Autre », mais aussi comme étant un Dieu d'Amour et de Vérité. Les hommes Le découvrent comme étant la Source de leur être, leur Père – qui est pour eux autorité, lumière, sagesse – mais Il leur apparaît aussi de manière maternelle, comme un Dieu-Amour, de miséricorde et de tendresse[1]. L'homme, à l'image et à la ressemblance de Dieu, dans son exil, expérimente de multiples manières des épreuves qui sont pour lui comme autant de chemins de purification. Dans ses épreuves l'homme peut parfois faire l'expérience que certaines d'entre elles sont permises par Dieu ; si tel est le cas c'est toujours pour éduquer l'homme au travers d'elles, pour le bien de celui-ci et l'amener à choisir et préférer Dieu dans la fidélité. On ne saurait voir à l'origine des épreuves et des malheurs auxquels on est confronté, la permission de Dieu en tant qu'Il les voudrait[2].

---

1. Is 49, 15.
2. Cf. chapitre 5, II, « Les permissions divines ».

Pédagogie divine et combat spirituel

Le combat spirituel est un des lieux où s'exerce la pédagogie divine. Par les permissions de Dieu, dans les luttes, l'homme est amené à une éducation, à un chemin de croissance où il peut exercer et préserver sa liberté dans des choix qui respectent sa personne, et lui permettent de vivre de manière authentique, en conformité avec sa nature. Ce chemin de croissance s'inscrit dans l'histoire individuelle et collective de tout homme. L'homme, en vérité avec lui-même, est appelé à vivre dans un chemin d'union à Dieu et dans des mœurs divines. Dans sa pédagogie, Dieu veut que l'homme Le préfère à toutes les idoles, ce qui invite l'homme à un chemin de purifications actives[1]. Dieu Père veut de même, dans une purification passive[2], conduire l'homme toujours plus loin. Il n'en demeure pas moins que Dieu, respectueux de notre liberté, veut guider l'homme vers le plein épanouissement de sa personne et l'amener, par son éducation, à vivre le plus possible en conformité avec son identité profonde d'homme « créé à l'image et à la ressemblance de Dieu », gage d'un véritable bonheur.

> « Un dur combat contre les puissances des ténèbres passe à travers toute l'histoire des hommes. Commencé dès ses origines, il durera, le Seigneur nous l'a dit (Mt 13, 24-30 et 36-43 ; Mt 24, 13), jusqu'au dernier jour. Engagé dans la bataille, l'homme doit sans cesse combattre pour s'attacher au bien. Et ce n'est qu'au prix de grands efforts, avec la grâce de Dieu, qu'il parvient à réaliser son unité intérieure[3]. »

---

1. Purification qui s'opère en l'homme par la prière qui unit à Dieu, par les choix personnels qui préfèrent le bien au mal et par la conversion. La purification active implique toujours la volonté et les actes humains qui sont toujours éclairés et précédés par la grâce, suscitant en l'âme le désir de plaire à Dieu et de se rapprocher de Lui.
2. Purification qui s'opère en l'homme par la permission divine au moyen des *nuits* qui sont comme autant d'épreuves invitant à préférer Dieu dans la fidélité, au-delà du ressenti et des apparences. Ces purifications, tel le feu dans un creuset qui purifie l'or, rapprochent l'âme de Dieu et l'unissent plus véritablement et intensément à Lui.
3. Concile Vatican II, *Gaudium et spes*, n° 37.

2. Pédagogie à la lumière et à la suite du Christ

La grande pédagogie du Christ prolonge et accomplit la divine pédagogie de l'Ancien Testament[1]. En effet, comme on peut le voir dans les récits évangéliques, le Christ rejoint l'homme dans son humanité blessée, afin de purifier et restaurer en lui l'image de Dieu. « Dieu s'est fait homme, pour que nous apprenions d'un homme comment l'homme peut devenir dieu. » Le Christ, dans son amour infini, expression de la Bonté trinitaire, rétablit l'homme dans sa dignité d'enfant de Dieu, en nous communiquant la vie divine, et en nous donnant de retrouver la liberté face au monde de l'esclavage du péché. Par sa vie, Il nous donne les moyens par lesquels vont s'enraciner en nous, par les divines nourritures, la foi, l'espérance et l'amour. Par elles – les vertus théologales – chacun peut ainsi réaliser une plus étroite communion avec le Père. Nous mettant à la suite du Christ, vrai Dieu, vrai Homme, qui est « le Chemin, la Vérité et la Vie », nous sommes invités à Le découvrir et à Le choisir en toute vérité comme étant notre Dieu.

« Le Verbe de Dieu a habité dans l'homme et s'est fait Fils de l'homme pour accoutumer l'homme à saisir Dieu et accoutumer Dieu à habiter dans l'homme, selon le bon plaisir du Père[2]. » Saint Irénée dit encore : « Dieu s'est fait homme [il a goûté la myrrhe] pour que l'homme devienne dieu [et reçoive l'encens de l'immortalité]. » « Pour nous, [le Christ] est l'image sans tache ; de toutes nos forces, il faut essayer de rendre notre image semblable à Lui[3]. »

Le pédagogue qu'est le Christ[4], vient restaurer l'image en nous par son enseignement, source de lumière, par la gestuelle, expression de son amour, par les signes au travers desquels Il veut toucher notre cœur. À la suite du Christ, nous sommes invités à la fidélité, y compris dans les épreuves, par lesquelles nous pouvons manifester à notre Dieu notre amour, notre préférence, notre constance à sa suite.

---

1. Prière eucharistique n° IV du Missel Romain.
2. S. Irénée, *Contre les hérésies*, III, 20, 2. *Op. cit.*, p. 373.
3. S. Clément d'Alexandrie, *Le Pédagogue*, Livre I, II, 4, 2. Traduction par M. Harl, « Sources chrétiennes » n° 70, Paris, 1983.
4. Cf. *Gaudium et spes*, *La dignité de la personne humaine*, n° 22 *Le Christ, homme nouveau.*

« "Au cœur de la catéchèse nous trouvons essentiellement une Personne, celle de Jésus de Nazareth, Fils unique du Père [...], qui a souffert et qui est mort pour nous et qui maintenant, ressuscité, vit avec nous pour toujours [...]. Catéchiser [...], c'est dévoiler dans la Personne du Christ tout le dessein éternel de Dieu. C'est chercher à comprendre la signification des gestes et des paroles du Christ, des signes réalisés par Lui." Le but de la catéchèse : "Mettre en communion avec Jésus-Christ : Lui seul peut conduire à l'amour du Père dans l'Esprit et nous faire participer à la vie de la Trinité Sainte[1]." »

« La catéchèse liturgique vise à introduire dans le mystère du Christ (elle est "mystagogie"), en procédant du visible à l'invisible, du signifiant au signifié, des "sacrements" aux "mystères"[2]. »

Pédagogie du Christ[3]

Dans les quatre évangiles, le Christ commence toujours par réveiller et toucher le cœur de ceux qu'Il appelle à Lui. Il suscite en chacun de ses disciples, pour certains avant même d'avoir enseigné, cette *pieuse affection*, ce premier amour par lequel Il les attire à Lui et les dispose à recevoir sa parole et à croire en Lui. Cette première étape est celle de la conversion du cœur et de l'intelligence au Christ.

Avec le récit de la Samaritaine[4], on voit Jésus qui providentiellement se trouve assis sur la margelle du « puits de Jacob ». Elle est comme une biche altérée qui cherche l'eau vive : « Mon âme a soif de Dieu, du Dieu vivant[5]. » Jésus, dans son amour divin, veut rejoindre la soif d'amour qui habite le cœur de la Samaritaine. Il veut élever cette soif à une réalité plus grande, et il veut lui permettre d'assouvir cette soif par l'accueil du don de l'eau vive. Jésus éveille l'interrogation en la Samaritaine, il l'amène à se dévoiler, à se rendre accueillante. Alors il peut

1. Catéchisme de l'Église Catholique § 426, citant *Catechesi tradendae*, 5.
2. *Ibid.*, § 1075.
3. Les trois étapes de la pédagogie divine décrites ici, sont à rapprocher des trois étapes du cheminement de l'âme dans sa progression vers Dieu. Cf. chapitre 3, II. B. 3. « Cause divine ».
4. Jn 4, 1-42.
5. Ps 42 (41), 3. Ce psaume est traditionnellement prié par les catéchumènes.

rejoindre son cœur profond. Comme en la Samaritaine, Jésus veut réveiller notre soif de Dieu par le désir. En nous tournant vers Lui, nous pouvons alors Lui permettre d'inonder notre cœur de sa présence toute aimante. Nous faisons alors l'expérience du retour vers la Source de notre être, retour qui seul peut donner pleinement sens à notre vie et qui peut la finaliser véritablement. « Rien ici-bas ne nous rassasie, rien n'assouvit nos désirs, nous sommes toujours altérés, comme si nous n'atteignions jamais l'objet de nos aspirations. Car l'âme humaine a soif d'infini, et le monde qui passe, comment lui suffirait-il ? C'est ce que le Sauveur fait entendre à la Samaritaine : "Quiconque s'abreuve à cette eau aura encore soif"[1]. »

La vocation des premiers apôtres[2] met en lumière que lorsque Jésus les appelle – plus que pour une mission qui serait une œuvre à réaliser à sa suite – il les invite en premier lieu à entrer dans l'intimité et à demeurer avec lui. Le cœur des apôtres est disposé à accueillir l'appel de Jésus. Jésus nous appelle tous à Le suivre. Bien que cela puisse se faire par des modalités diverses quant à la forme, il est certain que l'appel premier du Christ pour tous est de Lui consacrer pleinement notre cœur, comme jadis Adam devait consacrer son cœur à Dieu. Comme Dieu pouvait appeler Adam dans le jardin d'Éden, Dieu nous appelle tous par notre nom. Il nous faut écouter au plus profond de notre cœur la voix du Bien-Aimé qui nous appelle. Seul l'amour infini peut combler notre soif d'infini inscrite au plus profond de nous. « C'est en fonction du Christ qu'a été créé le cœur humain, comme un immense écrin, assez vaste pour contenir Dieu Lui-Même[3]. »

Après l'appel des disciples, Jésus, par la parole et par des gestes (les miracles et les signes) se révèle et se donne comme « la lumière, la véritable, qui illumine tout homme, [venant] dans le monde[4] ». Après avoir réveillé le cœur de l'homme, il vient lui demander l'offrande de son intelligence dans le choix libre de la lumière. Il vient aviver sa soif de

1. Nicolas Cabasilas, *La vie en Jésus-Christ*, II, 90, *op. cit.*, citant Jn 4, 13.
2. Jn 1, 37-39 ; Mt 4, 18-22.
3. Nicolas Cabasilas, *ibid.*
4. Jn 1, 9.

connaître l'homme et de voir Dieu. Cette seconde étape est une épreuve pour l'intelligence et le cœur.

Nous voyons la difficulté pour Nathanaël[1], tout comme pour Nicodème[2] ainsi que pour tant d'autres, hier comme aujourd'hui, d'accueillir Jésus dans leur vie, parce que bien souvent ils appréhendent le Christ par le raisonnement. « De Nazareth peut-il sortir quelque chose de bon[3] ? » Jésus veut nous faire entrer dans l'intelligence des Saintes Écritures par le don de la foi et le secours des dons du Saint-Esprit. Il veut éduquer notre intelligence, la purifier de toute caricature de Dieu et l'élever à l'admiration qui est contemplation aimante de Dieu, pour que nous puissions avec Pierre nous écrier : « Seigneur, vers qui irions-nous ? Tu as les paroles de la vie éternelle[4]. » Jésus veut guérir notre intelligence de l'obscurité et du fléau de l'orgueil, et l'amener à s'ouvrir à la connaissance de Dieu, qui ouvre à un plus grand Amour.

L'appétit de la Parole de Dieu[5], qui attise le désir et l'amour de Dieu en nous, nous dispose à la vie de la grâce et à nous unifier en Dieu dans une vie de prière.

Après que le Christ est venu toucher notre cœur par son Amour et qu'Il s'est dévoilé à nous par sa Parole, par les gestes et les signes de sa tendresse et de sa miséricorde pour nous, Il nous appelle à Le suivre radicalement, dans un choix libre. Ce *choix radical* n'est possible que par l'intensification de l'amour en nous et par cette connaissance vivante qui nous révèle en Jésus le Seigneur de notre vie, Celui qui nous conduit vers le Père et nous donne la plénitude du Saint-Esprit. C'est dans la vérité de la Parole de Dieu qui rend libre, et dans l'Amour divin accueilli et formé en nous que le choix et la fidélité au Christ sont rendus possibles. Un tel attachement du disciple à la personne du Christ se noue dans une foi ferme et une solide espérance dans la charité. Le choix libre, fruit de l'amour et de la lumière, fait du disciple un enfant de Dieu qui va pouvoir atteindre sa pleine

1. Jn 1, 43-51.
2. Jn 3, 1-21.
3. Jn 1, 46.
4. Jn 6, 68.
5. Ac 8, 26-40.

croissance et sa stature d'homme adulte dans le Christ. Le choix radical du Christ réclame que nous nous décentrions de nous-mêmes pour nous centrer sur Lui, que nous Lui fassions confiance et que nous nous abandonnions à Lui ; ainsi Il nous fait « avancer au large[1] ». Cette liberté des enfants de Dieu s'obtient par le dépouillement de notre volonté propre, par cette mort à nous-mêmes qui permet l'accueil de la Volonté du Père. Cette grande victoire, le Christ l'obtient pour nous dans le mystère pascal où nous sommes invités à mourir avec le Christ pour naître à une vie plus grande, et c'est par Lui, avec Lui et en Lui que cette victoire peut se réaliser dans notre existence. Les évangiles nous mettent en lumière des disciples appelés à suivre le Christ de diverses manières. Comme pour eux, pour chacun de nous c'est dans le creuset de l'épreuve de la Croix que la relation au Christ et notre choix de Le suivre seront purifiés.

3. Pédagogie du Christ dans le combat spirituel

> « L'ombre de la loi s'est effacée devant la grâce, et comme brûlait le buisson ardent sans être consumé, ô Vierge tu as enfanté et Vierge tu es demeurée. Au lieu de la colonne de feu, s'est levé le soleil de justice ; à la place de Moïse, le Christ, le Sauveur de nos âmes[2]. »

Dans l'épreuve, le peuple d'Israël trouve en Dieu un guide et en Moïse un médiateur. Dieu veut libérer le peuple d'Israël de la servitude, cela se fera par la traversée de la mer Rouge, par le don de la Loi et l'accueil de celle-ci, et par quarante années de purification au désert. Dieu sera pour Israël Providence ; et le guide qu'Il est, tout en éduquant son peuple au gré des aléas le conduit vers la Terre promise.

« Le Seigneur marchait devant eux, le jour dans une colonne de nuée pour les guider sur le chemin, et la nuit dans une colonne de feu pour les éclairer ; ils pouvaient ainsi marcher le jour et la nuit. La colonne de nuée ne se retirait pas le jour devant le peuple, ni la colonne de feu la nuit[3]. »

---

1. Lc 5, 4.
2. *Théotokion*, liturgie byzantine.
3. Ex 13, 21-22.

« Moi, je suis le Chemin, et la Vérité, et la Vie[1] *! »*

Le Christ Jésus s'enfonce pour quarante jours dans le désert, poussé par l'Esprit Saint, « pour être tenté par le diable[2] ». Le désert est le lieu où Dieu nous parle, il est le lieu de la rencontre, mais il est aussi le lieu de l'aridité et du dépouillement, par conséquent il devient le lieu de l'épreuve et de la tentation.

Jésus, avant d'être « poussé au désert[3] », est baptisé par Jean le Baptiste. Par ce baptême il prend sur lui le péché de l'humanité. Il devient « l'Agneau de Dieu qui porte et enlève le péché du monde[4] ». Il veut nous montrer, qu'en plus d'être le bouc émissaire en prenant sur lui le péché du monde, il est le modèle de tous les baptisés qui, à sa suite, ne sont pas exempts de tentations et d'épreuves. Nous pouvons nous aussi entrer au désert à la suite du Christ, mus par la grâce, par ce même Esprit de Dieu qui animait notre Seigneur. Parce qu'à la suite du Christ et mus par l'Esprit, nous trouverons en notre Seigneur tous les remèdes qui nous permettront de faire face à toutes les sortes de tentations, de les supporter et encore de les dépasser.

Nous découvrons pour nous un enseignement, une pédagogie dans les trois tentations de Jésus au désert[5]. Pour saint Grégoire le Grand « la tentation qui vient de l'ennemi se fait par mode de suggestion ». En tentant, le diable suggère à chacun selon son penchant. Il « commence par tenter l'homme spirituel en lui proposant non des péchés graves, mais des péchés légers, à partir desquels il le conduira à des péchés plus graves[6] ». Le démon a observé cette tactique pour tenter Ève. Il a commencé par inquiéter son âme à propos du fruit de l'arbre défendu, en disant : « Alors, Dieu a dit : Vous ne mangerez d'aucun arbre du jardin[7]. » Puis, il lui a suggéré de la vaine gloire, lorsqu'il a dit : « Vos yeux s'ouvriront. » Enfin, il a poussé la tentation au

1. Jn 14, 6.
2. Mt 4, 1.
3. Mc 1, 12.
4. Jn 1, 29.
5. Mt 4, 1-11.
6. S. Thomas d'Aquin, *Somme théologique*, IIIa q.41 a.4. Tome IV, Éd. du Cerf, 1986.
7. Gn 3, 1.

comble de l'orgueil, quand il a dit : « Vous serez comme des dieux, connaissant le bien et le mal. »

C'est avec la même stratégie[1] que le diable tente Jésus au désert. Le récit de Matthieu met en lumière la victoire du Christ sur chacune des tentations, là où le peuple d'Israël faillit et fut infidèle lors de son itinéraire spirituel au cours de son exode dans le désert marchant vers la Terre promise – comme nous pouvons le lire dans le livre de l'Exode. Lorsque Jésus a faim, lorsqu'Il est susceptible d'être vulnérable, le diable vient pour le tenter, le sonder, le détourner de son Père. Dans cette première tentation, c'est lorsque Jésus a faim que le diable le tente sur quelque chose qui peut sembler insignifiant pour un homme spirituel : soutenir sa vie par la nourriture[2]. Mais cette tentation est double en ce sens qu'elle demande aussi à Jésus de faire appel à la magie pour se procurer la nourriture nécessaire. Pendant l'exode, le peuple d'Israël fut éprouvé par la faim et eut la tentation de retourner vers la servitude, en Égypte[3]. Pour échapper à la tentation, Jésus s'appuie sur la Parole de Dieu, nourriture des croyants, qui met en lumière la fidélité de Dieu, Providence pour l'homme spirituel.

Puis le diable tente Jésus en cherchant à le conduire à agir de manière ostentatoire[4], ce qui est de la vanité. Dans cette tentation, le diable utilise et détourne la Parole de Dieu de son sens spirituel à des fins magiques. Jésus débusque et réduit à néant cette tentation, à nouveau par la force de la Parole de Dieu qui nous invite à ne pas tenter Dieu, comme le fit jadis le peuple d'Israël au cours de son exode[5].

Le diable, dans la troisième tentation[6], veut faire entrer le Christ dans la convoitise des richesses et de la gloire du monde, poussée jusqu'au mépris de Dieu dans l'idolâtrie. Dans cette dernière tentation, le diable met en avant son pouvoir, et promet richesse et gloire au Christ

1. Nous reviendrons sur la stratégie, le processus de la tentation dans le chapitre suivant.
2. Mt 4, 3-4.
3. Ex 16, 2-3 ; Nb 11, 4-6.
4. Mt 4, 5-7.
5. Ex 17, 1-7 ; Ps 95 (94), 8-11.
6. Mt 4, 8-10.

si celui-ci se prosterne devant lui et l'adore. Le Christ réduit à néant le pouvoir du diable et toute tentation d'avoir et de paraître, en étant dans l'attitude spirituelle de ces passages de l'Écriture auxquels Il se réfère : la première Table de la Loi révélée au peuple d'Israël[1] et la prière quotidienne des juifs, le *Shema Israël*[2]. Alors que jadis, pendant l'exode, le peuple d'Israël fut infidèle à ces commandements en fabriquant un veau d'or pour l'adorer[3] ; il se détourna ainsi du Dieu véritable et il négligea le nom et la mémoire de son Dieu qui avait agi jusqu'à ce jour pour son peuple Israël avec puissance et amour.

Évagre le Pontique[4] commente le combat spirituel de Jésus au désert à partir de l'Évangile de saint Luc, nous montrant pourquoi trois tentations et comment toutes les autres en dépendent. Ainsi, le Christ étant victorieux de ces trois tentations est victorieux de toutes les autres. Cette réflexion d'Évagre, à la suite de la tradition biblique, viendra éclairer la tradition monastique et patristique de l'Église sur le combat et les maladies spirituelles. « Des démons opposés à la pratique, les premiers à nous faire la guerre sont ceux qui sont préposés aux plaisirs ou appétits de la gourmandise, ceux qui nous inspirent l'amour de l'argent et ceux qui nous provoquent à la gloire humaine. Tous les autres, marchant derrière ceux-là, accueillent ensuite ceux qui ont été blessés par eux [...]. C'est pourquoi ce sont ces trois pensées que le diable a proposées au Sauveur lors de la tentation : d'abord en demandant que les pierres deviennent des pains, puis en promettant le monde entier s'il se prosternait à ses pieds, et troisièmement en disant que s'il obéissait, il serait glorifié pour n'avoir subi aucun dommage d'une telle chute[5]. » « Nul ne tombe au pouvoir d'un démon s'il n'a d'abord été blessé par ces trois chefs de file[6]. »

Nous ne saurons jamais et ne pourrons jamais nous imaginer l'intensité des tentations que le diable a fait subir au Christ dans le désert. Le déchaînement de ces trois types de grandes tentations que

---

1. Ex 20, 2-11.
2. Dt 6, 4-19.
3. Ex 32.
4. Auteur du IVe siècle.
5. Évagre le Pontique, *Des diverses mauvaises pensées*, 1. Dans *La Philocalie*, traduction de Jacques Touraille, éd. DDB – J.-C. Lattès, 1995, p. 84.
6. *Ibid.*

subit le Christ ne pouvait provenir que de l'extérieur de sa personne. En effet, Jésus étant indemne du péché et de ses conséquences, la tentation ne pouvait provenir de l'intérieur de Lui-même. Le Christ reste unifié, un, y compris face au diable dont Il est victorieux.

Toutes les sortes de tentations que nous pouvons rencontrer dans notre vie, le Christ les a éprouvées dans ces trois grandes tentations. Et à Gethsémani, avec une intensité effrayante le démon le tentera à nouveau pour faire obstacle à l'accomplissement de sa mission, ainsi que l'évangéliste saint Luc nous le dit : « Ayant épuisé toute tentation, le diable s'écarta de lui jusqu'au moment favorable[1]. » Ce « moment favorable » sera celui de l'agonie à Gethsémani, où Jésus à nouveau sera victorieux de la tentation, dans sa volonté à ne faire que la Volonté aimante du Père[2].

En outre, tel que l'Évangile le met en lumière, tout au long de sa vie publique Jésus sera aussi tenté, éprouvé soit par l'entremise de ses disciples[3] soit par les scribes et les pharisiens[4].

Jésus est pour nous *le Chemin*, la colonne de feu ; marchant à sa suite, nous avons un guide sûr. Éprouvés, nous le serons, mais parce qu'en communion avec le Christ, nous trouverons en lui notre secours. Si Jésus est conduit au désert, c'est pour nous enseigner :

- qu'il est lui notre secours dans les tentations ;
- qu'il est lui notre sauvegarde, afin que personne, si saint soit-il, ne s'estime à l'abri et exempt de toute tentation ;
- qu'il est notre exemple, afin de nous enseigner comment vaincre les tentations du démon ;
- pour nous inspirer confiance en sa miséricorde[5].

Jésus est *la Vérité*, et comme nous le verrons par la suite, c'est en communiant à cette Vérité que nous pouvons échapper à toute emprise du démon et des autres tentations quelle que soit leur origine.

---

1. Lc 4, 13.
2. Lc 22, 42.
3. Mt 16, 21-23 « Va-t-en, arrière de moi, Satan ! Tu m'es un scandale, parce que tes pensées ne sont pas celles de Dieu, mais celles des hommes. »
4. Jn 8, 6 ; Mt 22, 15-22.
5. He 4, 15.

Le Christ est *la Vie*. Il est certain que toute épreuve vécue en Jésus peut nous conduire à une croissance et un surcroît de vie. Après avoir regardé Jésus comme modèle et pédagogue, nous regarderons, plus loin dans notre réflexion, Jésus comme source de Vie, médecin et remède dans nos afflictions.

Examinons maintenant, à la lumière de tout ce que nous venons d'approfondir, ce qu'est le combat spirituel pour nous aujourd'hui dans notre vie. Et nous remarquerons que tout ce que nous venons de voir est d'actualité, comme seule la Parole de Dieu peut l'être. « Lampe pour mes pieds, ta parole, et lumière pour ma route[1] ! »

---

1. Ps 119 (118), 105.

Chapitre 2

LE COMBAT SPIRITUEL

Notre nature blessée et désordonnée nous confronte souvent à cette expérience de ne pas faire le bien que nous aimerions faire, ou encore de faire le mal que nous ne voudrions pas faire. De même l'expérience spirituelle nous met souvent devant notre liberté de choisir entre le bien et le mal. Notre expérience, notre vie d'homme, tout ce que l'on peut voir autour de nous, nous conduit à nous poser la question du mal et de son origine, ainsi qu'à nous interroger sur le bien, sur notre responsabilité et notre liberté[1].

Au cœur de notre expérience se pose à nous la problématique du combat spirituel, et c'est pourquoi, comme l'exprime la sixième demande de la prière du Notre Père dans l'Évangile[2], nous examinerons au fil des chapitres :

– ce qu'est la tentation ;
– comment, par qui et ce sur quoi l'homme est tenté ;
– ce qu'il convient de faire pour ne pas tomber dans la tentation ;
– comment l'homme est délivré de la tentation et du Mauvais.

Commençons dans ce chapitre par regarder les deux premiers points, avec l'aide de la Parole de Dieu et de la Tradition.

1. Cf. *Gaudium et spes* dans *La dignité de la personne humaine* : « Dignité de la conscience morale » (n° 16).
2. Mt 6, 13.

I. QU'EST-CE QUE LA TENTATION ?

Le terme utilisé par Matthieu dans la sixième demande du Notre Père[1], au sujet de l'expression « ne nous soumets pas », devrait être plutôt traduit : « ne nous permets pas d'entrer dans... » La demande serait : « Ne nous permets pas d'entrer dans l'épreuve. » Car le mot grec *peirasmos*, comme le latin *tentare*, signifie « tester, mettre à l'épreuve, à l'essai, sonder ». Ce même mot peut encore être traduit par « tenter ». Si l'on traduit « tentation » au lieu d'« épreuve », et que l'on prend « tentation » dans le sens de « conduire au mal », cela ne peut s'appliquer à Dieu. « Que nul, quand il est tenté, ne dise : "Ma tentation vient de Dieu." Car Dieu en effet ne peut être tenté de faire le mal et ne tente personne[2]. » Le démon nous tente, mais Dieu peut nous éprouver. Veillons à ce que l'épreuve ne nous conduise pas à la tentation de tomber dans le péché !

Ainsi, mettre à l'épreuve un homme, c'est sonder sa vertu.

« Sa vertu peut être mise à l'essai ou éprouvée de deux manières, en suivant les exigences de la vertu humaine. Il est requis [demandé, exigé comme nécessaire] d'une part que l'œuvre bonne soit accomplie d'une manière excellente et d'autre part que l'on se garde du mal. Ce qui est indiqué par le Psalmiste : "Évite le mal et fais le bien." La vertu de l'homme sera donc mise à l'épreuve tantôt du point de vue de l'excellence de son agir, tantôt du point de vue de son éloignement du mal[3]. »

« Si, en premier lieu, on vous éprouve pour savoir si vous êtes prompt à vous porter au bien, comme par exemple à jeûner, et si on vous trouve effectivement prompt au bien, ce sera le signe que votre vertu est grande. C'est de cette façon que Dieu éprouve parfois l'homme ; ce n'est pas qu'il ignore sa vertu, mais il veut la faire connaître à tous et à tous la donner en exemple. Dieu éprouva de cette manière Abraham[4] et Job. Souvent en effet le Seigneur envoie des

1. Mt 6, 13 et Mt 26, 41.
2. Jc 1, 13.
3. S. Thomas d'Aquin, *Explication du Notre Père*, citant Ps 34 (33), 15. Dans *Le Pater et l'Ave*, § 78, p. 127, traduction par un moine de Fontgombault. Nouvelles Éditions Latines, coll. Docteur commun, Paris, 1967.
4. Gn 12 et Gn 22.

tribulations aux justes ; s'ils les supportent patiemment, leur vertu est manifestée et ils progressent dans la vertu. “Le Seigneur vous éprouve”, disait Moïse aux Hébreux “afin de faire apparaître au grand jour si oui ou non vous l'aimez”. C'est donc de cette manière seulement que Dieu éprouve l'homme, à savoir, en l'incitant au bien[1]. »

De même l'homme peut éprouver, sonder de cette manière : que ce soit dans l'éducation, dans le choix d'un employé, etc. De la même manière le Christ, au cours de sa vie publique, va mettre à l'épreuve ses propres disciples. « Levant donc les yeux et voyant qu'une nombreuse foule vient vers lui, Jésus dit à Philippe : “Comment achèterions-nous des pains pour que ces gens aient à manger ?” Il disait cela pour le mettre à l'épreuve, car il savait, lui, ce qu'il allait faire. Philippe lui répondit : “Deux cents deniers de pains ne suffiraient pas pour que chacun en reçoive un petit peu.” Un de ses disciples, André, le frère de Simon-Pierre, lui dit : “Il y a ici un jeune garçon qui a cinq pains d'orge et deux menus poissons, mais qu'est-ce que cela pour tant de monde[2] ?” »

La divine pédagogie manifestée dans le Christ, lorsqu'elle met à l'épreuve, ne le fait ni pour apprendre[3], parce que le Christ est celui qui « sonde les cœurs et les reins[4] », ni pour tromper. Le Christ éprouve Philippe pour l'éduquer en lui donnant une connaissance par l'expérience, et de même il éduque les autres, témoins de la scène, qui en écoutant la réponse de Philippe vont être conduits à une connaissance plus certaine de l'événement à venir, le miracle de la multiplication des pains. Au travers de cette épreuve, nous est montré qui est le Christ, l'excellence de ses œuvres et la bonté du pasteur qu'il est pour le troupeau (purification passive). Dieu nous éprouve pour que nous allions toujours plus loin dans l'Amour. Cela fait partie de l'éducation[5] par laquelle Dieu nous conduit vers quelque chose de meilleur, de plus grand.

« En second lieu, pour éprouver la vertu de l'homme, on l'induira au mal. S'il résiste fortement et ne consent pas, c'est l'indice de la grandeur

1. *Ibid.*, § 79, p. 127, citant Dt 13, 3.
2. Jn 6, 5-9
3. Jn 2, 24-25
4. Jr 11, 20 ; Jr 17, 10 ; Jr 20, 12.
5. Jn 15, 1-17.

de sa vertu ; mais s'il succombe à la tentation, sa vertu est manifestement inexistante.

Jamais Dieu ne tente qui que ce soit de cette manière ; car Dieu est incapable de tenter en poussant une personne au mal [...]. Sa propre chair, le diable et “le monde”, voilà les tentateurs de l'homme[1]. »

II. Processus de la tentation : comment et par qui l'homme est tenté

A. Nature et éléments de la tentation

1. Le désir

De manière à mieux comprendre comment s'opère en nous la tentation, il faut revenir à notre expérience de vivants que nous sommes. En effet, la tentation est une sollicitation, une incitation, qui fait naître en nous un désir, un attrait, une convoitise. Notre expérience nous montre qu'en nous le désir peut être bon. Il prend des formes et des degrés divers selon nos facultés, nos appétits, nos attraits. Le besoin de nourriture peut faire naître en moi le désir de manger. Je peux désirer et préférer le sucré au salé. Je peux désirer, du fait d'un appétit de connaissance, lire tel auteur, tel livre. De la connaissance que j'ai d'une personne, peut naître en moi un amour, le désir d'être avec elle. Tout cela est bon. Ici le désir porte toujours sur un bien et se comprend en fonction de celui-ci. Il répond aux appétits de la nature humaine. Ainsi l'exprime saint Augustin : « Ceux qui ont soif doivent avoir soif de tout leur être et de l'âme et de la chair. »

2. Désir et tentation

a. Corruption du désir

Le désir naît en moi d'une incitation qui peut provenir de mes facultés spirituelles (intelligence, volonté), psychiques (imaginaire,

---

1. S. Thomas d'Aquin, *Ibid.,* § 80, p. 129.

mémoire, passions), instinctives (appétit de nutrition et instinct de génération), de ce que je suis. Mais le désir peut aussi être suscité en moi à partir d'une incitation qui me vient du milieu dans lequel je vis, ou du Tentateur[1], ou encore de Dieu.

L'incitation va trouver dans mes opérations et dans ce que je suis une complicité, une connivence qui peut faire que le désir et l'attrait d'un bien me conduisent à la consommation et à l'usage de celui-ci. Selon sa nature et son origine, le désir peut susciter des intentions qui peuvent être bonnes ou mauvaises, des choix aveugles et immodérés conduisant à des actes peccamineux. De plus, l'intention de celui qui tente peut être mauvaise[2], alors celui qui est tenté peut être conduit à l'excès, à l'abus ou encore à poser des actes qui le diminuent dans son humanité ou le détournent de celle-ci. Un désir, détournant l'homme de ses véritables finalités et de son identité profonde, introduit et intensifie en lui le désordre et la perte de la dignité de sa personne. Un tel désir devient mauvais. Il va à l'encontre des vertus humaines et théologales et peut établir l'individu dans l'un ou l'autre péché capital, au risque du vice. « Chacun est tenté par sa propre convoitise qui l'attire et le leurre ; puis la convoitise, ayant conçu, enfante le péché, et le péché, une fois consommé, donne naissance à la mort[3]. »

> « Il y a dans l'esprit le désir conforme à la nature, source de charité et à cause duquel Daniel est appelé "homme de désirs." Ce désir, l'ennemi l'a transformé en désir honteux, qui nous porte à convoiter tout ce qui est impur[4]. » « De l'oubli nous tombons dans la négligence, et de la négligence dans le mépris, l'insouciance et les convoitises déplacées[5]. »

1. Gn 3, 1-7.
2. Comme nous l'avons déjà dit, une telle intention ne pourrait provenir de Dieu.
3. Jc 1, 14-15.
4. Isaïe de Scété, *Asceticon*, II, 5, citant Dn 9, 23. Traduction par les moines de Solesmes, « Spiritualité orientale » n° 7, Bellefontaine, 1970.
5. S. Hésychius de Batos, *Chapitres sur la sobriété et la vigilance et la vertu*, 32. Traduction par J. Touraille dans *Philocalie*, *op. cit.*, p. 197.

b. Nature et désordre

Malgré le péché originel, notre nature demeure bonne. De la disharmonie, introduite en notre nature par le péché de nos premiers parents, viennent les concupiscences. Les concupiscences et les péchés capitaux sont les lieux où s'exerce notre complicité vis-à-vis de toute forme de tentation, ou encore la sauvegarde de notre liberté par la préférence du bien. « Je trouve donc cette loi pour moi qui veux faire le bien : c'est le mal qui est à ma portée. Car je prends plaisir à la loi de Dieu selon l'homme intérieur ; mais je perçois dans mes membres une autre loi qui combat contre la loi de mon intelligence et me tient captif sous la loi du péché qui est dans mes membres[1]. »

> « Un même cœur ne peut suffire à plusieurs passions. Une passion chasse l'autre, et étant partagé, il devient plus faible : la passion dominante attire tout à soi[2]. »

c. Nature et tentation – Conditionnement intérieur et extérieur

La tentation ne s'opère jamais sans notre nature humaine. Souvent, dans la tentation, les sollicitations et incitations vont passer par nos sens et notre imagination, réveillant ainsi le désir passionnel. Les passions seront plus ou moins fortes, selon l'attrait d'un bien et selon ce que nous sommes chacun. Du fait de la disharmonie, la tentation peut être présente en nous indépendamment du conditionnement extérieur, c'est-à-dire de sollicitations qui nous viennent de notre environnement et qui passent par nos sens. La tentation peut être présente en nous directement par notre imagination, ou celle-ci peut être nourrie par notre mémoire, notre histoire. Il peut revenir à notre imagination des images qui peuvent être perverses et qui pourront nous inciter, nous solliciter ou nourrir en nous des désirs et des actes mauvais. Il est certain que toute tentation s'opère avec le concours de notre psychologie (imaginaire, mémoires, passions). Les tentations sont souvent intensifiées, décuplées par notre imaginaire, et le consentement est souvent le résultat de notre dialogue avec les suggestions dans notre imagination. Notre plus ou moins grande lucidité ou volonté à résister ou à éviter les

1. Rm 7, 21-23.
2. S. Jean Chrysostome, *Commentaire sur saint Jean*, II, 5. Dans *Œuvres complètes*, *op. cit.*

tentations, ainsi que notre milieu de vie et l'éducation que nous avons reçue, fondent notre plus ou moins grande responsabilité dans la tentation à laquelle nous avons consenti. Notre complicité avec les concupiscences intensifie le désordre et les inclinations qui sont déjà en nous. Là où l'intelligence et la volonté devraient assumer et maîtriser la vie sensible et la vie végétative qui leur sont ordonnées, il en va tout autrement.

> « Elle [l'âme] se meut donc, mais ce n'est plus vers la vertu ni pour voir Dieu : portant sa pensée à ce qui n'est pas, elle transforme le pouvoir qui est en elle, et s'en sert pour se tourner vers les désirs qu'elle a imaginés [...][1]. »

B. Les trois ennemis de l'âme et le processus de la tentation

1. Préambule

Après avoir montré la nature de la tentation, nous pouvons regarder comment la tentation nous sollicite, de manière extérieure mais aussi intérieure. Les traditions biblique et mystique nous font découvrir qu'il y a trois ennemis de l'âme: le monde, le diable et le « vieil homme ». Il peut y avoir complicité dans la tentation entre la convoitise de celui qui est tenté (due à sa nature brisée) et celui qui tente. Nous pouvons entretenir, plus ou moins volontairement, des liens avec les ennemis de notre âme, ce qui doit nous inciter à la vigilance. « Voici que moi je vous envoie comme des brebis au milieu de loups; montrez-vous donc prudents comme les serpents et simples comme les colombes[2]. »

J'aime à voir, dans cette parabole du semeur, dans l'Évangile de Matthieu[3], le cheminement de la vie en Christ, qui réclame que notre cœur devienne une bonne terre disposée à porter beaucoup de fruits; pour ce faire, nous sommes invités à accueillir la semence qui est la Parole de Dieu. Cela réclame le labour de notre cœur par l'éducation chrétienne, par la conversion et l'ascèse portées par la foi, l'espérance

1. S. Athanase, *Discours contre les païens*, 4. *Op. cit.*
2. Mt 10, 16.
3. Mt 13, 3-9. 18-23.

et l'amour. Pour porter du fruit, il nous faut entrer dans la purification du cœur, mourir à nous-mêmes en immolant notre volonté propre pour accueillir celle du Seigneur. Nous devrons être vigilants tout au long de notre vie pour permettre à la semence de porter en notre cœur beaucoup de fruits, afin que dans notre vie il y ait la fécondité que veut pour nous le Seigneur. Dans cette parabole, nous pouvons voir les trois ennemis de notre âme qui ont pour but de nous détourner et d'étouffer la fécondité de la Parole en notre cœur.

> « Voici, disait Jésus, que le semeur est sorti pour semer. Et comme il semait, des [grains] sont tombés le long du chemin, et les oiseaux, étant venus, les ont dévorés. D'autres sont tombés sur les rocailles, où ils n'avaient pas beaucoup de terre, et aussitôt ils ont levé, parce qu'ils n'avaient pas de profondeur de terre ; le soleil s'étant levé, ils ont été brûlés, et parce qu'ils n'avaient pas de racine, ils se sont desséchés. D'autres sont tombés sur les épines, et les épines ont monté et les ont étouffés. D'autres sont tombés sur la bonne terre, et ils donnaient du fruit, celui-ci cent, celui-là soixante, celui-là trente. Que celui qui a des oreilles entende ! [...] Vous donc, entendez la parabole de celui qui a semé. Chaque fois que quelqu'un entend la Parole du Royaume et ne comprend pas, vient le Mauvais qui s'empare de ce qui a été semé dans son cœur, c'est celui qui a reçu la semence *le long du chemin*. Celui qui a reçu la semence *sur les rocailles*, c'est celui qui entend la Parole et aussitôt la reçoit avec joie, mais il n'a pas de racine en lui-même, il est, au contraire, l'homme d'un moment ; survienne une affliction ou une persécution à cause de la Parole, aussitôt il est scandalisé. Celui qui a reçu la semence *dans les épines*, c'est celui qui entend la Parole ; et le souci de ce monde et la duperie de la richesse étouffent la Parole, et elle devient stérile. Celui qui a reçu la semence *sur la bonne terre*, c'est celui qui entend la Parole et comprend ; lui porte du fruit et produit, celui-ci cent, celui-là soixante, celui-là trente. »

« Tous les dommages que reçoit l'âme proviennent de ces trois adversaires, à savoir du monde, du démon et de la chair. Le monde est l'ennemi le plus faible ; le démon est plus difficile à découvrir, et la chair est le plus opiniâtre de tous et ses assauts durent tant que le vieil homme subsiste. Or, pour surmonter l'un de ces trois ennemis, il faut les terrasser tous trois ; l'un d'entre eux étant affaibli, les deux autres manquent de force ; et quand tous les trois sont surmontés, l'âme n'a plus de guerre à soutenir[1]. »

Tout en regardant les trois ennemis de l'âme, nous soulignerons les stratégies par lesquelles ces ennemis nous tentent. Dans cette perspective mettons-nous à l'écoute de saint Marc le Moine qui a su mettre en lumière ce qui peut favoriser l'emprise de nos ennemis sur nous.

> « Ce sont trois géants étrangers, puissants et forts, que tu dois considérer ; sur eux s'appuie toute la puissance de notre redoutable ennemi spirituel ; une fois hors de combat, toute la puissance destructrice des esprits mauvais perdra enfin sa force, sans difficulté. Ceux qu'on considère comme les puissants géants du Mauvais [...] sont *l'ignorance*, la mère de tous les maux, *l'oubli*, sa sœur, son associée et son auxiliaire, *la négligence*, qui tisse dans l'âme un vêtement et un voile ténébreux de nuages noirs ; elle affermit et fortifie les deux autres, leur fournit leur consistance en introduisant le mal à l'état endémique et en l'enracinant dans l'âme particulièrement insouciante. Le reste des passions croît et se fortifie grâce à la négligence, l'oubli et l'ignorance. Elles s'appuient mutuellement et ne peuvent tenir les unes sans les autres. La puissance des forces ennemies se manifeste par elles, ainsi que la vigueur des princes du Mauvais ; par elles toute l'armée des esprits de malice s'insinue, s'affermit et peut réaliser ses desseins, mais sans elles ne peut se maintenir[2]. »

2. Le monde

a. Le monde comme ennemi[3]

Nous pouvons mettre en lumière ici, dans le processus de la tentation, que chacun des ennemis de l'âme nous tente, nous sollicite, nous

1. S. Jean de la Croix, *Opuscule 1.* Traduit de l'espagnol par le P. Cyprien de la Nativité de la Vierge, Carme déchaussé, dans *Œuvres complètes.* Bibliothèque européenne, Desclée de Brouwer, 4e édition, 1967, p. 1007.
2. S. Marc le Moine, *À Nicolas*, 12. Traduction par Sœur Claire-Agnès Zirnheld, o.c.s.o. dans *Traités spirituels et théologiques.* Spiritualité orientale, n° 41, Abbaye de Bellefontaine, 1985, p. 146-147.
3. Le monde compris comme ennemi doit l'être au sens johannique, c'est-à-dire lorsqu'il favorise le mal et y incline. Il ne saurait être compris comme ennemi lorsqu'il est un milieu de vie, tout ordonné à la croissance de l'homme. Le monde, comme société, est bon lorsqu'il est le lieu de l'expression de la bonté et du meilleur de l'homme par la culture, la recherche, le don de soi... En ce sens le monde laisse apparaître le géni de l'homme, sa créativité qui élève.

incite au travers de nos concupiscences. Le monde et ses instruments, ses artifices, peuvent nous solliciter par nos sens. Il s'agit ici du conditionnement extérieur qui tente en sollicitant la complicité du « vieil homme » en nous. On retrouve les concupiscences dans la 1re épître de Jean : « N'aimez pas le monde ni ce qui est dans le monde. Si quelqu'un aime le monde, l'amour du Père n'est pas en lui, parce que, de tout ce qui est dans le monde – la convoitise de la chair, et la convoitise des yeux, et la forfanterie des biens – rien n'est du Père, mais cela est du monde[1]. » Le « vieil homme », ce sont ces concupiscences profondément enracinées dans notre nature humaine. Par le monde, peuvent être sollicitées et nourries les concupiscences que sont l'orgueil, la vanité et la convoitise de la chair. Il y a une prudence à exercer face au « monde », pris en ce sens.

b. Processus des tentations venant du monde

L'homme qui n'aime pas Dieu de toute son âme et de tout son cœur « voltige à travers ce monde et épuise en faveur de celui-ci tout ou presque tout l'amour dont son âme est capable[2] ».

Le monde, de son côté, nous tente de trois manières.

« Le monde nous tente, en premier lieu, par un désir excessif et immodéré des choses temporelles. "La cupidité" – dit l'Apôtre – "est la racine de tous les maux"[3]. » Celle-ci encombre le cœur et l'empêche de se tourner vers Dieu en prenant la première place : « Là où est ton trésor, là sera aussi ton cœur[4]. » Il est bon de méditer le passage du jeune homme riche dans l'Évangile[5], qui fut empêché de suivre le Christ du fait de son grand attachement à ses biens et qui s'en retourna triste et anonyme.

« Quel désir des biens de ce monde aura celui qui se nourrit de l'amour divin[6] ? »

---

1. 1 Jn 2, 15-16 ; cf. Jn 17.
2. Grégoire Palamas, *Trois chapitres sur la prière et la pureté du cœur*, II, 1, 18. Traduction par J. Touraille dans *Philocalie des Pères neptiques*, t. 2, Paris, 1995.
3. S. Thomas d'Aquin, *Explication du Notre Père,* § 84, *op. cit.*, p. 133, citant 1 Tm 6, 10.
4. Mt 6, 19-21.
5. Mt 19, 16-22.
6. S. Diadoque de Photicé, *Cent chapitres spirituels*, 90. Dans *La Philocalie, op. cit.*, p. 303.

« En second lieu, le monde nous tente par les frayeurs que nous inspirent les persécuteurs et les tyrans. [...] “Tous ceux qui veulent vivre avec piété dans le Christ Jésus”, écrit saint Paul, “souffriront persécution.” Et à ce propos, le Seigneur a fait cette recommandation à ses disciples : “Ne craignez pas ceux qui tuent le corps et ne peuvent tuer l'âme ; craignez plutôt Celui qui peut perdre dans la géhenne à la fois l'âme et le corps”[1]. »

En troisième lieu, le monde, sous l'influence de Satan, peut tenter par des hommes qui, étant de faux apôtres, détournent les chrétiens de la foi véritable, cela par de fausses doctrines[2].

« Il y en a qui n'ont aucun fond de pensée ni aucune ligne théologique, bonne ou mauvaise. Ils se livrent à toutes les doctrines et à tous les maîtres, dans l'idée qu'ils tireront de l'ensemble ce qu'il comporte de meilleur et de plus sûr. Ils ont réservé leur confiance à leurs propres personnes, c'est-à-dire à de mauvais juges de la vérité. Après cela, ils sont tournés et retournés dans toutes les directions par la vraisemblance des arguments, submergés et écrasés par toute espèce de discours et, après avoir changé de maître bien des fois, ils rejettent avec facilité comme poussière au vent bien des écrits. Alors ils finissent, les oreilles et l'esprit épuisés – quelle sottise ! – par éprouver le même dégoût pour toutes les doctrines et par graver en eux comme un funeste principe la dérision et le mépris pour notre foi elle-même. Ils la jugent dépourvue de solidité et de tout bon sens, car ils infèrent sottement de la personne de ceux qui parlent à la doctrine qu'ils exposent, comme celui qui, souffrant des yeux ou ayant perdu l'ouïe, accuserait le soleil ou la voix humaine, reprochant à celui-là d'être terne et sans éclat et à celle-ci d'être fausse et sans intensité[3]. »

---

1. S. Thomas d'Aquin, *Explication du Notre Père*, § 84, *op. cit.*, p. 133-135, citant 2 Tm 3, 12 et Mt 10, 28.
2. 2 Tm 4, 3 ; 2 P 2,1-3 ; 2 Co 11,13-15 ; 1 Tm 4,1 ; He 13,7-9.
3. S. Grégoire de Nazianze, *Discours* 2, § 42 et 44, *op. cit.*

3. Le diable

a. Le diable[1]

Le diable est plus difficile à discerner. Il peut passer par le monde, conditionnement extérieur, pour nous solliciter, mais il peut aussi nous tenter directement par notre conditionnement intérieur en sollicitant des images dans notre imagination. « Satan ne peut pas, sans l'imagination, susciter des pensées et les exposer à l'intelligence pour la tromper par un mensonge[2]. » Il peut encore nous tenter en faisant remonter en nous des images à partir de tout un vécu emmagasiné dans nos mémoires, qu'il peut faire rejaillir et dont il peut se servir pour nous détourner de notre finalité. Le diable nous tentant directement par notre conditionnement intérieur, on pourrait croire que c'est seulement une tentation qui vient du « vieil homme ». Le diable peut réveiller en nous les concupiscences : nous inciter à l'orgueil, à la vanité, à vouloir paraître et aussi à une jouissance immédiate dans le plaisir de la chair. C'est pourquoi nous devons être attentifs, vigilants à la problématique des péchés capitaux (maladies spirituelles), à leur(s) cause(s) dans notre vie, parce que derrière les sollicitations de l'un ou l'autre de ces péchés peuvent se dissimuler « l'ombre » et l'action du diable.

« Le diable a mêlé cette loi [du péché] à la nature humaine et a persuadé l'homme de transporter le désir de son âme de ce qui était permis à ce qui était défendu et de se tourner vers la transgression du commandement divin, laquelle lui fit perdre l'incorruptibilité qu'avait donnée la grâce[3]. »

b. Processus des tentations venant du diable

Cet ennemi, le diable, « nous tente très fortement et il nous faut lutter contre lui avec vigueur[4]. » « Revêtez la panoplie de Dieu, afin de pouvoir

---

1. Cf. chapitre 2, III. C. : « Les noms du diable » ; chapitre 3, II. B. 4. : « Cause démoniaque » ; chapitre 4, II. : « L'esprit d'orgueil ».
Cf. S. Thomas d'Aquin, *Somme théologique*, Ia q.114 a.1. Les hommes sont-ils attaqués par les démons ? a.2 Tenter est-il propre au diable ? a.3 Tous les péchés procèdent-ils de la tentation du diable ?
2. Hésychius de Batos, *Chapitres sur la sobriété et la vigilance et la vertu*, 14, *op. cit.*, p. 194.
3. S. Maxime le Confesseur, *Interprétation du Notre Père*, dans *La Philocalie*, *op. cit.*, p. 562.
4. S. Thomas d'Aquin, *Explication du Notre Père*, *op. cit.*, § 82, p. 131.

tenir contre les manœuvres du diable. Car notre lutte n'est pas contre la chair et le sang, mais contre les Principautés, contre les Pouvoirs, contre les Souverains de ce monde ténèbres, contre les Esprits pervers qui sont dans les régions célestes[1]. » « Aussi le diable est-il expressément appelé le tentateur, comme le montrent ces paroles de saint Paul : "Pourvu que le tentateur ne vous ait pas tentés"[2]. »

Dans ses tentations, le diable se montre consommé en ruse. Ainsi Grégoire de Nysse nous dit que le diable tente « faisant briller la grâce extérieure des apparences et, comme un charlatan, charmant notre goût par quelque plaisir des sens[3]». « Semblable à un habile chef d'armée, occupé à assiéger une forteresse, il considère les points faibles de l'homme qu'il veut attaquer et fait alors porter l'effort de la tentation là où il constate que son adversaire est plus désarmé[4]. » Thomas nous dit encore que le diable « tente les hommes, vainqueurs de leur chair, du côté des vices auxquels ils sont le plus enclins, comme la colère, l'orgueil et les autres maladies de l'esprit[5] ». Saint Jean Cassien nous enseigne que si les pensées et les secrets de notre cœur échappent à la connaissance du diable, celui-ci pourtant peut y avoir accès par « les mouvements de l'homme extérieur » : « Supposons qu'ils [les démons] ont évoqué la gourmandise ; voient-ils le moine tourner curieusement les yeux du côté de la fenêtre, ou vers le soleil, ou encore se soucier de l'heure ils comprennent que le désir de la gourmandise a trouvé place en lui[6]. »

Il nous faut souligner ici que le diable, dans ses ruses, lorsqu'il ne peut nous atteindre là où nous sommes le plus faible, nous incite au contraire à l'excès dans notre générosité à la suite du Christ. Entre autres il pourra tenter par l'excès immodéré de l'ascèse qui en elle-même est bonne et nécessaire ; en effet par l'excès, le diable veut rendre

1. Ep 6, 11-12.
2. S. Thomas d'Aquin, *Explication du Notre Père*, *ibid.*, citant 1 Th 3, 5.
3. *La Création de l'homme*, XX, PG 44, 200C. Traduction par J. Laplace, « Sources chrétiennes » n° 6, Paris, 1943.
4. S. Thomas d'Aquin, *Explication du Notre Père*, § 82, *op. cit.*, p. 131.
5. *Ibid.*, p. 133.
6. S. Jean Cassien, *Collectes*, 7, 15. Cité par Sr Marie-Ancilla, o.p. dans *Saint Jean Cassien – Sa doctrine spirituelle*, p. 75. Éd. La Thune, Marseille, 2002.

vulnérable, fragiliser la personne de manière à pouvoir la tenter plus encore et l'emprisonner dans ses filets. Par exemple, le jeûne est bon, il peut rendre manifeste la promptitude d'une personne à se priver et à manifester ainsi son attachement au Seigneur. Mais pourtant l'excès de jeûne peut faire que cette personne se fragilise au détriment de la finalité ultime, la charité, au détriment de l'attention dans la prière, ainsi que de la patience dans la relation aux autres… C'est là que l'on voit la nécessité de la vertu dans l'ascèse. La vertu, c'est la mesure, tenir le juste milieu dans le respect de mon *je suis*, dans le juste équilibre de ce qui convient pour moi. L'exercice de l'ascèse se fait dans la connaissance de soi, dans le discernement de ce qui convient. C'est la réalité de ce que nous sommes qui doit être la mesure de notre ascèse, sinon l'excès pourrait conduire à un mal plus grand, l'orgueil spirituel ; alors qu'il en va tout autrement de la vie théologale qui souffre de toute mesure et de toute limitation. Jamais le démon ne nous poussera à l'excès dans la vie théologale, mais bien plutôt il nous poussera à l'attiédissement jusqu'à la détruire. « Votre adversaire, le diable, comme un lion rugissant circule, cherchant qui engloutir. Résistez-lui, solides dans la foi[1]. »

Dans le processus de la tentation, le démon use d'une triple tactique[2].

En premier lieu, dans ses ruses, le diable fausse notre rapport à l'interdit : il appelle bien ce qui est mal, mal ce qui est bien. C'est pourquoi il ne propose pas à l'homme, au moment de la tentation, un mal manifeste, mais un bien apparent. « Ainsi, au début, il ne détourne que légèrement l'homme de son orientation générale antérieure, mais suffisamment pour ensuite l'amener plus facilement à pécher. À ce sujet, l'Apôtre écrit aux Corinthiens : "[…] Satan lui-même se camoufle bien, lui, en ange de lumière"[3]. » Pareillement Jean Cassien enseigne : « L'enchaînement de nos pensées vient du diable lorsqu'il essaie de nous faire défaillir par la séduction des vices, ou encore par des pièges cachés ; il déguise le mal en bien, avec une adresse fausse et très subtile en se présentant à nous sous l'aspect d'un ange de lumière[4]. »

1. 1 P 5, 8-9.
2. Cf. Gn 3, 1-8.
3. S. Thomas d'Aquin, *Explication du Notre Père*, § 83, *op. cit.*, p. 133, citant 2 Co 11, 14.
4. *Collectes*, 1, 19. *Op. cit.* p. 74.

En second lieu, par la séduction, le diable nous aveugle en relativisant ou en niant les conséquences des actes qu'il nous suggère. « Il arriva que l'intelligence, induite en erreur dans son désir du vrai bien, fut détournée vers ce qui n'est pas ; trompée par le promoteur et le conseiller du vice, elle se laissa persuader que le bien était tout l'opposé du bien[1]. »

En troisième lieu, après avoir amené l'homme à pécher, le diable l'enchaîne pour l'empêcher de se relever de ses fautes en l'enfermant dans la culpabilité, l'angoisse, l'amertume. Il peut aussi l'enfermer dans la négation des conséquences de ses actes. « Ainsi donc le démon fait deux choses : il trompe l'homme et il maintient l'homme trompé dans son péché[2]. »

4. Le « vieil homme »

a. Le vieil homme

Toute tentation passe nécessairement par le vieil homme et le sollicite. La tentation provenant du conditionnement extérieur (le monde et le démon qui peut se servir du monde) nous atteindra nécessairement en sollicitant en nous le vieil homme. Tout comme toute tentation qui nous arrive directement du conditionnement intérieur, fût-elle du démon, passera inévitablement en nous par le vieil homme.

Les tendances que nous portons en nous, les propensions à l'orgueil, la vanité et la chair sont toujours là, profondément enracinées dans notre nature blessée, pour nous détourner de ce qui nous finalise véritablement. Cela peut se faire indépendamment de tentations, de sollicitations qui nous viendraient du monde ou du démon. Tous les combats auxquels nous pouvons être confrontés s'opèrent dans notre personne, qui devient le théâtre dans lequel se vivent et se résolvent toutes les luttes et les guerres, et qui peuvent donner lieu à de grandes victoires sur nos ennemis.

b. Processus des tentations venant du vieil homme

La chair (les concupiscences, le vieil homme) tente l'homme de deux manières :

---

1. S. Grégoire de Nysse, *Discours catéchétique*, XXI. Traduction par A. Maignan, *Catéchèse de la foi*, « Les Pères dans la foi » DDB, Paris 1978.
2. S. Thomas d'Aquin, *Explication du Notre Père*, § 83, *op. cit.*, p. 133.

« D'abord elle l'aiguillonne et le pousse au mal par la recherche incessante de ses délectations charnelles, occasions fréquentes de péché. Le fait de s'arrêter dans les délectations charnelles entraîne la négligence des choses spirituelles. “Chacun”, dit saint Jacques, “est tenté par sa propre convoitise, qui l'entraîne et le séduit”[1]. »

« S'écartant de la considération du désir de l'Un et de l'Être, je veux dire Dieu, les hommes s'engagèrent dans la diversité et la multiplicité des désirs corporels[2]. »

« En second lieu, la chair nous tente en nous détournant du bien. L'esprit, de lui-même, se délecterait toujours dans les biens spirituels, mais la chair rend l'esprit lourd et l'entrave. “Le corps, sujet à la corruption”, dit la Sagesse “appesantit l'âme” ; et saint Paul écrivait aux Romains : “L'homme intérieur en moi se délecte dans la loi de Dieu ; mais je vois dans mes membres une autre loi ; cette loi-là lutte contre le loi de ma raison ; elle me tient captif sous la loi du péché, qui est dans mes membres.”

Cette tentation de la chair est extrêmement forte, à cause de notre union intime à notre ennemie, la chair. “Aucune peste – dit Boèce – n'est plus nuisible qu'un ennemi familier.” Il faut donc veiller sur les assauts de notre chair. “Veillez et priez – dit Jésus – pour ne pas entrer en tentation”[3]. »

« Celui qui ne sait pas aller sur la voie spirituelle ne prend pas garde aux pensées passionnées. Mais il passe tout son temps à s'occuper de la chair. Il s'adonne à la gourmandise, à la débauche, à la tristesse, à la colère, au ressentiment. Il enténèbre ainsi l'intelligence. Ou bien il abuse de l'ascèse ; et il trouble la réflexion[4]. » « Notre puissance de désir n'est pas de nature telle qu'elle puisse en même temps servir les voluptés corporelles et le mariage spirituel[5]. »

---

1. S. Thomas d'Aquin, *Explication du Notre Père*, § 81, *op. cit.*, p. 129, citant Jc 1, 14.
2. S. Athanase, *Discours contre les païens*, 3. *Op. cit.*
3. S. Thomas d'Aquin, *Ibid.*, citant Sg 9, 15 ; Rm 7, 22 puis Mt 26, 41.
4. S. Maxime le Confesseur, *Centuries sur la charité*, IV, 65. *La Philocalie*, trad. J. Touraille, éd. DDB – J.-C. Lattès, 1995, p. 416.
5. S. Grégoire de Nysse, *Traité de la virginité*, XX, 3. Traduction par M. Aubineau, « Sources chrétiennes » n° 119, Paris, 1966.

III. Ce sur quoi porte la tentation

Sans vouloir être exhaustif, nous pouvons regarder les lieux où peut s'exercer la tentation dans notre vie. Comme nous le verrons, la tentation peut toucher tous les aspects de celle-ci. Bien que derrière toute tentation il n'y ait pas nécessairement l'influence du diable, comme nous l'avons vu précédemment, celui-ci peut se dissimuler cependant derrière toutes les sortes de tentations qui touchent notre humanité. Il trouvera toujours son avantage à nous affaiblir dans notre humanité, et au terme à nous détourner d'un bien plus grand. Il hait ce qui fait la dignité de notre personne, il veut détruire ce qui l'élève au plus haut des Cieux.

Nous allons regarder là où porte la tentation dans les dimensions de notre personne, mais aussi nous soulignerons qu'elle peut venir du milieu dans lequel nous vivons et nous nous développons, ceci pour nous sensibiliser et nous rendre lucides sur les lieux des combats en nous-mêmes, nous permettant ainsi de mieux nous connaître, de mieux voir les causes de nos mal-être, l'origine de la tentation et d'envisager les remèdes appropriés. En second lieu, nous regarderons la tentation qui peut porter sur le développement de la vie chrétienne en nous, ainsi que dans son milieu de croissance.

Dans ce sujet, chacun peut compléter par extension cette réflexion pour lui-même. Il est certain que les tentations des moines ne sont pas les mêmes que celles des pères et mères de familles ou des enfants, des adolescents, ou des hommes d'entreprises, des politiciens… Quant à la forme elles diffèrent ; quant au fond, par similitude, elles ont les mêmes racines ; c'est pourquoi un moine peut être très proche des autres et comprendre ce qu'ils vivent. Les différences dans les tentations proviennent en partie du genre de vie, du milieu de vie, mais pour tous la tentation se fait toujours sous forme de sollicitation, de désirs qui rejoignent notre nature blessée ou proviennent d'elle.

A. En notre humanité

Regardons maintenant les tentations qui peuvent toucher plus particulièrement notre humanité. Indépendamment d'une vie chrétienne, beaucoup d'hommes et de femmes sont sujets à des tentations, à des épreuves dans leur vie. Parfois la tentation pourra avoir pour origine le démon, étant donné que celui-ci ne se satisfait pas seulement d'attaquer ceux qui marchent à la suite de Jésus, mais il a aussi la volonté de détruire l'homme dans toutes les dimensions de sa personne, et plus particulièrement dans ce qui le rend fécond, ce qui l'élève, ce qui le met au service des autres, dans tout ce qui pourrait mettre en lumière la Sagesse du Créateur ou son Amour ou sa Bonté.

1. Dans la personne

Nous pouvons mieux nous rendre compte de ce sur quoi porte la tentation, en regardant l'homme dans sa globalité. La tentation venant du Mal porte sur chacune des sept dimensions de notre personne, plus précisément sur celles qui la finalisent, dans le seul but d'entamer et de diminuer notre humanité, de nous détourner de ce qui nous finalise et qui fait notre dignité. Le Mal, en nous détournant de nos fins propres, veut nous diminuer et nous amener au non-sens et au non-être.

Nous devons éviter de confondre les étapes de la croissance avec la tentation. Pourtant, les étapes de la croissance peuvent donner lieu à des périodes difficiles, à des crises, des révoltes, et se traduire par des tentations qui pourraient aller jusqu'à des désirs de suicide chez certaines personnes. Ce phénomène caractérise plus particulièrement l'adolescence qui est un passage de l'enfance à la vie adulte. L'adolescence, c'est ne plus être enfant et ne pas être encore adulte. Cette étape pourrait s'apparenter au « complexe du homard[1] ». Ce crustacé, du fait de sa croissance, est amené à abandonner sa carapace devenue trop petite. Il se dissimule alors à tous ses prédateurs, parce que devenu vulnérable ; cela jusqu'à ce qu'il se soit constitué une nouvelle carapace, ceci jusqu'à la taille adulte. De même dans son développement, dans sa croissance, l'enfant devenant adolescent, perd ses repères corporels et psychiques. Il y a en lui toute une mutation, une transformation. Il peut y avoir un décalage entre la maturation psychologique et celle du corps,

1. Cette image est empruntée à Françoise Dolto, *Paroles pour adolescents. Le complexe du homard.*

amenant une crise d'identité. Perdre ses repères, c'est perdre sa carapace, c'est devenir vulnérable. Beaucoup d'adolescents dissimulent cette période difficile derrière de nombreux masques, et prolongent leur adolescence plus ou moins tardivement dans leur vie ; pour certains cela peut être très tardivement dans leur existence d'homme. On aidera les jeunes dans cette période difficile de leur vie, par une saine éducation, en fortifiant leur volonté, en leur donnant de véritables repères, y compris dans l'affectivité, au-delà des modes qui bien souvent peuvent les laisser sur le sentiment de s'être trompé ou d'avoir été trompé. On les aidera en donnant un sens à leur vie à partir des véritables finalités humaines[1], ceci dans le respect de leur personne. Il est important de les écouter, de pouvoir parler avec eux de leurs difficultés, et dans la prudence de chercher avec eux des solutions à celles-ci. Le milieu (les parents, la fratrie) est très important, il devrait être un milieu de vie par le sens que l'on a de l'autre, le regard que l'on pose sur l'autre, les valeurs qu'on y transmet. La famille sera attentive à ne pas trop étouffer les adolescents ni à les laisser à eux-mêmes, et à garder stable le milieu lui-même, car celui-ci constitue un repère qui sécurise l'adolescent. Il est certain que plus ou moins consciemment beaucoup souffrent de ne pas avoir de famille « normale » et unie. Cependant cette situation douloureuse de famille désunie, bien comprise et accompagnée, pourra devenir un chemin de maturation et de croissance.

2. Dans le milieu de vie et l'éducation

a. Le sein maternel

Le sein maternel est le premier milieu de vie de la personne dans son devenir. Aujourd'hui la tentation pour beaucoup peut être le refus d'accueillir cette vie, cela avec la complicité de l'entourage, de la société et de ses lois. L'idéologie de certaines institutions, en plus d'encourager l'avortement, les conduit jusqu'à utiliser des moyens de pression favorisant celui-ci. Sans les nier, les difficultés que certaines femmes rencontrent quant à la perspective d'une naissance ne peuvent justifier

1. Cf. chapitre 1, I, « Image de Dieu et dignité de la personne ».

l'avortement. On ne met pas suffisamment en lumière les autres alternatives à l'avortement, comme l'adoption, les allocations qui aideront la maman dans une période difficile, etc. Au-delà de toutes les argumentations pour ou contre la venue d'un enfant, déjà d'un point de vue humain, et plus encore dans un regard divin, le bébé dès sa conception doit être vu et reconnu comme une personne en devenir. Un nouvel organisme humain est, dès la fécondation, « doté de la capacité intrinsèque de se développer de façon autonome en un individu adulte[1] ».

b. Le couple

Le couple, plus que jamais aujourd'hui, est tenté et éprouvé. Avant même que certains couples n'aient commencé à se constituer, ils sont voués à l'échec de par la mentalité individualiste et égoïste de ses membres.

La famille aujourd'hui est un défi, une aventure. Il est inscrit au plus profond de la nature de l'homme et de la femme de vivre en couple et de fonder une famille. Ils sont appelés à construire ensemble un milieu où l'on donne la vie, où l'on voit grandir, où l'on éduque, où l'on fait croître et dans lequel on peut être très heureux.

Des difficultés apparaîtront toujours au long de l'existence d'un couple. Au-delà de toutes les difficultés matérielles, qui pour certains ne sont pas anodines, souvent ce seront des difficultés relationnelles, des difficultés de communication qui seront à l'origine de différends et de divisions. Souvent l'orgueil préside au conflit, au point que chacun reste campé sur ses positions ; ou bien les difficultés trouveront un répit « sur l'oreiller » pour resurgir plus tard. Parfois, les difficultés viennent de suspicions quant à la fidélité de l'un ou l'autre dans le couple ; ou encore des malaises sont le fruit d'attitudes concertées et consenties par le couple qui pratique le libertinage ou toutes sortes de pratiques déviantes. La litanie des difficultés du couple que l'on a pu favoriser par des décisions, des choix et des non-dits, peut être longue. Les difficultés et les tentations peuvent provenir de fragilités personnelles qui prendront du relief dans la relation à l'autre. D'autres difficultés proviendront du

1. Conclusion de la 3e Assemblée plénière de l'Académie pontificale pour la vie, au Vatican, le 14-16 février 1997.

couple lui-même qui n'a pas mis en œuvre les moyens favorisants la croissance, l'unité, la complicité. Parmi les moyens qui affermissent l'identité et la personnalité du couple on peut souligner l'amour, la capacité de voir les qualités de l'autre et ce qu'il fait de bien, le dialogue, le partage, la délicatesse... Il faut remarquer que toute difficulté, bien identifiée et accompagnée, peut être l'occasion de croissance et de renouvellement du couple, dans le soutien mutuel et la solidarité de ses membres. Un couple, ce sont deux personnes qui sont appelées à s'unifier ensemble. Il ne s'agit pas de fusionner, mais en se respectant dans l'amour il s'agit de s'entraider, et de s'encourager afin que chacun trouve un épanouissement dans sa vie de couple. Le couple se construit dans le respect et la fidélité à l'autre, dans le dialogue qui implique l'écoute et qui se réalise dans la vérité et l'amour au-delà des préjugés, des *a priori* sur l'autre et de tout jugement qui enferme. Il est rare qu'un homme et une femme qui s'aiment ne trouvent pas de solution dans les difficultés. Outre les moyens humains qui peuvent être mis en œuvre pour construire et secourir un couple, il faut ajouter que les couples chrétiens peuvent s'appuyer sur la grâce du sacrement de mariage et sur de nombreux autres moyens que nous verrons plus loin. Il est certain que le diable aime à utiliser les situations troubles.

c. L'éducation

Inévitablement des difficultés apparaîtront dans l'éducation au sein de la famille. Il est important que le couple s'accorde sur l'éducation qu'il veut donner à ses enfants, sinon les tensions, les divisions apparaîtront très vite en ce domaine, et très vite on rejettera sur l'autre les erreurs. L'éducation est un lieu où se manifestera la complémentarité de l'homme et de la femme au sein de la famille. Elle est un lieu de complicité du couple, qui doit rapprocher plutôt que diviser. Elle doit être respectueuse de l'enfant qui lui est confié. L'éducation, c'est devenir serviteur de l'autre sans vouloir le posséder ou le façonner comme on aimerait qu'il soit. L'éducation réclame l'écoute et le respect de celui que l'on éduque, et qu'on puisse l'aider à grandir dans chacune des dimensions de sa personne. L'éducation réclame l'obéissance, cela jusqu'à ce que l'enfant ait acquis la prudence et, par elle, la capacité à se diriger lui-même.

Une tentation pourrait être de s'exonérer d'avoir à éduquer l'enfant, par idéologie psychologique qui consiste à dire qu'il faut laisser l'enfant faire toutes ses expériences pour qu'il grandisse par lui-même, cela sans intervenir. Un autre excès serait de devenir autoritaire, de tout décider à la place de l'enfant, au risque de le casser dans sa personnalité, son développement et son autonomie. Une autre tentation serait de reproduire ce que nous avons vécu, voire subi, alors que l'éducation c'est aider l'autre à devenir lui-même, c'est l'aider à devenir un homme libre. Aider une personne à vivre dans le bien, en conformité avec sa nature profonde, est la meilleure garantie de ce chemin de liberté.

Face aux difficultés rencontrées dans l'éducation, il sera bon de demander conseil, parfois auprès d'hommes et de femmes qui ont le sens et le respect de la nature humaine et de ce qu'est la personne. Puisque la croissance implique des luttes, il est important d'aider l'enfant ou l'adolescent à faire face à celles-ci de manière constructive. L'éducation chrétienne prendra en compte les luttes que l'on retrouve dans le développement de la vie spirituelle et les étapes de la croissance de celle-ci. Dans la vie chrétienne l'éducation consistera à disposer l'enfant à être fidèle et endurant à la suite du Christ, jusque dans les luttes et les épreuves du combat spirituel.

Les parents ont un rôle d'autorité dans l'éducation ; « autorité » veut dire « faire croître ». Là est bien le but de ce ministère confié aux parents. Le diable a en horreur cette mission qui leur est confiée, car elle touche la fécondité dans le fait de faire grandir, d'aider un enfant à devenir pleinement lui-même dans le développement de toutes ses capacités, jusque dans la dimension religieuse.

d. Le développement psychologique de la personne

L'épanouissement et la croissance de la personne impliquent un *moi fort*[1] qui structure et favorise un équilibre psychologique. C'est par une saine éducation et la croissance des différentes dimensions de la personne que s'acquiert le moi fort, c'est-à-dire autonomie, valorisation, et sécurité psychiques. Le moi fort doit s'acquérir depuis

1. Autonomie, valorisation et sécurité psychiques. Ces notions qui structurent le *moi fort* en psychologie sont développées par le docteur Charles Odier dans *L'homme esclave de son infériorité*, 1 : *Essai sur la genèse du moi*, Delachaux et Niestlé, 1950.

la petite enfance et se maintenir le plus possible jusqu'au terme de notre vie.

Cette structure, cet équilibre psychologique peuvent être fragilisés, sapés par la souffrance, par certaines idéologies, formes d'éducation et milieux de vie, provoquant une vulnérabilité psychologique qui favorise un mal-être. Nous pouvons ne pas avoir acquis un moi fort, ce qui nous fragilise et nous rend vulnérables ; ou bien nous pouvons ne pas avoir acquis l'un ou l'autre des aspects du moi fort, alors demeurera un manque. Dans le devenir de notre vie les événements (échecs, chômage, séparations, maladie, etc.) peuvent affaiblir le moi fort, ce qui suscite la souffrance dans une perte d'autonomie, ou une dévalorisation ou encore une insécurité. Dans la vieillesse comme dans la maladie ou le handicap, le moi fort peut aussi être entamé par la diminution des facultés (exercice de l'intelligence, mémoire, motricité, etc.). Celle-ci entraîne une plus ou moins grande perte d'autonomie de la personne, une dévalorisation à ses yeux et aux yeux des autres, un sentiment d'insécurité, ce qui constitue une véritable épreuve et peut devenir source de tentations pour la personne comme pour son entourage.

La souffrance sera la porte ouverte à de multiples tentations. Tout ce qui peut empêcher ou diminuer le moi fort peut devenir, dans notre vie, source d'épreuves par lesquelles la tentation peut plus facilement s'immiscer. Notre histoire, notre vécu, l'enracinement de notre humanité, nous permettront de faire face plus ou moins bien à la diminution de notre moi fort. Celle-ci pourra être assumée par l'intégration de solutions qui donnent sens à l'existence et fortifient. Dans les situations limites, nous devrons découvrir un véritable sens à notre souffrance, la rendre humaine en lui trouvant une finalité et une fécondité. Une lumière et un sens plus grand peuvent être apportés par la dimension religieuse développée en la personne, donnant une force plus grande pour assumer les souffrances auxquelles celle-ci est confrontée. La dimension religieuse permet la mise en œuvre d'armes qui nous donneront de mieux vivre notre souffrance sans laisser la tentation et les forces du mal prendre le dessus.

e. Dans la souffrance

La tentation peut provenir de l'expérience de la souffrance. La souffrance aux mille visages peut se manifester au travers de l'expérience des limites humaines, des manques affectifs ou des manques de justice, des altérations de la santé…

La souffrance peut devenir une véritable pierre d'achoppement dans notre histoire. Elle peut intervenir à tous les moments du développement de la personne, de l'enfance jusqu'au terme de notre vie sur cette terre. Dans toutes les étapes de notre vie, des événements pourront interférer, voire diminuer le moi fort, la dynamique de vie, suscitant ainsi, dans le vivant, des fermetures et par là même un sentiment de dépréciation, d'inutilité. L'épreuve de la souffrance, la conscience que l'on a de ce mal qui est la privation d'un bien, peut devenir une véritable porte ouverte à la tentation, pouvant conduire certains à la dépression, au désespoir, voire même au suicide. Seul ce qui finalise véritablement la personne peut l'aider à sortir des difficultés, des épreuves les plus grandes.

3. Dans le monde politique

a. Le milieu scolaire

En premier lieu, la croissance de la personne se réalise, après le milieu intra-utérin, dans le milieu familial; celui-ci est le milieu privilégié pour la première éducation. Cette éducation devra être complétée par le monde scolaire, celui-ci devient un nouveau milieu de vie pour l'enfant. Le monde scolaire devrait être envisagé avant tout comme un lieu de croissance pour toute la personne, un lieu où l'on accède au savoir, à la culture, à l'éducation physique, etc. On peut regretter une déficience d'éducation morale dans le milieu scolaire. On peut aussi regretter que les établissements privés dits catholiques aient souvent perdu le sens de l'éducation chrétienne. On peut aussi souligner l'une des grandes tentations dans certains milieux scolaires ainsi que pour certains parents, celle de considérer les enfants par les résultats qu'ils produisent et de ne plus être suffisamment attentif à leur épanouissement personnel et à leur rythme.

En grandissant dans le milieu scolaire, au fil des années, l'enfant va parfois se démarquer de ses parents, de leur manière de penser, d'envisager les choses. L'enfant, au contact d'autres jeunes, peut être très influençable, d'autant plus qu'il n'a pas encore nécessairement acquis sa personnalité. Les parents devront être vigilants à garder avec leur enfant une relation de confiance, afin que celui-ci puisse s'ouvrir à eux des difficultés qu'il peut rencontrer, et trouver auprès d'eux le conseil et l'aide nécessaires. La classe, la cour de récréation peuvent être le théâtre où le jeune subit des influences, où il accède à des jeux et des modes qui peuvent être néfastes. À l'âge où on vit beaucoup au niveau du paraître, où on a besoin d'exister au regard des autres, on peut avoir des difficultés à se démarquer et à s'affirmer. Un jeune, qui affirme ses convictions, les valeurs auxquelles il croit, peut subir les railleries et le rejet des autres. Il peut très bien aussi ne pas être d'accord avec certaines idées de ses enseignants. Un jeune peut très bien avoir raison face aux autres, mais devant les difficultés il peut en arriver à rejeter les valeurs auxquelles il croyait pour, finalement, se laisser façonner au gré des modes, des idées, des opinions. Le regard des autres et le phénomène de groupe pourront parfois amener l'adolescent à entreprendre des expériences dangereuses, comme fumer de la drogue, boire de l'alcool, écouter des musiques violentes et déstructurantes, accéder prématurément à des expériences sexuelles... Influençable, le jeune pourra être exposé à des expériences de spiritisme. Celles-ci, loin d'être anodines, favorisent des liens avec les forces des ténèbres. Les conséquences rejailliront sur celui qui a pratiqué le spiritisme, voire sur son entourage. Elles pourront se manifester parfois par un mal-être qui ne sera pas nécessairement lié à la période critique de l'adolescence, mais lié à une emprise du démon. Il peut s'ensuivre des difficultés de santé, des problèmes d'attention, des comportements morbides, des désirs de mort, etc.

Il est important d'être attentif aux différents symptômes que manifeste un jeune en difficulté, d'en voir les causes, si elles viennent de lui, de ses relations, du milieu familial ou scolaire, cela afin de l'aider. Il sera souvent bénéfique pour un jeune de développer ses dons, ses talents aussi hors du milieu scolaire en faisant partie de mouvements, d'un club de sport ou d'art, etc., mais il faudra toujours être vigilant à ce que ce nouveau milieu soit sain. Le milieu doit être un milieu de vie, de bénédiction, et non un milieu de mort. On peut être agressé par le milieu dans lequel on vit, c'est alors que l'on doit apprendre, dans la lucidité et l'éducation, à s'en protéger sans tomber dans le manichéisme. Si on vit toujours dans un milieu contre-nature et qu'on le subit, on finit par s'asphyxier, comme un poisson hors de l'eau.

b. La cité

La cité est un autre cadre de vie. L'ambiance, le climat et les événements qu'on y trouve sont souvent le résultat du monde intérieur des personnes qui composent la cité. Certaines personnes expriment leur violence jusque dans leur quartier, la perversité de certains s'exprime au-dehors, la superficialité d'autres est dévoilée au grand jour… La cité dans laquelle on vit est toute empreinte des idéologies qui la régissent.

Dans notre société de consommation, on tapisse les murs de publicités qui sont comme autant d'incitations à consommer. On y laisse apparaître de belles femmes qui suscitent la convoitise, etc. Les publicitaires savent exploiter les concupiscences de l'homme pour solliciter et exacerber leur appétit de consommer toujours davantage. Certains de ceux qui n'ont pas les moyens financiers d'accéder au monde de la consommation agresseront, voleront ou trafiqueront pour obtenir l'objet de leur désir.

Aujourd'hui, la violence semble de plus en plus gratuite. Des jeunes et moins jeunes, par manque de civisme, détruisent l'environnement qui est le leur, manifestant ainsi un profond désarroi. De nombreuses villes en France ont vu augmenter sensiblement la délinquance, les vols et les agressions tout au long de ces dernières années. Toutes les formes d'incitation, de tentation peuvent conduire à cette culture de mort qui se révèle à nous dans la quête de pouvoir, d'avoir et de paraître. La vitrine de la culture de mort nous apparaît trop souvent par la télévision, le cinéma et certaines revues qui nous incitent à vivre en conformité avec ce que nous voyons.

On peut discerner souvent l'action du démon qui travaille de manière souterraine et attise la culture de mort, dans l'unique but de faire éclater notre société, la diviser, comme jadis Babel[1].

1. Cf. Gn 11, 1-9.

c. Le milieu professionnel

Le milieu professionnel lui aussi est un milieu de vie où l'on peut cependant rencontrer certaines tentations, conflits et épreuves. On crée son milieu, on le façonne, on l'influence, mais celui-ci exerce aussi ses influences sur nous tant par l'ambiance relationnelle que par le travail lui-même. C'est pourquoi toute décision que l'on doit prendre dans sa vie professionnelle doit rester morale. On doit être attentif à ce que le travail ne devienne pas un absolu au point d'absorber toute l'énergie et d'être au détriment de la vie familiale, au risque de créer des tensions et de la mettre en péril. On doit aussi veiller à ne pas résoudre ses problèmes personnels en fuyant le travail, ou en fuyant dans le travail. Le travail doit rester un lieu d'épanouissement, il ne doit pas devenir le lieu de l'aliénation et de la servitude.

d. Le pays

La politique est tout ordonnée à l'organisation d'un pays. Elle doit en favoriser la cohésion et la concorde par le respect de la loi naturelle inscrite en l'humanité et qu'on doit retrouver dans l'application des droits de l'homme, par des lois respectueuses des personnes et du bien commun. Dans l'organisation sociale du pays tout doit être mis en œuvre pour que les hommes développent leurs compétences et les mettent au service du bien commun, et qu'ils puissent bénéficier en retour de moyens qui leur permettent de vivre convenablement. Chacun doit apporter le meilleur de lui-même dans le développement de son pays, cependant celui-ci dans son organisation doit donner toute sa place aux plus faibles de ses membres malades, handicapés, âgés. C'est l'attention qui leur sera portée et la prise en compte de leur personne qui permet d'évaluer la santé politique d'un pays. Une idéologie politique qui exclurait les plus faibles devient élitiste, égoïste et inhumaine. Sa mentalité et ses lois sont souvent menées par la recherche d'efficacité et de rentabilité. De tels systèmes sont voués à l'échec et à de profondes crises sociales.

Les gouvernants doivent avoir un profond sens du service du pays, de son bien commun. Ils doivent être profondément animés par le sens de la justice et le respect des autres. Leur conscience morale doit les conduire à dénoncer ce qui pourrait trahir le droit des personnes et le bien commun, et à s'effacer plutôt que de risquer d'être mus par la recherche du pouvoir, le carriérisme et les intérêts personnels. Les gouvernants doivent être attentifs à ce que leur pays se développe dans le respect des autres peuples et la solidarité avec eux. Ils doivent favoriser l'unité et la paix dans le concert des nations.

« Quand le pouvoir se dresse contre la justice et la vérité, jusqu'à détruire les fondements de toute autorité, on ne voit pas comment on pourrait condamner les citoyens qui s'unissent pour défendre la nation et se défendre eux-mêmes [...] contre ceux qui programment étatiquement leur malheur[1]. »

Technique et économie

La recherche scientifique et la technique sont bonnes, pour autant qu'elles sont au service de l'homme et qu'elles le respectent. La recherche et la technique sont un progrès pour autant qu'elles sont ordonnées à un mieux-vivre pour l'homme. Les grandes découvertes dans tous les domaines des sciences, comme on peut le constater dans l'histoire de l'humanité, sont parfois un bien pour l'homme, et malheureusement ces mêmes découvertes sont parfois utilisées comme moyens de destruction à l'encontre de l'homme et de son environnement. On retrouve cela dans le domaine de la technique médicale (progrès pour les soins, mais aussi avortement, euthanasie, acharnement thérapeutique), dans la biologie (le génome humain, les manipulations génétiques, le clonage), dans l'agronomie, la chimie, la mécanique, le nucléaire, etc.

La tentation ne réside pas dans la recherche, mais dans l'intention et la volonté qui motivent la recherche ou ses applications. La première motivation qui peut faire que bien souvent les sciences ne sont plus respectueuses de l'homme, c'est l'appât du gain, c'est tirer le maximum de profits d'applications possibles, fût-ce au détriment de certains à court ou moyen terme.

Les autres corruptions qui peuvent s'introduire dans les découvertes scientifiques et leurs applications sont bien souvent idéologiques. Elles

1. Pie XI, lettre à l'épiscopat mexicain du 28 mars 1937.

peuvent être motivées par un soi-disant « ordre mondial » réclamant un « pacte social », ayant aujourd'hui pour armes principales l'économie et la technique, tout cela au détriment du respect de la dignité de la personne et des libertés. Il peut y avoir dans le domaine de la bioéthique, comme dans toutes les sciences modernes, la tentation du primat de l'économie, de la rentabilité, de l'efficacité et de mettre la technique et son efficacité comme mesure de l'éthique. Tout cela produit un profond désordre dans les mentalités, et dans la vision de l'homme et du monde. Il y a là une grande tentation, celle qui pousse certains scientifiques, politiciens, économistes à se prendre pour Dieu, et à vivre dans le mépris des hommes et des générations à venir.

Symptômes et effets de la culture de mort

Une politique idéologique, qui n'est plus ordonnée par ses lois, au respect et au développement de la personne et de son milieu de vie, devient peu à peu tyrannique et inhumaine. Cela se vérifie par des symptômes que l'on peut constater dans le corps qu'est celui de la communauté d'un pays, communauté qui, progressivement, perd sa cohésion et devient égoïste. Certaines idéologies politiques, qu'elles soient marxistes ou bien capitalistes, favorisent des cultures de mort.

Constatons certains de ces symptômes qui s'enracinent dans une perte de repères, un mal-être et un égocentrisme et vérifions-les par quelques chiffres qui, même s'ils ne sont plus d'actualité, peuvent nous interpeller.

Le premier constat de la culture de mort peut se faire à partir des médias (télévision, journaux, cinéma, radio, publicité) et de la littérature, au travers desquels transparaissent de plus en plus les idéologies de la culture de mort, la banalisation et relativisation de la violence, de la sexualité, de la sorcellerie, de l'occultisme, de la magie, etc.

D'autres symptômes en France avec quelques chiffres qui ne cessent d'augmenter au fil des années :

En 2005, 2 millions de femmes battues, dont la majorité le sont par leur propre mari. Tous les trois jours une femme meurt sous les coups de son conjoint.

1 mariage sur 2 aboutit à un divorce.

En 2002 : 11 000 suicides et 160 000 tentatives de suicide, en majorité des femmes (première cause de mort chez les jeunes de 20 à 35 ans).

En 1997, mortalité annuelle imputable à l'alcool : 50 000 décès, soit près de 10 % de la mortalité toutes causes confondues.

5 millions de somnifères consommés chaque jour.

On recense près de 50 000 voyants et devins ; 10 millions de Français les consultent plus ou moins régulièrement.

Et d'autres symptômes dans le monde :

Entre 30 et 70 millions d'avortements par an, soit 1 à 2 par seconde.

À New York en 2005 : 2 000 morts dues à la drogue.

Un aumônier de prison, aux USA, rapporte que 10 % des prisonniers dont il s'occupait, étaient satanistes, religion officiellement reconnue aux États-Unis.

On dépense de 1 à 2 millions de dollars par minute pour l'armement.

Le communisme a fait 180 millions de morts dont 25 millions sous Staline.

La *shoa* a fait 6 millions de morts, soit un tiers du peuple juif.

e. La communauté internationale

Aujourd'hui on affirme que la politique ne peut se faire à l'échelle d'un seul pays, ce qui a pour conséquence que la politique de la France dépend et est conditionnée par celle de l'Europe qui, à son tour, dépend et est conditionnée par la politique mondiale. Au niveau international, il existe des accords dans les domaines de l'économie, de la recherche, de la justice et militaire. Les accords qui sont réalisés peuvent nous interroger sur qui gouverne notre monde, au nom de quelle vision de l'homme, de quelle idéologie. Lorsque, de la bouche de certains gouvernants, on entend parler de « nouvel ordre mondial », de quoi s'agit-il ? Il est des idéologies qui conduisent à mettre en place des systèmes, desquels il est difficile de sortir et qui peuvent devenir tyranniques. Nous sommes plus que jamais en droit de nous interroger sur la politique de notre pays ou sur celle des grandes puissances de notre monde. Est-elle mesurée par le respect des personnes ? Respect sans lequel la paix n'est pas possible. Sans le respect des personnes, la politique conduit inéluctablement à l'injustice et à la division, à l'étiolement de l'ordre et à l'échec de ces systèmes. « Nous estimons qu'il est de notre devoir de vouer nos préoccupations et nos énergies à promouvoir ce bien commun universel. Mais la paix n'est qu'un mot vide de sens, si elle n'est pas fondée sur l'ordre dont nous avons, avec une fervente espérance, esquissé dans cette encyclique les lignes essentielles ; ordre qui repose sur la vérité, se construit selon la justice, reçoit de la charité sa vie et sa plénitude, et enfin s'exprime efficacement dans la liberté[1]. » « La paix sur la terre, objet du profond désir de l'humanité de tous les temps, ne peut se fonder ni s'affermir que dans le respect absolu de l'ordre établi par Dieu[2]. »

« "Péché" et "structure de péché" sont des catégories que l'on n'applique pas souvent à la situation du monde contemporain. Cependant, on n'arrive pas facilement à comprendre en profondeur la réalité telle qu'elle apparaît à nos yeux sans désigner la racine des maux qui nous affectent [...].

L'interdépendance doit se transformer en solidarité, fondée sur le principe que les biens de la création sont destinés à tous : ce que l'industrie humaine produit par la transformation des matières premières, avec l'apport du travail, doit servir également au bien de tous.

Dépassant les impérialismes de tout genre et la volonté de préserver leur hégémonie, les nations les plus puissantes et les plus riches doivent avoir conscience de leur responsabilité morale à l'égard des autres, afin que s'instaure un véritable système international régi par le principe de l'égalité de tous les peuples et par le respect indispensable de leurs légitimes différences. Les pays économiquement les plus faibles, ou restant aux limites de la survie, doivent être mis en mesure, avec l'assistance des autres peuples et de la communauté internationale, de donner, eux aussi, une contribution au bien commun grâce aux trésors de leur humanité et de leur culture, qui autrement seraient perdus à jamais.

---

1. Bx Jean XXIII, encyclique *Pacem in Terris*, du 11 avril 1963, § 167.
2. *Ibid.*, § 1.

La solidarité nous aide à voir "l'autre" – personne, peuple ou nation – non comme un instrument quelconque dont on exploite à peu de frais la capacité de travail et la résistance physique pour l'abandonner quand il ne sert plus, mais comme notre "semblable", une "aide"[1], que l'on doit faire participer, à parité avec nous, au banquet de la vie auquel tous les hommes sont également invités par Dieu. D'où l'importance de réveiller la conscience religieuse des hommes et des peuples.

Ainsi l'exploitation, l'oppression, l'anéantissement des autres sont exclus. Ces faits, dans la division actuelle du monde en blocs opposés, se rejoignent dans le danger de la guerre et dans le souci excessif de la sécurité, aux dépens bien souvent de l'autonomie, de la liberté de décision, même de l'intégrité territoriale des nations les plus faibles qui entrent dans les prétendues "zones d'influence" ou dans les "périmètres de sécurité".

Les "structures de péché" et les péchés qu'elles entraînent s'opposent d'une manière tout aussi radicale à la paix et au développement, parce que le développement, suivant la célèbre expression de l'encyclique de Paul VI est "le nouveau nom de la paix".

Ainsi la solidarité que nous proposons est le chemin de la paix et en même temps du développement. En effet, la paix du monde est inconcevable si les responsables n'en viennent pas à reconnaître que l'interdépendance exige par elle-même que l'on dépasse la politique des blocs, que l'on renonce à toute forme d'impérialisme économique, militaire ou politique, et que l'on transforme la défiance réciproque en collaboration. Cette dernière est précisément l'acte caractéristique de la solidarité entre les individus et les nations[2]. »

4. Tentation ultime

L'histoire et la sociologie confortent l'anthropologie chrétienne quand celle-ci met en lumière que l'homme est un être religieux. La dimension religieuse fait partie intégrante du développement de la personne. La nier est un manque de bon sens et de réalisme humain. La dimension religieuse peut être étouffée par la société de consommation

1. Gn 2, 18.20.
2. Jean-Paul II, encyclique *Sollicitudo rei socialis* du 30 décembre 1987, § 39, citant l'encyclique de Paul VI, *Populorum progressio*, n. 87.

et par le matérialisme, ou bien par d'autres idéologies qui vont même jusqu'à la nier, et dans certains pays par la volonté de rejeter la tradition et la culture judéo-chrétiennes souvent au nom de ces mêmes idéologies.

Si l'on ne favorise pas une véritable éducation de la personne jusque dans sa dimension religieuse, on contribue à un manque existentiel en elle, à la perte de repères, au mal-être, et au non-sens. La nature a horreur du vide. L'homme, être religieux, est fait pour l'infini, et ce n'est pas par le fini que l'on peut combler la soif d'infini. Toute forme de compensation ne saura jamais combler le cœur de l'homme, que ce soit par la consommation, le sport, les médias, le sexe… « La notion de l'infini dans le monde – nous dit Louis Pasteur – j'en vois partout l'inévitable expression. Par elle, le surnaturel est au fond de tous les cœurs. L'idée de Dieu est une forme de l'idée de l'infini. Tant que le mystère de l'infini pèsera sur la pensée humaine, des temples seront élevés au culte de l'infini, que Dieu s'appelle Brahmâ, Allah, Jéhovah ou Jésus. Et sur la dalle de ces temples, vous verrez des hommes agenouillés, prosternés, abîmés dans la pensée de l'infini. »

La tentation la plus grande et ultime dont l'homme peut faire l'expérience est celle de se détourner du religieux profondément inscrit en sa nature, et de manière ultime de le perdre. Toutes les tentations provenant du démon, et qui portent sur chacune des dimensions de notre personne, convergent dans l'unique but d'entamer, d'éroder notre dignité et, d'une manière ultime, ce qu'il y a de plus grand en l'homme, cette finalité d'union à Dieu qui fait son identité la plus profonde. La volonté du démon est de détruire ce que l'homme a de commun avec son Créateur, de défigurer l'image de Dieu en l'homme, d'introduire en lui un désordre et par là même de détruire l'unité profonde de la création première. Le démon veut détruire toute forme de fécondité humaine et spirituelle en l'homme.

Quand la tentation ultime ne peut être purement et simplement la négation de Dieu, elle consistera bien souvent à utiliser et détourner la soif de spirituel en l'homme. Précisons tout de suite qu'une véritable attitude religieuse ne peut qu'être respectueuse de la nature humaine.

L'histoire montre souvent que dans certains pays, par idéologie, on a nié l'existence de Dieu, au point de piétiner les libertés humaines. On a persécuté les croyants. Supposant les avoir définitivement muselés, on a voulu combler le vide spirituel en offrant au peuple un nouveau culte, celui d'une personne, d'un cadavre[1], d'une idéologie. Cela a conduit ces pays à une profonde et véritable ruine.

Dans nos pays capitalistes, matérialistes, pour beaucoup le consumérisme ne suffit plus. Quand le non-sens n'aboutit pas à des prises de drogue voire au suicide, il peut conduire un grand nombre à compenser leur soif d'absolu dans des religiosités, des superstitions, des techniques de méditation... Lorsque des personnes font appel à des pratiques divinatoires, à la magie, à l'occultisme, à la sorcellerie, il y a là une perversion de l'attitude religieuse qui conduit en certains cas à l'orgueil spirituel. Dans ces pratiques on glisse dans la spirale du pouvoir, du désir de maîtriser le temps et l'avenir, d'exercer une influence sur les autres. Ces pratiques font entrer dans la dépendance au démon et dans le culte plus ou moins volontaire de celui-ci.

La religiosité est ce terreau dans lequel peut naître un sentiment d'appartenance à un groupe, qui peut être ou devenir une secte. Le gourou utilise les faiblesses de l'homme et ses aspirations les plus profondes pour exercer ses pouvoirs de manipulation sur le groupe et chacun de ses membres. Il mettra tout en œuvre pour que les membres de la secte entrent dans la dépendance aliénante à l'égard du groupe, ainsi qu'à l'égard de lui-même. De manière dangereuse il s'identifiera à Dieu, empêchant les membres du groupe d'agir sans son assentiment. On voit ici que la soif de spirituel en l'homme peut être récupérée par des manipulateurs. Le pouvoir du gourou et la subsistance de la secte se font au détriment du développement de la personne, de sa liberté et de son respect. L'autorité du gourou s'apparente non plus à un service mais à un pouvoir, à de la manipulation. Le groupe qui souvent se veut une famille, en est en fait une caricature. Il est un milieu qui loin de favoriser croissance et épanouissement est déstructurant et aliénant.

Pour d'autres, la soif de spirituel et leurs pratiques sont empreintes de confusions, de superstitions, de caricatures de Dieu. Toutes ces fausses conceptions et pratiques réclament une purification afin de

1. Souvenons-nous des défilés devant les mausolées de Lénine, Mao...

trouver une véritable libération, permettant une relation filiale avec le Créateur, Source de notre être.

La volonté du démon est de détruire la création de Dieu, dont l'homme est le sommet. Il veut le détourner du Créateur. L'homme exprime son attachement à l'égard de Dieu dans l'adoration. Celle-ci est attitude d'abandon filial et de confiance. La dépendance de l'homme à l'égard du Créateur, loin d'être une aliénation est un chemin de réalisation. C'est dans l'adoration véritable que l'homme devient un être religieux. Par elle il devient pleinement lui-même en vivant pleinement en communion avec la Source de son être qui est Amour. « La moindre vie spirituelle, si elle se perpétue, est une grande puissance. La goutte d'eau la plus délicate, si elle ne cesse de tomber, creuse la pierre la plus dure[1]. » L'homme est appelé à entrer dans la Sagesse divine, et par elle à entrer dans une communion d'amour, de laquelle jaillit une véritable fécondité. Le démon veut introduire le désordre dans la création que Dieu a voulu dans sa Sagesse. Le démon veut empêcher toute fécondité en l'homme. Il veut l'enfermer dans des comportements égoïstes qui l'isolent et le rendent vulnérable. Il veut le détourner du véritable sens de la vie.

Il est certain que l'on confond bien souvent fécondité et efficacité. Ne réduisons-nous pas aujourd'hui l'homme et notre monde à l'efficacité, à la productivité, à la rentabilité, avec la tentation d'exclure toutes les personnes et les pays fragiles qui n'entrent pas dans ces critères ?

En regardant ce sur quoi porte la tentation dans l'homme, nous avons souligné que celle-ci atteint chacune des dimensions de la personne et son milieu de vie. Ces tentations seront différentes pour chaque individu. La lutte et la victoire dans le combat spirituel nécessiteront de vivre dans un profond réalisme en notre personne, de revenir à ce qui en elle finalise (l'amour, la vérité et l'adoration à l'égard de Dieu), afin de vivre en conformité avec notre nature humaine. Le sens de la personne

1. S. Isaac le Syrien, *Œuvres spirituelles I, Discours ascétiques*, 73. Traduction par J. Touraille, éd. Abbaye de Bellefontaine, 1999, p. 374. (On peut retrouver cette analogie de S. Isaac dans *Œuvres spirituelles II*, 1, 29. « Spiritualité Orientale » n° 81, Abbaye de Bellefontaine, 2003, p. 102.)

nous invite à développer des milieux de vie sains (famille, cité, pays…), respectueux de la personne dans son développement et sa croissance.

B. Dans notre vie chrétienne

Là encore, sans vouloir être exhaustifs, examinons maintenant différents aspects nécessaires au développement de la vie chrétienne où la tentation peut s'exercer. Certaines difficultés, dans notre vie chrétienne, pourront avoir pour origine notre nature humaine blessée par le péché ; d'autres difficultés, dans la croissance de la vie de la grâce en nous ou dans notre vie en Église, proviendront du tentateur. Étant donné que les difficultés peuvent avoir différentes origines, que les tentations peuvent être liées à différentes causes, nous nous intéresserons, après cette réflexion, au nécessaire discernement et nous verrons progressivement l'importance de mieux nous connaître.

1. Dans la croissance

a. Dans l'union à Dieu et dans les mœurs

La tentation porte, dans notre vie chrétienne, sur tout ce qui fait croître et qui intensifie notre relation et notre chemin d'union à Dieu. Le démon veut corrompre le lien d'amour qui nous unit à Dieu notre Père, et il veut nous détourner de notre conduite, de notre vie vécue dans la lumière. Il veut détruire en nous ce comportement, cette attitude d'enfant vivant tout relatif à l'égard de la volonté divine, vivant dans des mœurs divines.

Dans notre chemin d'amour, d'union à Dieu, la tentation porte sur tout ce qui fait croître notre relation à Dieu, à savoir les vertus théologales, les divines nourritures[1], la vie sacramentelle, et tous les autres moyens au service de la croissance, cela en vue de diminuer en nous la ferveur de l'amour et de nous fragiliser dans notre lien à Dieu pour nous détourner de notre fin ultime.

---

1. Nous verrons à partir du chapitre 5 ce que sont ces divines nourritures.

La tentation porte aussi sur notre conduite d'enfants de Dieu, invités à marcher dans la lumière, dans la vérité à la suite du Christ. Le démon essaie de corrompre la cohésion entre notre cœur et notre conduite. Il nous incite à nous attacher aux biens qui passent jusqu'à ce qu'ils deviennent un absolu pour nous, il s'efforce d'introduire en nous un désordre et de nous rendre esclaves de ces biens. Cela peut nous conduire à l'idolâtrie de biens sensibles ou de personnes, de nous-mêmes, voire même du diable. Nous détournant du Seigneur, nous nous fragilisons et nous devenons un contre-témoignage pour les chrétiens et tous les hommes[1].

b. Dans l'ascèse

L'ascèse est un des moyens qui, avec les vertus théologales, permet de ne pas tomber dans les péchés capitaux et qui permet aussi d'en sortir. L'ascétisme est un bien pour notre vie spirituelle, il est coopération à l'œuvre de la grâce en nous. Pourtant, il peut y avoir tentation lorsque ce moyen devient, pour le croyant, la finalité. L'ascétisme nous permet d'acquérir toujours davantage la liberté par rapport à tout ce qui nous diminue dans notre humanité, tout ce qui peut aller à l'encontre de l'union à Dieu et des mœurs divines. En aucun cas l'ascèse ne doit nous détourner de cette finalité, ou encore des véritables moyens de croissance ordonnés à la vie théologale. L'ascèse est un moyen qui permet de donner à Dieu la première place dans notre existence et de l'y garder fidèlement.

L'ascèse peut devenir une pierre d'achoppement. Elle peut susciter en certains de l'orgueil spirituel, lorsqu'elle devient la mesure de la vie spirituelle, lorsque la volonté ascétique est ramenée à l'efficacité. On n'obtient pas le salut de notre âme par l'ascèse, mais celle-ci doit être au service et tout ordonnée au salut de l'âme. De manière à permettre que l'ascèse, dans notre vie, soit toujours un moyen qui aide à la conversion, au développement et à la croissance de la vie spirituelle, il conviendra que son vécu soit vérifié dans un accompagnement spirituel. Il est certain que si le démon ne peut nous attaquer par nos faiblesses, il ne se gênera pas, par notre générosité, à nous pousser à

1. Ep 4, 17-5, 20.

l'excès dans le jeûne et les veilles, de manière à nous fragiliser, et ainsi diminuer et entamer en nous la ferveur de la charité et de la vérité.

2. Dans l'Église et dans ses instruments

a. La persévérance

Dans la croissance, dans le devenir de sa vie chrétienne, pour son développement, le croyant a besoin de ce milieu vital qu'est l'Église et de ceux qui en Elle sont les instruments de la grâce. Bien des tentations et des épreuves peuvent provenir d'hommes et de femmes qui dans l'Église ne sont pas toujours de véritables témoins du Christ et de son Évangile.

Le découragement nous guette et peut devenir source de tentations. Parmi elles la lassitude peut nous conduire à ne plus reconnaître l'importance du milieu de vie en n'y voyant plus que les difficultés. Alors, le croyant ne voit plus que Dieu passe et agit en son Église malgré les faiblesses et pauvretés des hommes. Dieu nous éduque malgré les imperfections des hommes. Dans les épreuves nous pouvons faire l'expérience de nous dépasser et de vivre alors un véritable chemin de croissance au-delà des difficultés. Apprenons à nous en remettre en tout à Dieu, à préférer la réalité de l'Église aujourd'hui, jusque dans ses pauvretés et où Dieu se donne, plutôt qu'une vision et image idéaliste de l'Église. La tentation de l'idéalisme nous guette et peut nous inciter à vouloir une autre Église ou vouloir faire notre Église. Il n'en demeure pas moins que le Seigneur nous veut dans son Église, et que c'est en Elle en premier lieu que nous avons à être témoins et à agir en devenant artisans de paix, par un authentique témoignage de vie dans la charité et la vérité, à la lumière des Béatitudes[1]. « Je sais tes œuvres, et ton labeur, et ta constance, et que tu ne peux supporter les méchants, et que tu as mis à l'épreuve ceux qui se disent apôtres et ne le sont pas, et que tu les as trouvés menteurs, et que tu as de la constance, et que tu as supporté à cause de mon Nom, et que tu ne t'es point lassé. Mais j'ai contre toi que tu t'es relâché de ton premier amour. Rappelle-toi donc d'où tu es tombé, et repens-toi et pratique tes premières œuvres[2]. »

1. Mt 5, 1-12.
2. Ap 2, 2-5a.

b. La doctrine

Dans l'Église, une autre grande tentation peut nous guetter, c'est la séduction par des doctrines, des idéologies qui peuvent étioler en nous la foi véritable, la confiance, et la fidélité à l'enseignement actuel de l'Église et à la Tradition. Tout au long de son histoire, l'Église a vu fleurir des doctrines comme autant de théories et de modes ; on peut le constater encore aujourd'hui.

Nous devons être fidèles aux vérités révélées, ainsi qu'aux dogmes qui s'enracinent dans la Parole de Dieu. La Parole de Dieu et les vérités révélées mises en lumière tout au long de l'histoire de l'Église sont pour nous de véritables points d'appui. Elles sont pour nous le Rocher sur lequel nous construisons notre vie chrétienne et notre humanité. Il est important de bien comprendre que dans l'Église, qui est un lieu de croissance et de liberté, il y a une recherche de vérité qui peut donner lieu à des opinions qui pourront en leur temps éclairer la réflexion et le jugement de l'Église ou être remises en question. L'opinion n'est pas une suspicion ou une idéologie qui consisterait à faire de notre idée un absolu ou le tout de la Révélation. La suspicion, c'est cette manière de faire ou de parler qui peut nous rendre alliés du diable, lequel pour tromper Ève, la séduit et la tente en introduisant le doute et la suspicion dans les certitudes d'Ève reçues du Créateur[1].

Tout au long de son histoire, l'Église a été confrontée à des hérésies qui ont pu tromper et détourner des chrétiens de la foi véritable.

« C'est par des chuchotements malveillants que le Serpent a expulsé Ève du paradis[2]. Celui qui parle contre son prochain lui est donc semblable, car il perd l'âme de celui qui écoute, et il ne sauve pas la sienne[3]. »

On peut aussi être tenté aujourd'hui de vouloir, au nom de la modernité, rapprocher l'enseignement éthique de l'Église des idéologies véhiculées dans nos sociétés capitalistes. On peut avoir la tentation de banaliser l'avortement, l'euthanasie, les questions bioéthiques,

1. Gn 2, 26-17 et 3, 1-7.
2. Gn 3, 1.
3. Extrait des « Sentences des Pères du désert », Sentences 922, éd. de Solesmes 1981.

l'homosexualité en agitant de bonnes intentions. On peut être tenté de ne plus dénoncer ces actes, au risque de s'en faire les complices. Dans l'Église, le relativisme conduit à la perte des repères, ce qui revient à appeler bien ce qui est mal et mal ce qui est bien.

c. Le ministère

Tout ceux à qui sont confiés des ministères dans l'Église, peuvent être exposés à des tentations dans l'exercice de leur mission. La vérité en Dieu, avec les autres et nous-mêmes, nous invite à regarder si nous n'utilisons pas le ministère qui nous est confié à des fins personnelles. Nous devons être vigilants à ce que nos dons et charismes qui nous sont donnés ne se transforment pas en possession, en pouvoir.

Une autre difficulté, voire tentation, peut être dans notre manière de vivre notre mission, de faire écran entre les hommes et le Seigneur, de ne plus être le serviteur relatif au Bien-Aimé, de ne plus être celui qui diminue pour laisser grandir dans les autres Celui qui est la raison d'être de notre mission[1].

Certains, par leur ministère, sont mis plus en avant, comme par la prédication. Leur ministère ne les élève pas au-dessus des autres. Le prédicateur qui n'est pas humble, pauvre, homme de prière, sera facilement sensible aux flatteries de l'auditoire, avec le risque de devenir dépendant de ces flatteries et de se prendre pour une star. Quant à lui, l'auditoire risque d'aduler un prédicateur, au détriment de tout ce que pourraient apporter d'autres enseignants plus modestes. Beaucoup de prédicateurs, d'évangélisateurs peuvent jouer sur la séduction, bien souvent étant devenus dépendants d'une image et du succès, au risque de jouer un personnage et de ne plus être instruments de Dieu.

Dans d'autres domaines que la prédication, les prêtres, de par la grâce de leur sacerdoce, ne sont pas exempts de tentations et de combats spirituels. Bien au contraire, ils seront attaqués sur leur vocation, et bien souvent l'imprudence et leurs conditions de vie seront autant de prises pour le démon. Il arrive que des prêtres soient amenés à souffrir de ne pas voir la fécondité de leur ministère, ou encore à se trouver dans la

1. Jn 3, 29-31a.

solitude et, par là même, à douter d'eux-mêmes, de Dieu, de l'Église, de leur vocation et à la remettre en question. Ce qui peut leur être secourable, en plus du réalisme humain et spirituel, c'est la grâce du sacerdoce qui est une grande puissance et, comme pour tous les chrétiens, ils peuvent s'appuyer sur la grâce de Dieu et les armes que nous verrons plus loin.

Il n'est pas rare que les prêtres soient tentés sur les *munera*, c'est-à-dire leurs charges.

Des prêtres sont tentés dans leur charge de sanctification de laquelle découle la vie de la grâce pour le peuple de Dieu qui leur est confié. La fécondité des sacrements ne dépend pas de la foi des ministres, mais l'accueil, la réception de ceux-ci peut en être favorisé. Parfois des prêtres ne sont plus disposés ou n'osent plus donner le sacrement de réconciliation, pour certains c'est parce qu'ils n'en vivent plus. Les prêtres sont les ministres par lesquels la Source vive et intarissable qu'est le Christ ne demande qu'à couler dans tous les sarments, les membres de l'Église[1].

Les ministres seront tentés dans leur charge de prédication, charge qui fait d'eux des prophètes. La tentation pour certains consistera à modeler et adapter la prédication à leur vécu. Le prophète, prédicateur, ose annoncer les exigences évangéliques et il tend par sa vie à s'y conformer. La rigueur de la doctrine et le désir d'en vivre lui donnent le droit de pouvoir dire ce qu'il ne vit pas encore. La puissance de la parole et sa fécondité découleront bien souvent de la toute-puissance de l'Esprit et de ce que le prédicateur désire et tend à vivre ce qu'il annonce.

D'autres tentations guettent le prêtre dans sa charge de gouvernement, soit dans la paroisse qui lui est confiée soit dans un autre ministère de gouvernement que la paroisse : le pouvoir, l'avoir, l'idéalisme, la négligence, etc. Le prêtre dans son ministère, comme tout ministre, doit être vigilant dans son agir à faire l'Œuvre de Dieu plutôt que des œuvres pour Dieu. Dans l'exercice du gouvernement il peut être tenté encore sur tout ce qui touche le domaine de la direction spirituelle, comme par la négligence ou encore par une emprise malsaine sur les âmes…

1. Jn 15, 1-17.

d. L'œcuménisme

Aujourd'hui il peut y avoir aussi la tentation d'œcuménisme « au rabais » quand les compromis conduisent au risque de diminuer notre foi et les exigences de notre vie dans le Christ. Un véritable œcuménisme se vit et se construit dans la charité et dans la vérité, avec le souci d'être ensemble chrétiens dans une véritable communion, sans jamais perdre notre identité et la richesse de notre Tradition fondée dans les Évangiles.

e. Dans certains mouvements

Une autre grande tentation est que, au sein de l'Église aujourd'hui, nous nous laissions séduire par des personnes, des communautés ou des mouvements qui voudraient être à eux seuls leur propre Église.

De cela, un autre risque peut émerger, celui d'avoir la tentation de chercher à synthétiser en une doctrine, en un « New Age » dans l'Église, des éléments de foi, de religion, de sciences humaines, de doctrines douteuses, de religiosités, cela dans une totale confusion, sans qu'il y ait plus de distinction de ce qui peut venir réellement du surnaturel, du psychologique, de la médecine, etc. Il y a là un véritable risque de dérive et de sectarisme.

L'orgueil spirituel peut se manifester dans la tentation de mettre la main sur Dieu, de se prendre pour Dieu en voulant guérir tous les blessés, les malades de notre société, par des discours et des pratiques déviantes qui affirment par avance, de manière imprudente, que Dieu va les guérir. Il y a le risque de ramener les charismes à des pratiques magiques, de prendre des soulagements apparents et temporaires pour des guérisons spirituelles, alors que ceux-ci doivent être vérifiés, approfondis et accompagnés. Du fait de ces comportements déviants, de grands dommages peuvent apparaître : des personnes qui ne constatent pas de guérison en eux peuvent s'enfermer dans la culpabilité, d'autres courent toujours plus vers l'extraordinaire, ou encore l'absence de discernement peut empêcher la mise en œuvre des vraies solutions pour certaines personnes souffrantes.

Face à toutes ces dérives, il est plus que nécessaire, pour ces mouvements et pour l'Église, de revenir à la richesse de la Tradition qui invite au discernement des esprits (voir ce qui vient de l'homme, de Dieu ou encore du démon). C'est forts de cette lumière que nous aborderons plus loin le sujet de la toute-puissance de Dieu qui agit par l'Église et ses ministres.

3. Dans la vie fraternelle

L'expérience qu'on a le plus communément de la vie fraternelle au quotidien est celle de la famille, qui peut se prolonger dans un mouvement chrétien, une paroisse… Pour d'autres, elle s'épanouit dans une communauté de vie dans laquelle ils se sont engagés. La vie fraternelle est une chance, elle contribue à notre croissance, mais elle peut aussi mettre en lumière des difficultés qu'il nous faut mieux comprendre, d'autant plus qu'elles pourront être autant de portes par lesquelles nous pourrons être éprouvés et tentés. Il faudra discerner si ces difficultés viennent de soi, de l'un ou l'autre membre de la communauté, ou encore de la manière dont est exercée l'autorité. Cela peut venir encore de l'état d'esprit et des idéologies véhiculées dans la communauté.

La vie commune est ce lieu dans lequel se révèlent notre personnalité, nos qualités, ainsi que nos pauvretés, nos fragilités, nos blessures. Elle peut être ce lieu où l'on grandit, dans lequel on vit des luttes, et parfois dans lequel on fuit ou que l'on fuit. Mais la vie commune, parce qu'elle est un lieu de fécondité et de croissance, est un lieu où le démon s'efforcera d'introduire la discorde et la division.

Pour mieux comprendre et discerner les difficultés d'une communauté de vie que l'on a choisie, il convient de regarder la nature de ce que devrait être cette communauté, son bien commun, ce qui pourrait la faire grandir, et quelle place on donne à la justice, la charité, la vérité, la liberté. Dans cette lumière on peut alors souligner tout ce qui la fait régresser. En elle il faut regarder quelle est la conception de l'autorité et de l'obéissance, et la manière dont elles sont vécues.

Les excès, les caricatures dans la vie commune nommées ci-dessous peuvent être symptomatiques d'un mal qui atteint la communauté ou quelques-uns de ses membres. Il conviendra de discerner la cause de ces déviations et les tentations qui les sous-tendent. Excès et caricatures de la vie commune : division, murmure, critique, suspicion, injustice, pouvoir, désobéissance, exclusion, manque de charité dans la communauté à l'égard du frère qui tombe par manque de confiance en lui, utilisation de la communauté pour soi, fuite de la communauté, insatisfaction et idéalisme[1], recherche d'un équilibre de vie indépendamment de la communauté, idéologies, orgueil spirituel et/ou intellectuel, sectarisme, enrichissement, accumulation de biens matériels, cupidité, égoïsme, autoritarisme, infantilisme, etc. Regardons avec saint Philippe Néri, les conséquences du murmure :

> « Déjà midi sonne à l'église, c'est la dernière personne [que Philippe Néri] confessera avant la messe. D'ailleurs, cette dernière confession est rapide, il connaît bien sa pénitente, une commère qui ne peut s'empêcher de répandre ragots et rumeurs. Encore une fois il l'absout, mais il donne à la bavarde une pénitence bien surprenante.
>
> – Ma fille, vous irez plumer une poule en haut de la colline du Capitole.
>
> La femme s'étonne.
>
> – Faites, et revenez me voir.
>
> Philippe se précipite pour troquer son étole de confession contre la chasuble. Il rit encore du beau tour qu'il vient de jouer à la commère à la langue trop bien pendue. Quand elle reviendra, il lui demandera d'aller récupérer les plumes de la poule. Peut-être comprendra-t-elle enfin les conséquences des paroles insidieuses qu'elle sème à tous vents[2]. »

Nous pouvons souligner maintenant trois pathologies majeures qui peuvent affecter des mouvements, des groupes, des communautés et nuire à leur développement. Ces pathologies sont comme autant de tentations pour ces réalités. Un groupe, une communauté peut vivre dans *l'amnésie*. Il peut y avoir là une attitude idéologique qui peut conduire à des comportements totalitaristes. À l'inverse de l'amnésie, un groupe peut vivre dans *la nostalgie*, se renfermant là aussi dans une idéologie, voire des comportements sectaires. Une troisième difficulté peut apparaître

1. Cf. Vie de S. François d'Assise par Thomas de Celano, *Vita II*, chap. 6, n° 32 à 34. Dans *Saint François d'Assise – Documents*. Éditions franciscaines, Paris, 1981.
2. *Le Livre des Merveilles*, Chapitre sur Philippe Néri. Conseil de Présidence du Grand Jubilé de l'An 2000. Mame/Plon, 1999, p. 590.

dans la vie, le développement d'un groupe, d'une communauté : *l'immobilisme*, la volonté de figer les choses. Cette attitude peut provenir de la peur de tout mouvement, de tout changement, qui peut elle-même provenir de la peur de la mort.

Dans les exigences de la charité, les difficultés que l'on rencontre dans la vie commune peuvent être l'occasion de dépassements, de victoires pour chacun de ses membres, s'ils mettent en œuvre les vraies solutions[1]. Ces efforts et ces victoires contribuent au développement et à la croissance des personnes et de la communauté elle-même.

4. Dans les persécutions

Les chrétiens peuvent subir d'autres épreuves et tentations dans notre monde, à cause des persécutions pour le Nom de Jésus. C'est dans ces circonstances que l'on voit toute la haine et le déchaînement du démon sur les amis de Dieu. Le Seigneur assiste et rend forts tout ceux qui lui sont fidèles. La fidélité est la manifestation de la victoire, la Croix est notre trophée, le don de notre vie dans l'amour est semence d'éternité.

Sans aller jusqu'à verser notre sang, les persécutions au quotidien peuvent parfois être insidieuses, ce qui peut être le cas pour des collégiens, des lycéens, pour des parents et dans la vie professionnelle, etc. Face à ceux qui nous persécutent, plutôt que de baisser la tête et de rougir, dans un profond élan d'amour, nous pouvons puiser force et paix en nous tournant vers Dieu. Notre force et notre amour peuvent amener à Jésus ceux qui, hier, nous persécutaient.

> « Ne crains pas ce que tu vas souffrir ; voici que le Diable va jeter quelques-uns d'entre vous en prison pour que vous soyez mis à l'épreuve, et vous aurez une affliction de dix jours. Montre-toi fidèle jusqu'à la mort, et je te donnerai la couronne de vie[2]. »

---

1. Nous ne pouvons pas développer ici toutes les solutions nécessaires dans les difficultés et les situations de crise de la vie commune. Celles-ci doivent être mises en lumière en fonction des situations particulières. Les solutions cependant consisteront souvent à revenir aux fondements de la communauté, au charisme initial et à développer les attitudes contraires aux caricatures que l'on peut rencontrer. Nous reviendrons sur l'importance de la communauté dans le combat spirituel dans le chapitre 7.
2. Ap 2, 10.

« Moi je vous dis : Aimez vos ennemis et priez pour ceux qui vous persécutent[1]. »

« Heureux serez-vous lorsqu'on vous insultera, qu'on vous persécutera et qu'on dira mensongèrement contre vous toute sorte de mal, à cause de moi. Réjouissez-vous et exultez, parce que votre salaire est grand dans les cieux ; car c'est ainsi qu'on a persécuté les prophètes d'avant vous[2]. »

C. Les noms du diable

« Le diable et les autres démons ont certes été créés par Dieu naturellement bons, mais c'est eux qui se sont rendus mauvais[3]. »

Les multiples noms du diable nous manifestent ce qu'est la nature corrompue de l'ange déchu. Ils nous montrent sa volonté et ses intentions sur nous. Si nous examinons ici les noms du diable, c'est pour mieux voir sur quoi porte son action, ses tentations à notre égard. Quand l'ange déchu est nommé *diable*[4], cela me dit de lui qu'il sème la division parce qu'il n'est pas un avec Dieu. Il cherche à diviser le couple, les membres d'une même famille, une communauté, le milieu professionnel, ainsi que les hommes et femmes dans leur diversité à l'intérieur d'un même pays, les peuples, etc. En parlant du diable en tant qu'il divise, qu'il se jette en travers de notre chemin, il faut cependant souligner que toute division ne vient pas nécessairement du diable. Elle peut avoir d'autres causes liées à notre vécu avec les autres, notre psychologie, la fatigue, la maladie, etc. Ces différentes causes ne nécessiteront pas les mêmes remèdes que lorsque la division vient du diable[5]. Cependant, il nous faut ajouter que nos tendances à favoriser la division sont les fruits de profondes divisions au-dedans

1. Mt 5, 44. Cf. Lc 6, 27-35.
2. Mt 5, 11-12.
3. Concile du Latran IV, DS 800.
4. Du grec *diabolos* de *dia-ballô* : jeter de côté et d'autre, d'où diviser.
5. Cf. « Le nécessaire discernement », chapitre suivant.

de nous-mêmes, parce que non unifiés en Dieu par l'amour. Nous pouvons offrir un terrain favorable à l'action du démon, ouvrir une porte où il n'aura plus qu'à amplifier le mal ou encore le vice.

Si le diable est méchant et diviseur, c'est qu'il s'est coupé de la communion avec le Créateur, il s'est détourné de Celui qui est l'Amour. En lui il n'y a plus une seule étincelle d'amour, il n'y a plus que l'opposition, et la volonté de détruire l'œuvre de l'Amour. Son intelligence, séparée de Dieu, qui n'est plus contemplative mais orgueilleuse, fait qu'il se prend pour Dieu, qu'il est certain d'avoir toujours raison et que rien ne pourra le détourner de cela. « Toi qui disais en ton cœur : je monterai aux cieux, au-dessus des étoiles de Dieu j'érigerai mon trône, je siégerai sur la montagne du Rendez-vous, dans les profondeurs du septentrion ; je monterai sur les sommets des nues, je serai semblable au Très-Haut ; eh bien ! c'est au chéol qu'on t'a fait descendre, vers les profondeurs de la fosse[1]. »

Le Tentateur

Mt 4, 3 ; 1 Th 3, 5 « Je craignais que le tentateur ne vous eût tentés et que notre labeur ne fût devenu vain ! »

Le Diable (diviseur)

Sg 2, 24 « C'est par l'envie du diable que la mort est entrée dans le monde. »
1 Jn 3, 8 « Celui qui commet le péché est du diable, parce que le diable pèche dès le commencement. »
Jn 13, 2 « Au cours d'un repas, alors que déjà le diable avait mis au cœur de Judas Iscariote, fils de Simon, le dessein de le livrer [...] »
He 2, 14 ; Mt 4, 1-11.

Le Démon (gr. daimôn : esprit)

Tb 6, 8 ; Tb 8, 3.
Ps 106, 37 « Ils sacrifièrent leurs fils et leurs filles aux démons. »

Satan (hb. Sathan : adversaire)

Mt 4, 10 « Alors Jésus lui dit : Va-t-en, Satan ! »
Ap 2, 13 « Je sais où tu habites, là où est le trône de Satan. »

1. Is 14, 13-15

Ap 2, 24 « Ceux-là [...] n'ont pas connu les profondeurs de Satan, comme ils disent. »
Mt 16, 23 « Jésus, se retournant, dit à Pierre : Va-t-en, arrière de moi, Satan ! »
Ac 5, 3.

Ange de Satan
2 Co 12, 7 « Il m'a été mis une écharde en la chair, un ange de Satan pour me souffleter. »

L'Accusateur
Ap 12, 10-11 « [...] il a été jeté, l'Accusateur de nos frères, celui qui les accusait devant notre Dieu jour et nuit. »

Le Séducteur
Gn 3, 13 ; Rm 7, 11 ; Ap 12, 9 « Le séducteur du monde entier. »
Ap 20, 8 « Satan [...] s'en ira séduire les nations des quatre coins de la terre. »

Il est rusé
Gn 3, 1 « Le serpent était le plus rusé de toutes les bêtes des champs. »

Il se déguise
2 Co 11, 13-14 « Satan lui-même se déguise bien en ange de lumière », ce même ange de lumière que la tradition de l'Église appelle « Lucifer ».
Ep 6, 11 « manœuvres du diable » ; 1 Tm 3, 7 ; 1 Tm 6, 9 ; Ap 13, 11.

Le Prince de ce monde
Jn 12, 31 « Maintenant le Prince de ce monde va être jeté dehors » ; Jn 14, 30 ; Jn 16, 11.

Béelzéboul
Le prince des démons (divinité phénicienne). Cf. Mt 12, 24.

Le Menteur
Jn 8, 44 « Il est menteur et père du mensonge. »

Il est homicide

Jn 8, 44 « Il était homicide dès le commencement »; He 2, 14; Tb 3, 8 : *Asmodée, celui qui fait périr.*

Le Mauvais

Jn 17, 15 « Je ne te prie pas de les retirer du monde mais de les garder du Mauvais. »
1 Jn 5, 18-19.

L'Antichrist

1 Jn 2, 18 « Mes petits enfants, c'est la dernière heure, et comme vous avez appris qu'un Antichrist vient, ainsi maintenant beaucoup d'antichrists ont paru »; 1 Jn 2, 22.

Béliar (ou *Bélial*)

Mot hébreu qui exprime la méchanceté.
2 Co 6, 15 « Quelle entente entre le Christ et Béliar ? »

Le Serpent

Gn 3, 1ss; Ap 12, 9 « l'antique Serpent ».

Le Dragon

Ap 12, 3ss « un grand Dragon rouge feu, ayant sept têtes et dix cornes, et sur ses têtes sept diadèmes; et sa queue traîne le tiers des étoiles du ciel. Et il les jeta sur la terre [...]. »

Comme un lion

1 P 5, 8 « Votre adversaire, le diable, comme un lion rugissant circule, cherchant qui engloutir. »

La Bête

Ap 13 et 17.

« Le mal qui est dans le monde est l'occasion et l'effet d'une intervention, en nous-mêmes et dans notre société, d'un obscur agent ennemi, le Démon. Le mal n'est pas seulement une déficience, mais un être vivant, spirituel, perverti et pervertisseur. Terrible réalité. Mystérieuse et effrayante. Il sort du cadre de l'enseignement biblique et ecclésiastique celui qui se refuse à le reconnaître comme existant, ou plutôt, celui qui en fait un principe à part, ne tirant pas même, comme toute créature, son origine de Dieu, ou bien celui qui l'explique comme une pseudo-réalité, une personnification conceptuelle et imaginaire des causes inconnues de nos maux [...]. Le Démon est l'ennemi numéro un, c'est le Tentateur par excellence. Nous savons que cet être obscur et troublant existe encore [...][1]. »

1. Paul VI, Audience du 15 novembre 1972.

Chapitre 3

LE NÉCESSAIRE DISCERNEMENT

I. Le discernement

> « Je vous exhorte donc, frères, par les compassions de Dieu, à présenter vos personnes en victime vivante, sainte, agréable à Dieu : c'est le culte raisonnable, le vôtre. Ne vous conformez pas à ce monde-ci, mais transformez-vous par le renouvellement de votre intelligence, pour discerner quelle est la volonté de Dieu, ce qui est bon, agréable [à Dieu], parfait[1]. »

La Tradition chrétienne souligne l'importance du discernement des esprits pour notre vie spirituelle. En effet, saint Paul nous invite au discernement, en tant que les motions qui accompagnent notre vie ne sont pas toujours de l'Esprit Saint : « N'éteignez pas l'Esprit. Ne méprisez pas les prophéties. Éprouvez tout, retenez ce qui est bon. Gardez-vous de toute espèce de mal[2]. »

A. Qu'est-ce que le discernement ?

Le discernement est une propriété de notre intelligence. Par l'intelligence qui discerne on peut poser un jugement, juger de ce qui est bien ou mal, ce qui est conforme à la vie chrétienne ou va à son encontre. Selon notre plus ou moins grande maturité, notre formation,

---

1. Rm 12, 1-2.
2. 1 Th 5, 19-22.

notre expérience, selon que l'on est dans un réalisme humain et spirituel, notre jugement est plus ou moins éclairé. C'est là que, parfois, le conseil nous aidera dans l'exercice du discernement. Le mot grec *diacrisis (δίακρισις)* et les mots latins *discernere* et *discretio* signifient originellement diviser, séparer, distinguer, passer au crible. Dans le tamis, nous mettons le grain qui va s'écouler au travers du treillis, et ce que notre tamis retient nous en discernons le contenu de manière à rejeter ce qui est indésirable. C'est comme le pêcheur qui remonte les filets dans le bateau et qui, ensuite, sépare le poisson selon les espèces, et rejette le fretin. En effet, par le discernement nous séparons pour pouvoir poser un jugement, mettre de l'ordre, garder ou rejeter. Le discernement, respectueux de la personne, permet à l'homme d'entrer toujours davantage dans la sagesse.

B. Le discernement dans la Bible

La Bible, dans son enseignement, nous met en lumière l'importance du discernement, cela de différentes manières et à différentes occasions. Dans le premier récit de la création, Dieu sépare, Il distingue les espèces, Il met de l'ordre. La Révélation est sapientiale, elle implique le discernement.

On voit aussi, dès le début de l'Évangile et tout au long de celui-ci, l'importance du discernement[1]. « Il a la pelle à vanner dans sa main, et il nettoiera son aire, et il ramassera son blé dans le grenier ; quant aux bales, il les consumera dans un feu qui ne s'éteint pas[2]. »

C. Le discernement dans la vie chrétienne

Il est dans la nature de notre intelligence de chercher à connaître et à bien connaître, pour cela il nous faut exercer le discernement dans

1. Mt 13, 24-30.36-43 (l'ivraie) ; Mt 13, 47-50 (le filet) ; Mt 25, 31-46 (le jugement dernier)…
2. Mt 3, 12.

tous les aspects de notre vie. La Parole de Dieu, respectueuse de notre nature humaine, apporte un éclairage nouveau à notre intelligence. Elle vient illuminer, éclairer celle-ci et lui permettre de juger en Dieu et selon Dieu, ainsi nous sommes invités à nous revêtir des sentiments du Christ[1].

Le discernement du chrétien, c'est entrer dans ce regard de Dieu sur nous-mêmes et sur les autres pour discerner au-delà de l'apparence. « Dieu ne regarde pas comme regarde l'homme ; car l'homme regarde à l'apparence, mais le Seigneur regarde au cœur[2]. » « Jésus, lui, ne se fiait pas à eux, parce qu'il les connaissait tous et qu'il n'avait pas besoin qu'on témoignât au sujet de l'homme ; car il connaissait, lui, ce qu'il y a dans l'homme[3]. » Le discernement des esprits nous est donné pour garantir la liberté chrétienne dans nos choix. Dans le sillage de l'Évangile, il nous faut accueillir ce conseil de ce grand maître spirituel qu'est saint Paul : « Frères, ne vous montrez pas des enfants pour le jugement ; des petits enfants pour la méchanceté, soit, mais pour le jugement montrez-vous des hommes faits[4]. »

D. Le discernement des esprits dans la vie chrétienne

Le discernement des esprits consiste, dans notre vie chrétienne, à passer au crible les inspirations diverses qui nous meuvent, afin de voir quelle en est leur origine. Or, ces inspirations peuvent venir de nous-mêmes, c'est-à-dire de l'homme nouveau qui nous pousse vers le bien, ou du « vieil homme » qui nous entraîne au mal. Elles peuvent venir du monde, lequel désigne ici l'ensemble des hommes dont l'esprit est opposé à l'Esprit du Christ et qui sont les esclaves de la triple convoitise dont parle saint Jean[5]. Par ses fausses maximes, ses plaisirs mauvais et ses exemples pervers, il agit sur nous pour nous porter au mal. Ces inspirations peuvent venir aussi des esprits mauvais, les démons,

1. Ph 2, 5.
2. 1 S 16, 7.
3. Jn 2, 24-25.
4. 1 Co 14, 20.
5. 1 Jn 2, 16.

qui nous sollicitent également au mal, ou des bons anges qui au contraire nous portent au bien. Enfin, elles peuvent avoir pour origine Dieu qui, par son Esprit, nous pousse évidemment à agir aussi dans le sens du bien. Discerner les esprits, c'est donc chercher à distinguer ce qui relève des mouvements de notre nature humaine de ce qui est inspiration du bon Esprit ou encore de ce qui est mauvais. « Bien-aimés, ne croyez pas tout esprit, mais éprouvez les esprits pour voir s'ils sont de Dieu ; car beaucoup de faux prophètes se sont répandus dans le monde[1]. »

Nous verrons plus précisément les critères de discernement dans la deuxième partie de ce même chapitre[2].

E. Le charisme de discernement des esprits

Le charisme de discernement des esprits est donné pour toute la vie chrétienne, afin de discerner si notre vie est selon Dieu, tant dans la relation à Dieu que notre agir. Ce charisme est un sens spirituel, une intelligence éclairée par l'Esprit de Dieu, sous le souffle des dons de sagesse, d'intelligence et de science. Ce charisme est une faculté infuse de connaître et de sentir ce qui est bien au-delà de notre seule expérience de vie chrétienne. L'exercice de ce charisme se vérifie par ses fruits car « c'est à leurs fruits que vous les reconnaîtrez[3] ». Il doit aussi s'appuyer sur les critères de discernement qui seront évoqués plus loin dans ce chapitre.

Tout chrétien doit être disposé, par sa vie en Christ, à vivre des charismes. Le Christ nous invite à entrer dans la docilité à l'Esprit. Pour cela nous devons nous dépouiller de notre volonté propre qui est l'obstacle majeur pour entrer dans la disponibilité, l'écoute et l'accueil de la Volonté divine. « Que vous sert-il de donner à Dieu une chose, si Lui vous en demande une autre ? Considérez ce que Dieu veut et faites-le : par ce moyen vous satisferez plus pleinement votre cœur, que par les choses auxquelles vous vous portez de vous-même[4]. » Avec Salomon, que notre prière soit celle d'avoir « un cœur qui écoute » (*lébh*

1. 1 Jn 4, 1.
2. Cf. II. B. : « Le discernement des esprits ».
3. Mt 7, 16-20 ; 12, 33 ; Lc 6, 43-44.
4. S. Jean de la Croix, *Maximes* n° 93, *op. cit.*, p. 984.

shemoah), que notre cœur devienne réellement le trône de la Sagesse, afin qu'il s'incline toujours à faire ce que Dieu veut, nous permettant ainsi de communier à la Sagesse divine sur nous. « Donne à ton serviteur un cœur qui écoute pour gouverner ton peuple, pour discerner entre le bien et le mal, car qui pourrait gouverner ton peuple, qui est si grand[1] ? »

Dans une certaine mesure tout chrétien, parce que dans la prière et dans les mœurs divines, peut faire un discernement des esprits. Mais dans une tout autre mesure, il est donné à certains d'aller beaucoup plus loin dans le discernement, cela avec le secours du charisme de discernement des esprits. Dans la charité fraternelle, ceux à qui il est donné d'avoir ce charisme sont appelés à l'exercer pour le bien du Corps mystique, l'Église.

> « Mais lorsqu'un bon Esprit se saisit et s'empare de l'esprit humain pour lui faire voir de telles choses, il n'est pas douteux que ces images soient le signe d'autres réalités et de réalités qu'il est utile de connaître ; car c'est un don de Dieu. Le discernement sans doute est fort difficile, lorsque l'Esprit malin agit avec une sorte de calme et dit ce qu'il peut sans user de violence corporelle sur l'esprit humain dont il est saisi surtout quand il dit vrai et fait des prédictions utiles, se transfigurant, comme dit l'Écriture, *en ange de lumière*[2], afin de gagner la confiance de quelqu'un par des suggestions manifestement bonnes pour l'amener insidieusement à ses propres fins. Je pense qu'il n'est pas possible de faire ce discernement sans ce charisme dont parle l'apôtre, quand il énumère les différents dons de Dieu : *À tel autre le discernement des Esprits*[3]. Il n'est pas difficile de faire ce discernement quand le mauvais Esprit est parvenu à nous amener à telle ou telle chose, contraire aux bonnes mœurs ou à la règle de foi : beaucoup sont alors capables de ce discernement. Mais c'est par ce don de Dieu que, dès le principe et alors que la plupart croient encore qu'il s'agit d'un bon Esprit, on juge aussitôt qu'il s'agit d'un Esprit mauvais[4]. »

1. 1 R 3, 9.
2. 2 Co 11, 14.
3. 1 Co 12, 10.
4. S. Augustin, *De Gen. ad lit.* 12, 13, 28. PL 34, 465. Cité par G. Bentivegna, s.j., dans *Effusion du Saint-Esprit et Dons charismatiques*, Éd. Pneumathèque, 1992, p. 154-155.

II. Le discernement des esprits

Pour faire un véritable discernement des esprits, nous devrons tout d'abord nous poser le problème de l'anthropologie qui sous-tend notre discernement ; en second lieu nous examinerons les diverses causes possibles qui peuvent intervenir et qui doivent être prises en compte dans le discernement des esprits, permettant alors de poser un véritable diagnostic ; en troisième lieu se pose à nous la question thérapeutique.

A. Les questions d'ordre anthropologique

1. L'expérience du combat spirituel met l'homme devant la nécessité du réalisme humain et spirituel

L'importance d'une réflexion et d'un enseignement de philosophie réaliste sur l'homme[1] n'est plus à démontrer lorsqu'on découvre la grandeur de la vérité manifestée dans l'adéquation entre la recherche sur la personne humaine et ce qu'elle est. Cela est mis en lumière et vérifié dans chacune des dimensions de la personne qui peuvent être approfondies pour elles-mêmes. L'importance de cet enseignement se vérifie encore en tant qu'il est lumière, sagesse pour notre vie pratique. La philosophie réaliste s'avère indispensable pour une véritable connaissance de soi. Cette vision réaliste sur l'homme réclame, pour aller plus loin dans la connaissance de soi-même, que l'on découvre la dimension religieuse en l'homme. Cette dimension religieuse réclame, de la part de l'homme, un réalisme dans l'image qu'il a de Dieu et dans sa vie avec Lui. Le réalisme spirituel appelle le réalisme humain et s'appuie sur celui-ci, pour permettre à l'homme de vivre dans la prise en compte de toute sa personne. Le réalisme spirituel ne supprime pas notre *je suis*. Il n'est pas rare que des personnes prolongent leurs difficultés d'ordre humain dans le spirituel, dans la relation qu'ils ont avec Dieu,

1. Cf. note p. 22.

et la vision qu'ils ont de Lui. Pareillement la vie de certaines personnes est conditionnée par la vision qu'elles ont de Dieu et les idéologies qu'elles ont sur Lui comme dans les évangiles les pharisiens, les sadducéens, etc.

Dans son désir d'aller toujours plus loin dans la connaissance de l'homme, la philosophie réaliste, qui regarde la personne dans toute sa richesse et son unité, est ouverte, accueillante, assimile le meilleur de ce que peuvent apporter les autres sciences humaines.

2. Quelle vision de l'homme sous-tend nos pratiques diagnostiques et thérapeutiques ?

Une conception erronée de la personne a nécessairement des répercutions sur le diagnostic, voire sur la pratique thérapeutique. Cela est évident pour les idéologies, mais ce discernement doit aussi s'opérer dans le cadre du christianisme.

Une connaissance humaine et spirituelle, respectueuse de la personne, m'introduit dans un profond réalisme sur sa nature et me permet de mieux percevoir ce qui va à son encontre.

Le réalisme humain et spirituel, par la connaissance qu'il donne de la nature humaine, permet un discernement et permet d'apporter des solutions propres à ses exigences, dans le seul but d'aider la personne face à ses difficultés à retrouver les chemins de la croissance et de la liberté, voire de la libération. Ceux qui s'appuient sur le réalisme humain et spirituel, tels des pères spirituels et accompagnateurs, doivent être ouverts à d'autres formes de diagnostics et de thérapies. Le réalisme sur l'homme fait que je vois la complexité de la nature humaine ; elle exige la complémentarité avec d'autres, qui dans leur spécialité pourront apporter des solutions supplémentaires, parfois décisives, pour répondre à un besoin. Le discernement d'un bon accompagnateur spirituel peut l'encourager à orienter celui qu'il accompagne ou lui demande conseil, vers un psychologue ou un psychiatre qui saura mieux l'aider, compte tenu des symptômes et de la nature de sa pathologie ; ou encore il pourra l'orienter vers un médecin, qui après des examens approfondis prescrira un traitement si nécessaire, contribuant à supprimer sa maladie ; ou encore il pourra l'orienter vers un exorciste, quand la nature des difficultés rencontrées le nécessite.

Il peut arriver, que pour aider une personne, il faille l'intervention à la fois de l'accompagnateur spirituel et d'une autre discipline. Cependant il est important de bien discerner les causes des difficultés pour orienter la personne au mieux afin qu'elle ne perde pas de temps et d'énergie à l'encontre des causes réelles de ses maux. Par exemple, quelqu'un qui déprime du fait de la solitude ou du manque de repères par carence éducative et qu'on orienterait vers un psychothérapeute ou un médecin, ou encore lorsqu'un accompagnateur spirituel vient à vouloir tout résoudre par l'accompagnement alors que les difficultés ne sont plus de ses compétences. Les difficultés d'une personne peuvent être aggravées quand leur nature est d'ordre psychologique et qu'on veut les résoudre par l'exorcisme ou des prières de guérison. Il peut y avoir alors une aggravation des problèmes psychologiques, jusqu'à un délire mystique.

Dans le discernement il est nécessaire d'être vigilant, car bien souvent peuvent se mêler et se confondre tout à la fois l'influence du démon et des fragilités psychologiques. Il sera alors souhaitable qu'il y ait un travail de complémentarité entre l'exorciste et le psychologue. Dans tous les cas de figure, le cheminement thérapeutique de la personne s'appuiera sur sa volonté de guérir, et dans la plupart des cas il s'inscrira dans le temps et sa croissance personnelle.

Il serait bon que dans tous les diocèses, il puisse exister un lieu d'accueil qui permettrait de recevoir les personnes en difficulté, pour les écouter et discerner avec compétence comment les aider et vers qui les orienter lorsque c'est nécessaire. On sera attentif à intégrer les personnes qui souffrent de la solitude dans leur paroisse, des mouvements, groupes de prière, de réflexion, tables ouvertes… Si, dans l'Église, on n'est pas attentif à aider ces personnes vulnérables, elles risquent d'être manipulées, récupérées par des charlatans, des sectes et il ne faudra pas alors s'en étonner.

Le réalisme humain et spirituel, ouvert à diverses formes de thérapies, doit exclure toutes celles qui relèvent de l'occultisme (radiesthésie, magie, divination, sorcellerie, astrologie, amulettes, guérisseurs, etc.). Il n'est pas rare que ces pratiques procurent un soulagement immédiat, mais que le mal vienne ultérieurement à s'aggraver, ou que le mal se reporte de la personne traitée sur une autre personne de la famille, ou même que d'autres difficultés, d'autres manifestations, viennent à rejaillir sur la personne traitée et son entourage.

B. Le discernement des esprits

1. Le diagnostic

Dans tout ce qui touche notre vie, notre agir, il nous faut discerner en premier lieu les causes d'un mal qui trouvent leur origine dans l'homme : causes éthiques, causes psychologiques, causes organiques. Après avoir discerné cela, il faut voir aussi ce qui est sous la mouvance de Dieu ou encore l'influence du démon. Le discernement des maux, qui affectent les personnes, doit se faire dans un profond réalisme humain et spirituel, dans la prise en compte du conditionnement intérieur et extérieur de la personne, ainsi que de la situation actuelle de celle-ci et de son histoire personnelle. Ce discernement permettra d'approprier les solutions qui correspondront au plus près du besoin.

Les questions permettant un diagnostic sont complexes, à l'image de la complexité de la nature humaine, en laquelle interagissent le corps, le psychisme et la vie de l'esprit[1], et sur ceux-ci le monde spirituel, surnaturel. Face à toute souffrance que l'on peut rencontrer, il ne faut pas nécessairement faire appel à toutes les causes possibles. Mais il est simpliste et souvent inefficace de se contenter d'un seul type d'approche, d'autant plus que les maladies intérieures sont souvent liées non pas à un facteur mais à la convergence de différentes causes : par exemple le développement d'une infection (atteinte somatique) peut être favorisée par une fragilisation psychologique.

Exemple de différentes causes qui peuvent être envisagées face à un mal

La tristesse persistante. Elle peut être le signe d'une culpabilité pécheresse (cause éthique), d'une dépression (cause psychologique), d'une pathologie neurologique (cause organique), d'une nuit de la foi (cause divine) ou de tentations (cause diabolique).

1. Intelligence et volonté.

Pareillement il faudrait regarder de plus près la question du sommeil. Avant toute forme de prescription, il faudrait regarder la (les) cause(s). De même le fait de s'isoler, le fait de beaucoup dormir, la boulimie, l'anorexie, les formes de dépendance (médicaments, drogue, alcool, tabac, etc.), les comportements luxurieux, homosexuels, le comportement suicidaire, les maladies mentales : dépression, schizophrénie, etc.

Regardons maintenant les différentes causes, prises en compte par un père ou accompagnateur spirituel dans sa démarche de discernement face à un mal. Dans les difficultés d'une personne, il considérera en premier lieu l'aspect éthique, l'agir humain. S'il connaît bien la personne et que celle-ci est plutôt équilibrée, selon ses difficultés, il regardera son cheminement à la lumière des permissions divines. Si les difficultés ne se situent ni au niveau éthique ni au niveau des permissions divines, alors il s'attardera davantage sur les aspects psychologiques et organiques[1]. Enfin, dans la persistance des difficultés il cherchera à discerner si celles-ci sont d'ordre démoniaque. Pour cette cause comme pour les autres, il sera nécessaire d'y apporter remède, hormis pour les permissions divines où il s'agira davantage d'apprendre à les accueillir, à vivre dans l'abandon et à coopérer à ses moments de grâce.

2. Cause humaine

a. Cause éthique

Devant les difficultés, les souffrances, le mal-être, les épreuves d'une personne, il convient pour l'aider d'être à l'écoute de ce qu'elle est, de ce qu'elle vit, de son milieu, et de considérer la nature de sa souffrance et ce qui en est la cause. Est-ce que cette souffrance provient du nonsens en son existence, de problèmes d'ordre ou d'orientation en sa vie, ou encore d'actes qu'elle a posés ou subis ?

1. Pour cela il se fera aider des personnes compétentes de manière à obtenir un diagnostic pour le bien de la personne.

Dans notre agir, le mal moral nous diminue toujours, nous dégrade dans la dignité de notre personne. Il nous conduit à l'esclavage et par là même à la perte de la liberté qui fait que l'homme se fourvoie dans ses erreurs, dans son péché, dans son endurcissement. Le mal moral est la conséquence de ce qu'on n'agit pas selon le bien, selon l'ordre, selon le respect de la nature humaine.

Aujourd'hui, par l'ignorance, par le mensonge qui est corruption de la vérité – vérité par laquelle on vit selon l'ordre et la fin – par les idéologies, on peut être entraîné à la décadence qui conduit à appeler bien ce qui est mal et mal ce qui est bien. « Quant aux facultés spirituelles de l'homme, cette détérioration consiste dans l'obscurcissement des capacités de l'intelligence à connaître la vérité, et dans l'affaiblissement de la volonté libre[1]. »

Le mal d'ordre moral (les fautes, les liens, les perversités, les erreurs, les culpabilités) peut être favorisé par l'absence d'éducation (manque de repères) ou des caricatures de celle-ci (qui peuvent être dues au milieu familial ou à une mauvaise conception de la personne). Le mal d'ordre moral, qui s'enracine dans nos concupiscences, nos fragilités, nos manques de repères, peut être favorisé – en plus du milieu familial (ou autre milieu de vie) – par les idéologies véhiculées dans nos sociétés par les moyens de communication.

Pour un véritable discernement des esprits, on devra aider la personne qui chemine à entrer dans une dynamique de vie et de croissance, afin de discerner si avec le temps des difficultés, des résistances, des liens demeurent. On s'efforcera de voir, avec son concours, quelle est la nature de ses difficultés. Celles-ci peuvent être présentes dans la personne indépendamment de sa volonté. Mais elles peuvent aussi être présentes en elle du fait de non-conversions, de vices[2], de liens qu'elle entretient et qui parfois pourront être de véritables portes ouvertes à l'action du démon. Que ce soit volontaire ou non, le remède sera la prise de conscience du mal, du péché que l'on entretient, de mœurs qui vont

1. Jean-Paul II, *Audience générale du 8 octobre 1986.*
2. Ga 5, 19-21.

à l'encontre de la dignité de la personne et du développement de la grâce dans la pâte humaine. Cela réclame aussi de la personne une démarche de conversion – afin de retrouver le Chemin, la Vérité et la Vie –, de réconciliation avec Dieu, ainsi qu'une démarche de conversion et de réconciliation avec soi-même et le prochain. Cela ne pourra se faire sans la coopération de la personne et le secours de la grâce, sans une volonté renouvelée par l'amour et le concours de la lumière. « La volonté a une si grande convenance avec le bien que tout aussitôt qu'elle l'aperçoit elle se tourne de son côté, pour se complaire en lui comme en son objet très agréable auquel elle est si étroitement alliée que même l'on ne peut déclarer sa nature que par le rapport qu'elle a avec lui : non plus qu'on ne saurait montrer la nature du bien que par l'alliance qu'il a avec la volonté. Car je vous prie, Théotime, qu'est-ce que le bien, sinon ce que chacun veut ? et qu'est-ce que la volonté, sinon la faculté qui porte et fait tendre au bien ou à ce qu'elle estime tel[1] ? »

Dans le chapitre suivant, nous regarderons plus profondément les maladies spirituelles (les vices) et les moyens que l'on peut mettre en œuvre en vue d'en sortir et de recouvrer la liberté à l'égard de ces pathologies.

Les difficultés qui restent présentes dans la personne indépendamment de sa volonté, réclameront toute notre attention, notre discernement pour voir quelles en sont les causes (psychologiques, organiques, permissions de Dieu, ou démoniaques), afin d'apporter les remèdes ou conseils adéquats à ses besoins.

b. Cause psychologique

La personne est un tout dont la dimension psychologique fait partie intégrante. La personne assume plus ou moins bien sa psychologie. La psychologie des individus peut prendre beaucoup de place dans leur développement au point de conditionner leur agir et leurs choix, et de provoquer en un grand nombre des comportements inhibés ou impulsifs, instables, « girouettes ».

---

1. S. François de Sales, *Traité de l'Amour de Dieu*, livre I, chap. VII. Éd. Maison de la Bonne Presse, Paris, 1925, t. 1, p. 14.

Il est certain qu'aujourd'hui beaucoup sont le jouet de leur psychologie, celle-ci n'étant pas structurée. Ils n'ont pas développé un moi fort par l'éducation qui permet d'acquérir les vertus. Ces vertus favorisent l'autonomie, la valorisation et la sécurité psychologiques. L'éducation trouve toute sa force et son sens en tant qu'elle est ordonnée aux véritables finalités humaines. C'est la finalité qui donne à la personne de devenir pleinement elle-même, qui lui donne de se structurer et de découvrir toute sa noblesse.

Le discernement d'une difficulté d'ordre psychologique sera souvent rendu plus aisé, si l'on aide au préalable la personne à entrer dans une dynamique de vie et de croissance, cela par une saine éducation qui s'appuie sur la finalité. Aider une personne à se structurer et à se construire permettra dans le temps de vérifier et de mieux discerner l'origine de ses fragilités. Souvent, on se rendra compte avec émerveillement qu'en aidant quelqu'un à se construire, à devenir lui-même, bien des difficultés se résorbent alors que d'autres sont assumées. Pour celles qui demeurent et qui sont aliénantes, il faudra chercher les solutions en fonction de leur nature, voir si l'on est confronté à des fragilités d'ordre éthique, organique, psychologique. Si elles sont psychologiques, alors sont-elles dues à des blessures, une pathologie ou au poids de l'héritage de générations antérieures[1] ?

Les blessures de la vie favorisent des fragilités psychologiques. Elles provoquent dans la personne le développement de mécanismes souvent

1. Le conditionnement dû au transgénérationnel dans une famille, c'est tous les non-dits qui pèsent sur les générations suivantes et exercent sur elles une influence. Les non-dits tendent à s'extérioriser, et s'ils ne peuvent l'être ils conditionnent les actes et s'expriment en eux, comme on peut le voir dans la répétition de suicides au sein d'une famille sur des générations, des échecs à répétition, des comportements pervers… Ces actes répétitifs peuvent apparaître à des dates anniversaires. La manière de se libérer du mal-être dû à des générations passées, c'est de prendre conscience de l'origine de ces non-dits. Cependant il y a une grande prudence à avoir dans la prise en compte de ce type de problème, et dans le travail de libération et de guérison qui l'accompagne. Tous nos maux et problèmes ne doivent pas être rapportés à des raisons d'ordre transgénérationnel, mais dans certains cas on doit y être attentif. Il faut préciser qu'il est des professionnels de la santé spécialisés en psychogénéalogie.

complexes, qui pourront trouver leur compréhension et leur dénouement dans la prise de conscience des blessures et de leur origine.

Lors du diagnostic d'une difficulté, il peut apparaître que la nature du mal est d'ordre psychopathologique et que l'importance de celui-ci nécessite le concours d'un psychothérapeute ou d'un psychiatre. Il ne faudra en aucun cas hésiter à faire appel aux compétences d'un spécialiste, qui permettra d'identifier la pathologie et d'apporter un traitement approprié. Après avoir aidé la personne à accueillir cette solution comme étant un bien pour elle, on s'efforcera donc de faire appel à un psychothérapeute ou psychiatre qui soit compétent et respectueux de la personne dans toutes ses dimensions, y compris religieuse. Bien des mal-être sont dus au manque de sens, de finalité dans notre vie[1]. La finalité ultime qu'est Dieu est une source de bonheur pour notre vie et nous permet d'assumer bien des difficultés.

Il est important de croire que Dieu peut nous faire passer de la mort à la vie. L'action de Dieu peut être un remède, un baume sur les blessures d'une personne accompagnée, à l'occasion de la relecture de son vécu où l'on appelle la « pâque », le passage de Dieu sur son histoire. S'il y a nécessité on peut disposer celui que l'on accompagne à accueillir le pardon de Dieu. Celui-ci est source de libération et de guérison des conséquences du péché, qui peuvent trouver des complicités avec les blessures. Cette démarche favorisera la disposition à pardonner à ceux qui ont fait du mal, qui ont blessé. Elle favorisera encore la capacité à se pardonner à soi-même, à s'accueillir d'une manière nouvelle, à se faire miséricorde.

Dans leur démarche thérapeutique, certains accompagnateurs psychospirituels ont la tentation de vouloir mettre la main sur Dieu, et d'avoir un rapport à Lui comme à la magie. À l'opposé, des psychothérapeutes nient et excluent Dieu, ce qui est une aberration, tout autant que de vouloir résoudre tous les problèmes par le seul spirituel. Ces approches réductrices peuvent dans certains cas s'avérer dangereuses.

1. « Le non sens, c'est ce qui tue le plus » Dr V. Frankl.

La conscientisation des blessures favorise le processus de guérison. Elle permet de nommer et de regarder en face ces blessures et leur origine, et pour le croyant de s'ouvrir à l'action de Dieu qui peut conduire à la pleine guérison ou à assumer les fragilités qui demeurent. Dans ce chemin de guérison, il sera souvent nécessaire de travailler sur la suppression des mécanismes que les blessures avaient générées. L'aide d'un tiers sera parfois nécessaire pour cela, de manière à donner de nouveaux repères et à aider à ne pas confondre les mécanismes avec la blessure elle-même. Si la conscientisation, le pardon et la grâce de Dieu guérissent la blessure – cela, parfois, rapidement – la suppression des mécanismes par leur conscientisation et le travail sur soi par la mise en œuvre de nouveaux repères de vie s'inscrit dans le temps.

Les fragilités et les pathologies psychologiques peuvent s'apparenter et se confondre avec les péchés capitaux (maladies spirituelles), rendant parfois difficile le discernement. Dans le discernement on devra être vigilant à ne pas prendre une pathologie psychologique pour un péché capital, et *vice versa*. À cause de ces similitudes, souvent la personne blessée se juge et est jugée pécheresse dans un cadre religieux, alors que la difficulté est d'un tout autre ordre. Dans certains cas le comportement de la personne est conditionné par des schémas psychologiques dont l'origine peut être une blessure. Cette blessure peut provoquer différentes attitudes qui consistent à fuir, à reproduire sur les autres ou à maintenir dans sa vie ce que l'on a subi.

Quelques exemples

La boulimie peut trouver son origine dans un manque, une souffrance. La boulimie peut s'apparenter à la gourmandise, alors que la cause en est une blessure qui peut être de carence affective.

Les manques, les privations affectives peuvent entraîner une blessure qui peut amener la personne à une recherche de plaisir immédiat, jusqu'à un comportement luxurieux.

Des peurs, dues à des privations ou à une blessure, peuvent conduire une personne à accumuler. Ce comportement, qui laissera la personne souvent dans l'insatisfaction, et toujours dans un sentiment d'insécurité, risquera d'être interprété comme de l'avarice.

La violence et la colère de certaines personnes peuvent se comprendre et s'expliquer plus par une blessure qui peut être la conséquence du développement d'un schéma d'injustice et qui a conduit à un endurcissement, que par le vice qu'est la colère.

La tristesse peut être liée à des blessures de la vie comme le manque de reconnaissance, le rejet, la culpabilité, plutôt qu'au contrecoup d'un mouvement de colère que nous avons eu, un désir trompé, un profit perdu ou le regret de n'avoir pas obtenu ce que nous avions espéré.

Le laisser-aller, l'abandon psychologique, pourront être pris pour le vice de paresse (acédie), alors qu'il peut s'agir d'une blessure qui conduit à un comportement de sujétion, ou encore d'une paresse due à une volonté non éduquée.

Le bien qui arrive à l'autre et qui suscite la convoitise rappelle à la personne blessée qu'elle souffre d'un manque de reconnaissance ou d'un schéma d'injustice, ce qui pourrait être interprété comme étant de la jalousie. La volonté de vouloir paraître, d'être mis en avant peut sembler être de la vaine gloire, alors qu'il s'agit d'une souffrance due à un manque de reconnaissance.

La blessure due à un abandon ou à un rejet peut engendrer un mécanisme qui conduit au repliement sur soi, au rejet ou à la fuite des autres, ce qui peut être pris pour de l'égoïsme ou de la suffisance et être interprété comme une attitude orgueilleuse.

Pourquoi la blessure est-elle si étroitement liée aux péchés capitaux ? On peut dire en première approche que la personne blessée recherche les biens qui lui ont manqué, ou des substituts accessibles et désirables, soit pour compenser soit pour fuir la blessure. Et les biens poursuivis dans les excès de ce qu'on appelle les péchés capitaux ou vices (maladies de l'âme) sont les consolations les plus immédiates, les plus à la portée de l'homme. Il faut donc avoir conscience que les mécanismes psychologiques de défense sont plus complexes que ce qui y paraît. Nos blessures, liées à notre conditionnement intérieur et extérieur, ont nécessairement un lien avec notre nature abîmée par le péché originel. C'est peut-être là qu'on peut le mieux comprendre que notre psychologie est la psychologie de l'homme blessé par le péché originel. La disharmonie, présente en la nature humaine comme conséquence du péché, se manifeste dans les concupiscences (orgueil, vanité, concupiscence de la chair), desquelles on peut rapprocher les péchés capitaux, cela à la suite de la Tradition. Tout cet héritage affecte notre psychologie et produit une influence, une complicité sur les blessures que l'on contracte.

Pères spirituels, accompagnateurs et confesseurs doivent être avertis qu'en touchant les racines des péchés que sont les péchés capitaux, ils sont aussi au plus près des blessures. Dès lors, il sera nécessaire de prendre en compte chemin de croissance et de sainteté, et cheminement de guérison et de reconstruction.

c. Cause organique, somatique

À l'encontre des difficultés qu'une personne peut rencontrer, il sera parfois nécessaire de faire appel à la médecine. Un bilan médical apportera un éclairage à notre discernement afin de ne rien négliger, à l'exemple de cette personne qui peut manifester de la fatigue qu'explique une déficience physiologique, sans pour autant que cela soit de la paresse. Des changements d'humeur soudains s'expliqueront parfois par une anémie, une déficience thyroïdienne ou par l'apparition et le développement d'une maladie dans l'organisme, ou encore par les effets secondaires d'un traitement lourd, voire les effets d'un traitement inadapté, etc. La complexité de la personne doit nous rendre vigilants et attentifs à toutes les parties qui la composent dont son corps. « Il en est parmi les moines que l'humidité de leur cellule, leurs jeûnes immodérés, le dégoût de la solitude, une lecture trop prolongée [...] font tomber dans la mélancolie, et ils ont besoin des remèdes d'Hippocrate plutôt que de notre avis[1]. »

Dans le discernement des difficultés d'une personne nous devons prendre en compte l'influence et les effets secondaires dans l'organisme des prises de médicaments, voire de drogue, et leur influence sur le psychisme. Ceux-ci peuvent conditionner le comportement éthique ainsi que la vie spirituelle, ils peuvent contribuer à favoriser des fragilités que le démon pourra exploiter.

1. S. Jérôme, *Lettre 125.*

Je suis mon corps. La personne a un corps qu'elle doit accueillir, respecter, aimer. La relation que l'on a à son corps ne peut pas plus être idolâtre que méprisante. L'éducation doit nous conduire au respect du corps et à veiller à sa santé. L'hygiène de vie, par l'éducation, consiste à assumer notre corps, à ne pas nous laisser conduire par ses instincts.

Parfois il est des comportements débridés où le corps n'est plus qu'instrument de jouissance ; il est d'autres cas où des personnes rejettent leur corps, pouvant aller jusqu'à le mutiler ; il est d'autres cas encore où la médecine n'arrive pas à traiter certaines maladies, voire même à les expliquer. Parfois, on pourra comprendre les difficultés qui nous atteignent jusque dans notre corps par des raisons éthiques, du fait d'un irrespect du corps ; d'autres fois, cela s'expliquera par une blessure ou une pathologie psychologique qui fait que l'on somatise ; ou encore cela ne tiendra qu'à la pauvreté de notre constitution. Mais il peut arriver que des maladies qui touchent notre corps s'expliquent par l'influence et l'intervention du démon. Un tel jugement réclamera qu'au préalable, pour notre discernement, on n'ait pas négligé le diagnostic de la médecine, ni ceux de l'éthique et du psychique. Si on ne doit pas expliquer toutes les maladies par les seules interventions du démon, il n'en demeure pas moins qu'en bien des cas il peut exercer ses pouvoirs sur notre corps. Dans une telle situation, avec toutes les précautions requises, les difficultés de la personne pourront être résolues par le secours de la grâce, par la prière des frères, le sacrement de réconciliation, l'adoration et la communion au Corps du Christ, le sacrement des malades, et encore si nécessaire par le ministère de l'exorciste.

3. Cause divine

a. Dans notre vie spirituelle

Des difficultés que nous pouvons rencontrer dans notre cheminement à la suite du Christ, il nous faut discerner la ou les cause(s). Il convient de voir tout d'abord si dans notre vie aujourd'hui il y a des obstacles au développement et à la croissance de la vie divine en nous. Si tel est le cas, il faut voir quelle en est la cause et y apporter remède. Discerner si notre vie est dans le Seigneur, cela se fait au-delà du ressenti psychologique, cela se fait dans l'objectivité évangélique. Sommes-nous dans l'esprit de l'Évangile, dans un chemin de croissance, d'union à Dieu ? Nous inscrivons-nous dans la conversion par laquelle nous vivons selon les mœurs divines[1] ?

> « Éprouvez-vous pour voir si vous êtes dans la foi. Examinez-vous. Ne reconnaissez-vous pas que Jésus-Christ est en vous ? À moins peut-être que l'épreuve ne tourne contre vous. Mais vous reconnaîtrez, je l'espère, qu'elle ne tourne pas contre nous. Nous demandons à Dieu dans nos prières que vous ne fassiez aucun mal ; ce n'est point pour paraître nous-mêmes l'emporter dans l'épreuve, mais c'est pour que vous fassiez le bien[2]. »

> « C'est lui [Épaphras] encore qui nous a informés de l'amour que vous inspire l'Esprit. Voilà pourquoi, nous aussi, depuis le jour où nous l'avons appris, nous ne cessons de prier pour vous et de demander que vous soyez remplis de la connaissance de la volonté de [Dieu], en toute sagesse et intelligence spirituelle. Vous mènerez ainsi une vie digne du Seigneur et qui lui plaise en tout ; vous fructifierez en toute œuvre bonne et vous croîtrez en la connaissance de Dieu ; devenus puissants en toute puissance selon la vigueur de sa gloire, vous acquerrez toute constance et patience ; avec joie vous remercierez le Père, qui vous a rendus capables d'avoir part au lot des saints dans la lumière[3]. »

Avant d'aller plus loin dans cette réflexion, un préalable est nécessaire. À la suite de la Tradition – biblique et spirituelle – nous pouvons distinguer trois étapes du cheminement de l'âme dans sa progression vers Dieu : les commençants, les progressants et les parfaits. Cette représentation permet de décrire la vie spirituelle dans son évolution. Il faut préciser que ces étapes ne sont pas figées dans le temps et qu'elles sont connexes. Entre ces étapes, il y a une interaction produisant des effets corrélatifs. Le progrès de l'âme se fait en tendant vers l'union à Dieu donnant aux autres étapes leur raison d'être. Chacune de ces étapes est caractérisée par un cheminement, une croissance, une fécondité. L'étape des commençants[4] est caractérisée par la voie purgative, celle

1. Rm 8, 1-17 ; Rm 12 ; Rm 13, 8 à 15, 13.
2. 2 Co 13, 5-7.
3. Col 1, 8-12.
4. 1 Co 3, 1-3 ; 1 P 2, 1-5.

des progressants[1] est caractérisée par la voie illuminative, et celle des parfaits[2] par la voie unitive.

b. Consolations et fruits

« Vous demandez sans doute comment donc j'ai pu reconnaître qu'il était présent, puisque ses voies sont si incompréhensibles ; mais il est vif et efficace, et aussitôt qu'il est venu en moi, il a réveillé mon âme qui dormait, il a remué, amolli, et blessé mon cœur, qui était dur comme la pierre et malade. Il s'est mis aussi à arracher, à détruire, à édifier, et à planter, à arroser ce qui était sec, à éclairer ce qui était ténébreux, à ouvrir ce qui était serré, à enflammer ce qui était froid, à redresser ce qui était tordu, et à aplanir ce qui était rude et raboteux, en sorte que mon âme bénissait le Seigneur, et tout ce qui est en moi glorifiait son Saint Nom. C'est donc ainsi que le Verbe Époux, en entrant quelquefois en moi, ne m'a fait connaître son entrée par aucune marque, ni par la voix, ni par la figure, ni par la démarche. Enfin je ne l'ai connu par aucun mouvement de sa part, je n'ai aperçu par aucun de mes sens, qu'il se fût glissé dans le fond de mon âme. J'ai seulement reconnu sa présence par le mouvement de mon cœur, comme je l'ai déjà dit, j'ai remarqué la puissance de sa vertu par la fuite des vices, et par l'amortissement des passions qu'elle opérait en moi. J'ai admiré la profondeur de sa sagesse dans la discussion et la réprobation de mes fautes secrètes, j'ai éprouvé sa bonté et sa miséricorde par un amendement de ma vie, j'ai découvert, en quelque sorte sa beauté infinie par le renouvellement et la réformation de mon esprit, c'est-à-dire de mon homme intérieur : en regardant toutes ces choses ensemble, j'ai été surpris d'étonnement de sa grandeur incompréhensible[3]. »

Consolations

Il est fréquent, pour beaucoup de commençants à la suite de Jésus Christ, de bénéficier et de jouir de dons spirituels sensibles. Ils ressentent une présence intérieure, ils ressentent la paix, la joie et le désir d'aimer

1. Col 1, 10-13 ; Ep 5, 8 ss.
2. Gn 17, 1 ; Ph 3, 12-15 ; Col 3, 14 ; Jc 1, 4.
3. S. Bernard, *Sermon sur le Cantique*, LXXIV, 6. *Œuvres complètes*, traduction par M. l'Abbé Charpentier, éd. Vivès, Paris, 1866.

et de donner toute leur vie à Dieu. Cela est une grande grâce. Mais il conviendra d'apprendre, avec le temps et l'enracinement dans le Seigneur, à aimer Dieu et à Lui être fidèle au-delà des cadeaux qu'Il nous donne. Nous devons apprendre à être fidèle plus à Celui qui donne les cadeaux, plutôt que de L'aimer pour ses dons.

Souvent les grâces sensibles seront une manière de vérifier que nous sommes dans ou selon l'Esprit de Dieu. Pourtant, on peut parfois avoir le sentiment de ne plus être dans le Seigneur, que Celui-ci nous a quitté. On ne ressent plus rien, on s'interroge : qu'ai-je fait ? Après les grandes ferveurs et les effusions, quand vient l'aridité, on peut même en arriver à tout remettre en question. L'aridité est une épreuve qui nous invite à nous mettre en présence de Dieu, à chercher et à discerner, avec le concours de l'accompagnateur spirituel, quelle est la cause du fait que je ne ressens plus rien. Cela vient-il de moi (cause éthique, péché ou encore psychologique, ou organique) ? Ou cela vient-il du diable (tentations, doute, suspicion, exploitation de la culpabilité, inoculation de la tristesse, mensonge sur Dieu, etc.) ? Ou est-ce une permission de Dieu ? Si cela est permission de Dieu, alors j'aurai à apprendre à vivre cette période qui doit devenir chemin, par lequel je vais croître en aimant Dieu, de plus en plus dans la gratuité. Ainsi Dieu pédagogue veut purifier l'amour que j'ai pour Lui, afin que son véritable Visage se dévoile à moi.

> « Lorsque ton Bien-Aimé t'a échappé, il ne revient pas vers toi à ton gré. Cette épreuve donne de l'intelligence à l'amour, et elle accroît l'élan du désir. Tantôt il la visite, et tantôt, mettant fin à sa visite, il éprouve son amie. Cette alternance saisit le cœur et le désir de l'amante et les refait en vue d'une nouvelle expérience[1]. »

Fruits de l'Esprit

De manière à vérifier l'authenticité de notre vie spirituelle au-delà du ressenti, il nous faut regarder si notre vie s'inscrit à la suite du Christ dans la croissance et quels en sont les fruits spirituels[2]. « Tous ceux en effet qui sont menés par l'Esprit de Dieu, ceux-là sont fils de Dieu. Aussi bien

1. Gilbert de Hoyland, *Sermons sur Ct 5/7.*
2. Cf. *Imitation de Jésus-Christ*, livre III, chapitre LIV « *Des divers mouvements de la nature et de la grâce* ».

n'avez-vous pas reçu un esprit de servitude pour retomber dans la crainte, mais vous avez reçu un esprit d'adoption filiale, par lequel nous crions : "Abba ! Père !" L'Esprit lui-même témoigne avec notre esprit que nous sommes enfants de Dieu. Or, si nous sommes enfants, nous sommes aussi héritiers, héritiers de Dieu et cohéritiers de Christ, s'il est vrai que nous souffrons avec lui pour être aussi glorifiés avec lui[1]. »

« Le fruit de l'esprit est amour, joie, paix, patience, bonté, bénignité, fidélité, douceur, maîtrise de soi. Contre de telles choses il n'y a point de Loi. Ceux qui sont au Christ Jésus ont crucifié la chair avec ses passions et ses convoitises. Si nous vivons par l'esprit, suivons aussi l'esprit. Ne cherchons pas la vaine gloire, nous provoquant les uns les autres, nous enviant les uns les autres[2]. » À ces fruits dont nous parle saint Paul, nous pouvons ajouter ces autres fruits qui mettent en lumière que nous sommes en Dieu : « la justice, la vérité[3] », l'humilité, le pardon, la discrétion, la confiance en Dieu, l'intention droite, le désintéressement, la simplicité, la mortification intérieure, la liberté spirituelle, et, bien entendu, l'amour et l'imitation du Christ, Fils de Dieu fait homme.

c. Désolations et purifications

Les états de désolation, qui peuvent nous habiter, doivent être vérifiés et discernés afin d'en déceler l'origine. Ils peuvent être permission de Dieu.

Il est certain que Dieu n'est pas la cause des épreuves qui nous atteignent, en tant qu'Il voudrait un mal pour nous. Dieu est Amour, Il est innocent de tout mal. Bien des maux qui peuvent nous affecter sont la conséquence de nos actes ; pourtant même ici Dieu peut nous être secourable, avec le concours de notre bonne volonté.

Dans d'autres circonstances, les maux qui nous affectent peuvent ne pas dépendre de nous. Cela peut apparaître comme une véritable injustice, et en même temps cela pourra être l'occasion d'un chemin de croissance pour qui se tourne vers Dieu avec ses révoltes et ses interrogations. « Tout concourt au bien de ceux qui aiment Dieu[4]. » Toutes les épreuves

1. Rm 8,14-17.
2. Ga 5, 22-26 ; Cf. Rm 8, 31-39.
3. Ep 5, 9-10.
4. Rm 8, 28.

qui nous atteignent peuvent prendre le visage de la désolation, soit pour la révolte soit pour un chemin de purification. C'est de la fournaise de la purification que nous est offert l'or le plus éclatant.

Désolations, purifications permises par Dieu

La purification, l'état de désolation permis par Dieu, parce qu'accueilli va être un chemin de croissance. On discernera et vérifiera l'origine de la désolation par la croissance qu'elle produit en la personne ainsi que par les fruits qui l'accompagnent. La purification en Dieu est une miséricorde par laquelle Dieu, dans sa pédagogie, veut permettre à son enfant d'entrer dans la maturité et l'enracinement de la vie divine. Il veut le conduire à un amour plus authentique, par lequel l'homme Lui manifeste sa fidélité malgré les épreuves. Par l'amour purifié Dieu veut introduire l'homme dans une plus grande fécondité. Dans son cheminement spirituel, la purification permet à l'enfant de Dieu d'être en vérité face à Dieu, à lui-même et aux autres. Dans sa miséricorde, Dieu permet que par les purifications, l'homme puisse accéder à une plus grande liberté face à toutes les entraves, face à tout ce qui peut l'empêcher d'être flexible dans Sa main.

Quand nous sommes dans la désolation, il nous faut discerner si celle-ci est due *en premier lieu* à nos fautes : « nous sommes tièdes, paresseux ou négligents dans nos exercices spirituels ; c'est alors à cause de nos fautes que la consolation spirituelle s'éloigne de nous[1] », ou *en second lieu* « pour éprouver ce que nous valons et jusqu'où nous pouvons aller dans son service et sa louange, sans un tel salaire de consolations et d'immenses grâces[2] » ; *en troisième lieu* cela peut être permis pour nous donner de connaître que tout est don et grâce de Dieu : « pour nous donner d'apprendre et de connaître en vérité, afin de le sentir intérieurement, qu'il ne dépend pas de nous de faire naître ou de conserver une immense dévotion, un intense amour, des larmes, ni aucune autre consolation spirituelle[3] ».

---

1. S. Ignace de Loyola, *Exercices spirituels,* n° 322, *Neuvième règle.* Traduction par François Courel, s.j., Coll. Christus n° 5, DDB, 1963, p. 171.
2. *Ibid.*
3. *Ibid.*

> « C'est au travers d'une expérience prolongée au cours de laquelle on apprend à se vider de soi-même que l'on acquiert l'amour de Dieu. Cet amour se révèle à nous dans les minutes fugitives où nous sommes visités d'En-Haut. Puis suivent immanquablement les jours, les années où nous sommes abandonnés de Dieu. La crainte envahit l'âme désertée par Dieu. Nous pouvons ne pas savoir pourquoi cela nous arrive. Nous nous sentons en danger : l'amour qui s'était manifesté à nous dans la Lumière se retire, se cache comme le soleil qui disparaît à l'horizon [...] la nuit obscure envahit tout. C'est ainsi que nous apprenons à suivre le Christ dans sa descente en enfer ; à Le suivre "partout où Il va"[1]. »

4. Cause démoniaque

Pour un discernement plénier, il va être parfois nécessaire de prendre en compte la possibilité d'une intervention démoniaque dans l'existence de certaines personnes. Il est des situations, des événements, qui ne peuvent se comprendre que par l'influence du démon. Nier l'existence du démon, tout comme vouloir tout expliquer par sa seule intervention – une telle démarche est un écueil – seraient choses simplistes. Grand nombre d'hommes et de femmes, enracinés dans la vie spirituelle et profondément équilibrés, ont souvent su percevoir en bien des situations, que ce soit dans des cas de tentations, de liens ou de possessions, la présence indéniable du démon.

Un véritable discernement des esprits nous invite à prendre en compte, dans les difficultés d'une personne, ce qui pourrait provenir d'habitudes peccamineuses, de non-conversions, ce qui pourrait provenir d'un dérèglement psychologique ou organique, ou encore d'une période de désolation, de purification permise par Dieu. La complexité du discernement de l'action du démon provient de ce qu'elle s'entremêle avec la complexité de la pâte humaine et le désordre en elle. Pour la diagnostiquer on devra faire appel au meilleur du discernement, on devra avoir le souci de distinguer les symptômes qui pourraient laisser apparaître l'œuvre et l'action du démon, de ceux qui proviennent de la nature humaine indépendamment d'une influence surnaturelle, ou encore des deux. Le

1. Archimandrite Sophrony, citant Ap 14, 4.

démon nous tente quant à la conduite de notre vie, nos mœurs, afin de nous détourner du bien. Le fait de se détourner du bien peut ne pas être le fait de notre seul libre arbitre. Le démon, pour nous tenter, passe toujours par notre psychologie, il met tout en œuvre pour la fragiliser jusqu'à faire apparaître des pathologies psychologiques. Pourtant, quand il y a maladie psychologique, il n'y a pas nécessairement intervention du démon, mais parfois l'une et l'autre peuvent être mêlées. De même le pouvoir du démon peut être à l'origine de certaines maladies organiques, c'est pourquoi on sera attentif et suspicieux devant la soudaineté ou la répétition d'une affection. Dans ces cas-là tout devra être mis en œuvre pour les traiter, avec les moyens de la médecine, sans exclure les moyens spirituels. Pour ce qui est des purifications et désolations permises par Dieu, afin qu'elles ne soient pas prises trop vite comme telles, on devra discerner si elles relèvent d'un cheminement spirituel et leur authenticité. On vérifiera que l'état de désolation n'est pas le fruit, le symptôme de l'action du démon ou de sa présence. On cherchera pour cela avec la personne concernée si la désolation n'est pas la conséquence d'un état de péché entretenu en elle, ou de liens qui seraient dus à la fréquentation de l'occultisme, ou encore de possession du fait d'un pacte avec le démon ou d'un endurcissement dans le péché qui l'aurait favorisée, cela au mépris de Dieu. Il est certain que la purification et la désolation permises par Dieu s'accompagnent d'une croissance, d'une fécondité, de fruits de l'Esprit, alors que la désolation, conséquence du péché ou de l'action du démon, est stagnation dans la vie spirituelle, régression et dégradation de la personne, et les fruits sont ceux du démon. Il n'est pas rare, d'où la complexité du discernement, qu'il y ait chez certaines personnes, dans leur situation, à prendre en compte des éléments éthiques, psychologiques, organiques, ainsi qu'une forte influence du milieu de vie : différentes causes sur lesquelles le démon peut exercer ses pouvoirs tout à la fois, ou sur l'une ou l'autre en particulier. Pour mieux percevoir les différentes manières par lesquelles le démon peut nous attaquer, et afin de mieux déceler son éventuelle présence, nous pouvons regarder les différents noms donnés au démon[1], qui illustrent très bien sa volonté sur nous et les conséquences qui en découlent.

1. Cf. chapitre 2, III, C.

Notre cheminement à la suite du Christ, plus que tout autre cheminement, peut exciter les assauts du démon. La maturité spirituelle peut nous donner de déceler ses actions sur nous, mais il est plus que nécessaire d'être aidé dans les difficultés rencontrées dans ce domaine, car le démon a de nombreux artifices. Quel que soit le domaine, dans notre existence, où le démon exerce sa puissance, la grâce sera le plus grand secours du chrétien. Comme nous le verrons plus loin, les armes qui nous sont données par le Christ en son Église sont infaillibles face au démon, et toutes ces armes trouvent leur vigueur en la personne du Christ, dont le Visage est celui de la Bonté, qui est l'Amour et la Lumière.

a. Les œuvres du diable[1]

> « Vous avez, vous, le diable pour père, et ce sont les convoitises de votre père que vous voulez accomplir. Celui-là était homicide dès le commencement, et il ne s'est pas tenu dans la vérité, parce qu'il n'y a pas de vérité en lui. Quand il dit le mensonge, il le dit de son propre fonds, car il est menteur et père du mensonge[2]. »

La paternité, c'est être à l'origine, être source. Dans sa paternité Dieu est source de notre être. La paternité divine, c'est la fécondité qui découle de l'Amour et de la Lumière. La paternité du diable, c'est le néant dont les œuvres découlent de l'obscurité orgueilleuse et de la haine stérile.

Les noms du diable peuvent mettre en lumière l'action qu'il opère dans notre vie et manifestent sa perfidie. La manifestation de comportements qui se rapprocheraient de l'un ou l'autre des noms du diable, peut être la signature de sa présence agissante dans notre vie. Il en va de même des symptômes mis en lumière par saint Paul s'adressant aux Galates, ainsi que de chacun des péchés capitaux. « Les œuvres de la chair sont manifestes ; ce sont fornication, impureté, débauche, idolâtrie, sorcellerie, haines, querelle, jalousie, fureurs, disputes, dissensions, scissions, envies, orgies, ripailles et choses semblables. Je vous préviens, comme je vous en ai déjà prévenus : ceux qui commettent de telles choses n'hériteront pas du Royaume de Dieu[3]. » Les péchés capitaux peuvent laisser apparaître

1. Jn 8, 41.
2. Jn 8, 44.
3. Ga 5, 19-21.

l'ombre agissante du démon, c'est pourquoi parfois la tradition les appelle « esprit »… de gourmandise, de fornication, d'avarice, de colère, de tristesse, d'acédie (ou paresse), de vaine gloire, d'orgueil[1]. Les tentations et les œuvres du démon à notre égard, s'opèrent nécessairement au travers de notre nature et de ses tendances. Le démon exploite nos inclinations, nos faiblesses, comme nous l'avons dit. Étant donné que l'action du démon s'exerce sur notre nature, cette action peut se confondre avec les tendances mauvaises, les vices auxquels nous sommes enclins indépendamment de l'influence du tentateur. Les œuvres de la chair, les péchés capitaux ne traduisent pas nécessairement la présence immédiate du démon, mais ils peuvent être le fruit de nos penchants qui deviendront comme autant de portes ouvertes à son action. Il vient amplifier ces inclinations et nous enchaîner à elles.

Parfois le désir et l'inclination aux œuvres de la chair sont la conséquence immédiate de la présence et des tentations du démon qui nous teste et nous détourne du bien. La connaissance de soi et nos conditions de vie actuelles, notre enracinement dans le Seigneur pourront parfois nous permettre de comprendre l'origine de la tentation qui nous habite. Ici il est important de revenir à ce que nous avons écrit sur le processus de la tentation provenant du diable[2].

Magie et divination

Il faut ajouter que les œuvres du diable vont être manifestées d'une manière particulière dans des pratiques comme la magie et la divination[3]. Les diverses pratiques que recouvrent la magie blanche[4] et la magie

1. Nous développerons davantage cela au chapitre suivant.
2. Cf. chapitre 2.II.
3. Cf. CEC § 2115-2116-2117. Cf. S. Thomas d'Aquin, *Somme théologique*, IIa-IIae, q. 95 et q. 96.
4. Lettre pastorale des Évêques de Toscane, *Magie et démonologie*, 1994, *Documentation catholique* n° 2104 : « Formes d'intervention qui prétendent viser des buts, soit bénéfiques comme le rétablissement d'un rapport d'amour, la guérison d'une maladie, la résolution de problèmes économiques, etc., mais en recourant à l'usage de moyens inadéquats comme des talismans et des amulettes, des porte-bonheur et des philtres, des croyances en des liens existant entre le tirage de cartes, et des personnes ou des événements, ou bien par le recours à des pratiques médicales centrées sur l'occultisme ou des pouvoirs "supra-humains". » Ces différentes pratiques sont illicites.

noire[1] – qui est plus grave encore – ainsi que la divination[2] produisent des fruits de mort et créent des dommages en l'âme, dans le psychisme, parfois même jusque dans le corps, ainsi que dans l'environnement de la personne qui sollicite ces pratiques. Les apparences peuvent être trompeuses. Il faut savoir qu'on ne sollicite jamais les forces occultes sans qu'il y ait des conséquences négatives en retour. On doit prendre garde de ne pas minimiser ces pratiques et leurs effets. Lorsqu'elles sont animées par une escroquerie et l'appât du gain, elles sont déjà condamnables, mais plus encore lorsqu'elles font vraiment appel à l'influence et l'action de forces occultes. « Lorsque tu seras entré dans le pays que le Seigneur, ton Dieu, te donne, tu n'apprendras pas à commettre les mêmes abominations que ces nations-là. Qu'on ne trouve chez toi personne qui fasse passer par le feu son fils ou sa fille, personne qui exerce le métier de devin, d'astrologue, de magicien, de sorcier, d'enchanteur, d'évocateur de spectres et d'esprits, de consulteur de morts. Car quiconque fait cela est une abomination pour le Seigneur, et c'est à cause de ces abominations que le Seigneur, ton Dieu, dépossède ces [nations] devant toi[3]. »

---

1 *Ibid.* « D'une manière directe ou indirecte, [la magie noire] en appelle à des pouvoirs diaboliques, ou, de toute façon, elle prétend agir sous leur influence. En règle générale, la magie "noire" poursuit des buts maléfiques (procurer des maladies, des malheurs, la mort) ou influencer le cours des événements dans son intérêt propre, spécialement pour en tirer des avantages personnels comme des honneurs, des richesses ou des choses semblables. On l'appelle magie "noire" à cause des méthodes auxquelles elle recourt et des fins qu'elle poursuit. Cette forme de magie est une véritable expression d'anti-culte, qui vise à ce que ses adeptes deviennent des "serviteurs de Satan". Elle comprend tous ces rites ésotériques, sur fond satanique, qui ont leur point d'orgue avec ce que l'on appelle les messes noires. »

2. *Ibid.* « Une pratique qui, au sens strict, constitue une tentative de vouloir prédire l'avenir à partir de signes tirés du monde de la nature, ou en se servant de l'interprétation de présages ou de sorts d'origine diverse ; en un sens plus large, souvent parmi les gens les plus simples, elle représente un mélange de crédulité et d'intentions ingénues visant à connaître par avance, à l'aide de moyens ou arts particuliers, quelque fait qui surviendra. Font partie de la divination, *l'astrologie* (prétendre cerner l'avenir libre des hommes dans les astres ou l'ordonnancement des étoiles), la *cartomancie* (se faire prédire l'avenir par les cartes, les « tarots »), la *chiromancie* (déchiffrement des lignes de la main), et des formes semblables. La pire expression de la divination, et la plus grave, est la *nécromancie* ou *spiritisme,* c'est-à-dire le recours aux esprits des morts pour entrer en contact avec eux et dévoiler l'avenir ou un de ses aspects. »

3. Dt 18, 9-12.

b. Critères et « fruits » de l'action du diable

> « Méfiez-vous des faux prophètes, qui viennent vers vous vêtus en brebis, mais qui au-dedans sont des loups rapaces. C'est à leurs fruits que vous les reconnaîtrez. Est-ce qu'aux épines on récolte des raisins, ou aux chardons des figues ? Ainsi, tout bon arbre fait de bons fruits, mais l'arbre pourri fait de mauvais fruits. Un bon arbre ne peut porter de mauvais fruits, ni un arbre pourri porter de bons fruits. Tout arbre qui ne fait pas de bon fruit est coupé et jeté au feu. Ainsi donc, c'est à leurs fruits que vous les reconnaîtrez[1]. »

Le but et l'action du diable sont une œuvre de destruction. En effet son action consiste toujours à diminuer la dignité de la personne en la détournant de tout ce qui peut la finaliser profondément, il entrave l'œuvre de construction en elle, il détourne les hommes du bien. D'une manière ultime le diable veut détourner l'enfant de Dieu de son Créateur et supprimer en lui toute forme de fécondité. On peut voir que le diable, par chacune de ses œuvres et leurs « fruits », s'en prend à chacune des dimensions de la personne dans son aversion pour elle. Il singe et caricature l'œuvre divine, il parodie la grande liturgie et les symboles chrétiens, toute forme d'expression d'amour à l'égard de Dieu, par un culte qui lui est dédié.

De l'œuvre du diable, fruit de son action dans les hommes, découlent des fruits de mort. Il en résulte l'absence de toute fécondité. C'est pourquoi il nous faut être vigilants à discerner les fruits de notre vie : s'il y a en nous croissance et fécondité, si nous demeurons dans une dynamique de conversion, ce qui au contraire peut nous freiner, nous arrêter, nous entraver, quelle en est la cause ? « Bien-aimés, ne croyez pas tout esprit, mais éprouvez les esprits pour voir s'ils sont de Dieu[2]. » Les fruits qui découlent de l'œuvre du diable sont nécessairement mauvais pour la personne humaine et son développement. Ils sont ces inclinations et enchaînements aux œuvres de la chair, aux péchés capitaux ; ils sont violence, désirs de mort, de suicide, négation de Dieu, idolâtrie, angoisse, oppression, culpabilité, désespoir, aliénation, jalousie, suspicion, mensonge, obscurantisme, haine, murmure ; ils sont

1. Mt 7, 15- 20.
2. 1 Jn 4, 1.

caricatures, parodies de tous les dons ou charismes que Dieu peut nous donner…

Les œuvres et les fruits de l'action du diable peuvent apparaître au travers de tout ce qu'est notre société, mais ils s'enracinent au plus profond de l'homme. C'est pourquoi il nous faut être attentifs aux mœurs, à l'agir de l'homme, à tout ce qu'il est, tout ce qui va à l'encontre des vertus, des véritables finalités humaines. « Engeance de vipères, comment pouvez-vous dire de bonnes choses, mauvais que vous êtes ? Car c'est du trop-plein du cœur que la bouche parle[1]. »

> « Depuis la transgression du commandement et l'expulsion du paradis, l'homme est enchaîné de deux manières et par deux genres de liens. Les uns ont rapport à cette vie, aux affaires qu'elle implique, à l'amour pour le monde, pour les plaisirs charnels et les passions, pour la richesse et la gloire, les biens, la femme et les enfants, les parents, la patrie, les lieux, les vêtements, bref, pour toutes les choses visibles, desquelles la parole de Dieu lui prescrit de se détacher par un libre choix, – car chacun est enchaîné à toutes les choses visibles parce qu'il le veut. De la sorte, s'étant détaché et libéré de tout cela, il pourra garder parfaitement le commandement. D'autre part, dans le secret, l'âme humaine est entourée, enclose, emmurée et liée dans les chaînes des ténèbres par les esprits de malice, et elle ne peut pas aimer le Seigneur comme elle le voudrait, ni croire comme elle le voudrait, ni prier comme elle le voudrait. De tous côtés, dans le monde visible et dans le monde invisible, nous rencontrons de l'opposition, depuis la transgression du premier homme[2]. »

Conséquences de l'emprise du diable

La non-conversion, des comportements pervers, des liens entretenus dans notre vie peuvent être comme autant de portes ouvertes qui créent un lien avec le démon et favorisent son emprise. Alors le démon s'efforcera d'intensifier toujours davantage sa domination en nous enfermant dans ses filets.

1. Mt 12, 34.
2. S. Macaire, *Les homélies spirituelles*, n° 21, 2. Traduction par le P. Placide Deseille, « Spiritualité Orientale » n° 40, Abbaye de Bellefontaine, 1984.

L'emprise du diable comprend des degrés dans son intensité, sur les personnes comme sur les choses, ce que nous précisent les mots suivants dont il nous faut définir la réalité du mal et la sémiologie qu'ils recouvrent : tentation, obsession, vexation, infestation, possession.

– *Tentation*[1] : il faut rappeler que Satan est en mesure d'interférer dans la vie d'un homme au moyen de la tentation pour l'induire au mal et l'y enfermer. Par la tentation il essaye de semer le trouble en l'âme.

– *Obsession*[2] : le démon par son action influence principalement l'imagination pour communiquer quelque chose de ses sentiments infernaux. La personne devient obnubilée et tourmentée par des pensées suggestives à l'égard de vices, ou par des impulsions qui peuvent la jeter dans un état de prostration, de tristesse, de désespoir, de tentation de mort et de négation et rejet de Dieu.

– *Vexation diabolique* : l'action du démon consiste à exercer une influence néfaste sur le corps ainsi que sur l'environnement de la personne, afin de la tourmenter et de la conduire au désespoir en la faisant douter de la fidélité de Dieu pour elle. La vexation peut aussi atteindre la personne par une maladie ou une succession de complications de santé, elle peut porter sur les relations qui se dégradent et se compliquent soudainement. Dans la vie des saints[3], il n'est pas rare que la vexation prenne aussi la forme de coups, de tourments de toutes sortes afin d'engendrer en eux la peur. Les vexations sont l'expression de la colère du démon qui a en haine ceux qui sont tournés vers Dieu et font Sa volonté.

– *Infestation* : conséquence de l'influence du démon qui se manifeste par des bruits dans des lieux et maisons, qui remue, transporte, renverse et parfois brise certains objets. Il peut infester jusqu'à des animaux. L'infestation peut se manifester aussi dans la dégradation d'une situation matérielle, professionnelle, économique. L'infestation peut être une forme de vexation à l'égard de personnes droites et/ou croyantes, elle peut être aussi la conséquence de liens dus à des pratiques divinatoires et de magie.

---

1. Cf. chapitre 2, I.
2. Nous y reviendrons au chapitre 4, I. C : « Formes obsessionnelles et maladies spirituelles ».
3. Cf. le Curé d'Ars, Padre Pio…

– *Possession diabolique*[1] : emprise du démon qui aliène la volonté et altère le jugement d'une personne. La possession rend dépendant, esclave du démon. Le démon n'agit plus de l'extérieur mais de l'intérieur. Il fait parler ou agir sa victime comme il le veut, sans qu'elle puisse résister. Dans le possédé, le démon déploie tous ses artifices et manifeste sa puissance. Il déstructure cette personne et la divise. En elle les maladies de l'âme sont comme amplifiées, et la volonté de pouvoir, d'avoir et de paraître est exacerbée. La présence du démon dans le possédé rejaillit sur son environnement et l'influence de manière néfaste.

La possession peut être la conséquence d'une vie dissolue dont les comportements graves ont pu largement ouvrir l'âme à l'emprise du démon. Elle peut être encore la conséquence d'une volonté délibérée de s'ouvrir à l'action du démon afin d'agir sous son influence par la magie noire ou la divination. Elle peut être encore la conséquence d'un pacte avec le prince des ténèbres. La possession, qui reste cependant rare, est de loin l'influence la plus grave du démon.

Pour d'autres raisons, la possession peut atteindre des innocents. Cela ne peut se comprendre qu'à l'intérieur du mystère du mal[2] où des personnes subissent des conséquences de malédictions sur la famille ou le pacte d'un ancêtre… Ainsi, dans l'Évangile, on voit un enfant possédé[3], comme il peut arriver, très rarement, qu'un homme droit et croyant, d'une manière mystérieuse, le soit aussi. Le démon veut principalement détruire ces personnes et attenter à leur vie par un esprit de mort. Comme pour l'enfant victime de possession, dans l'Évangile, Jésus manifeste sa toute-puissance en les délivrant, pour la plus grande gloire de Dieu.

C'est par la conversion, la prière et le secours de l'Église que nous pourrons être libérés par Dieu des filets du démon et que nous devrons

---

1. « À cause de leur subtilité ou spiritualité, les démons peuvent pénétrer dans les corps et y résider ; à cause de leur puissance, ils peuvent les mouvoir et les troubler. Donc les démons peuvent, en vertu de leur subtilité et de leur puissance, s'introduire dans le corps de l'homme et le tourmenter, à moins qu'ils n'en soient empêchés par un pouvoir supérieur. C'est ce que l'on appelle posséder, *assiéger*… Mais pénétrer dans l'intime de l'âme est réservé à la substance divine », Thomas d'Aquin, *In IIm. Sent.*, dist. VIII, part. II, a. 1, q. 1 et 2.
2. Cf. chapitre 5, II : « Les permissions divines ».
3. Mt 17, 14-21 ; Mc 9, 14-29 ; Lc 9, 37-42.

continuer avec endurance la conversion de nos anciennes mœurs. Pourtant il sera parfois nécessaire, pour être délivré de l'emprise du diable, de faire appel au ministère de prière de délivrance, et en certains cas au ministère d'exorcisme, ministères qui sont développés plus loin[1].

C. Au sujet des thérapies

Après avoir souligné quelque peu le discernement des esprits, nous sommes invités à regarder et à envisager nécessairement la thérapeutique. Il s'ouvre à nous différentes possibilités de thérapies. Selon les pathologies qui nous touchent, qui nous affectent, nous devons nous appuyer sur des spécialités qui nous permettront de traiter au plus près la maladie. Le réalisme sur ce qu'est la personne va s'avérer être un éclairage, un outil, un moyen précieux pour aider dans l'exercice de chacune des thérapeutiques, en vue de la guérison et de la reconstruction de la personne.

1. Quelques principes de vie

Si la pathologie est d'ordre éthique (de l'agir humain), le réalisme humain aidera la personne en l'ouvrant à une véritable dimension éthique dans sa vie, en lui donnant des repères sur ce qui est bien ou mal, en fortifiant sa volonté, en l'éveillant à l'amour par le sens d'elle-même et de l'autre, en l'aidant à acquérir des vertus, en lui donnant le sens de la finalité, en donnant du sens à sa vie. On aidera la personne malade à entrer dans la conversion, à rompre avec tout ce qui peut l'aliéner, à lui donner le sens du bien, du vrai, du beau, le sens de l'intériorité. Aider une personne à trouver de véritables repères, à se fortifier, c'est l'aider à sortir de ses fragilités et de ses ornières. Le sens de la personne exige que nous aidions celle-ci à se construire dans le domaine éthique tout en l'aidant dans l'éveil de son intelligence, l'acquisition de la prudence, la découverte de l'importance du travail pour elle, la prise en compte de son corps, la découverte de Dieu, finalité ultime, afin de sortir du non-être pour être en acte, afin d'aller vers

1. Cf. chapitre 5, I. D.

l'autonomie, la valorisation, la sécurité. « Seule la personne spirituelle fonde l'unité et la totalité de cet être : l'homme. Elle fonde cette totalité comme physique-psychique-spirituelle. Ici, nous ne saurions trop insister sur ce fait que c'est seulement cette totalité trinitaire qui constitue tout l'homme[1]. » « Une grande envie de mourir, c'est aussi une grande envie de vivre une autre vie que la sienne. On croit qu'on voudrait mourir alors qu'on voudrait naître à autre chose », nous dit Françoise Dolto. Le sens de l'éthique et de ce qu'est la personne est plus que nécessaire aujourd'hui quand on considère qu'un grand nombre d'hommes et de femmes d'un certain âge demeurent de véritables adolescents, qui n'ont pas acquis le sens de la personne et de la prudence qui conduisent à la maturité humaine. Un grand nombre d'hommes et de femmes ne sont pas devenus adultes, et ainsi ils n'accomplissent pas toujours les choix qui sont les plus constructifs et qui garantissent et préservent leur liberté. Pour toutes ces personnes, souvent l'aide qui leur sera apportée du point de vue éthique tiendra lieu de thérapeutique. Souvent elle prendra la forme d'une éducation, ou de conseils par lesquels on donne des repères à la personne que l'on aide. Nous la voyons émerger du marasme psychologique lorsqu'elle rompt avec de mauvaises habitudes, lorsqu'elle s'éveille aux finalités humaines, ainsi que par l'acquisition des vertus qui leurs sont ordonnées. En plus de cela, il sera parfois nécessaire que la personne se préserve d'un milieu peu enclin à l'aider, ce qui réclamera qu'on l'oriente vers d'autres rencontres et d'autres amitiés. Bien souvent, l'accompagnement consistera à aider les personnes, à la lumière du réalisme humain, à faire des choix libres, les plus constructifs pour elles, qui les disposeront ainsi à s'inscrire dans la croissance, l'ouverture à l'autre, à sortir de l'égoïsme et ainsi à se fortifier face à toute forme d'influence, d'opinion. L'éducation consistera à donner à la personne un gouvernail, une orientation respectueuse de son humanité, qui lui permettra, au-delà des idéologies, des opinions, de devenir elle-même.

Dans les chapitres suivants, nous prolongerons la réflexion thérapeutique dans un regard d'éthique chrétienne, à partir des maladies spirituelles ainsi que des remèdes spirituels à mettre en œuvre pour en guérir.

---

1. Dr Viktor E. Frankl, *Le dieu inconscient*. Traduction avec la collaboration de Marcel Neusch et Joseph Feisthauer. Éd. du Centurion, 1975, p. 24.

2. Chemin de guérison

Il peut parfois apparaître un autre besoin thérapeutique, celui d'une aide psychologique. En aidant une personne à entrer dans une dynamique de vie, de croissance, les fragilités peuvent disparaître. C'est alors qu'on voit que la personne est un tout et que les dimensions qui font plus particulièrement sa noblesse peuvent assumer les fragilités humaines, peuvent assumer, dans une certaine mesure, le conditionnement psychologique. Mais parfois des résistances peuvent nuire ou freiner, empêcher le développement de la personne. Cela peut être dû à des difficultés psychologiques profondément enracinées. En plus des principes de vie évoqués ci-dessus, l'aide d'un psychologue, voire d'un psychothérapeute ou encore d'un psychiatre peut s'avérer nécessaire selon l'importance de la pathologie. On aidera une personne dans ses pauvretés et fragilités psychologiques en ne la réduisant pas à sa seule dimension psychologique, mais on devra prendre en compte toute la personne, y compris son cadre et milieu de vie. Face au monde des blessures et des mécanismes psychologiques, il sera utile, comme nous l'avons déjà dit, de faire appel à des compétences pour accompagner la personne.

Dans l'Église, on doit être vigilant aujourd'hui, au risque de grandes confusions et déviations, à ce que des personnes ne s'improvisent pas thérapeutes et à ce que la terminologie « psycho-spirituel » ne vienne donner lieu à des confusions entre le psychologique et le spirituel, en négligeant le discernement des différentes causes possibles d'un mal qui affecte la personne ; on doit être vigilant à ne pas vouloir résoudre les pathologies psychologiques par le seul spirituel, cela au risque de spiritualiser la pratique psychothérapeutique ; on doit être attentif à ne pas non plus utiliser le langage de la tradition spirituelle en le déformant. Aujourd'hui, nous avons besoin de psychothérapeutes qui, tout en restant dans leur spécialité, intègrent leur discipline dans une vision réaliste de la personne et s'ouvrent à l'éclairage de la théologie morale. La théologie morale regarde l'agir humain en prenant en compte la vocation de l'homme à la béatitude, mais elle considère aussi le péché et ses conséquences, les vertus humaines ainsi que la grâce, et la transformation et les guérisons qu'elle produit en la nature humaine, etc.

La guérison intérieure consiste à franchir successivement des étapes qui rétabliront l'homme dans sa véritable identité et vocation :

1°) Prendre conscience de l'existence d'une blessure, d'un manque à être aimé ; puis des émotions qui en jaillissent, comme la souffrance, l'angoisse, la peur, la culpabilité ; et enfin des schémas de défense mis en place pour se protéger : la convoitise ou désir d'accaparer, l'agressivité ou désir de dominer, la haine, le besoin de reconnaissance, le rejet… Au fur et à mesure que nous entrerons dans cette prise de conscience, il nous faudra nous ouvrir à cette autre étape :

2°) Redécouvrir le sens de la personne et le but de son existence, intégrer le sens de son *je suis* dans un réalisme humain, et celui-ci à la lumière de Dieu. « Il y a dans l'homme plus que l'homme, et c'est cela qui fait l'homme. » Cette étape contribue à s'accueillir dans ce que l'on est aujourd'hui, à vouloir guérir, à s'ouvrir à la volonté divine sur nous et à entrer dans la grande pédagogie divine.

3°) En découvrant ce qu'est une personne et la dynamique de vie qui permet de se construire, de se structurer, de devenir soi-même, en découvrant le sens de l'existence et l'importance de Dieu, la personne en souffrance pourra se (re)mettre en route en posant des choix de vie.

Ces choix de vie consistent d'abord à se laisser vider de ses convoitises – convoitise de la chair, convoitise des yeux et orgueil de la vie[1] – c'est-à-dire de son désir de pouvoir et d'avoir. Les convoitises et les péchés capitaux peuvent constituer un système défensif de la blessure. Dans une démarche psychologique, se vider de soi s'apparente à un « travail de deuil », qui présuppose la conscientisation de la blessure et la mise en place de la construction de la personne par de nouveaux repères. La conscientisation de la blessure, pour être assumée, doit ouvrir nécessairement la personne blessée à de nouveaux horizons. La conscientisation de la blessure invite à entrer dans la compréhension de celle-ci, des mécanismes qui ont été mis en place. Cela invite à un travail de deuil, de réconciliation avec soi-même et si possible avec ceux qui volontairement ou involontairement ont causé la blessure, afin de sortir de l'angoisse, de la culpabilité, de l'aliénation.

1. 1 Jn 2, 16.

À cette démarche peut s'ajouter celle d'apprendre, dans l'abandon, à se laisser aimer par Dieu jusque dans sa blessure, et dans le cheminement de guérison d'intégrer tous les remèdes de vie que nous donne le Christ qui a assumé nos détresses psychologiques – « Mon âme est triste à en mourir[1] », « Mon Dieu, mon Dieu, pourquoi m'as-tu abandonné[2] ? » – afin que jusque dans nos pauvretés psychologiques nous puissions Le rencontrer, et que du désespoir de la détresse naisse l'espérance.

4°) Dans le cheminement de reconstruction de la psychologie de la personne, des fruits vont éclore, tels que la réconciliation avec soi-même et l'amour de soi, l'amour des autres, la confiance en soi et dans les autres, la capacité de pardonner, la libération, la guérison de l'angoisse, de la culpabilité, de l'aliénation…

Pour le chrétien, bien souvent le cheminement de guérison s'accompagnera de purifications dans sa relation à Dieu et dans l'image qu'il a de Lui. Les blessures psychologiques se prolongent souvent dans la vie spirituelle en la déformant, à l'exemple d'une blessure qui proviendrait de son père et que l'on prolongerait dans la relation à Dieu le Père en la défigurant. Le chemin de guérison rejaillit dans la vie spirituelle et permet ainsi au chrétien d'entrer dans la liberté des enfants de Dieu, et de pouvoir vivre en vérité et dans l'amour avec Dieu qui demeure en chacun.

3. Le bon sens

La médecine rassemble différentes spécialités qui peuvent apporter leur concours à la santé de la personne. Il sera précieux de ne pas négliger cet apport qui bien souvent sera une aide complémentaire, indispensable, voire décisive dans certains cas, pour tout ce qui pourra être entrepris tant au niveau psychologique qu'au niveau éthique et spirituel. Toutes les difficultés ne sont pas nécessairement résolues au niveau de la santé corporelle. La personne humaine est plus que son

1. Mt 26, 38.
2. Mt 27, 46.

corps, c'est pourquoi, parfois, certaines pathologies physiques pourront être la conséquence d'un mal-être, tout comme le mal-être peut provenir d'une pathologie organique. De plus en plus, la médecine devrait traiter la maladie organique en étant attentive à la personne dans sa totalité ; trop souvent on traite la maladie sans être attentif à l'individu ; on parle de la maladie, on ne parle pas à la personne. La médecine, avec tous les progrès qu'elle a faits, peut beaucoup aider à résoudre certains problèmes dans la personne, ou même apporter son concours par un avis, un conseil.

Dans le chapitre suivant, nous allons approfondir l'étude des maladies de l'âme qui sont souvent des lieux de combat. Nous avons examiné le désordre qui habite en la personne du fait du péché originel, nous avons aussi souligné ce qu'est la tentation et les complicités qu'il peut y avoir entre notre nature et toute forme de suggestion. Le discernement des esprits, prenant en compte les différentes causes qui doivent être discernées, nous invite, dans le combat spirituel, à ne pas nous tromper d'ennemi. Nos problèmes, nos difficultés, nos épreuves n'ont pas nécessairement pour origine une cause surnaturelle. De ce fait, toutes les épreuves n'ont pas les mêmes remèdes. C'est pourquoi le discernement doit accompagner toute notre vie d'homme chrétien. Néanmoins, toutes les épreuves de l'existence pourront être vécues à l'intérieur d'un cheminement spirituel.

Chapitre 4

PETIT TRAITÉ DES PATHOLOGIES DE L'ÂME

Avant de regarder de quelle manière l'homme est délivré de la tentation et des maladies spirituelles auxquelles il peut être sujet, il nous faut regarder dans ce chapitre l'importance pour l'homme spirituel de mieux se connaître afin de situer en lui le combat spirituel, de mieux percevoir les maladies de l'âme et les remèdes qui lui seront nécessaires pour recouvrer la santé et la liberté.

I. Connaissance de soi et des maladies de l'âme

Connaissance de soi pour un véritable discernement

Avec la conversion au Christ, le croyant entre dans la vie de l'Esprit et l'amour de Dieu. Il ressent en lui l'opposition de forces antagonistes. Il désire le bien, mais une autre volonté en lui le refuse. Pour une part il veut se détourner du mal, pour une autre il reste attiré par lui. Cette lutte, il ne l'exerce pas seulement contre lui-même et ses tendances mauvaises, mais aussi contre des pouvoirs plus qu'humains : les démons. Pour discerner l'origine des forces antagonistes en lui, l'homme spirituel doit apprendre à se connaître. En effet, un véritable discernement des esprits réclame que l'on ait un minimum de connaissance de soi, afin de pouvoir discerner l'origine du mal qui nous atteint et ainsi prendre les solutions, les remèdes adaptés.

Réalisme humain et réalisme spirituel

Pour entrer dans la connaissance de soi il convient de faire appel au réalisme humain pour aider au réalisme spirituel. Par le réalisme humain nous pouvons faire la part, dans notre vie, de ce qui relève des confusions, des caricatures qui nuisent à notre course dans la vie spirituelle. Elles sont autant de confusions possibles, de fragilités dans notre personne, et de prises par lesquelles nos ennemis peuvent susciter la tentation en nous. Nous devrions acquérir le réalisme humain par une saine éducation, ou faute d'avoir été éduqué, il serait bon que nous puissions entrer dans une auto-éducation, en nous appuyant sur les conseils qui nous éclairent sur ce qui nous convient. Le réalisme devrait nous faire éviter de confondre la perfection avec le fait d'être maniaque ; la générosité avec la charité qui est don de soi par l'Amour ; la vie sectaire et une véritable vie de communauté qui implique croissance et respect de la personne ; pouvoir et service ; infantilisme et esprit d'enfance ; abandon psychologique et abandon divin ; sincérité et vérité ; intériorité imaginative et intériorité spirituelle ; pouvoirs qui viennent du démon (guérison, prémonition, etc.) et charismes.

Formes obsessionnelles et maladies spirituelles

Le croyant qui veut manifester sa préférence au Christ et en Lui s'inscrire dans une dynamique de vie, devra pour cela débusquer tout ce qui peut le détourner de Lui. Il devra essayer de comprendre, de mieux connaître les mouvements qui l'habitent et quelles en sont les origines. « Nous devons savoir avant tout que nos pensées peuvent avoir trois principes qui les mettent en mouvement : Dieu, le démon et nous-mêmes[1]. » « Il faut toujours examiner avec un sage discernement cette triple cause des pensées qui naissent dans notre cœur ; en découvrir tout d'abord la source et la cause ; et reconnaître de qui elles viennent, afin de nous conduire à leur égard selon le mérite de ceux qui les inspirent. C'est ainsi que, selon le précepte du Seigneur, nous deviendrons d'habiles changeurs. Ils savent distinguer avec une adresse et une science merveilleuse l'or le plus pur d'avec celui qui a été moins épuré par le feu. Leur prudence n'est pas trompée par un vil denier de cuivre imitant une monnaie précieuse sous l'aspect et l'éclat de l'or. Leur science leur fait discerner non seulement les monnaies qui sont marquées de l'image des tyrans ; mais celles mêmes qui, portant l'empreinte du roi légitime, ont

1. S. Jean Cassien, *Collectes*, 1, 19, *op. cit.*, p. 74.

été contrefaites. Dans leur grande sagesse, ils recourent enfin à l'épreuve de la balance pour s'assurer que rien n'ait été retranché à leur poids légal[1]. »

Le chrétien pourra faire appel, pour mieux se connaître et faire la lumière en lui, à une personne spirituelle d'expérience et de science qui dans la tradition est appelée « l'ancien ». Le Père spirituel ou accompagnateur doit s'inscrire dans cette tradition. Auprès de celui-ci, il pourra exposer les pensées qui l'habitent, pensées qui souvent se confondent avec les mouvements imaginatifs. « Satan ne peut pas, sans l'imagination, susciter des pensées et les exposer à l'intelligence pour la tromper par un mensonge[2]. » Les pensées sont les formes obsessionnelles imaginatives par lesquelles on peut diagnostiquer une maladie de l'âme, qui devra donner lieu à un travail sur soi-même, un chemin de conversion. Les formes vicieuses obsessionnelles dans l'imaginaire, en état de veille, dans la prière comme dans la vie courante, sont l'occasion de pouvoir diagnostiquer certaines maladies spirituelles pour y apporter remède. Ces obsessions peuvent parfois se prolonger dans les rêves[3]. Ces formes obsessionnelles réclament un véritable discernement, du fait de confusions possibles. De ce fait, l'aide d'un ancien s'avère indispensable. En effet, ces maladies spirituelles peuvent être la conséquence d'habitudes vicieuses du fait d'une vie désordonnée, ou encore elles peuvent être la manifestation d'une fragilité psychique. En troisième cause, on peut dire que les mauvais esprits peuvent agir sur les deux causes précédentes en vue d'amplifier le mal et de maintenir dans l'esclavage. Il nous faut ajouter que les formes obsessionnelles venant des mauvais esprits peuvent aussi concerner les amis de Dieu afin de les détourner du bien. « De même que l'esprit d'un homme affamé imagine du pain et que celui d'un homme qui a soif imagine de l'eau, de même l'esprit de celui qui est gourmand imagine toutes sortes de

---

1. *Ibid.*, 20.
2. Hésychius de Batos, *Chapitres sur la sobriété et la vigilance et la vertu*, 14, *op. cit.*, p. 194.
3. Il convient de préciser que si les obsessions peuvent influencer certains rêves, en aucun cas ceux-ci n'ont une valeur morale car ils échappent à l'exercice de l'intelligence et de la volonté. Un rêve érotique n'est pas plus immoral qu'un rêve héroïque n'est vertueux ! Par conséquent il n'y a pas lieu de s'accuser de ses rêves ni de voir toujours en eux la conséquence et le fruit de ses inclinations.

nourritures, l'esprit de celui qui aime le plaisir imagine des formes de femmes, l'esprit du vaniteux imagine les honneurs qui viennent des hommes, l'esprit du rancunier imagine comment se venger de celui qui l'a offensé, l'esprit du jaloux imagine comment faire du mal à celui qu'il jalouse, et ainsi de toutes les autres passions[1]. » « Il en va de même » pour les rêves malsains « que pour les maladies du corps, qu'on ne contracte pas au moment où elles semblent naître, mais bien avant » : ils sont « le signe d'un mal qui couvait intérieurement [...] que le repos du sommeil fait apparaître à la surface, révélant la fièvre cachée des passions que nous avons contractées en nous repaissant à longueur de journée de pensées malsaines[2]. »

Les maladies spirituelles et l'image de Dieu

Les concupiscences[3] sont ces mouvements qui au-dedans de chacun peuvent incliner l'homme au péché. Elles favorisent, introduisent le désordre dans le vivant. Elles dérèglent les facultés morales en l'homme et, sans être une faute en elles-mêmes, inclinent ce dernier à commettre des péchés. Les vices, ces habitudes dans le péché, sont le prolongement et la manifestation de chacune des concupiscences. Les péchés, les vices souillent et défigurent l'image de Dieu en l'âme, et rivalisent avec elle. Les vices qui ont libre cours en la personne sont comme autant de pathologies spirituelles qui sèment ténèbres et mort en l'âme. Ces pathologies rejaillissent aussi dans la psychologie et le corps qui sont souvent associés dans le développement des maladies spirituelles. Les vices sont ces tendances mauvaises qui s'opposent à la vie théologale et aux vertus cardinales ainsi qu'à chacune des béatitudes qui ennoblissent et favorisent ordre et croissance de l'image de Dieu en l'âme. « C'est aux vertus, et non aux vices, que la volonté du Seigneur a donné la possession naturelle de notre cœur. Après la faute d'Adam, elles en furent expulsées par ces vices insolents, ces Cananéens ! Mais par la grâce de Dieu, nos travaux et notre application, elles rentrent

1. S. Maxime le Confesseur, *Centuries sur la charité*, II, 68. *Op. cit.*, p. 392.
2. S. Jean Cassien, *Institutions cénobitiques*, 6, 11. Traduction par J.-C.. Guy, « Sources chrétiennes » n° 109, Paris, 1965.
3. Cf. Catéchisme de l'Église catholique § 2514-15, 377, 405, 978, 1869.

dans leurs droits, et loin de conquérir des terres étrangères, on doit juger qu'elles retournent chez elles[1]. »

Les maladies de l'âme (ou les huit vices)

Nous devons être vigilants, dans notre vie spirituelle, à ne pas confondre les vices avec certaines pathologies psychiques, et inversement, comme nous l'avons dit précédemment[2]. Le discernement sera rendu plus aisé pour autant que nous nous inscrivons dans une dynamique de vie, de croissance, par la conversion au Christ dans la charité et la vérité, par une vie dans les bonnes mœurs. En inscrivant notre vie dans la croissance, nous percevrons mieux les résistances, les mécanismes psychologiques, les liens qui ont pu se mettre en place, ou encore la fragilité de notre constitution.

Il nous faut rappeler que dans le combat spirituel, face aux maladies de l'âme, l'aide d'un Père spirituel s'avère indispensable pour un éclairage et pour adopter le juste remède, tel que cela nous apparaît dans la citation suivante : « J'ai cru qu'il était nécessaire de [parler des vices], afin qu'en voyant la force des tentations et la tactique de ces passions qui tourmentent nos âmes, nous puissions, grâce à ces enseignements et à ces exemples, être plus sur nos gardes et éviter les pièges que l'ennemi multiplie sous nos pas. Les Pères de l'Égypte exposent ainsi toutes les tentations des vices qu'ils ont souffertes ou que peuvent souffrir les plus jeunes, comme s'ils les souffraient encore, afin de mieux dévoiler les illusions des passions et de faire connaître aux commençants qui sont pleins d'ardeur, tous les secrets de leurs luttes, de telle sorte qu'ils puissent considérer comme dans un miroir la cause des vices qui les attaquent et les remèdes pour y résister. Formés ainsi à l'avance à leurs futurs combats, ils sauront prévoir, lutter et vaincre. Les plus habiles médecins ne se contentent pas de soigner les maladies déclarées, ils vont au devant de celles qui menacent, et savent les prévenir par leurs conseils et leurs remèdes ; de même les vrais médecins des âmes combattent par leurs avis spirituels les maladies qui peuvent

1. S. Jean Cassien, *Collectes*, 5, 24, *op. cit.*, p. 83.
2. Cf. chapitre 3, II « Cause psychologique ».

corrompre les cœurs. Ils les arrêtent par des antidotes célestes dans les jeunes religieux, en leur découvrant les causes des passions qui les menacent et les moyens de les guérir[1]. »

Regardons maintenant, à l'école de la Tradition, quelles sont les maladies de l'âme à l'égard desquelles nous devrons toujours être vigilants et contre lesquelles nous devrons lutter. Les maladies de l'âme sont les péchés capitaux à l'état de vices. Les vices sont des inclinations perverses, conséquences de la répétition d'actes mauvais. Ils obscurcissent le jugement et modifient l'appréciation du bien et du mal. L'établissement dans le vice est souvent la conséquence de nos ignorances, de l'oubli de Dieu, et de nos négligences. Les vices rendent la personne esclave de ses habitudes mauvaises. Ils sont pour elle de véritables ornières, desquelles elle ne peut sortir qu'au prix de grands efforts par la conversion et l'ascèse, et jamais sans le secours de la grâce de Dieu, source de libération et de guérison.

Pour la tradition occidentale, les péchés capitaux sont au nombre de sept. Jean Cassien se met à l'école de la tradition orientale, plus particulièrement d'Évagre le Pontique[2] pour lequel les maladies, appelées par lui « pensées » ou « esprits », sont au nombre de huit : aux sept vices de la tradition occidentale il faut ajouter la tristesse. Les vices peuvent aussi être appelés *esprits* en tant qu'on peut y déceler fortement l'action, la présence du démon. Peut-être correspondent-ils à huit espèces d'esprits impurs existants et agissants, comme nous le suggèrent les évangiles de Matthieu et de Luc[3].

« Huit vices combattent tout le genre humain : c'est d'abord la gourmandise, ou gloutonnerie ; puis la luxure ; le troisième est l'avarice, qui est l'amour de l'argent ; le quatrième, la colère ; le cinquième la tristesse ; le sixième est la paresse (ou l'inquiétude ou le dégoût du cœur) ;

---

1. S. Jean Cassien, *Institutions cénobitiques*, 11, 16. Cité par Sr Marie-Ancilla, o.p. dans *Saint Jean Cassien – Sa doctrine spirituelle*, p. 80. Éd. La Thune, Marseille, 2002.
2. Cf. *Traité pratique* et *Des huit principaux esprits de malice.*
3. Mt 12, 43-45 « Lorsque l'esprit impur est sorti de l'homme, il parcourt des lieux arides, cherchant du repos, et il n'en trouve pas. Alors il dit : Je retournerai dans mon logis, d'où je suis sorti. Et, en venant, il le trouve vacant, balayé et orné. Alors il va prendre avec lui sept autres esprits plus mauvais que lui ; ils entrent dans [le logis] et y habitent, et le dernier état de cet homme devient pire que le premier » ; cf. Lc 11, 24-26.

le septième est la vaine gloire (ou la jactance) ; le huitième, l'orgueil. Ces vices peuvent se répartir en deux sortes ; car les uns sont naturels, comme la gourmandise, les autres ne le sont pas, comme l'avarice. Quant à leurs actions, ils se subdivisent en quatre groupes. En effet, certains ont besoin du support du corps, ainsi la gourmandise et la luxure ; mais pour d'autres cela n'est pas nécessaire, comme pour l'orgueil et la vaine gloire. Certains reçoivent l'impulsion d'une cause extérieure : ainsi de l'avarice et de la colère, mais d'autres sont éveillés par des motions intérieures, ce qui est le cas de la paresse et de la tristesse[1]. »

Ces péchés « sont appelés *capitaux* parce qu'ils sont générateurs d'autres péchés, d'autres vices[2] ». « Capital » vient du latin *caput*, la tête. Une faute capitale est à la tête, à la source d'autres fautes. Chacun de ces huit vices souches engendre de nombreux rejetons :

« Les orgies et l'ivrognerie viennent de la **gourmandise** ;
- les grossièretés, les bouffonneries, les moqueries et les sottises, naissent de la **luxure** ;
- l'**avarice** engendre le mensonge, la tromperie, le vol, les faux témoignages, la recherche de gains malhonnêtes, les violences, la dureté, la cupidité ;
- la **colère** suscite homicides, clameurs, indignations ;
- la **tristesse** enfante la rancune, l'amertume, la pusillanimité [ou manque de courage], le désespoir ;
- la **paresse** fait naître l'oisiveté, la somnolence, l'importunité, l'agitation inutile, le vagabondage, l'inconstance, corporelle ou spirituelle, le bavardage, la curiosité ;
- la **vaine gloire** est la mère des querelles, des sectes, de l'arrogance, du parti pris pour les nouveautés ;
- quant à l'**orgueil**, il produit le mépris, l'envie, l'insoumission, les blasphèmes, les critiques, le dénigrement[3]. »

1. S. Jean Cassien, *Coll.*, 5, 2-3, *op. cit.*, p. 82.
2. Catéchisme de l'Église catholique § 1866.
3. S. Jean Cassien, *Ibid.*, 5, 16, p. 83.

II. Petit traité des pathologies de l'âme

« Si on n'expose pas d'abord les différentes sortes de maladies, si on n'explique pas leur origine et leurs causes, il sera impossible de donner les bons remèdes aux malades et de conserver la santé de ceux qui se portent bien. Les supérieurs parlent ainsi et en disent bien davantage pour instruire les novices dans leurs conférences, parce qu'ils savent par expérience dans combien de fautes tombent les religieux. Leurs explications et leurs avertissements nous font souvent reconnaître en nous les mêmes passions qui nous tourmentent, et nous en guérissons sans en recevoir de honte, parce que nous apprenons en même temps les causes et les remèdes de nos défauts secrets, dont nous n'aurions pas osé parler par crainte de nos frères[1]. »

« C'est l'usage de l'Écriture de ne pas se borner à faire connaître la faute [de quelqu'un], mais de nous instruire en même temps du motif qui le conduisit à pécher : si elle se comporte ainsi, c'est afin de garantir la santé à ceux qui sont bien portants contre le risque de pareilles chutes. Ainsi font les médecins qui visitent les malades : avant même d'examiner le mal, ils en recherchent la source, afin de réprimer le mal dans son principe[2]. »

« Ce ne sont pas toujours les défauts des autres qui nous troublent, mais nous avons en nous les causes de nos chagrins et les semences de tous les vices qui se développent et portent leurs fruits, lorsque la pluie des tentations vient à tomber sur nos âmes. La conduite du prochain ne nous porterait jamais au péché, si nous n'avions dans notre cœur le principe de toutes les fautes[3]. »

A. *Philautia* (amour égocentrique)

Ainsi que nous le suggèrent saint Jean Cassien, saint Jean Chrysostome et avec eux bien d'autres Pères, il est nécessaire de regarder l'origine des maladies pour les traiter, les prévenir et s'en garder.

1. S. Jean Cassien, *Inst.*, 7, 13. Cité par Sr Marie-Ancilla, *op. cit.*, p. 80.
2. S. Jean Chrysostome, *Homélies sur Ozias*, III, 4. Dans *Œuvres complètes*, *op. cit.*
3. S. Jean Cassien, *Inst.*, 9, 5-6. *Ibid.*, p. 81.

C'est pourquoi il nous faut regarder maintenant ce qu'est la *philautia (φιλ-αυτία)*, que l'on trouve à la racine de chacune des maladies spirituelles. En effet, derrière le masque de chacune d'elles se dévoile à nous la *philautia*. On la trouve déjà comme maladie dans l'enseignement de saint Paul : « Sache que dans les derniers jours surviendront des moments difficiles. Les hommes, en effet, seront *égoïstes*, amis de l'argent, fanfarons, orgueilleux, blasphémateurs, indociles à leurs parents, ingrats, sacrilèges, sans cœur, implacables, médisants, incontinents, sauvages, ennemis du bien, traîtres, emportés, aveuglés par l'orgueil, amis du plaisir plus qu'amis de Dieu, gardant les formes de la piété, mais en ayant renié la force. De ceux-là aussi détourne-toi[1]. »

La « philautia » comme pathologie

La *philautia* est l'expression d'un amour désordonné en nous. Cet amour est foncièrement égocentrique, tourné, replié sur soi. Il est le fruit et la conséquence de la blessure et souillure du péché originel que nous avons évoqué dans le premier chapitre. Il est certain qu'il est bon de s'aimer, mais ici la *philautia* est un amour de soi qui est malade. Désordonné, cet amour n'a plus pour source Dieu. Cet amour de soi égoïste, coupé de la Source, est au dépend et au mépris de soi et des autres, il est fondamentalement idolâtre. Il pervertit l'intelligence[2] et le jugement, la perception de soi, de Dieu et des autres. Cet amour s'empare de tous les biens sensibles et spirituels, et les corrompt en se les appropriant. Derrière chacune des maladies spirituelles que nous allons voir, nous découvrons toujours avec force l'*ego*[3], le moi, en quête et recherche de plaisirs, comme les plaisirs du corps, ceux de l'avoir, et s'élevant jusqu'au plaisir de la gloire. « L'égoïsme [*philautia*], comme il a souvent été dit, est à l'origine de toutes les pensées passionnées. Car c'est de lui que naissent les trois vices capitaux de la convoitise : la gourmandise, l'avarice et la vaine gloire[4]. »

1. 2 Tm 3, 1-5.
2. Rm 1, 18-32.
3. Ceux qui sont « dominés par la *philautia* [...] mettent tous leurs soins dans la santé et la jouissance de la chair. » Nicétas Stéthatos, *Centuries*, II, 6. Traduction de J. Touraille, « Philocalie des Pères neptiques » n° 4, Abbaye de Bellefontaine, 1982, p. 67.
4. S. Maxime le Confesseur, *Centuries sur la charité*, III, 56. *Op. cit.*, p. 404.

Conséquences de la pathologie « philautia »

L'amour égoïste de soi est la conséquence de l'éloignement de la Source qu'est Dieu qui seul, dans sa plénitude d'Amour et de Vérité, peut combler le cœur de l'homme. Cette *philautia* entraîne à des comportements opposés à la nature profonde de l'homme et renforce ainsi son éloignement de la Source[1], l'introduisant dans une spirale d'être toujours insatisfait.

La *philautia*, cet amour orgueilleux, constitue le péché originel, c'est pourquoi la *philautia* est présente à chacune des maladies spirituelles, elle en est la mère. Elle nourrit et maintient en nous la division contractée par le péché originel. Les divisions en nous-mêmes, favorisées par l'amour égoïste de soi, se prolongent dans les relations à autrui. En effet, l'individualisme favorise l'ignorance de l'autre, l'incompréhension, rend difficile la communication véritable et l'accueil de l'autre et de ses différences. L'homme égoïste, philautique, selon sa personnalité et ses ornières, sera enclin à développer plus particulièrement certaines maladies spirituelles, que ce soit d'utiliser l'autre pour le plaisir, ou la recherche des autres pour être admiré, flatté, etc. Les autres deviennent objet de ses convoitises et ce n'est jamais l'intérêt d'autrui qu'il recherche en premier. Ceux qui se refusent à l'homme philautique ou qui apparaissent comme des rivaux, des concurrents, suscitent en lui la jalousie, voire la colère. « Par la *philautia*, [...] le diable nous a résolument séparés de Dieu et les uns des autres : il a tordu ce qui était droit, il a de cette manière divisé la nature[2]. »

La *philautia*, manifestée dans les maladies de l'âme, s'oppose à la loi naturelle, aux vertus morales, aux commandements divins, à la vie dans

1. « Ce pervers amour de soi exile de la société des saints [...]. À ce mal s'oppose la charité *qui ne cherche pas ce qui lui appartient en propre*, c'est-à-dire ne se complaît pas en sa propre excellence [...]. De ces deux amours, l'un est saint, l'autre impur ; l'un tourné vers les autres, l'autre centré sur soi ; l'un est soucieux du bien de tous en vue de la société céleste, l'autre va jusqu'à subordonner le bien commun à son propre pouvoir en vue d'une domination arrogante ; l'un est soumis à Dieu, l'autre rival de Dieu ; [...] l'un est amical, l'autre envieux ; l'un veut pour autrui ce qu'il veut pour lui-même, l'autre veut se soumettre autrui [...] », S. Augustin, *De Gen. Ad litt.*, XI, 15, 19-20.
2. S. Maxime le Confesseur, *Lettres*, 2. PG 91, traduction par E. Ponsoye, Paris, 1997.

l'Esprit, ainsi qu'à chacune des Béatitudes, souillant et défigurant l'image de Dieu en l'âme.

Guérison de la « philautia »

> « Je vous aspergerai d'une eau pure, et vous serez purs ; de toutes vos impuretés et de toutes vos Saletés je vous purifierai. Je vous donnerai un cœur nouveau, et c'est un esprit nouveau que je mettrai au-dedans de vous ; j'ôterai de votre chair le cœur de pierre et je vous donnerai un cœur de chair. Je mettrai mon esprit au-dedans de vous, et je ferai que vous marchiez suivant mes décrets, que vous observiez et exécutiez mes règles[1]. »

La guérison des maladies spirituelles, que nous allons étudier au cours de ce chapitre, réclame la guérison de ce mal qui est à leur racine, la *philautia*. Les symptômes de la *philautia* sont les symptômes d'un cœur malade[2]. C'est pourquoi il va être nécessaire, en premier lieu de prendre conscience de ce mal qui nous ronge et de travailler à la guérison par le rétablissement d'un ordre en notre volonté. La seule action de la grâce, pourtant indispensable, ne suffit pas pour la guérison de la *philautia*. Elle doit être accompagnée d'une éducation du cœur et de l'intelligence[3]. Bien souvent il est indispensable qu'elle s'accompagne d'une conversion et d'une rééducation des comportements par l'ascèse.

Remarquons que la volonté, chez les Pères d'Occident ainsi que d'Orient, est perçue avant tout comme une faculté aimante, capable de tendre vers un bien et d'agir en fonction de celui-ci[4]. « La volonté est volonté de l'âme spirituelle[5]. » À partir du XVIIe siècle, de plus en plus de penseurs occidentaux verront avant tout dans cette faculté de la volonté, une faculté agissante, faculté d'efficacité, perdant de vue l'aspect unifiant entre l'amour et l'agir en celle-ci.

1. Ez 36, 25-27.
2. Mt 12, 34-35 : « C'est du trop-plein du cœur que la bouche parle. L'homme bon, de son bon trésor, tire de bonnes choses, et l'homme mauvais, de son mauvais trésor, en tire de mauvaises. » ; cf. Lc 6, 43-46. – Mt 15, 18-20 : « Ce qui provient de la bouche sort du cœur, et c'est cela qui souille l'homme. Car c'est du cœur que sortent mauvaises raisons, meurtres, adultères, fornications, vols, faux témoignages, blasphèmes. C'est là ce qui souille l'homme » ; cf. Mc 7, 14-23.
3. Ap 3, 17-20.
4. Cf. S. François de Sales cité dans le chapitre 3, II. B. « Cause éthique ».
5. S. Maxime le Confesseur, *Opuscules théologiques et polémiques*, 1. PG 91, *op. cit.*

Rétablir un ordre en notre volonté, en notre cœur consiste en l'éducation de cette faculté à se donner, à s'ouvrir, à se recevoir. Mais pour cela il est indispensable de retrouver le sens du bien, de ce qui est bon et bien pour nous. Pour rétablir l'ordre et l'unité en notre cœur, il nous faut retrouver le plus grand des commandements : « "Quel est le premier de tous les commandements ?" Jésus répondit : "Le premier, c'est : Écoute, Israël ! Le Seigneur notre Dieu est l'unique Seigneur, tu aimeras donc le Seigneur ton Dieu de tout ton cœur, et de toute ton âme, et de toute ta pensée et de toute ta force. Le second est celui-ci : Tu aimeras ton prochain comme toi-même. Il n'y a pas d'autre commandement plus grand que ceux-là[1]." » Ce commandement que nous rappelle Jésus, est à la fois nouveau en Lui et en même temps le plus ancien[2]. Il est le plus ancien parce qu'au plus profond de notre nature humaine, à l'origine, lorsque Dieu nous créa à son Image, Il nous appela à la ressemblance avec Lui par l'accomplissement de ce commandement. Il est nouveau parce qu'après le péché et le désordre introduits en notre nature, nous faisons l'expérience de nos égoïsmes et de notre impuissance à aimer en vérité pleinement, gratuitement. Il est nouveau parce qu'en Jésus nous avons le médecin et le remède qui vient guérir notre cœur de la blessure du péché, le libérer de l'égoïsme, de tout endurcissement et de toute atrophie. Jésus tel le bon Samaritain[3] vient répandre en notre cœur avec abondance l'huile de l'Esprit Saint qui est Charité divine : « [...] l'amour de Dieu a été répandu dans nos cœurs par l'Esprit Saint qui nous a été donné[4]. » Jésus, à la troisième tentation qu'il éprouva au désert[5], répond au diable par ce grand commandement de l'amour. Lui l'a vécu en plénitude, jusqu'à donner sa vie pour nous. À sa suite, avec le

1. Mc 12, 28-31.
2. Jn 13, 34-35 : « Je vous donne un commandement nouveau : que vous vous aimiez les uns les autres ; comme je vous ai aimés, que vous aussi vous vous aimiez les uns les autres. En cela tous connaîtront que vous êtes mes disciples : si vous avez de l'amour les uns pour les autres » ; cf. 2 Jn 5.
3. Lc 10, 29-37.
4. Rm 5, 5.
5. Mt 4, 10.

secours du Saint-Esprit qu'Il nous donne, nous pouvons faire cette expérience de devenir pleinement nous-mêmes en Lui.

Dans la relation à Dieu

Pour entrer dans la guérison de la *philautia*, amour égoïste, nous sommes invités à intégrer dans notre vie la première partie du commandement cité par Jésus : éduquer notre cœur à entrer dans l'écoute, attitude de sagesse qui nous permet de nous ouvrir à la grandeur de Dieu en notre vie. Lui, l'Unique vient nous unifier parce que nous entrons avec Lui dans une relation où nous l'aimons de tout notre cœur, de toute notre âme, de toute notre pensée et de toute notre force. En reconnaissant et en aimant Celui qui est la source de notre être, nous dilatons notre cœur et entrons dans l'expérience de Dieu qui devient pour nous notre béatitude. Par l'amour et l'union à Dieu, nous devenons pleinement nous-mêmes et trouvons en Lui le Bien ultime de notre existence. Ce Bien ultime nous permet de relativiser tous les autres biens existants, que la *philautia* nous faisait désirer comme absolus et indispensables. Nous détachant des biens sensibles et nous décentrant de nous-mêmes nous nous ouvrons à la plénitude de Dieu. « La volonté ne mérite vraiment le nom de volonté – dit saint Augustin – que lorsqu'elle est libérée [...] Elle ne devient une volonté pleine qu'en ratifiant l'ordination vers Dieu qui est inscrite dans sa nature. »

Dans la relation à soi-même

Guérir de la *philautia*, demande aussi d'accueillir cet autre commandement cité par Jésus : « Tu aimeras ton prochain *comme toi-même.* » Ce deuxième commandement s'appuie et s'enracine dans l'amour de Dieu qui est cette sève qui irrigue notre cœur, lui permettant d'aimer notre prochain comme nous-mêmes. L'amour de soi est le fruit d'une existence qui se donne et qui se reçoit[1]. C'est bien parce que je me reçois,

1. « Quand le Seigneur Jésus prie le Père pour que "tous soient un..., comme nous nous sommes un" (Jn 17, 21-22), il ouvre des perspectives inaccessibles à la raison et il nous suggère qu'il y a une certaine ressemblance entre l'union des personnes divines et celle des fils de Dieu dans la vérité et dans l'amour. Cette ressemblance montre bien que l'homme, seule créature sur terre que Dieu a voulue pour elle-même, ne peut pleinement se trouver que par le don désintéressé de lui-même (cf. Lc 17, 33) » *Gaudium et spes* I, 2, n° 24.

que je me sais aimé de quelqu'un qui est plus grand que moi, que je vais cultiver un regard positif, aimant sur moi-même au-delà des apparences, des souffrances, des écueils de la vie. Il est un amour de soi qui est bon, respectueux de soi-même, parce qu'il n'est pas exclusif et qu'il est ouvert à un Amour plus grand. Cet amour de soi n'est plus dans cette recherche de satisfaction aux dépens des autres. « L'amour est patient ; serviable est l'amour, il n'est pas envieux ; l'amour ne fanfaronne pas, ne se gonfle pas ; il ne fait rien d'inconvenant, ne cherche pas son intérêt, ne s'exaspère pas, ne tient pas compte du mal ; il ne se réjouit pas de l'injustice, mais se réjouit de la vérité. Il supporte tout, croit tout, espère tout, endure tout. L'amour ne passe jamais[1]. »

Dans la relation aux autres

L'amour de soi bien vécu contribue à la guérison de la *philautia*. Mais il est indispensable d'enraciner ce chemin de libération et de guérison de la *philautia* dans la relation aux autres. C'est pour autant que nous apprenons à respecter l'autre dans son altérité que nous nous disposons à aller plus loin. Jésus nous rappelle cette loi d'or : « Tout ce que vous voudriez que les hommes fassent pour vous, pareillement vous aussi faites-le pour eux ; car c'est cela, la Loi et les Prophètes[2]. »

Pour aller plus loin dans notre guérison de ce mal qu'est l'amour égoïste, qui falsifie notre relation à nous-mêmes et aux autres, il nous faut entrer dans l'amour du prochain. « L'amour est une décision constante de la volonté d'aller vers les autres[3]. » Plus que le simple respect, ou faire des choses pour les autres, c'est apprendre à regarder l'autre et à agir pour l'autre à partir d'un amour qui éclôt dans notre cœur, parce qu'il voit en cet autre davantage le bien que le mal, l'être plus que l'avoir. Plus encore c'est apprendre à regarder l'autre dans son identité d'enfant de Dieu, créé à son image et à sa ressemblance, et ainsi l'aimer comme un frère dans la grande famille de Dieu. Dans ma relation aux autres, je suis appelé à entrer dans cette grande cohérence de l'amour de Dieu et de celui du prochain. « Si quelqu'un dit : "J'aime Dieu", et

1. 1 Co 13, 4-8.
2. Mt 7, 12.
3. Jean-Paul II aux jeunes, Parc des Princes, Paris, 1981.

a de la haine pour son frère, c'est un menteur ; car celui qui n'aime pas son frère qu'il voit ne peut aimer Dieu qu'il ne voit pas[1]. » Je suis appelé à régir ma vie, animé par la loi de la Charité divine. « Aime, et ce que tu veux, fais-le – Si tu te tais, tais-toi par amour ; si tu parles, parle par amour ; si tu corriges, corrige par amour ; si tu pardonnes, pardonne par amour ; aie au fond du cœur la racine de l'amour : de cette racine ne peut naître que le bien[2]. »

Nous allons prolonger cette réflexion sur la guérison de la *philautia* dans la suite de ce chapitre, ainsi que dans ceux qui suivront.

B. L'esprit de gourmandise

« Le premier vice est la gourmandise ou la concupiscence de la bouche[3]. » En abordant cette première maladie spirituelle, il est bon de préciser que le fait de manger n'est pas en soi un mal, mais au contraire cela est nécessaire pour la subsistance. Notre rapport à l'aliment doit être considéré en relation à notre santé qui implique la mesure et la qualité, ainsi qu'au sens de la convivialité. De plus, ces aliments, tout ce que nous consommons peut être accueilli comme don de Dieu et fruit du travail de l'homme, impliquant de notre part respect et sens du partage, suscitant au plus profond de notre cœur l'action de grâce[4] devant la générosité de la création et la Providence de Dieu. Notre usage et notre conception de l'aliment doivent être libérés de toute forme d'excès idéologique[5].

Pathologie de la gourmandise

La gourmandise est cette passion qui en grec est appelée *gastrimargia (γαστριμαργία)*, ce qu'on peut traduire par « gloutonnerie ». Cette

1. 1 Jn 4, 20.
2. S. Augustin, *Commentaire de la 1re Lettre de S. Jean*, VII, 8. Traduction des Sœurs Carmélites de Mazille, Coll. « Les Pères dans la foi » DDB, 1986, p. 134.
3. S. Jean Cassien, *Inst.*, 5, 11. Cité par Sr Marie-Ancilla, *op cit.*, p. 85.
4. 1 Co 10, 30-31 ; 1 Tm 4, 3-5.
5. Col 2, 20-23.

maladie de l'âme se manifeste dans la personne en souci constant de manger mais aussi en recherche du plaisir de manger.

Dorothée de Gaza[1], dans son enseignement sur cette maladie, met en lumière deux sortes de gourmandise qu'il va distinguer par *laimargia* et *gastrimargia*. La *laimargia* (*λαιμαργία*) consiste en la recherche du plaisir, de la jouissance dans les mets délicats. La *gastrimargia* est une recherche de plaisir ou de satisfaction dans le fait de dévorer beaucoup, quelle que soit la qualité des aliments.

Dans la maladie de gourmandise, il y a la recherche d'un plaisir du corps. Mais cette maladie est liée « autant aux penchants du corps qu'aux dérèglements de l'âme[2] ». Nous pouvons voir dans ce dérèglement de l'âme la *philautia*, cette racine qui est à l'origine de toutes les maladies spirituelles.

La gourmandise, en tant que maladie, implique un désir, un appétit de manger qui dépasse les besoins réels, vitaux du corps. Cette maladie pourtant ne doit pas être confondue avec ce qu'on appelle la boulimie qui implique aussi le désir de manger au-delà des besoins. Ces deux pathologies, bien qu'elles aient des similitudes, n'ont pas les mêmes causes et les mêmes remèdes. Mais il est des cas pourtant où ces deux pathologies peuvent se confondre tant elles sont liées dans une blessure au niveau du vécu, et en même temps dans un dérèglement de l'âme lié au péché originel, qui implique des recherches de plaisir pour combler un manque existentiel. C'est pourquoi, dans ce cas, le chemin de guérison impliquera un travail sur la blessure, mais aussi que la personne s'ouvre à l'amour absolu de Dieu qui donne sens à l'existence. Cet accueil de l'amour absolu de Dieu nécessitera encore de la part de la personne de réformer sa vie et d'entrer dans une conversion au niveau des comportements, rendue possible par le fait de s'ouvrir à une Vie plus grande.

La maladie de gourmandise réside non pas dans le fait de bien manger, mais dans l'intention qui l'accompagne. On peut dire que l'intention est corrompue et que cela entraîne une maladie, lorsque la relation à l'aliment est recherche excessive de plaisir, et surtout que

1. *Instructions spirituelles*, 15, 161.
2. S. Jean Cassien, *Inst.*, 5, 11. *Op cit.*

l'existence n'est pas libre par rapport à cette recherche et qu'elle est comme centrée sur elle. Cette forme de dépendance et d'absolu dans la recherche de plaisir dans l'aliment est une forme d'idolâtrie. L'idolâtrie se comprend dans cette passion de gourmandise, dans la dépendance à l'égard de l'aliment, au point de faire passer en second lieu les choses spirituelles, les choses les plus hautes. Cette dépendance à l'égard de l'aliment aliène l'homme, elle le diminue dans sa nature d'homme au point de faire passer le souci de la nourriture avant d'autres valeurs plus hautes. Ce n'est plus l'aliment au service de l'homme, mais c'est l'homme qui vit pour le plaisir de la bouche. La gourmandise entretient et alimente en lui un désordre. Là où les aliments pourraient le conduire à glorifier Dieu par l'action de grâce pour les biens qu'Il nous donne, ceux-ci deviennent un absolu ne conduisant plus au Créateur. Ils deviennent une exaltation du moi dans la recherche du plaisir.

Conséquences de la pathologie de gourmandise

À divers degrés, selon l'importance que peut prendre la passion de gourmandise, les conséquences seront plus ou moins imporantes et dommageables. Le dommage le plus grand, comme souligné ci-dessus, sera celui de l'éloignement de Dieu par l'idolâtrie, intensifiant un profond désordre et mal-être en l'âme. Mais les conséquences dans la nature humaine peuvent être encore diverses avec en premier lieu l'altération du jugement et du discernement. Par les excès, l'esprit s'en trouve appesanti et moins perspicace. Diadoque souligne avec beaucoup de bon sens et de réalisme d'autres conséquences : « Le corps alourdi par l'abondance des nourritures rend l'intelligence [esprit] lâche et lente[1]. » La gourmandise, par la préoccupation qu'elle engendre à toute heure, le souci des mets, ou encore les conséquences de la gloutonnerie, produit un désordre dans les facultés du vivant, les inclinant vers le bas et éveillant le souci des autres préoccupations charnelles. Cette pathologie suscite la hantise et l'obsession au point que l'imaginaire, dans l'état de veille ou de sommeil se trouve agité par toutes sortes de pensées charnelles.

1. S. Diadoque de Photicée, 45. Dans *La Philocalie*, *op. cit.*, p. 285.

Cette maladie, qui est très liée au corps et qui prolonge ses dommages en l'âme, réclame des personnes qui en sont sujets, prise de conscience et recul afin de réaliser que la gourmandise est une maladie qui n'est pas anodine. La gourmandise n'est pas anodine de par les dommages qu'elle cause et en tant qu'elle est un terrain qui favorise le développement de bien d'autres maux et plus immédiatement la luxure.

L'esprit de gourmandise – Nécessité du salut

Évagre le Pontique appelle aussi la gourmandise « esprit de gourmandise », car cette tentation peut avoir pour origine un esprit mauvais. Cet esprit favorise l'inclination des personnes sujettes à la gourmandise et les enchaîne en ce mal. Alors que pour d'autres qui ne sont pas enclines naturellement à la gourmandise, il relativisera auprès d'elles ce mal et les y incitera sous mode de suggestion.

Au désert, lorsqu'il a faim, Jésus subira une tentation sur la nourriture, de la part du diable qui alors le croit vulnérable, et il sera tenté sur le moyen de se la procurer, par la magie. Le Seigneur Jésus triomphe de cette tentation et du diable par la vérité de la Parole de Dieu. À sa suite nous pouvons être victorieux aussi de cette tentation en étant unis à Jésus, en devenant en Lui plus forts, et en nous appuyant sur toutes les armes qu'Il nous donne dans sa Providence divine. Nous verrons ces différentes armes progressivement. L'union à Dieu, intensifiée par les divines nourritures dont la Parole de Dieu, l'Eucharistie et la Volonté divine[1], favorise de pouvoir vivre des Béatitudes : « Heureux ceux qui ont faim et soif de la justice, parce qu'ils seront rassasiés[2]. »

C. L'esprit de luxure

La deuxième maladie, qu'il nous faut regarder à la suite de la Tradition, est celle de la luxure. Elle nous oblige tout de suite à souligner que la luxure n'est pas l'amour, qu'elle n'est pas la sexualité, qu'elle n'est

1. Cf. chapitre 7, IV. B. « Les trois nourritures ».
2. Mt 5, 6.

pas le langage des corps tel qu'il peut être vécu dans un couple aimant et qui plus est chrétien. Une saine vision de l'homme intègre la sexualité comme un bien, comme étant bonne, et comme une partie intégrante du bon développement de la personne humaine. Une personne qui voudrait vivre comme un ange, ou encore dans le déni de sa sexualité, de l'*eros*, vivrait dans l'amputation d'une partie d'elle-même. À l'opposé, et cela est souvent le cas, des personnes vivent dans notre monde en développant le primat de la sexualité et de l'*eros*, dans une vision limitée de l'homme, animée par le relativisme. Que ce soit le déni ou l'exaltation de l'*eros*, ces tendances amènent à défigurer, caricaturer et détourner l'homme de son identité, le conduisant à l'esclavage et à l'idolâtrie. En abordant le problème de la luxure, il ne s'agit aucunement de remettre en question la sexualité, l'amour, le don des corps qui, lorsqu'ils sont vécus dans l'amour et le respect de l'autre et de soi-même, vont jusqu'à glorifier le Créateur qui l'a voulu. En regardant cette question de la luxure, il s'agit de mieux se connaître face à cette maladie et de tout mettre en œuvre pour rééduquer notre cœur en vue de la liberté. « Il devient évident que l'*eros* a besoin de discipline, de purification, pour donner à l'homme non pas le plaisir d'un instant, mais un certain avant-goût du sommet de l'existence, de la béatitude vers laquelle tend tout notre être[1]. »

Pathologie de la luxure

La luxure apparaît comme une pathologie, dans le mauvais usage que l'homme peut faire de sa sexualité. « Luxure » est le mot qui traduit le mieux le terme grec utilisé pour cette maladie par les Pères : *pornéia (πορνεία)*, terme qui revêt le sens de débauche, de prostitution. La luxure est le terme que la tradition chrétienne occidentale retiendra pour parler de toutes les formes de désordres sexuels en l'homme.

La luxure apparaît comme maladie chaque fois que l'homme utilise sa sexualité dans la seule recherche d'un plaisir égoïste, que ce soit seul au moyen des pensées et de l'imaginaire, ou encore en utilisant l'autre. Cette pathologie puise sa vigueur, sa force dans le cœur malade, et se repaît dans les désordres qu'elle prolonge dans son corps. Ainsi ce mal

1. Benoît XVI, Lettre encyclique *Deus caritas est*, § 4, 2006.

se fortifie constamment, souillant l'âme. Ce mal, s'il se développe en la personne, altère son jugement et affaiblit sa volonté. Il altère le jugement de la personne luxurieuse au point de lui faire perdre le sens du bien[1], de ne plus voir le danger que représente pour elle la luxure et de céder au relativisme ambiant. La luxure affaiblit la volonté au point que de nombreux hommes et femmes cèdent à la tentation, et bien souvent en se détournant de leur engagement premier.

Le Seigneur Jésus nous a indiqué la source de ce vice : le cœur impur, car c'est de là que sortent les intentions mauvaises, prostitutions, adultères, débauche[2]. La luxure germe dans le cœur malade, *philautique*, et si elle s'y développe elle devient par l'habitude un vice. Si l'on n'y prend garde, la luxure qui trouve sa source dans le cœur peut être un mal qui s'amplifie par les pensées et l'imaginaire[3], ainsi que par les actes qui peuvent aller jusqu'à l'adultère, comme nous le dit avec force le Seigneur Jésus : « Et moi, je vous dis que quiconque regarde une femme de manière à la désirer, a déjà, dans son cœur, commis l'adultère avec elle[4]. » Bien des personnes voient dans les paroles du Christ un discours excessif. Pourtant, ces paroles pleines de réalisme soulignent que ce mal trouve son origine dans le cœur blessé. Le cœur de l'homme a été blessé par le péché originel introduisant en lui une inclination à la luxure, qui si l'on n'est vigilant peut prendre le dessus. Le Christ nous montrant le lieu où se développent les causes de nos maux et de leur tristesse, nous montre en même temps le lieu qu'est notre cœur où nous pourrons conquérir de grandes victoires, quand il s'unifie dans un amour ordonné avec le secours du Christ. Nous verrons plus loin comment ce chemin, source de bonheur, se réalise en nous.

La luxure, dans les comportements égoïstes qu'elle imprime en la personne, ne lui permet plus de considérer le langage sexuel avant tout comme l'expression de son amour pour l'autre, expression qui engage

---

1. Jdt 12, 12-16 ; Dn 13.
2. Mc 7, 20-23 ; Mt 15, 19.
3. La luxure, qui naît et se développe dans le cœur, est favorisée par l'imaginaire et les passions. Celles-ci sont amplifiées par le relativisme, par le manque d'éducation, par la lecture de revues et le visionnage de films pornographiques suscitant la convoitise, le désordre, et chez certains de grandes frustrations.
4. Mt 5, 28.

tout l'être, toute la personne, impliquant le respect de l'autre et la fidélité. Un véritable amour humain se vérifie, se mesure dans le respect et la fidélité à autrui. Un véritable amour humain vécu entre un homme et une femme, impliquant le don des corps, doit être accueillant au don de la vie, pour ne pas devenir un égoïsme à deux. L'amour s'épanouit, grandit dans le don, dans l'écoute et l'accueil de l'autre.

Conséquences de la luxure

Dans la relation à soi-même

La luxure a de multiples conséquences en la personne atteinte de ce mal. Elle souille son âme et fausse la relation que cette personne devrait avoir avec son corps. Le corps, utilisé dans la recherche du plaisir sexuel, va devenir une fin. Par sa sexualité, le luxurieux vit dans la recherche du plaisir qui, bien souvent, parce qu'éphémère, laisse l'homme insatisfait et habité par la frustration et la tristesse, au point d'être toujours en quête de nouvelles expériences. La luxure masque un mal profond qui souvent est le manque de sens et le manque d'expérience d'un amour plus grand qui puisse répondre à la soif de l'être profond et qui permette d'assumer tous les autres appétits en la personne. Tous ces appétits, y compris l'amour *eros*, devraient être tout ordonnés à un véritable amour humain, qui appelle et dispose à l'Amour divin, auquel aspire la personne. L'homme porte en lui une soif d'infini qu'aucune expérience désordonnée ou humaine ne saurait désaltérer, comme nous le percevons dans le récit de la rencontre de Jésus avec la Samaritaine[1]. Le luxurieux, dans la recherche du plaisir, vit à la périphérie de son cœur, il est dans un état de fuite permanente. Les comportements sexuels de l'homme de luxure l'abaissent au niveau de ses pulsions sexuelles, l'éloignant ainsi du respect qu'il devrait porter à son corps. Ne perdons pas de vue que ce respect du corps est lié et dépend du respect que nous avons de notre âme, ainsi que l'enseigne Paul aux Corinthiens[2].

1. Jn 4, 1-42.
2. « Fuyez la fornication ! Tout péché que fait l'homme est en dehors du corps, mais celui qui fornique pèche contre son propre corps. Ou ne savez-vous pas que votre corps est un sanctuaire du Saint-Esprit qui est en vous et que vous tenez de Dieu ? Et que vous ne vous appartenez pas ? Vous avez été achetés bien cher ! Glorifiez donc Dieu dans votre corps », 1 Co 6, 18-20.

Dans la relation à Dieu

Une autre conséquence, en la personne, de ce mal qu'est la luxure : la corruption du cœur et de l'âme. L'homme de luxure, habité par l'obsession du plaisir, a un cœur partagé qui ne saurait laisser de place à Dieu. La recherche du plaisir devient une idole. Elle prend la place de Dieu devenant pour certains un absolu. La luxure qui gagne le cœur et les pensées, comme la rouille gagne le métal, éloigne progressivement des choses spirituelles. Du cœur partagé, progressivement on peut arriver à se couper de Dieu. La Parole de Dieu nous enseigne à la fois le mal et les conséquences qui peuvent être liées à la luxure et à notre vie spirituelle. La luxure révèle un repliement sur soi et a pour conséquences dans la vie spirituelle, dans l'âme, que le cœur s'est détourné de sa source et qu'il est partagé, qu'il n'est pas unifié, qu'il est prostitué avec l'idole luxure. L'adultère est comparable à l'infidélité de l'âme à Dieu. Si par la luxure on est infidèle à Dieu, il est sûr, comme le montrent les Écritures, que notre infidélité ne détruit pas la fidélité de Dieu pour nous[1]. Dieu, Lui, est toujours fidèle en son amour éternel.

Dans la relation aux autres

Autre conséquence du comportement de l'homme luxurieux : il conditionne sa relation aux autres. Les péchés de luxure sont avant tout des fautes contre la justice. En effet la luxure qui gangrène le cœur, pollue les désirs et l'imaginaire de celui qui en est atteint. Il est alors difficile pour le luxurieux de respecter l'autre en tant que personne, de vivre dans la fidélité, lui qui aura tendance à réduire les personnes à l'utilitaire, au plaisir. Lorsqu'il n'éprouvera plus de plaisir en la compagnie d'une personne, qu'adviendra-t-il d'elle ? En effet le luxurieux perçoit les autres au travers de son mal, cherchant dans les rencontres qu'il fait son intérêt, le plaisir. Le luxurieux, au gré de ses désirs corrompus, se transforme en chasseur. Les attitudes, les regards pervers, les paroles, les manipulations laissent apparaître les intentions du luxurieux, et souvent laisseront dans la souffrance et le désenchantement ceux qui

1. Os 2, 15-25 ; Rm 3, 3-4 ; 1 Co 1, 9.

seront tombés dans ses filets. Peu importe ce qu'il adviendra de l'autre, surtout dans une société consumériste où tout est vu au travers de la consommation. Pourtant, les conséquences seront indéniables pour le luxurieux qui relativise, mais aussi pour ses victimes qui souvent seront profondément abîmées en leur personne, vivant avec le sentiment d'avoir été abusées, souillées et jetées, cela au détriment de leur liberté. Faute de satisfaire ses concupiscences avec autrui, le luxurieux se replie dans la curiosité d'images et de pratiques solitaires perverses qui ne cesseront de nourrir son imaginaire et en même temps une profonde solitude en lui.

L'esprit de luxure – Nécessité du salut

Ce vice, cette maladie peut être appelée « esprit de luxure ». Il est certain que la luxure qui habite le cœur de l'homme peut être favorisée par ses inclinations, auxquelles il laisse libre cours. Elle peut être favorisée par l'absence d'éducation, le manque de sens et de respect de l'autre, une méconnaissance de la dignité de sa propre personne et de la vocation qui habite le cœur de l'homme. Si cette maladie s'appelle aussi « esprit de luxure », c'est qu'elle peut être aussi suscitée par les esprits déchus et être sous leur influence. Les esprits mauvais font la promotion de ce mal, tant il peut être facile par lui de souiller et de détourner l'homme de son cœur profond, par lequel il peut s'unir à Dieu dans un véritable Amour. Les esprits mauvais, par la luxure, entravent et enchaînent l'âme dans le vice, et exercent sur elle un pouvoir.

Sur le chemin du salut, il est bon pour celui qui est assujetti à la luxure et qui veut retrouver la paix en étant libéré de ce mal, de regarder Jésus, Fils de Dieu, dans son attitude à l'égard de la femme adultère. L'attitude du Christ, ses paroles, son regard sont miséricorde, ils recréent et « revirginisent » dans l'amour : « Va, et désormais ne pèche plus[1]. » Toute l'attitude du Christ révèle la bonté de Dieu qui s'abaisse jusque dans la misère humaine pour relever l'homme et lui redonner sa dignité en le guérissant dans son cœur meurtri, et en lui donnant de pouvoir vivre

1. Jn 8, 3-11.

de la béatitude : « Heureux ceux qui ont le cœur pur, parce qu'ils verront Dieu[1]. »

Pour être libéré de ce mal qu'est la luxure, il sera indispensable que la personne atteinte veuille se convertir et changer radicalement de vie. En plus de cette bonne volonté, pour être victorieux, il sera nécessaire de faire appel à la grâce de Dieu dans le sacrement de réconciliation et si nécessaire au ministère de délivrance permettant de couper les liens qui pourraient enchaîner l'âme aux esprits impurs. L'âme repentante, qui fait appel à la grâce de Dieu, fera souvent l'expérience de la fidélité de Dieu qui sanctifie, qui guérit, et verra l'œuvre des esprits mauvais réduite à néant. Mais il ne faudra jamais oublier que ceux-ci ne s'avouent jamais vaincus. Au secours de Dieu il faut ajouter de profondes réformes[2] dans le comportement de la personne, afin d'être purifié et de guérir de ce mal. Un conseiller spirituel accompagnera le cheminement du converti, le rendant vigilant. La purification de la mémoire et de l'imaginaire, si souvent sollicitées dans cette maladie, nécessitera du temps. Le facteur temps s'accompagne souvent de tentations de rechute, mais est aussi l'occasion d'exercer la liberté et de fortifier la volonté. La purification sera favorisée par la fidélité dans la prière, l'acquisition de la chasteté, la garde des sens et une hygiène de vie (mesure dans la nourriture et le sommeil, sport, travail manuel, etc.). La purification nécessite encore la prudence, de manière à éviter des situations de rechute.

La prudence invite au discernement pour ne pas confondre la luxure avec une blessure, entraînant à une fragilité psychologique se manifestant dans des comportements luxurieux compulsifs. La complexité de la pâte humaine invite à voir plusieurs causes possibles d'un mal dans une personne. Pour ces personnes, l'aide psychologique accompagnera la volonté de guérir de la maladie de luxure, cela en plus du secours de la grâce.

1. Mt 5, 8.
2. Rm 13, 12-14.

D. L'esprit d'avarice

En posant le problème de l'avarice, il convient de souligner d'emblée que de posséder des biens, peu ou beaucoup, en soi n'est pas un mal. Avoir une propriété ou désirer accéder à la propriété est en soi légitime. Posséder peut être un bien dans la mesure où cela contribue au bien-être et au bien vivre des personnes auxquelles cela appartient, tout en restant ouvertes, accueillantes aux autres, dans un esprit de partage et non de « façade ».

Pathologie de l'avarice

L'esprit d'avarice est cette troisième maladie que la Tradition commente. Deux mots grecs, *philargyria (φιλαργυρία)* et *pléonexia (πλεονεξία)*, peuvent nous aider à saisir davantage le mal qu'elle recouvre. Ils sont comme deux composantes de ce même mal. La *philargyria* peut se traduire par « amour de l'argent », la *pléonexia* par « ambition, cupidité ».

La *philargyria*, comprend un amour possessif de l'argent ou des biens matériels entraînant un attachement, une dépendance à l'égard de ces possessions. Elle se manifeste dans une volonté de posséder, de garder, dans la difficulté à s'en séparer, et lorsque l'avare donne c'est de façon parcimonieuse.

La *pléonexia* est cette attitude qui se manifeste dans une volonté de posséder toujours davantage. Elle est caractérisée par le fait d'être toujours quelque part insatisfait, entraînant dans la volonté de certains sujets, l'ambition en vue de l'avoir afin de dominer[1].

Le caractère pathologique de l'avarice réside dans les intentions d'une volonté corrompue portée à désirer les biens matériels pour eux-mêmes et non pour leur utilité, et à jouir de leur possession plutôt que

1. « Ils sont toujours dans l'agitation et leur âme n'a point de repos. L'empressement d'acquérir ce qu'ils n'ont pas encore, fait qu'ils estiment comme rien ce qu'ils ont déjà. Ils tremblent d'un côté dans l'appréhension de perdre ce qu'ils ont déjà amassé et ils travaillent de l'autre pour faire de nouvelles acquisitions, c'est-à-dire de nouveaux sujets de crainte », S. Jean Chrysostome, *Commentaire sur saint Matthieu*, LXXXI, 4. Dans *Œuvres complètes, op. cit.*

de leur usage. C'est la volonté qui est malade, en tant que faculté aimante à se porter vers les biens. C'est la volonté en tant que cœur qui s'approprie les choses et les personnes de manière égoïste. Cet égoïsme rejaillit dans ma relation aux hommes, dans ma relation à Dieu ainsi qu'à moi-même, posant fondamentalement le problème de la justice. Jésus nous dit avec force dans l'Évangile de Marc, que c'est du cœur malade que découle, entre autres, la cupidité. « C'est de l'intérieur, du cœur des hommes, que proviennent les intentions mauvaises : fornications, vols, meurtres, adultères, *cupidités*, perversités, ruse, débauche, œil mauvais [envie], injure, vanité, sottise. Toutes ces mauvaises choses proviennent de l'intérieur et souillent l'homme[1]. » Dans le sillage de l'Évangile, l'apôtre Pierre établit un lien entre l'adultère, « les champions de la cupidité[2] » et l'idolâtrie. Il est un fait que le cœur malade entraîne la volonté telle une girouette insatiable[3], et provoque en la nature humaine un profond désordre. Cette maladie est favorisée par l'obscurcissement du jugement de l'intelligence qui ne met pas un ordre de valeur dans les biens existentiels et qui ne discerne pas les conséquences que ce mal provoque.

Cette maladie est conséquence du péché originel, où l'homme animé par l'orgueil et dans son moi égoïste a voulu mettre la main sur les dons de Dieu, s'approprier la divinisation comme s'il pouvait en devenir la source. L'homme devient dieu par grâce en tant qu'il se reçoit de Dieu. Dans le péché originel l'homme se détourne de la Source de son être dans l'exaltation de son autonomie. C'est en bravant l'interdit divin, qui le mettait devant sa liberté et sa dignité d'homme, qu'il vient à se couper de la Source de son être, dont il dépend. Alors, dans la conséquence de son acte, il fait l'expérience de la nudité, de la perte de liberté, de la misère. L'acte qui conduit au péché originel est celui d'une intelligence aveuglée par l'orgueil et d'un cœur partagé par l'envie, qui

1. Mc 7, 21-23.
2. 2 P 2, 14-15.
3. « Il n'y a pas de plus cruelle maladie que cette faim incessante que les médecins nomment boulimie ; on a beau manger, rien ne vient la calmer. Transportez une telle maladie du corps à l'âme ; quoi de plus affreux ? Or la boulimie de l'âme, c'est l'avarice ; plus elle se gorge d'aliments, plus elle désire. Elle étend toujours ses souhaits au-delà de ce qu'elle possède », S. Jean Chrysostome, *Homélies sur 2 Timothée*, VII, 2. Dans *Œuvres complètes, op. cit.*

n'est plus dans l'attitude de la confiance et de l'abandon. « Il y a trois causes à l'amour de l'argent : le goût du plaisir, la vanité, le manque de foi. Mais la plus grave de toutes est le manque de foi[1]. »

Conséquences de l'avarice

Dans la relation à soi-même

À des degrés divers, cette maladie de l'avarice ronge le cœur de ceux qu'elle atteint dans une plus ou moins grande intensité. Quelle que soit l'intensité ce mal sera toujours un lien, un fil à la patte qui empêche d'être pleinement libre. C'est pourquoi la première conséquence de l'avarice, du fait de vouloir toujours plus et de favoriser l'égoïsme, est celle de la perte de la liberté. Cette perte de la liberté rejaillit dans la capacité de la personne avare à faire des choix libres et respectueux, justes et bienveillants.

Dans la relation à Dieu

Cette maladie fait que le cœur de l'homme ne respecte plus l'ordre des choses. L'élan de son cœur se porte vers les biens matériels, plutôt que de les utiliser pour rendre grâce à Celui qui en est l'origine et qui nous les confie pour que nous puissions en user et les partager. Cette maladie fait des biens que l'on possède des idoles[2], au sens où l'on ne peut plus s'en détacher et qu'ils deviennent un certain absolu. Ces biens, ces idoles conditionnent la vie de l'avare au point de faire passer Dieu au second plan voire à ne plus Lui donner de place. « Dieu lui dit : "Insensé ! Cette nuit même on te redemande ton âme, et ce que tu as amassé, qui donc l'aura ?" Voilà ce qui arrive à celui qui amasse un trésor pour lui-même au lieu de s'enrichir auprès de Dieu[3]. » Dans l'idolâtrie, ce qui est en cause c'est ce cœur malade, la liberté perdue, mais aussi et surtout le fait de ne plus avoir cette confiance théologale en Dieu, ce qui fait que l'on ne s'abandonne plus à Lui. L'avare, derrière la peur ou l'insécurité, veut par ses possessions avoir la maîtrise de son

1. S. Maxime le Confesseur, *Centuries sur la charité*, III, 17. *Op. cit.*, p. 399.
2. Col 3, 5 « Faites donc mourir vos membres terrestres : fornication, impureté, passion, convoitise mauvaise, ainsi que la *cupidité*, qui est idolâtrie » ; cf. Ep 5, 5.
3. Lc 12, 20-21.

avenir. Tout devient prétexte pour avoir toujours davantage. Quelle est son intention ? Derrière celle-ci on découvrira chez l'avare une liberté perdue. Si les possessions pour l'avare peuvent devenir des idoles, celles-ci peuvent le faire entrer dans un sentiment de profonde autonomie, au point d'avoir le sentiment illusoire d'être supérieur, voire de devenir à soi-même son propre Dieu[1].

Cette pathologie du cœur rejaillit nécessairement dans l'identité de celui qu'elle ronge, elle souille l'âme, elle enlève la paix du cœur. Le cœur et les pensées de l'avare sont tournés vers ce qui est pour lui son trésor[2]. Et si le cœur de l'avare ne laisse plus la première place ou ne donne plus de place au Seigneur, alors, comme le jeune homme riche de l'Évangile qui avait de grands biens, il repart tout triste pour avoir préféré ses biens matériels à l'invitation de marcher à la suite du Seigneur Jésus[3]. Si dans cet Évangile on ne nomme pas ce jeune homme, c'est pour manifester qu'il n'a pas d'identité, qu'il n'a pas de nom. Nous pouvons ajouter ici que le peu d'identité et de consistance humaine favorise l'attachement aux choses matérielles.

Dans la relation aux autres

Ainsi que nous venons de le souligner, l'avarice crée des dommages en la personne qu'elle contamine. Elle peut être fortement contagieuse et déteindre sur l'environnement immédiat de l'avare. Elle peut être aussi un climat, la mentalité d'une société qui veut toujours plus et faire moins, profiter des autres pour soi-même. On utilise les personnes sans plus vraiment considérer leur bien premier, et cela en se donnant bonne conscience. Les comportements de l'avare dans son égoïsme sont souvent perçus et vécus comme injustes par ceux qui les subissent. Les richesses de l'avare peuvent être celles d'une personne modeste qui s'attache avec égoïsme au peu qu'elle a. L'avare, dans son égoïsme, cultive l'indifférence à l'égard d'autrui. Il est individualiste. Cet individualisme peut se manifester à l'égard du conjoint dans un couple, voire des enfants et bien évidemment plus largement à l'égard des autres. L'avare, à cause de ce qu'il a ou de ce qu'il voudrait avoir, peut voir

1. Jc 4, 13-17.
2. Mt 6, 21.
3. Mc 10, 22.

naître en lui d'autres maux spirituels tels que la colère, la violence, le meurtre, le mensonge, la manipulation et bien d'autres comportements injustes, pour arriver à ses fins[1]. « À vous maintenant, les riches ! Pleurez et hurlez à cause des malheurs qui viennent sur vous. Votre richesse est pourrie et vos vêtements se trouvent mangés des vers. Votre or et votre argent sont rouillés, et leur rouille servira de témoignage contre vous et dévorera vos chairs comme un feu. Vous avez amassé dans les derniers jours ! Le salaire dont vous avez frustré les ouvriers qui ont fauché vos champs, le voici qui crie, et les clameurs de ceux qui ont moissonné sont parvenues aux oreilles du Seigneur des armées. Vous avez mené sur terre une vie de délices et de plaisirs ; vous vous êtes repus au jour de la boucherie ! Vous avez condamné, tué le juste, sans qu'il vous résiste[2]. »

L'esprit d'avarice – Nécessité du salut

Il est certain que l'on ne doit pas être insouciant à l'égard de ce que l'on possède. Il est juste de gérer, de faire fructifier nos biens matériels[3], tout en en faisant profiter les autres. C'est en apprenant à donner et à se donner que l'on devient libre, que l'on trouve la paix du cœur, et que l'on fait l'expérience de la joie véritable. Il n'est pas mauvais d'avoir des biens, des richesses ; le problème c'est notre attachement à ceux-ci et ce que l'on en fait. Précisons encore que l'on peut être pauvre et avare. C'est pourquoi, pour guérir radicalement d'un tel mal, il faut apprendre à se donner soi-même, à partager ses talents, à donner de son temps. Alors nous ferons l'expérience de cette parole de Jésus, rapportée dans les Actes des Apôtres : « Il y a plus de bonheur à donner qu'à recevoir[4]. » « La joie – nous dit Paul VI – ne peut se dissocier du partage. En Dieu tout n'est que joie parce que tout n'est que don. »

---

1. Am 8, 4-6 ; Mi 6, 10-12. « Il n'y a dans les richesses que des sujets d'affliction, des divisions, des querelles, des pièges, des haines, des craintes », S. Jean Chrysostome, *Commentaire sur saint Matthieu*, LXXXIII, 3. Dans *Œuvres complètes, op. cit.*
2. Jc 5, 1-6.
3. « C'est en intendant et non en jouisseur qu'il faut user de la richesse », S. Basile de Césarée, *Homélies contre les riches*, VII, 3. Traduction par M. l'Abbé Auger, éd. F. Guyot, Lyon, 1827.
4. Ac 20, 35.

La prise de conscience en vue de la guérison de l'avarice est indispensable, mais souvent rendue difficile par le relativisme. En plus de la prise de conscience, pour la guérison il sera nécessaire de travailler sur la conversion du comportement, apprenant à ne pas voir les autres comme des concurrents, apprenant à ouvrir les mains. C'est sur ce chemin du don que l'on devient à son tour mendiant et ainsi disposé à devenir riche de tout ce que les autres peuvent nous apporter, c'est-à-dire eux-mêmes, et plus encore devenir riche des dons de Dieu auxquels autrefois l'endurcissement du cœur nous avait rendu imperméable, et qui nous ouvrent le chemin des Béatitudes : « Heureux ceux qui ont une âme de pauvre, parce que le royaume des Cieux est à eux [...] Heureux ceux qui ont faim et soif de la justice, parce qu'ils seront rassasiés[1]. »

L'avarice est appelée aussi « esprit d'avarice » en tant que comme les autres maladies spirituelles, elle peut avoir comme origine un esprit mauvais. Jésus au désert a subi cette tentation de posséder, sous l'influence directe du diable. En effet le diable promet à Jésus tous les royaumes de la terre et leur gloire, si celui-ci se prosterne et l'adore. Jésus repousse le démon en s'appuyant sur la force de la vérité de la Parole, rappelant ce commandement de la Loi de n'adorer que Dieu seul, l'Unique.

À la suite du Seigneur Jésus, nous appuyant sur lui, nous pouvons être vainqueurs des tentations de l'esprit d'avarice, par l'adoration du Dieu véritable qui dilate notre cœur. L'adoration du Dieu véritable, Trinité Sainte, communique en notre cœur le Saint-Esprit qui est Amour[2]. Celui-ci, l'Amour, vient guérir notre cœur de l'égoïsme. Celui-ci qui est Charité rétablit en notre cœur, en notre âme, en notre existence l'ordre de la charité. Cet ordre, par la force de l'amour, nous fait donner à Dieu la première place, en second lieu nous fait vivre selon le bien et le respect de notre âme. La charité nous rend respectueux et donnés aux autres, sans que ce soit au détriment de notre relation à Dieu ou du bien de notre âme. Si la charité peut nous conduire à nous fatiguer, à nous user dans notre corps, à sacrifier notre corps pour les autres, il ne peut en être ainsi pour notre âme. Cet ordre dans lequel nous devons vivre la charité permet à notre intelligence d'être libérée

---

1. Mt 5, 3.6.
2. Rm 5, 5.

de son aveuglement et de retrouver la capacité de discerner ce qui est bien et de vivre en toute justice.

E. L'esprit de colère

La quatrième maladie, que la Tradition nous invite à approfondir, est celle de la colère. Précisons cependant que toute colère n'est pas pathologique, voire même il est des circonstances où se mettre en colère, est signe de bonne santé intellectuelle et morale, pour autant que cette colère reste mesurée, maîtrisée. Les mouvements de colère sont bons lorsqu'ils s'en prennent à nos mauvais désirs, nos mauvaises intentions, à l'égard du mal que nous avons fait ou que nous sommes portés à faire. La colère est saine aussi lorsqu'elle porte sur toutes les injustices qui nous entourent. Mais nous devons veiller à ce que la colère demeure constructive, mesurée, maîtrisée, afin qu'elle ne nous entraîne pas dans un mal plus grand que celui qui l'avait suscitée en nous. La colère peut contribuer à maintenir la conscience droite et à rétablir l'ordre là où il n'est plus. On peut préciser encore qu'en la nature humaine le Créateur a voulu l'irascible pour que l'homme puisse se porter au bien et l'accomplir, y compris lorsque celui-ci est ardu.

Ajoutons encore qu'à chaque fois que les Évangiles font mention de la colère du Christ[1], celle-ci est toujours due à l'aveuglement, à l'endurcissement du cœur des hommes, et motivée par l'injustice des hommes à l'égard de Dieu. Mais la colère du Christ est toujours maîtrisée, ordonnée au bien.

Pathologie de colère

Du grec *orgè* (*οργη*) qui se traduit par « colère, irritabilité, mouvement violent de l'âme », ou encore *kholê* (*χολή*) qui veut dire « bile, fiel, colère », et du latin *ira*. L'irascible recouvre tous les mouvements agressifs dans la nature humaine, se portant par eux à pouvoir atteindre ou accomplir un bien désirable et difficile à atteindre, ou à faire face au mal ou encore à l'éloigner. Le *thumos (θυμός)* est à l'origine de tous les

1. Mc 3, 5 ; Jn 2, 14-17.

mouvements de la colère. Le *thumos* est ce désir profond qui porte au courage, à l'audace, à l'espoir, et qui s'exprime dans les différents mouvements de la colère. La colère révèle un trait de la personnalité de ceux qu'elle anime.

La colère devient pathologique lorsqu'elle est l'expression du *thumos* devenu tel un feu brûlant, habité par l'injustice, la mauvaise humeur, l'amertume, l'irritation et les manifestations d'impatience, les clameurs, les emportements ainsi que l'indignation, les moqueries, les critiques, l'ironie à l'égard des personnes, la provocation, le ressentiment, la rancune, la haine, la vengeance, le vandalisme et toutes les formes de méchanceté, les querelles, la violence et le meurtre, etc[1].

Cette pathologie de la colère se manifeste en premier lieu intérieurement, pour s'extérioriser dans certains cas par des paroles et des actes immodérés. En d'autres personnes ou d'autres situations la colère n'éclate pas mais demeure très longtemps en celui qu'elle habite, tel un ver rongeur ou un feu qui couve dans la tourbe.

La colère, comme pathologie, procède elle-même d'un cœur malade, comme nous l'avons déjà évoqué pour les autres maladies à partir de l'enseignement du Seigneur Jésus[2], et d'une intelligence pervertie[3]. La colère naît lorsque l'amour de soi (*philautia*) est meurtri par la souffrance. Cette souffrance peut être consécutive à l'expérience que nous faisons de nos limites, des manques que nous pouvons éprouver dans notre vie, ou encore de l'altération d'un bien comme par exemple la santé. Ces différentes expériences de la souffrance que nous éprouvons peuvent provoquer en nous le ressentiment, la colère, plus encore quand nous éprouvons ces souffrances par l'intervention de personnes ou d'événements extérieurs à nous. Nous pouvons souligner que la colère apparaît en l'homme lorsqu'il est accablé de ne pouvoir atteindre un plaisir[4] qu'il recherche ou qu'il lui semble légitime de posséder. Nous

1. Rm 1, 28-32 ; Ga 5, 13-21.
2. Mc 7, 21-23 ; Mt 15, 18-19.
3. Rm 1, 18-29.
4. « D'où viennent les guerres et d'où viennent les batailles parmi vous ? N'est-ce pas de ceci : de vos voluptés qui combattent dans vos membres ? Vous convoitez, et vous n'avez pas ; vous enviez et jalousez, et vous ne pouvez obtenir ; vous bataillez et faites la guerre », Jc 4, 1-2.

pouvons dire avec force que les différentes maladies de l'âme seront souvent la cause, l'objet, le prétexte qui suscitera la colère. La colère pourra être provoquée par la recherche des plaisirs dont on est privé, limité ou qui nous échappent, que ce soit les plaisirs charnels (gourmandise, luxure, oisiveté), l'avoir (possession de l'argent et des biens matériels), l'attachement au pouvoir, à la gloire (orgueil, vanité). La pathologie colère va s'avérer désastreuse, elle qui s'enracine dans l'amour d'un moi idolâtre, égoïste, *philautique*, et va se prolonger, se traduire en des intentions mauvaises. Ces intentions mauvaises vont se manifester en de multiples visages de colère (comme énumérés ci-dessus). Parmi eux la vengeance, les clameurs, l'indignation, les moqueries, les critiques, l'ironie, etc. pourront conduire à la satisfaction, au plaisir. La colère est véritablement une maladie de l'âme qui peut mener à la déraison et à la folie. Cette folie peut aller jusqu'à faire éprouver du plaisir dans la colère. Grégoire le Grand illustre avec force le mal qu'est la colère et ses manifestations : « Piqué par l'aiguillon de la colère, le cœur palpite, le corps tremble, la langue bégaie, le feu monte au visage, les yeux étincellent : l'homme devient méconnaissable à ceux-là mêmes qui le connaissent. La bouche profère des sons, mais l'intelligence ne sait plus ce qu'elle dit. En quoi donc un homme qui n'est plus conscient de ce qu'il dit, diffère-t-il d'un fou en transes ? Aussi arrive-t-il souvent que la colère descende jusque dans les poings et qu'elle surgisse avec une violence qui est à la mesure même de sa déraison. L'esprit n'est plus capable d'aucun contrôle, car il est devenu le jouet d'une puissance qui lui est étrangère, et si sa rage agit sur ses membres à l'extérieur en leur faisant porter des coups, c'est qu'intérieurement elle maintient captive l'âme qui devrait en être la maîtresse[1]. »

Conséquences de la pathologie de colère

La pathologie de colère a de multiples conséquences, en celui qu'elle anime ainsi que dans sa relation à Dieu et aux autres.

1. S. Grégoire le Grand, *Morales sur Job*, V, 45. PL 75-76. Traduction par R. Wasselynck, « Les écrits des saints », Namur, 1964.

Dans la relation à soi-même

En premier lieu pour celui qu'elle anime : comme nous l'avons déjà exprimé, la colère provient du *thumos*, d'un désir véhément, enraciné dans une affectivité égocentrique. La perception et l'image que l'on a de soi, pour autant qu'elles viennent à être contrariées par les événements ou les autres, vont engendrer la colère. La colère sera en quelque sorte une manière de rétablir l'image et de sauvegarder le moi existant, de l'affirmer. Ce moi que l'on veut sauvegarder devient l'idole que l'on ne saurait remettre en question, y compris dans les souffrances, les privations de plaisir que l'on ne saurait accepter. « Ce ne sont pas les paroles qui nous blessent, c'est notre orgueil qui nous révolte et la bonne opinion que nous avons de nous-mêmes[1]. » C'est encore cette affectivité égocentrique qui rejaillit et fausse notre perception, notre jugement de nous-mêmes, des autres, des événements[2]. Ce jugement faussé sera la cause de bien des colères et des excès. Comme évoqué ci-dessus par Grégoire le Grand, on peut dire encore que la colère amplifiera cet aveuglement, elle fait entrer dans la déraison, conduit à agir avec excès, elle modifie le jugement et nuit au discernement. « Qui est prompt à la colère commet des folies[3]. » En plus de conduire à l'excès dans l'appréciation des choses vécues, elle endurcit le cœur et engloutit le colérique dans la rancœur et la culpabilité, et dans l'esclavage de cette passion à l'état de vice, de maladie.

La colère, qu'elle ronge de l'intérieur ou qu'elle s'extériorise, peut devenir la cause de maladies corporelles : comme le suggère déjà l'étymologie grecque *kholê* qui veut dire « la bile ». Ici, on pourrait penser à bien d'autres maladies corporelles, somatisées par cette passion.

La colère, du point de vue moral, manifeste la faiblesse de celui qui en est sujet. Elle met en évidence sa faible volonté et le peu de maîtrise de lui-même qui vont à l'encontre de l'unité intérieure.

1. S. Basile de Césarée, *Homélies*, 10, *Sur la colère*. *Op. cit.*
2. « Quelle que soit sa cause, le mouvement de la colère, dans son bouillonnement, aveugle les yeux du cœur et y introduit la "poutre" mortelle d'une maladie plus grave, l'empêchant de contempler le soleil de justice », S. Jean Cassien, *Inst.*, 8, 6. « Sources chrétiennes » n° 109, *op. cit.*
3. Pr 14, 17.

Dans la relation à Dieu

La colère prolonge ses dommages dans la relation à Dieu. Elle est à l'origine de nombreux péchés, elle défigure et abaisse l'homme rongé par ce mal. Elle devient, de plus, une offense à Dieu en ne respectant pas les commandements divins comme celui qui résume tous les autres, celui de l'amour de Dieu, de soi-même et du prochain[1]. Mais encore par le mal que l'on se fait à soi-même et aux autres par la haine et la colère, on offense Dieu en défigurant en l'âme l'image de la Trinité Sainte qui est communion d'amour. Ainsi, l'homme colérique pèche contre la justice de Dieu. « La colère de l'homme n'accomplit pas la justice de Dieu[2]. » Par l'amour et la paix, l'homme devrait travailler à l'édification du Règne de Dieu[3] en lui-même et autour de lui, mais il en va tout autrement de l'homme colérique. Par la colère, l'homme se sépare de la communion avec Dieu. Par l'endurcissement du cœur, il chasse au dehors de lui Celui qui est le Don, l'Esprit Saint qui est Vérité et Amour, ne goûtant plus à ses fruits qui manifestent sa présence, tels la paix, la joie, la douceur[4]. La perte de l'amour divin en l'âme va alors de pair avec la cécité de l'intelligence, elle rejaillit dans la relation de communion à Dieu, y altérant la vie contemplative. La perte de la vie contemplative favorise la perte du sens du bien et de la capacité à lutter contre le mal. La colère, dit saint Jean Cassien « obscurcit de ses épaisses ténèbres notre regard intérieur » et empêche « d'acquérir la clarté du discernement et d'arriver à la vraie contemplation ».

Dans la relation aux autres

La pathologie de colère rejaillit dans la relation aux autres, elle devient la loi du plus fort ou la manière de se préserver des autres. La

1. Jn 15, 12- 14; Mc 12, 28-31.
2. Jc 1, 20.
3. « Le Royaume de Dieu [... est] justice, paix et joie dans l'Esprit Saint. Qui sert le Christ de cette manière est agréable à Dieu et approuvé des hommes. Ainsi donc, recherchons les uns pour les autres ce qui pacifie et ce qui bâtit », Rm 14, 17-19.
4. Ga 5, 22-25.

colère, dans la relation aux autres, favorise la division, empêche le dialogue, l'écoute, le respect. Elle ruine la communion et la vie commune brisant la fidélité dans les engagements.

La colère dans ses diverses manifestations – soulignées ci-dessus – va toujours aller à l'encontre et saper les fondements mêmes qui construisent la relation aux autres : vérité, justice, amour, liberté. Saint Paul nous invite : « Par-dessus tout cela, revêtez l'amour qui est le lien de la perfection[1]. » Il y aura toujours des zones d'ombre dans nos relations aux autres, des prétextes, des occasions à la colère. Mais le souci de la charité et les fondements qui tissent la communion entre les personnes contribueront à préserver ou retrouver la paix. À cela saint Paul ajoute : « Êtes-vous en colère ? ne péchez pas. Que le soleil ne se couche pas sur votre irritation, et ne donnez pas prise au diable[2]. » L'existence et la paix sont trop précieuses pour qu'on ne fasse pas l'effort de se réconcilier[3], au risque de donner prise au diable.

Esprit de colère – Nécessité du salut

Comme pour les autres maladies, on peut parler pour cette pathologie « d'esprit de colère », signifiant ainsi que des personnes peuvent être sous l'influence, l'emprise d'esprits mauvais, qui les poussent à ce mal et les y enchaînent[4]. Saint Pierre utilisera une métaphore pour souligner la colère et la méchanceté du diable : il est « comme un lion rugissant [...] cherchant qui engloutir[5] ». L'un des critères de discernement, mettant en évidence des cas de possessions, est que celles-ci se manifestent dans des colères, des blasphèmes, des violences d'une

1. Col 3, 14.
2. Ep 4, 26.
3. Col 3, 12-17.
4. « En vérité, la colère n'est pas moins folle que le délire : voyez comme ce démon jette ses victimes dans le délire, les prive absolument de la raison, leur persuade tout le contraire de ce que leur conseillent leurs yeux. Ils ne voient rien, ils ne font rien d'une manière raisonnable, on dirait qu'ils n'ont plus ni sens ni jugement [...] ; la colère les subjugue », S. Jean Chrysostome, *Homélies sur la Genèse*, LIII, 5. *Op. cit.*
5. 1 P 5, 8.

force surhumaine. Cet exemple, on le vérifie dans l'Évangile de Marc : « Ils vinrent à l'autre rive de la mer, au pays des Guéraséniens. Et comme il sortait du bateau, aussitôt vint au-devant de lui, sortant des tombeaux, un homme avec un esprit impur. Il avait son habitation dans les tombes, et même avec une chaîne personne ne pouvait plus le lier. Souvent, en effet, on l'avait tenu lié avec des entraves et des chaînes, et il avait rompu les chaînes et mis en pièces les entraves, et personne ne parvenait à le dompter. Et sans cesse, nuit et jour, dans les tombes et dans les montagnes, il était à crier et à se taillader avec des pierres. Et, voyant Jésus de loin, il courut, se prosterna devant lui et, criant d'une voix forte, il dit : "Que me veux-tu, Jésus, Fils du Dieu Très-Haut ? Je t'adjure de par Dieu, ne me torture pas !" Car il lui disait : "Sors de cet homme, esprit, [esprit] impur." […][1]. » Il faut préciser que l'influence d'esprits mauvais sur le comportement de l'homme colérique comprend des degrés. Cette influence est favorisée par la répétition des actes colériques qui deviennent alors une habitude, un vice. Quelle que soit l'importance de cette habitude, elle ne doit jamais être négligée ou relativisée. Elle peut constituer un lien avec l'adversaire.

La colère, y compris sous l'influence des mauvais esprits, se heurte et se brise contre la bonté et la douceur du Christ. Le Christ Seigneur, « doux et humble de cœur[2] », manifeste sa force aimante par laquelle il désarme toute violence et méchanceté. En nous appuyant sur le Christ, nous pouvons être victorieux de tout esprit de colère. Unis au Christ, et par Lui aux Personnes de la Trinité, par la prière et la vie contemplative nous pouvons goûter à la douceur et à la paix du cœur. Unis au Christ, nous recevons toute grâce et bénéficions de tous les remèdes et armes spirituels que nous verront progressivement. Par eux nous avons autant de moyens de guérir de tous nos troubles. Parmi ces moyens nous pouvons déjà souligner l'accueil du pardon, source de libération et de guérison, que nous recevons du Christ dans le sacrement de la réconciliation. En ce sacrement nous sommes recréés et restaurés dans la charité. Nous sommes invités à accorder notre pardon

1. Mc 5, 1-17 ; cf. Mt 8, 28-34.
2. « Prenez mon joug sur vous et recevez mes leçons, parce que je suis doux et humble de cœur ; et vous trouverez du repos pour vos âmes », Mt 11, 29.

à tout ceux qui nous ont offensés, y compris à nos ennemis, ainsi que l'exprime saint Silouane : « L'âme qui n'a pas l'amour des ennemis n'aura jamais la paix. Elle se tourmentera et fera souffrir les autres. » Alors par l'Esprit Saint le Christ nous donne à sa suite de pouvoir vivre des Béatitudes : « Heureux les doux, parce qu'ils hériteront de la Terre [...] Heureux ceux qui font œuvre de paix, parce qu'ils seront appelés fils de Dieu[1]. »

En plus des moyens spirituels, il est des moyens humains à mettre en œuvre pour nourrir et enraciner la paix intérieure et entre les hommes tels que la vérité, la justice, l'amour, le respect, la liberté...

Le problème de la colère, comme toute maladie de l'âme, nécessite un discernement de façon à appliquer les solutions adéquates aux causes de la maladie, ainsi que nous le rappelle saint Jean Climaque[2]. Au début de ce propos sur la colère, nous avons évoqué qu'il peut y avoir une colère justifiée pour autant qu'elle reste maîtrisée et selon une intention droite. Mais le discernement nous fait aussi prendre en compte la pathologie de colère qui peut être une porte ouverte aux esprits de colère qui cherchent à nous entraver dans ce vice. Il nous faut encore prendre en compte, dans le discernement, les colères dues au manque de santé de notre corps ou de notre psychisme, ou dues à une souffrance morale (injustice subie, manque affectif, limites...). L'irritabilité peut être favorisée par une mauvaise hygiène de vie (fatigue, mauvaise alimentation, absence de détente, stress...), voire par le développement d'une maladie organique ou psychique.

1. Mt 5, 4.9.
2. « La fièvre corporelle est toujours de la même sorte, mais son ardeur, loin d'avoir toujours la même origine, peut procéder de multiples causes. De même le bouillonnement de la colère et ses mouvements, comme sans doute ceux de nos autres passions, peuvent avoir des causes et des origines diverses. C'est pourquoi il est impossible de prescrire une règle unique à leur endroit. Je conseillerais plutôt à chacun de ceux qui sont malades de rechercher avec le plus grand soin la méthode à suivre pour se soigner. Le premier point du traitement est de connaître la cause de la maladie ; quand celle-ci aura été trouvée, en effet, les malades recevront de la providence de Dieu et de leurs médecins spirituels le remède efficace », S. Jean Climaque, *L'Échelle sainte*, VIII, 35. Traduction par le P. Placide Deseille, « Spiritualité orientale » n° 24, Abbaye de Bellefontaine, 1978, p. 133.

Ces différents exemples nous rappellent l'importance et le soin que nous devons porter au diagnostic, au discernement des esprits, que ce soit au sujet de la colère ou des autres maladies de l'âme.

F. L'esprit de tristesse

La cinquième maladie de l'âme que nous allons approfondir est la tristesse. Celle-ci n'apparaît pas toujours dans les traités de spiritualité d'Occident tant elle peut se confondre avec l'acédie, à laquelle elle est en effet fortement liée. Pourtant, comme nous allons le voir, elle mérite d'être regardée, en certains cas comme maladie de l'âme, et parfois aussi d'être appelée « esprit de tristesse ».

Avant de regarder la tristesse comme maladie, il faut souligner que la tristesse n'est pas toujours mauvaise. Elle est bonne lorsqu'elle est la conséquence de nos prises de conscience du mal dans notre vie ou autour de nous, ou encore lorsqu'elle a pour cause le repentir de nos fautes. Elle est bonne encore quand elle nous met devant la prise de conscience de notre éloignement de Dieu. « La tristesse selon Dieu produit en effet un repentir salutaire qu'on ne regrette pas ; la tristesse du monde, elle, produit la mort[1]. » La tristesse selon Dieu est un repentir qui nous ouvre au salut. Elle peut encore être le désir de Dieu et de la Patrie céleste inassouvi, invitant à se mettre en chemin. La tristesse selon Dieu nous donne d'entrer dans la Béatitude : « Heureux ceux qui pleurent, parce qu'ils seront consolés[2]. » La tristesse qui nous amène à vivre selon le bien et à nous ouvrir à Dieu, Source de notre être, fait de nous des bienheureux.

Pathologie de la tristesse

Regardons maintenant la tristesse comme maladie. Le mot « tristesse », en grec *lypé (λύπη)* peut encore être traduit par « chagrin ».

1. 2 Co 7, 10.
2. Mt 5, 5.

La tristesse apparaît comme maladie lorsqu'elle nous éloigne du bien et manifeste de manière pathologique le désir, la convoitise, l'attachement aux choses sensibles de manière idolâtre[1]. La tristesse comme pathologie est en même temps le mal et le symptôme de ce mal qui nous ronge. Ce mal se manifeste dans notre dépendance aux autres maladies de l'âme. Ainsi l'attachement, la dépendance à l'aliment comme à la luxure ou aux biens matériels non satisfaits peut susciter un mal profond qu'est la tristesse. Il en sera de même pour les autres maladies que nous verrons plus loin (acédie, vanité et orgueil). Le désir inassouvi comme l'envie insatiable qui ronge l'âme, suscitent la tristesse. On peut penser que la tristesse sera souvent liée à une forme d'insatisfaction, de manque, de privation, de convoitise. Elle est très souvent liée à un attachement aux choses qui nous attirent et que l'on désire, qu'elles soient sensibles, morales, intellectuelles ou spirituelles. La tristesse pathologique de l'homme manifeste son attachement aux choses du monde, au détriment des réalités les plus essentielles. Elle manifeste ainsi sa perte de liberté, son esclavage à l'égard de ce dont il est dépendant. Le jeune homme riche de l'Évangile[2] en est la très belle illustration. Son attachement aux biens matériels lui fait préférer ceux-ci au Bien par excellence qu'est la personne du Christ. L'ordre des choses n'étant pas respecté, ce jeune homme repartit triste.

La tristesse est une autre manière, que la maladie de colère, de pâtir et de réagir face aux privations, aux frustrations. Il arrive de passer de la colère à la tristesse, et *vice versa*. Il n'y a pas de colère sans tristesse, mais il peut y avoir la tristesse sans colère. Celle-là, la tristesse, dans sa forme la plus sombre[3], lorsqu'elle enferme sur soi, peut conduire au désespoir, voire au suicide.

1. « Les causes de la tristesse sont quelquefois un mouvement de colère, que nous avons eu, un désir trompé, un profit perdu, le regret de n'avoir pas obtenu ce que nous avions espéré », S. Jean Cassien, *Inst.*, 9, 4. Cité par Sr Marie-Ancilla, *op. cit.*, p. 92.
2. Mc 10, 17-22.
3. S. Jean Cassien, *Inst.*, 9, 9, *Ibid.* « Il y a encore une tristesse plus détestable, c'est elle qui, au lieu de porter l'âme coupable à régler sa vie et à fuir le vice, la jette dans l'abîme du désespoir : c'est elle qui empêcha Caïn de se repentir après son fratricide, et qui empêcha Judas de réparer son crime après sa trahison, et l'entraîna à se pendre. »

Pourtant s'il existe un désespoir qui est conséquence de notre enfermement, il existe aussi une tristesse toute imprégnée d'angoisse, de dépression, de désespoir, et qui semble sans motivation, sans raison. Cette tristesse ne semble pas s'expliquer par des frustrations, par des colères, justifiées ou non. Il conviendra alors de discerner si elle provient du non-sens en notre vie, ou encore d'une fragilité psychologique ou organique, ou de l'acédie, ou encore du démon. Et dans le cas d'une personne toute tournée vers le Seigneur, il conviendra de voir, en plus des autres causes, s'il s'agit d'une permission divine[1].

Nous venons de souligner ci-dessus qu'il y a des tristesses dues à nos frustrations et convoitises, à notre manière d'être et de vivre, d'autres dues à nos enfermements, d'autres encore dont les raisons semblent nous échapper. Profondément ces différentes tristesses se comprennent et s'enracinent en fonction de la place que nous donnons à notre âme. Notre âme, dans sa nature profonde, réclame de donner un sens à notre vie. Ce sens à notre vie nécessite que nous rétablissions un ordre où Dieu a la première place et où tout le reste lui est relatif. L'absence de Dieu en notre vie, le fait que notre âme ne soit pas unie à Lui, le fait d'avoir une relation confuse et faussée aux autres nous conduisent à toujours chercher des compensations qui, si nous n'y avons pas accès, font que nous sommes frustrés et par conséquent tristes. Pourtant, toute compensation laisse inassouvi, en appelle d'autres qui nous laissent elles-mêmes toujours amère, insatisfait, devant un sentiment de vide et de tristesse. Selon la conscience que nous avons de l'importance de notre âme et notre manière de nous comporter à son égard, se fonde notre plus ou moins grande responsabilité quant à la rouille de la tristesse et du mal qui peut s'en emparer. Après ce que nous venons de dire, il est certain que nous pouvons faire le rapport entre la tristesse et le péché originel comme cause première de celle-ci. Avant le péché originel l'homme vivait dans un état de béatitude où la tristesse n'avait pas de part parce que l'âme vivait en communion avec Dieu.

1. Cf. « Le discernement des esprits », chapitre 3, II.

Conséquences de la pathologie de tristesse

Regardons les conséquences de la pathologie de tristesse.

Dans la relation à soi-même

La tristesse qui gagne le cœur de l'homme, au point de s'en emparer jusqu'à un état pathologique, a de grandes conséquences sur la personne qu'elle atteint. Celui qui en est infesté perd l'énergie du cœur jusqu'à être consumé. Cela est dû au fait que la tristesse est très souvent causée par l'envie qui s'oppose à la charité[1]. La tristesse conduit la personne à compenser, à vouloir toujours davantage comme pour masquer le mal qui la ronge. La personne qui a pu subir ou faire le mal, dans sa tristesse peut se renfermer sur elle-même jusqu'au désespoir. À l'âme atteinte par un tel mal l'Ecclésiastique dit : « Ne livre pas ton âme à la tristesse, et ne t'afflige pas toi-même avec tes pensées noires[2]. » Ce conseil est d'autant plus capital que, selon son degré, la tristesse favorise tiédeur, découragement, mélancolie, amertume, murmure, critique, elle obscurcit le jugement et la capacité à prendre les bonnes décisions… ce qui a pour conséquence de diminuer la volonté, la force, le courage, l'énergie, la vitalité, la joie, cela au risque du désespoir et d'attenter à sa vie.

Il nous faut voir maintenant que le plus grand mal qui guette l'âme dans la pathologie de tristesse est le repliement sur soi jusqu'à ne plus s'ouvrir, croire, espérer dans le Seigneur, Lui qui peut libérer de ce mal profond.

Dans la relation à Dieu

Une autre conséquence pour l'âme qui se laisse gagner par la tristesse, c'est de se replier sur elle-même au point de se rendre imperméable à l'action de Dieu en sa vie. La tristesse enlève du cœur de l'homme la louange par laquelle il peut se tourner vers le Créateur auquel il rend grâce, émerveillé par tout ce qui est beau et bon. La tristesse trouble le cœur et lui fait perdre sa pureté, au détriment de

1. « L'envie représente une des formes de la tristesse et donc un refus de la charité », CEC § 2540.
2. Si 30, 21.

la ferveur de la prière et de la vie contemplative. La tristesse, dans ce qu'elle a de plus sombre, lorsqu'elle conduit au désespoir, peut séparer l'âme de Dieu, qui appelle celle-ci pourtant à la béatitude à laquelle elle aspire.

Dans la relation aux autres

La tristesse rejaillit dans la relation aux autres. Tel un ferment, la tristesse peut être imprégnée de rancœur, d'amertume, de méchanceté, d'agressivité. Ces différents états qui naissent de la tristesse, peuvent en même temps l'amplifier telle une spirale. C'est pourquoi, dans la relation aux autres, nous devons sortir de tout comportement d'enfermement. Comme nous l'avions déjà évoqué pour la colère en citant Paul, nous devons faire en sorte pareillement que le soleil ne se couche pas sur notre tristesse[1]. Sortir de la spirale de la tristesse, dans notre relation aux autres, se fait par l'amour en acte dans notre vie, par lequel nous pouvons excuser, partager, donner, pardonner… Par l'amour nous cultivons la douceur ainsi que la joie et tous les antidotes de la tristesse[2].

Esprit de tristesse – Nécessité du salut

Nous avons évoqué que la tristesse pouvait avoir diverses causes, d'où la nécessité et l'importance de bien discerner. Une autre cause est à ajouter aux précédentes et qui rend plus complexe le discernement, c'est celle de l'esprit de tristesse qu'évoque Jean Chrysostome. Cette tristesse provoquée par un esprit mauvais peut se greffer sur une autre cause. La prudence nous invite à être attentifs au fait qu'une cause n'en exclue pas une autre, nécessitant par conséquent des remèdes différents : « […] permettez que j'aborde maintenant ces funestes pensées. Et d'abord elles ne viennent point du démon seul, et votre mélancolie y entre pour beaucoup. Oui, cette sombre tristesse les provoque bien plus que l'esprit mauvais, et peut-être en est-elle l'unique cause. Il est en effet certain que plusieurs [personnes], en dehors de toute obsession diabolique, éprouvent cette manie de suicide à la suite de violentes douleurs[3]. »

1. Ep 4, 26.
2. 1 Co 13, 4-7.
3. S. Jean Chrysostome, *Consolation à Stagire,* II, 1. *Œuvres complètes, op. cit.*

Nous avons vu les dommages que provoque la maladie de tristesse. Assurément à la suite de la Tradition, nous pouvons être certains qu'il est des esprits mauvais qui veulent susciter en l'âme ou intensifier en elle la tristesse, tant celle-ci peut créer de grands dommages et ravir à l'enfant de Dieu la paix et la joie de vivre[1]. Ces esprits veulent enchaîner l'âme dans la tristesse en l'entraînant dans l'abîme du désespoir, et de manière ultime ils font perdre à l'âme le Saint-Esprit qui est Amour, Paix, Joie et Vérité. « Ne comprends-tu pas que la tristesse est le plus malfaisant de tous les esprits ? Elle est très funeste aux serviteurs de Dieu et contribue, plus que n'importe quel esprit, à perdre l'homme et à chasser le Saint-Esprit[2] ! »

Le Seigneur Jésus a éprouvé la tristesse devant le mal et l'endurcissement du cœur de l'homme[3] et devant la mort[4]. Jésus, vrai Dieu vrai homme, en son humanité sainte, lui qui est le Miséricordieux a éprouvé la tristesse devant notre misère. Il vient, Lui qui est Dieu, la transformer, ou malgré celle-ci Il rend possible que nous vivions ici-bas dans l'espérance en marchant à sa suite. Il est sûr que Jésus, vainqueur de la mort et du péché, est vainqueur de toute tristesse et que dans l'éternité il essuiera toute larme de nos yeux[5].

En ayant le Seigneur au centre de notre vie, nous pouvons vivre dans le détachement et la liberté face aux premières causes de nos tristesses que sont les désirs et convoitises inassouvis. Le Seigneur peut aussi contribuer à nous rendre victorieux face aux autres causes de tristesse qui pourraient nous enfermer sur nous-mêmes, en exerçant dans notre vie l'amour fraternel, le pardon, ainsi que l'attention aux autres dans le don de soi, dans la gratuité. Le Seigneur Jésus peut apaiser notre cœur, y compris à l'égard des tristesses qui auraient une origine

---

1. « Quelquefois, sans aucune cause apparente qui puisse nous faire tomber dans cet état fâcheux, la malice du démon nous jette tout à coup dans un tel abattement, que nous ne pouvons plus recevoir avec notre joie ordinaire les personnes que nous aimons le mieux », S. Jean Cassien, *Inst.*, 9, 4. Cité par Sr Marie-Ancilla, *op. cit.*, p. 92.
2. *Le Pasteur*, d'Hermas, précepte X.
3. Mc 3, 5 ; Lc 19, 41.
4. Jn 11, 35 ; Mt 26, 37-38.
5. Ap 7, 17 ; 21, 4.

psychologique ou organique, sans que nous ne négligions les aides appropriées aux causes du mal. Mais il est sûr que lorsque nous sommes malmenés par un esprit de tristesse, le Christ peut nous rendre victorieux de celui-ci en nous tournant vers lui par les vertus théologales, plus particulièrement par l'espérance et l'amour qui ne déçoivent jamais. « Commencez donc par éloigner et chasser de votre âme cette noire mélancolie, et vous ôterez au démon toute occasion de vous porter au suicide, et même de vous en suggérer la pensée. Le voleur choisit la nuit et les ténèbres pour percer avec plus de facilité le mur d'une maison, en enlever les richesses, et même en égorger les maîtres. C'est ainsi que le démon enveloppe votre esprit de ces noirs chagrins, comme d'une profonde obscurité, et s'efforce de vous ravir toutes les pensées qui pourraient vous rassurer contre vous-même. Mais trouvant alors votre âme seule, et sans appui, il l'accable de coups et de plaies. Celui au contraire qui repose en Dieu toutes ses espérances, dissipe ces ténèbres par l'irradiation du soleil de justice dont il reçoit en son âme les bienfaisants rayons, et il retourne contre le ravisseur le tumulte même de ses pensées. Car il en est du démon, comme d'un voleur de nuit ; s'il est surpris sur le fait, et s'il aperçoit de la lumière, il tremble, hésite et se trouble[1]. »

G. L'esprit d'acédie

Nous allons regarder maintenant cette autre maladie qu'est l'acédie, à laquelle est très liée la précédente, la tristesse. Habituellement on l'appelle la « paresse ». Or l'acédie est plus que la paresse, son contenu en est beaucoup plus vaste, mais cependant elle rend paresseux. Ici nous verrons l'importance d'étudier cette maladie et d'être conscient de tous les dommages qu'elle peut infliger à l'âme et à toute la personne. Cette maladie concerne aussi tout homme, tout chrétien. Elle a été approfondie d'une manière particulière par les moines ascétiques chrétiens dont le genre de vie les rendait plus conscients de cet ennemi auquel ils étaient confrontés.

---

1. S. Jean Chrysostome, *Consolation à Stagire*, II, 1. *Op. cit.*

Les psaumes[1] dans leur traduction grecque nous ont donné ce terme d'acédie, et ils nous aident à voir en elle en premier lieu une épreuve, une tentation à laquelle tout spirituel est confronté. En cela l'acédie correspond à ce qu'on appelle dans la Tradition « les désolations » ou encore « purifications passives[2] ». Ces étapes de la vie spirituelle à la suite du Seigneur ont pour but de nous purifier de tout attachement et de nous permettre de manifester notre préférence à l'égard de Dieu. Le baptisé doit passer par les purifications des voies purgative et illuminative, qui sont comme autant d'étapes pour entrer dans la voie unitive qui se réalise dans l'amour et dans la vérité à la suite du Seigneur.

Pathologie de l'acédie

Le mot « acédie » est traduit du grec *akèdia (αχηδία).* Nous garderons ce terme d'acédie tant ce mot recouvre de sens cachés et implicites. Toute traduction serait réductrice. Ce terme d'acédie traduit un état qui engendre de multiples aspects, tels la lassitude, l'ennui, l'assoupissement, la prostration, la paresse…

C'est pour autant qu'on succombe aux suggestions et à l'épreuve de l'acédie et qu'on la laisse se développer en nous qu'elle deviendra un vice, une maladie. La pathologie d'acédie, telle une gangrène, s'installera et se développera dans notre existence. Dans son développement elle engourdit de plus en plus le cœur[3], laissant apparaître les différents symptômes de l'acédie, se déployant dans l'âme et dans le corps. Sous l'influence de l'acédie, l'âme se trouve à être lasse, insatisfaite, dans l'ennui et le dégoût, transformant la vie de celui que ce mal atteint en le rendant instable dans son âme et dans son corps, dépourvu de volonté, lui faisant toujours désirer et aspirer à une autre vie parce qu'insatisfait.

1. Ps 119 (118), 28 : substantif *acédie* ; Ps 143 (142), 4 : forme verbale d'acédie qu'on peut traduire par s'épuiser, déprimer.
2. Nous avons développé cela dans le chapitre 3, II. « Cause divine. »
3. Cf. Ps 61 (60), 3. Dans le texte grec la forme verbale du mot *acédie* apparaît dans ce verset : « le cœur me manque », « le cœur défaillant ».

Alors apparaît l'envie de tout abandonner et se développent les comportements de fuite[1] devant les exigences de la vie présente, telle que le vagabondage de l'esprit, les rêveries, la nostalgie, le besoin de changement de lieu, de nouveauté dans le travail et le besoin de relations. Ce mal affecte en premier lieu le cœur, éteignant en lui progressivement les exigences auxquelles jadis il s'était engagé. La volonté émoussée, il se laisse aller à la paresse, il s'assoupit perdant les exigences de sa vie humaine et spirituelle, alors il vit dans la prostration, le découragement, la tristesse et la mélancolie. Il vit dans l'anxiété et l'angoisse quant à l'avenir.

Nous pouvons prévenir l'acédie dans notre vie et ainsi tout mettre en œuvre pour qu'elle ne se développe pas et ne s'enracine pas à l'état pathologique. L'acédie est favorisée par l'ignorance de ce mal, par toute forme d'excès due à la présomption, à l'idéalisme, au paraître, au perfectionnisme, au scrupule, à la surenchère. Toutes ces inclinations sont comme autant de « bons » vecteurs de l'acédie.

Conséquences de la pathologie d'acédie

Dans la relation à soi-même

L'acédie gagne et ronge le cœur faisant perdre progressivement toute énergie et ferveur à l'amour. Lorsque cet amour dans le cœur vient à s'attiédir, il fait perdre à l'homme la finalité de sa vie, le sens du bien et des exigences, lui ôtant le goût pour le travail, tant manuel que spirituel. Alors l'homme devient tel une girouette, instable, mû par la quête d'une vie agréable, perdant par la recherche de la facilité ce qui

1. « Dès que ce vice s'est emparé d'un religieux, on le voit rester oisif dans sa cellule, sans y faire le moindre progrès spirituel ; ou bien il en sort sans motif et sans but, errant de cellule en cellule dans tout le monastère. Il est incapable de remplir ses devoirs, et sa seule préoccupation est le premier repas qu'il doit prendre. L'esprit du paresseux ne veille que pour penser à ce qu'il va manger, à moins qu'il ne rencontre quelqu'homme, quelque femme, aussi portés que lui à perdre le temps et qu'il se mêle de leurs affaires. Il s'embarrasse si bien dans ces relations dangereuses, qu'il y est enlacé comme par des serpents, et qu'il lui devient impossible de s'élever désormais à la perfection du saint état qu'il avait embrassé », S. Jean Cassien, *Inst.*, 10, 6. Cité par Sr Marie-Ancilla, *op. cit.*, p. 95.

donnait le sens de sa vie. Celui qui est atteint par l'acédie vit dans l'atrophie du cœur et dans la cécité de l'intelligence[1]. En effet l'acédie obscurcit le jugement, au point que celui qui en est atteint justifie constamment sa manière d'être et de vivre, et la remise en question de la vie dans laquelle il s'était engagé. Ce mal plonge l'âme dans la mélancolie, qui est abattement, tristesse, rêverie, pessimisme généralisé, prolongeant son œuvre dans le corps dans un état de lassitude et fatigue persistante sans autre raison qui l'explique.

Dans la relation à Dieu

L'acédie favorise et entretient en l'âme la négligence et l'oubli de Dieu. Les dommages de l'acédie, dans la relation à Dieu, sont très grands. Elle endort l'âme et l'établit dans la tiédeur. Pour l'homme spirituel, la tiédeur donne un goût amer aux choses religieuses, toute pratique devient pénible engendrant en lui dégoût et lassitude. De ceux qui sont atteints d'un tel mal, le Seigneur, dans le livre de l'Apocalypse, nous dit : « Puisque tu es tiède, et ni chaud ni froid, je vais te vomir de ma bouche[2]. » Cette parole du Seigneur est la conséquence de notre attitude à l'égard de Dieu. Cependant les versets qui suivent cette citation sont pour nous pleins d'espérance.

Dans la relation aux autres

La personne atteinte par l'acédie prolonge son mal dans sa relation aux autres. Elle façonne et transforme l'environnement dans lequel elle vit, par sa tristesse, son irritabilité, son impatience et ses reproches. Sa relation aux autres peut devenir utilitaire dans la recherche du plaisir et prétexte à la fuite, développant des relations superficielles, vivant dans la curiosité et les vains bavardages. Dans sa souffrance, l'homme atteint par le mal de l'acédie cherche à ce qu'on le plaigne, qu'on s'occupe de lui. Replié sur lui-même par l'acédie il devient égoïste, peu enclin à la douceur, à la patience et au service des autres.

---

1. Ap 3, 16-18.
2. Ap 3, 15-19.

L'esprit d'acédie – Nécessité du salut

Si le développement de l'acédie peut être favorisé par l'attiédissement de notre cœur et nos négligences, il peut aussi être dû à des esprits mauvais qui en favoriseront la soudaine apparition, mais plus souvent ils intensifieront nos inclinations qui conduisent à ce mal profond. « Tu ne craindras [...] la contagion qui dévaste à midi[1]. » Les Pères ont vu en ce fléau qui frappe en plein midi, l'influence du démon ; parmi eux, certains ont vu plus particulièrement l'influence du démon d'acédie qui, en plus d'agir dans l'obscurité, agit en plein jour car son action s'étend à tous les aspects de notre vie quotidienne. L'esprit mauvais d'acédie s'ingénie à nous faire tomber dans ce mal qui favorise le développement des autres maladies de l'âme.

De même que pour lutter contre les autres maladies que nous avons considérées, nous pouvons être victorieux de l'esprit d'acédie en nous tournant vers le Christ et en nous appuyant sur Lui. Le même psaume que nous citions ci-dessus, nous invite à ne pas craindre ces esprits. Le Christ est vainqueur de tout mal, et en nous unissant à Lui dans la ferveur de l'amour, nous lui serons fidèle. Constants et déterminés, les yeux fixés sur Lui nous marcherons à sa suite. « Oubliant ce qui est derrière, tendu de tout mon être en avant, je cours droit au but vers le prix que Dieu m'appelle à recevoir là-haut en Christ Jésus[2]. »

L'amour nous fait sortir de la tiédeur ! Il est cependant indispensable pour que nous évitions l'acédie, que nous mettions en œuvre et cultivions des principes de vie[3] :

– Le discernement, pour ne pas confondre l'acédie avec une pathologie psychologique – telle que la dépression –, ou organique, ou une désolation due à une purification passive.

– Dans notre vie humaine et spirituelle, nous pouvons éviter que l'acédie ait prise sur nous par la prudence préservant de tout excès[4],

1. Ps 91 (90), 5-6.
2. Ph 3, 13-14.
3. En plus des principes de vie indiqués ici, d'autres seront développés dans le chapitre suivant pour lutter contre ce mal.
4. Dans nos choix, nos engagements, dans la nourriture, l'ascèse (veilles et jeûnes), le travail, etc.

avec l'humilité et la persévérance pour ne pas se décourager, ne pas tout abandonner.

H. L'esprit de vanité

Nous allons considérer maintenant la vanité, septième maladie de l'âme. Il est important pour nous de bien comprendre cet ennemi, les dommages qu'il cause en l'âme et par-dessus tout la manière dont il procède. Comme nous le préciserons, il faut un discernement exercé pour débusquer ce mal, dont le danger est sa capacité à s'adapter et à nous leurrer : lorsqu'il n'a pu obtenir la victoire d'une manière, il en utilise une autre. C'est ce à quoi nous devons être tout de suite attentifs, à la suite de Jean Cassien et de la Tradition : « Le septième ennemi que nous avons à combattre est la vaine gloire ; ses attaques sont si habiles, si variées, si nombreuses, que les yeux les plus exercés peuvent à peine non seulement les déjouer, mais même les découvrir et les apercevoir[1]. »

En abordant cette pathologie de la vanité, de la vaine gloire, nous touchons quelque chose de radical et de profond en l'homme. Il est certain que nous sommes faits pour la Gloire, mais non pas une gloire galvaudée. Nous sommes faits pour la Gloire véritable qui est participation à la Gloire éternelle de Dieu, comme nous le dit saint Paul : « Que celui qui se glorifie, se glorifie dans le Seigneur[2]. » C'est le Seigneur qui est la source et la cause de notre gloire. Tout ce qui est beau, vrai, bon en nous vient de Lui. Et la conscience que nous en avons nous met dans l'attitude d'accueil, d'offrande et de gratitude à l'égard de notre Créateur.

Pathologie de la vanité

Cénodoxia, du grec *κενοδοξία* que l'on peut traduire par « vaine gloire » ou « vanité ». Le mot vanité vient quant à lui du latin *vanitas* recouvrant le sens d'un état de vide, de non-réalité, de vaine apparence.

1. S. Jean Cassien, *Inst.*, 11, 1. Cité par Sr Marie-Ancilla, *op. cit.*, p. 97.
2. 1 Co 1, 31 ; 2 Co 10, 17.

La pathologie de vanité réside dans l'habitude à vivre dans le paraître, très attaché à l'image de soi-même que l'on a et que l'on veut donner. La vanité, c'est parfois vouloir paraître ce que l'on n'est pas, ça peut être encore enfler, exalter des qualités que l'on a. Ce mal profond est une maladie de l'esprit qui manifeste un regard superficiel, réducteur sur soi-même. Il est une recherche d'être reconnu, d'exister par ce qu'on a ou ce qu'on veut paraître. Dans ce mal, on cherche à exister, à se rassurer par rapport au vide existentiel qui nous habite. C'est par le développement d'une haute opinion que l'on a de soi-même que l'on cherche à masquer ce vide ou la superficialité de sa vie. À la racine de ce mal, nous trouvons l'égocentrisme qui développe un regard narcissique. C'est parce que l'on est centré sur soi que notre vie est superficielle et que l'on cherche à faire mentir par le paraître ces sentiments de vide qui nous habitent.

Cette force en nous qui nous porte à exister, à désirer, à être, à être reconnu, est profondément enracinée dans notre nature humaine, et c'est bien parce que nous vivrons selon cette nature que nous vivrons unifiés, donnés et plus profondément accueillants et donnés à Dieu et aux autres ; alors nous vivrons apaisés en nous-mêmes. C'est la blessure du péché originel qui nous divise et nous centre sur nous-mêmes. Tout centrés sur nous-mêmes, nous ne pouvons être à nous-mêmes notre propre fin. Nous cherchons à être dieu à notre propre regard et au regard des autres, cela fait de nous des idolâtres.

Cette pathologie qui est une maladie de l'intelligence est aussi une maladie du cœur, comme nous le montre le Christ : « C'est de l'intérieur, du cœur des hommes, que proviennent les intentions mauvaises […] œil mauvais[1] […] vanité […][2]. » Le regard de l'homme dont le cœur est blessé devient envieux. La vanité fausse le jugement de l'intelligence au point de mettre notre gloire dans les choses qui passent, les choses éphémères. Elle nous fait regarder toute chose avec des verres déformants, faussant ainsi notre appréciation de l'existence, de nous-mêmes et des autres. La vanité se développe fortement en nous au moyen de l'imaginaire et de nombreux artifices. Par elle, nous sommes tel le paon qui fait la roue sous le regard des autres.

1. Que l'on peut traduire de l'hébreu par *envie.*
2. Mc 7, 21-22.

La pathologie de *cénodoxia*, de vanité manifestant un désir d'exister, se développe et prend forme dans tous les aspects de notre vie, dans une recherche de paraître, que ce soit dans l'avoir, le pouvoir, la gloire. C'est l'envie qui animera et nourrira la vanité dans les inclinations de notre vie où nous rechercherons l'autosatisfaction, l'admiration, les louanges, la considération. Ce sont toutes ces satisfactions qui procurent le plaisir à l'homme vaniteux. « Ceux qui commencent et qui sont encore peu avancés dans la science et dans la vertu sont tentés de vanité pour de bien petites choses. Ils se prennent à aimer le son de leur voix, la perfection de leur psalmodie, leur extérieur austère, la vigueur de leur santé, la fortune et la noblesse de leurs parents, leur renoncement à la carrière militaire ou aux honneurs[1]. » Nous pourrions ajouter là les aptitudes physiques, sportives, artistiques, manuelles, intellectuelles, de recherche, de connaissance, etc.

Comme nous l'avons évoqué au début de ce sujet, la vanité est subtile et réclame toute notre vigilance. En effet lorsque nous lui sommes victorieux par les vertus, dans les petites choses de notre vie dans lesquelles nous ne nous glorifions pas, lorsque nous vivons en toute modestie, vérité et simplicité, ce sont les vertus qui nous ont aidés à terrasser la vanité qui vont devenir l'objet de celle-ci. Les autres maladies de l'âme que nous avons évoquées précédemment peuvent être vaincues par les vertus qui leur sont contraires, ce qui n'est pas le cas de la vaine gloire si l'on vient à manquer de vigilance, parce qu'elle attaque les vertus elles-mêmes et qu'il est plus difficile d'en débusquer ces suggestions. On peut se vanter, se complaire d'avoir pris le dessus, par nos vertus, sur les faiblesses de jadis, et ainsi tomber dans la vaine gloire. Les intentions qui motivent nos actes, et la manière de les réaliser leur donnent leur valeur morale. « Les autres vices nous font une guerre ouverte et déclarée, et lorsque nous leur résistons avec énergie, l'ennemi s'affaiblit et attaque ensuite, avec moins de force, son vainqueur. Mais lorsque la vaine gloire a tenté l'âme par quelque côté grossier et qu'elle a été repoussée, elle invente de nouvelles ruses, elle change de moyens et elle prend des apparences de vertu pour perdre ceux qui lui ont résisté. Les autres vices n'ont, pour ainsi dire, qu'une forme dans leurs tentations ;

1. S. Jean Cassien, *Inst.*, 11, 13. Cité par Sr Marie-Ancilla, *op. cit.*, p. 99.

mais celui-ci sait les varier et les multiplier : il attaque de tous les côtés celui qui l'a déjà vaincu ; il cherche à blesser le soldat du Christ, en louant sa conduite, sa tenue, sa manière de marcher, sa voix, ses actions, ses veilles, ses jeûnes, ses prières, son recueillement, ses études, sa science, son silence, son obéissance, son humilité, sa persévérance. La vaine gloire est un écueil caché sous le mouvement des flots, qui menace d'un naufrage subit et déplorable ceux qui ont un vent favorable et qui s'y attendent le moins. La vanité que le démon n'a pu donner avec un vêtement neuf et bien fait, il cherche à l'inspirer avec un vêtement pauvre et grossier. Celui que n'a pas troublé les honneurs, se complaît quelquefois dans son humilité ; celui qui ne s'est pas enorgueilli de sa science et de son éloquence, devient fier de son silence prolongé. Un jeûne public peut donner de la vanité, et l'on en ressent aussi d'un jeûne qu'on cache pour n'être pas loué. Le religieux qui évite de prier longtemps devant ses frères, pour n'être pas remarqué, s'admire ensuite intérieurement de s'être ainsi caché[1]. »

Il convient de souligner quelques éléments qui favorisent et amplifient la vanité, tel que l'imaginaire[2] auquel on laisserait cours et qui nourrirait des rêves que l'on voudrait voir se réaliser, rêves dans lesquels on se projette et on entretient l'illusion. Le sevrage des sens dans une trop grande solitude, mal assumée et mal vécue, peut favoriser le développement de l'imaginaire qui devient fuite de cette solitude, qu'elle ait été choisie ou non. La recherche de la singularité constituera aussi une porte ouverte à la vanité. On peut ajouter encore que la flatterie est un

---

1. *Ibid.*, 1 à 4.
2. « La pensée de la vaine gloire est une pensée très subtile qui se dissimule facilement chez le vertueux, désirant publier ses luttes et pourchassant la gloire qui vient des hommes. Elle lui fait imaginer des démons poussant des cris, des femmes guéries, une foule qui touche son manteau ; elle lui prédit même qu'il sera prêtre désormais, et fait surgir à sa porte des gens qui viennent le chercher : et s'il ne veut pas, on l'emmènera ligoté. L'ayant fait s'exalter ainsi par de vaines espérances, elle s'envole et l'abandonne aux tentations soit du démon de l'orgueil, soit de celui de la tristesse, qui introduit en lui d'autres pensées, contraires à ces espérances. Parfois même elle le livre au démon de la fornication, lui qui, un instant plus tôt, était un saint prêtre, qu'on emmenait ligoté ! » Évagre le Pontique, *Traité Pratique*, 13. Traduction par A. et C. Guillaumont, « Sources chrétiennes » n° 171, Paris, 1971.

véritable fléau[1] qui nourrit la vanité et fait entrer dans la dépendance à l'égard de ceux qui nous flattent. Quant à la présomption qui nous fait surestimer nos capacités, elle est vaniteuse et alimente ce vice.

Conséquences de la pathologie de vanité

Nous allons évoquer les dommages que produit la vanité dans la relation à soi-même, à Dieu et aux autres. Dans chacune de ces relations, le plus grand dommage que favorisera la vanité, est celui de l'orgueil. On peut dire que la vanité est le terrain nourricier, qu'elle est le commencement de ce mal plus grand qu'est l'orgueil.

Dans la relation à soi-même

La vanité comme nous l'avons vu est tel un poison qui s'insinue dans l'esprit (le cœur et l'intelligence). Elle corrompt la vision que l'on a de soi-même, de l'existence et des autres. Elle développe dans le cœur un mal profond, l'envie, la convoitise qu'il est très difficile de guérir. C'est dès l'enfance que l'on peut lutter contre ce mal par une saine éducation.

La vaine gloire a comme conséquence de favoriser dans le vaniteux jalousie, mensonge, frivolité, jactance, forfanterie. La vanité détache l'homme, centré sur lui-même, de la réalité qu'il vit et le rend léthargique, bercé par ses illusions. Alors qu'à d'autres moments il sera vaillant, porté par ses ambitions. La vanité développe et entretient en celui qu'elle consume une profonde illusion. Cette illusion – comme des œillères – peut se transformer en désillusion lorsque la réalité fait tomber le masque du personnage que l'on entretenait, provoquant souffrance et dépit dans le vaniteux dont l'image de soi a été mis à mal. Cette souffrance pourra provoquer la méchanceté ou encore la fuite dans un personnage dans lequel on se réfugie et se protège.

Comme nous l'avons dit, la vaine gloire prend bien des visages, vaincue sous une forme, elle peut reparaître sous une autre. Là où le temps affaiblit et dissipe à la longue les autres vices, la vieillesse même, si elle n'est pas affermie par une sage et prudente discrétion, retenue, humilité, non seulement ne détruit pas la vaine gloire, mais elle en favorise les développements.

---

1. Lc 6, 26.

Dans la relation à Dieu

« Comment pouvez-vous croire, vous qui tirez gloire les uns des autres, et la gloire qui vient du Dieu unique, vous ne la cherchez pas[1] ! »

La vanité prolonge ses dommages dans la vie spirituelle ; même les plus grandes âmes, celles qui sont avancées dans celle-ci peuvent subir ses méfaits. On peut se complaire dans ses progrès spirituels, que ce soit dans l'ascèse, la prière, les bonnes œuvres, etc., on peut s'approprier les dons de Dieu ou encore les œuvres que l'on a faites au nom du Seigneur. La vanité qui gagne l'homme jusque dans sa vie spirituelle, réduit à néant celle-ci qui devient façade, hypocrisie, ce que dénoncera le Seigneur Jésus tant pour l'aumône que le jeûne et la prière : « Lors donc que tu fais l'aumône, ne le claironne pas devant toi, comme font les hypocrites dans les synagogues et dans les rues, afin d'être glorifiés par les hommes. En vérité je vous le dis : Ils ont touché leur salaire[2]. » La vie spirituelle qui n'est pas relation et communion à Dieu, mais qui en est détournée par la vanité devient stérile, et alors un danger plus grand nous guette, celui de l'orgueil spirituel.

Dans la relation aux autres

Il n'est pas difficile de voir et de comprendre que la vanité prolonge ses dommages dans nos relations. Elle conditionne nos relations aux autres, desquels on aimerait être admiré ; ainsi on peut vivre de manière superficielle et mensongère dans le souci de plaire. Les attitudes du vaniteux qui recherche les louanges peuvent provoquer chez les autres indifférence, agacement, lassitude, rejet, murmure, critique, humiliation. Selon les réactions d'autrui, le vaniteux, toujours insatisfait, sera rassuré ou au contraire attristé, affligé, angoissé. Insatisfait des réactions des autres, le vaniteux vivra dans le jugement à leur égard et le mépris de leur personne.

Là où on peut se réjouir du bien qui arrive aux autres, le vaniteux, envieux lui en souffre, parce qu'il convoite, il désire pour lui-même les progrès des autres, leur réussite, leurs richesses humaines et matérielles,

1. Jn 5, 44.
2. Mt 6, 2.

leurs études, etc. L'envieux s'irrite du bonheur et de la chance des autres.

Le vaniteux dans le milieu dans lequel il vit, insuffle trouble et malaise. Dans sa relation aux autres il accepte difficilement de se remettre en question, de vivre dans l'écoute, le dialogue, l'obéissance. Il fera difficilement le premier pas vers la réconciliation et le pardon.

Esprit de vanité – Nécessité du salut

La réflexion sur la vanité nous met devant la pauvreté de la nature humaine lorsqu'elle se laisse aller à ses inclinations, telle la vaine gloire, qui altèrent la dignité de sa personne. Cette pauvreté humaine se prolonge dans la vie spirituelle. Il est un ennemi qui va exploiter nos tendances à la vanité, que ce soit dans notre humanité comme dans notre vie spirituelle, cet ennemi est « l'esprit de vanité ». Lorsque nous sommes victorieux de nos inclinations, avec habileté et ingéniosité, avec ruse, cet esprit va nous induire dans les tentations à l'égard des moyens tels que la prière, l'ascèse, et des vertus qui ont été la cause de nos victoires.

L'esprit de vanité se déchaîne tant les dommages de ce vice sont grands en l'âme, en sa relation à Dieu, et en sa relation aux autres. Il se déchaîne en tant que par la vanité il peut aisément manipuler, telle une marionnette, celui qui se laisse entraîner à ce mal. Il l'entrave dans ce mal qui le rend esclave, qui le dégrade dans son humanité, qui fausse la relation à Dieu et l'en éloigne.

Ainsi qu'Évagre le Pontique le souligne, Jésus au désert subit les assauts de l'esprit de vanité qui lui suggère de se jeter du faîte du Temple de Jérusalem jusqu'en bas. Au diable qui utilise la Parole de Dieu comme un faussaire et en elle insinue une tentation de vanité, Jésus, Fils de Dieu, répond par la vérité de la Parole de Dieu. Il repousse ainsi la tentation de vaine gloire spirituelle qui aurait consisté en un pouvoir sur les anges et au détournement des dons de Dieu dans un but intéressé. Le Christ est victorieux de tout esprit mauvais et nous pouvons à sa suite, en nous appuyant sur Lui, devenir victorieux à notre tour. Ici dans une nouvelle victoire, nous ne devons pas tomber dans la vanité. C'est bien en nous tournant vers le Christ et en nous unissant à Lui que nous apprendrons à nous décentrer de nous-mêmes, que nous apprendrons à nous donner et avoir plus le souci des autres que de nos propres intérêts.

Comme nous le verrons, c'est dans la guérison de notre cœur égoïste, en apprenant à nous donner, que nous guérirons des maladies de l'âme. Celles-ci découlent d'un cœur mauvais, d'« intentions mauvaises[1] ». Nous devons travailler à la guérison du cœur[2] par de droites intentions dans notre relation à Dieu et aux autres, droites intentions qui se réalisent dans l'humilité, la discrétion, la serviabilité, la gratuité, la vérité, la justice.

I. L'esprit d'orgueil

Nous allons étudier maintenant la huitième des maladies de l'âme, l'orgueil. Nous verrons ô combien elle est dangereuse, et c'est pourquoi il nous faut connaître cet adversaire. Cette maladie est étroitement liée et proche de la précédente, la vaine gloire. On peut aller jusqu'à dire qu'elle en est le rejeton dans son plus grand déploiement. L'orgueil est le fruit toxique, empoisonné de la vanité dont nous devons nous prémunir.

Pathologie de l'orgueil

Le mot grec *hyperéphania (υπερηφανία)* se traduit par orgueil. Ce mot revêt les sens de « se montrer », de « fierté » jusqu'au point que l'homme se vante parce qu'il établit son assurance et sa confiance en lui-même.

La pathologie d'orgueil est, à la racine, une exaltation du moi, portée par un profond sentiment de supériorité ; et si cette supériorité n'est pas encore affirmée, l'orgueilleux est aiguillonné par l'intention et la volonté de l'acquérir. L'orgueil est fondamentalement une maladie de l'esprit[3], plus précisément de l'intelligence. Le jugement de

1. Mc 7, 21.
2. Col 3, 12-15.
3. Mc 7, 21-23. Cf. dans cette même partie C, 1. « La philautia ».

l'intelligence, lorsqu'il est bien intentionné, est tout ordonné à l'amour, à la volonté qui se porte au bien, alors qu'il en va tout autrement du jugement et de l'intention de l'orgueilleux. L'intelligence, rongée par l'orgueil, corrompt le jugement et met le sujet qu'elle anime dans la position d'être le centre de son monde, par l'affirmation de son moi et de son autonomie. L'intelligence orgueilleuse fait que la volonté est tout ordonnée au moi, elle stérilise la volonté en tant que capacité d'aimer, de se donner et renferme l'orgueilleux dans son monde. L'orgueil plonge dans une profonde cécité l'intelligence et sa capacité de juger ce qui est, le réel, le vrai. L'orgueil fausse la perception, l'appréciation de ce qui est, induisant l'orgueilleux dans l'erreur, dans la partialité, dans l'idéologie. L'orgueilleux veut s'affranchir de ce qui est ; sa vision de lui-même, des autres et du monde s'en trouve déformée. Le mal que l'orgueil produit en l'intelligence prolonge ses dommages dans le cœur qui s'endurcit.

Si l'on peut décrire l'orgueil, ses manifestations dans les comportements de ceux qu'il anime, si l'on peut mettre en avant quelques lois psychologiques, celles-ci ne pourront jamais expliquer la source et la cause de ce mal qui ne peuvent être mises en pleine lumière que dans une anthropologie chrétienne. Comme nous l'avons vu[1], l'orgueil est à la source et en même temps est une conséquence du péché originel. C'est l'intention et la volonté de vouloir devenir dieu sans Dieu qui a séparé l'homme d'avec Dieu. C'est par son intention orgueilleuse[2] que l'homme s'est opposé à son Créateur. Dans sa liberté il a affirmé son autonomie existentielle à l'égard de Celui qui est la Source de son être. Par l'adoration, la créature reconnaissait sa dépendance à l'égard du Créateur et maintenait une relation de communion à l'égard de la Source de son être qui lui communique sa vie. En se détournant de Dieu, par l'affirmation de son moi, il défigure, jusqu'aux racines de son être, son *je* qui ne se reçoit plus de Dieu. Le péché d'orgueil a provoqué en la nature humaine un profond séisme, apportant en elle la division. Depuis ce fait l'homme porte en lui une tendance à s'exalter, à l'autonomie orgueilleuse, à l'affirmation du moi[3].

---

1. Cf. chapitre 1, II.
2. « L'orgueil commence pour l'homme quand il s'écarte du Seigneur et quand son cœur s'écarte de Celui qui l'a fait », Si 10, 12.
3. Mt 2, 1-18.

Or la réalisation et l'accomplissement de l'autonomie en la personne ne sont possibles que dans l'attitude de l'adoration véritable où la créature se reçoit de son Créateur. Dieu, dans sa Providence, sa Bonté permet à l'homme, par l'adoration, d'être en communion avec Lui et de pouvoir se réaliser en chacune des dimensions de sa personne, de se recevoir de Lui dans tout ce qu'il est et tout ce qu'il a. L'homme n'est jamais aliéné pour autant qu'il se tourne véritablement vers Celui qui l'a créé. L'adoration *(ad-orare)* est un « bouche-à-bouche » avec le Créateur qui insuffle en l'âme la vie divine, « bouche-à-bouche » qui permet le face-à-face et permet de vivre en Sa Présence. L'orgueil détourne du face-à-face et génère la perte de la liberté par l'esclavage du moi orgueilleux.

L'orgueil se greffe et se développe sur la vanité tout en s'en distinguant par l'affirmation de son autonomie à l'égard de tout autre ; ainsi on s'approprie toute chose s'affirmant et s'élevant au-dessus des autres. Ainsi on peut dire que l'orgueilleux est vaniteux, mais que le vaniteux n'est pas nécessairement orgueilleux. En effet, le vaniteux attend la reconnaissance, l'admiration, les louanges des autres, il dépend des autres, il peut même obéir à quelques personnes, dans une certaine mesure. Selon l'intensité de sa vanité il pourra accueillir quelques conseils, une autorité, avoir une vie de prière… mais dans son mal il se glorifiera de tout cela. Alors que l'orgueilleux est profondément marqué par la suprématie de son autonomie. Il ne saurait dépendre des conseils, d'une autorité, des louanges, il sait toujours tout, il estime ne devoir obéir à personne. L'orgueilleux aime à dominer les autres pour affirmer sa supériorité et marquer sa différence. Cela le fait vivre dans la comparaison et dans le jugement. Son jugement est froid, il est celui de quelqu'un qui regarde toujours de haut et défavorablement. Précisons que ce fléau et ses symptômes animent ceux qui en sont infectés selon des intensités diverses.

Conséquences de la pathologie d'orgueil

Nous allons examiner maintenant les dommages immenses que produit l'orgueil et qui atteignent un paroxysme en cette maladie.

Comme pour toutes les autres pathologies, c'est bien parce que l'homme s'est décentré de Dieu[1] que sa relation avec Lui en est affectée, et que cela rejaillit dans sa relation avec lui-même et les autres.

Dans la relation à soi-même

La pathologie d'orgueil est un mal profond qui s'empare de toute la personne qu'elle a contaminée. L'orgueilleux veut et cherche à affirmer son autonomie existentielle, ce qui a pour conséquence de plonger celui-ci dans un mal-être, car on ne peut être à soi-même sa propre fin. Ainsi un tel homme se leurre par l'aveuglement de son esprit, qu'il ne voudra jamais admettre et reconnaître. Ce mal rejaillit dans l'exaltation du moi, s'affirmant et se réalisant dans d'autres pathologies que nous avons regardées précédemment. Il se manifeste dans notre manière d'être en notre personne, que ce soit dans nos comportements, dans nos relations, dans nos acquis intellectuels, dans l'art, le travail, dans notre corps, dans l'attitude religieuse, dans la politique. L'orgueilleux est imbu de sa personne, il n'est jamais heureux et satisfait. L'orgueil est un terreau qui peut permettre le développement de comportements paranoïaques. L'orgueil se traduit dans l'affirmation du moi, jusqu'à l'endurcissement du cœur, rejaillissant dans la relation aux autres.

Dans la relation à Dieu

L'orgueil prolonge ses dommages dans la relation à Dieu, relation dans laquelle l'homme veut affirmer son autonomie. L'orgueil devient orgueil spirituel lorsque l'homme s'élève et se dresse contre Dieu, chaque fois qu'il veut atteindre le salut, la perfection par ses propres forces, sans le secours de Dieu. Il s'élève contre Dieu lorsqu'il s'approprie ce qu'il est, ce qu'il a, ses vertus, ses bonnes œuvres : « Qu'as-tu que tu n'aies reçu ? Et si tu l'as reçu, pourquoi t'enorgueillir comme si tu ne l'avais pas reçu[2] ? » L'orgueilleux s'attribue les mérites de ses victoires dans la vie spirituelle, ainsi il tombe dans un mal plus grand que tous les maux qu'il avait précédemment vaincus avec le secours de Dieu : l'orgueil spirituel.

1. Cf. *Philautia.*
2. 1 Co 4, 7.

L'attitude de l'homme spirituel peut être pleine de caricatures orgueilleuses[1], de dédain[2], de jugement sur les autres, d'idéologie. Cet homme prolonge dans sa vie spirituelle les dommages que l'orgueil occasionne en lui ; ainsi il utilise le spirituel pour être reconnu ; dans sa certitude d'être supérieur il veut diriger les autres, imposer ses idées… Il devient le centre et prend la place de Dieu. Jusque dans sa prière, il rêve toujours de grandes choses, de faire de grandes œuvres, des miracles, des prodiges, d'avoir de grands charismes… Il a du mal à admettre qu'il n'en soit pas encore ainsi.

Plus grave encore, l'orgueil, de manière insidieuse, fait négliger à l'homme pécheur la reconnaissance de ses pauvretés, de ses péchés à l'égard d'autrui, de ses offenses à l'égard de Dieu, ne lui permettant pas de les confesser. Le plus grave d'une manière ultime, c'est le suprême orgueil qui peut séparer définitivement l'âme d'avec Dieu. Il est le péché contre l'Esprit[3] qui est refus de la miséricorde que Dieu accorde toujours au cœur repentant ; il est le refus de l'Esprit Saint par qui nous recevons la purification de nos péchés par la grâce.

Dans la relation aux autres

C'est dans la relation aux autres, comme dans la relation à Dieu, que se manifeste l'orgueil qui habite le cœur de l'homme ; en effet les attitudes de l'orgueilleux se révèlent au contact des autres. Vivre proche d'une personne orgueilleuse est usant et pesant. L'orgueilleux aime à dominer les autres et à avoir la première place. Et s'il ne peut avoir cette première place, il arrive qu'il se mette en retrait, tel un spectateur vivant dans le jugement à l'égard d'autrui. Il peut alors développer des comportements égoïstes vivant dans la fuite et l'individualisme. Mais il peut aussi, si on ne lui est pas soumis, développer dans son milieu des comportements agressifs, manipulateurs, tyranniques, etc., pour arriver à ses fins.

L'homme atteint par l'orgueil manifeste une volonté de supériorité tant il est plein d'assurance en lui-même. Dans sa prétention de tout

1. « L'orgueil est une extrême pauvreté de l'âme qui s'imagine être riche, et prend ses ténèbres pour la lumière », S. Jean Climaque, *L'Échelle sainte*, XXII, 23. *Op. cit.*, p. 205.
2. Lc 18, 11.
3. Mt 12, 31-32 ; Mc 3, 29.

savoir, il veut enseigner, diriger. Il aime imposer ses idées et n'accepte pas qu'on les remette en question. L'orgueil lui rend intolérable d'être commandé et de devoir se soumettre à qui que ce soit. Aveugle à l'égard de ses propres défauts, il n'accepte pas qu'on le critique et il n'admet pas les reproches et les réprimandes. Il est susceptible, il se justifie toujours et contredit ceux qui pensent et agissent autrement que lui, ainsi que ses rivaux ou détracteurs. À l'égard de ceux-là, il développe agressivité et ironie.

Il n'accepte pas les richesses et qualités humaines et spirituelles de ceux qu'il côtoie. Les vertus, telles que l'humilité, la douceur, la patience, la générosité, la joie, irritent l'orgueilleux qui en est dépourvu. Par son orgueil, il contriste souvent les autres et ne leur en demande pas pardon. De même, il méprise les excuses des autres qu'il regarde de haut ; il les méprise et ne fait aucun cas d'eux.

L'orgueil se manifeste au travers d'idéologies qui peuvent conduire au rejet des autres du fait de leurs différences de pensée, de rang social, de couleur de peau, de langue, de culture, etc. De ce fait l'orgueil peut devenir semence de conflits, de guerres. Il est des hommes dont l'orgueil est tel qu'ils méprisent l'existence des autres – qui pourtant sont à l'image de Dieu – au point de s'arroger le droit de supprimer leur vie.

Esprit d'orgueil – Nécessité du salut

Lorsqu'on constate des comportements qui nous apparaissent comme orgueilleux, il va de soi qu'il ne faut pas trop vite mettre une étiquette, cataloguer cette personne comme telle. La réalité est souvent complexe et trompeuse ; l'expérience et le discernement sont nécessaires. En effet des comportements orgueilleux peuvent masquer des blessures et s'expliquer par elles. Mais les blessures, les mécanismes psychologiques qu'elles engendrent peuvent favoriser le développement de comportements orgueilleux. On peut dire encore que les blessures peuvent masquer un réel orgueil. Ce qui veut dire que devant des comportements orgueilleux il faut en discerner les causes (blessure, pathologie psychiatrique, non-conversion dans l'agir) pour apporter les véritables solutions, sachant qu'une cause n'en exclue pas une autre. Parmi la recherche de ces causes, il nous faut aller encore plus loin, car l'orgueil peut être attisé ou encore soudainement provoqué par un « esprit d'orgueil ».

Comme pour les autres maladies de l'âme, celle de l'orgueil peut être influencée, causée par l'Antique Serpent. À la racine du mal qu'est l'orgueil, l'ombre et l'influence de celui-ci sont présents.

À l'origine, Dieu, qui fait toute chose bonne, a voulu et a créé les anges dans un état de pureté et de bonté, unis à Lui dans la perfection de l'amour, par la contemplation, l'adoration, la louange, et le service de Dieu. La Parole de Dieu nous révèle que parmi les anges certains dans leur liberté se sont fourvoyés en s'élevant contre Dieu, se détournant de Lui, s'opposant au gouvernement divin qui, dans sa bienveillance et sa providence, voulait continuer son œuvre créatrice au-delà des anges. L'Apocalypse[1], par une immense fresque, nous donne des clés de compréhension en mettant en lumière de manière symbolique, et non moins réelle, une grande lutte de Lucifer contre la bonté divine, se traduisant dans le *non serviam*[2] des anges déchus. Lucifer, par son orgueil, divisa et entraîna dans sa chute sur terre un tiers des étoiles. À l'aube de l'humanité, il inocula son venin orgueilleux en la nature humaine, par la tentation à laquelle l'homme consentit et qui entraîna sa chute. Le grand Dragon continue sa guerre contre le genre humain qui, lui, peut espérer en la miséricorde de Dieu. En accueillant sa miséricorde, l'humanité blessée glorifie Dieu.

Très grands sont les dommages que peut causer l'orgueil en l'âme, c'est pourquoi les démons s'acharnent à susciter et développer ce mal en la nature humaine et à l'y enchaîner. Jésus dira du diable qu'il est homicide dès l'origine[3], car les dommages de l'orgueil conduisent à la mort de l'âme. L'orgueil détruit la charité et brise l'union à Dieu. Il attaque toute forme de fécondité et d'une manière ultime la fécondité

1. Ap 12.
2. Ce *non serviam* nous pouvons le retrouver dans l'attitude du peuple d'Israël à l'égard de Dieu à certains moments de son histoire (Jr 2, 20), comme aujourd'hui dans l'attitude des peuples qui s'opposent à Dieu par leurs idéologies.
3. Jn 8, 44.

spirituelle. Pour arriver à ses fins, tel un séducteur, le diable use de ruse[1] de manière à induire les enfants de Dieu dans la tromperie et les faire tomber dans ses filets.

Toutes les ruses, les séductions, la puissance, la haine et la violence de l'orgueil se brisent sur l'infinie douceur et humilité du Christ. Le diable n'a aucune prise sur la personne du Christ, Lui qui est amour et humilité. Dans sa kénose[2] le Verbe de Dieu, l'une des Personnes de la Trinité, assumant notre nature humaine s'est fait petit enfant. Ce mystère vertigineux insupporte le diable et le déchaîne dans sa fureur. Le mystère de la Croix a raison des dommages de l'orgueil en notre nature humaine. Par le Christ sur la Croix nous est donnée la vie et nous sont rouvertes les portes du Ciel. Dans le Cœur de Jésus nous trouvons la guérison. Dans son infinie humilité, Jésus nous délie des entraves de l'orgueil et de ses conséquences, et des liens qui nous enchaînent au démon. Alors c'est par Lui que nous pourrons vivre de la Béatitude : « Heureux les doux, parce qu'ils hériteront de la Terre[3]. »

À l'école, à la suite du Christ « doux et humble de cœur[4] », nous pouvons être victorieux de ce terrible ennemi que nous ne pourrons vaincre qu'avec le secours divin. C'est l'amour et l'humilité en nous, avec le secours de la grâce qui permettent de décapiter le perfide et vil orgueil. Le développement de l'amour[5] en notre vie nous apprend à vivre dans l'attention, le respect d'autrui, à vivre dans la serviabilité, la justice, et nous ouvre à une vie de communion avec Dieu et les autres. L'humilité[6] est indispensable pour vaincre l'orgueil, mais nous devons être attentifs à ne pas en avoir des caricatures. L'humilité est avant tout

1. « Quand le démon occupe la place, chez ceux qui travaillent pour lui, il leur apparaît tantôt pendant le sommeil, tantôt quand ils sont éveillés, sous l'apparence d'un saint ange ou de quelque martyr, et il leur révèle des mystères, ou les gratifie de charismes, afin que ces malheureux, ainsi séduits, en perdent complètement la raison », S. Jean Climaque, 22e degré, 19, *op. cit.*, p. 204.
2. Ph 2, 6-11.
3. Mt 5, 4.
4. Mt 11, 28-30.
5. 1 Co 13, 4-7 ; Rm 8, 38-39.
6. Si 10, 9.

une attitude de vérité où l'on reconnaît ce qui est, où l'on se laisse mesurer par ce qui est. Elle s'exerce à trois niveaux : dans notre relation à nous-mêmes, à Dieu et aux autres. Elle est une attitude de vérité à l'égard de ce que l'on est, de ce que l'on pense, de ce que l'on dit, et de ce que l'on fait mais cela dans l'amour, la miséricorde. Nous préciserons cela davantage dans l'étude des vertus[1].

Au centre de notre combat contre l'orgueil, nous pourrons approfondir une vie d'adoration pour retrouver une vie de communion avec Dieu dans le face-à-face et la présence, vie d'adoration portée par l'humilité et les vertus théologales (foi, espérance et amour). Par l'adoration, tournés vers la Trinité trois fois sainte, nous nous établissons dans l'abandon et la confiance et ne donnons pas prise à l'ennemi.

De nombreuses armes peuvent nous prémunir de l'orgueil et contribuer à le vaincre, parmi elles des moyens humains et spirituels que nous verrons dans les chapitres suivants.

Dans ce chapitre nous avons considéré les vices comme maladies de l'âme. Ces différentes maladies spirituelles ne sont pas à réduire à de simples pathologies psychologiques. Pourtant, il faut tenir que les maladies spirituelles s'apparentent et se confondent en bien des circonstances avec celles-ci, car les maladies spirituelles et psychologiques se développent dans la nature humaine d'un même individu. Les maladies de l'âme impliquent la psychologie et rejaillissent en elle.

Les maladies de l'âme sont les conséquences d'habitudes, d'actes peccamineux, du fait de l'ignorance, d'une mauvaise conception de l'homme, de négligences, d'une vie désordonnée. Elles sont encore la conséquence de l'oubli de Dieu.

1. Cf. chapitre 5 « Des remèdes pour guérir de l'esprit de vaine gloire ».

au patrimoine judéo-chrétien que l'on est tenté de bannir, au profit d'une vision idéologique de la personne que l'on voudrait émancipée. Dans l'éducation, la conscience du bien et du mal exige des limites et des repères. Leur absence fait que l'on ne voit plus la nécessité de l'acquisition des vertus, ce qui entraîne la perte de repères de l'individu, favorisant le non-sens. La non-acquisition des vertus provoque un déficit de volonté, faisant des jeunes des êtres faibles, chancelants et changeants. De plus en plus on retrouve ces fragilités dans les comportements de personnes dites adultes.

L'importance des vertus et leur acquisition

Le premier rôle des vertus est de permettre à celui qui les acquiert de devenir plus homme. Les vertus ne sont pas innées, elles sont des qualités que l'on acquiert par l'exercice de la volonté, et qui ennoblissent la nature humaine. On n'acquiert pas les vertus pour elles-mêmes, mais toujours en fonction d'une finalité, d'un bien aimable qui exige les vertus pour atteindre ce bien et le préserver, car en dehors de ce principe l'acquisition des vertus rend la personne volontariste et moralisatrice.

Normalement, c'est au sein de la famille et par une saine éducation que l'on va aider l'enfant, dès son jeune âge, à acquérir les vertus. Elles vont permettre à l'enfant, par l'éducation de la volonté et par de sains repères dans la perception de lui-même et des autres, d'acquérir progressivement les attitudes qui corrigent les excès ou les défauts dans le comportement. Cette acquisition des vertus se prolonge tout au long de l'éducation, de l'enfance à l'adolescence, jusqu'à la vie adulte qui est la capacité à se diriger et à agir par soi-même dans la conformité au bien, et dans le respect de sa personne ainsi que des autres.

Quant à ceux qui, dans l'enfance, n'ont pas bénéficié d'un milieu propice à l'acquisition des vertus, il n'est jamais trop tard pour qu'ils se mettent au travail dans une auto-éducation. Ce travail, cette ascèse n'est pas peine perdue tant les bénéfices et les fruits des vertus, dans la nature humaine, sont grands. Elles nous permettent de vivre en conformité à la fin et d'être déterminés dans le bien ; elles permettent le sens de la mesure, d'éviter d'agir dans les excès ou les défauts ; elles perfectionnent de l'intérieur et ennoblissent la nature humaine ; elles permettent et

Chapitre 5
COMMENT L'HOMME PEUT-IL ÊTRE VICTORIEUX DES TENTATIONS ET DES MALADIES DE L'ÂME ?

Après avoir considéré la question des maladies de l'âme et de leur impact nocif en notre vie, il nous faut regarder maintenant, avec encore plus d'intérêt, la manière de sortir des tentations et de chacune des maladies spirituelles qui peuvent affecter notre existence.

Être victorieux de la tentation, des maladies de l'âme, réclamera notre bonne volonté. Mais cette victoire ne sera rendue possible qu'avec le secours de la grâce. La victoire est l'œuvre du salut en notre âme, elle est un fruit qui nécessite notre bonne volonté, notre coopération à la grâce. La libération à l'égard du mal ne peut s'opérer sans notre assentiment, et sans une conversion au Christ qui nous rende perméable à l'œuvre de la grâce en notre vie.

De manière à mieux coopérer à l'œuvre du salut, nous allons envisager dans ce chapitre, en premier lieu la nécessité de la conversion et des purifications. En second lieu, nous considérerons l'indispensable secours de Dieu pour sortir de la tentation et des maladies de l'âme. Après quoi nous étudierons les vertus comme ascèse pour lutter contre les maladies spirituelles. Enfin, riches et forts de tout cela, nous pourrons mieux cerner les situations particulières qui nécessitent une prière de délivrance, afin de couper les liens avec le Mal qui empêcheraient la libération, la conversion et la progression dans la vie spirituelle. Pour finir, nous considérerons les permissions divines, pour mieux comprendre ces combats spirituels qui continuent dans notre vie, malgré la mise en œuvre de tous les moyens que nous avons à notre disposition pour lutter contre les tentations.

Les deux chapitres qui suivront nous aideront à mieux pénétrer et accueillir la Source du salut, ainsi que toutes les armes mises à notre disposition, tant pour notre salut que pour nourrir la vie divine en nous, et nous donner dès ici-bas d'anticiper la vie éternelle.

I. Comment sortir des tentations et des maladies spirituelles ?

A. Nécessité de la conversion et des purifications

Regardons maintenant la conversion comme préalable pour entrer dans la liberté des enfants de Dieu. La conversion au Christ mettra souvent en lumière les tentations auxquelles nous sommes sujets, ainsi que nos esclavages à l'égard des maladies spirituelles. La conversion au Seigneur de la Vie nous introduira dans des purifications qui permettront à notre âme d'être guérie et libérée de toute entrave. S'ouvre alors à nous un nouveau combat, celui de la préférence du Christ et de la persévérance à sa suite. Ce combat est le prix à payer pour devenir enfant de Dieu et vivre dans la béatitude, c'est le prix à payer pour vivre en « Homme debout » dans la dignité de notre nature humaine qui est à l'image de Dieu. Ce combat est rendu aisé par le feu de l'amour qui nous fait entrer dans la ressemblance avec Celui qui est source de notre être.

1. Convertissez-vous !

Dans le langage du Nouveau Testament, la notion de conversion est riche de deux termes grecs qui élargissent sa signification : *épi-strephô (επι-στρέφω)*, qu'on peut traduire par : « retourner, revenir », et *métanoïa (μετάνοια)*, qui est l'invitation à changer sa manière de juger, de penser, à transformer sa mentalité[1].

La conversion consiste à manifester dans notre vie notre préférence au Christ, par un retournement radical, proportionné à notre éloignement de Lui du fait de notre vie passée. La conversion comprend le

1. Rm 12, 1-2.

refus de toute forme de tentation, de suggestion qui nous détournerait du bien. Elle porte aussi sur notre rupture avec nos anciennes mœurs, avec les habitudes vicieuses que peuvent constituer chacune des maladies de l'âme qui sont des liens qu'il nous faut rompre pour recouvrer la liberté. « C'est une chose semblable qu'un oiseau soit lié par une petite attache, ou par un gros lien ; car bien que ce ne soit qu'un simple fil, néanmoins jusqu'à tant qu'il le rompe, il demeurera toujours lié et ne pourra prendre l'essor : ainsi en est-il de l'âme qui s'attache à une chose quelconque, même très petite[1]. »

L'entrée dans la conversion est provoquée par la rencontre vivante et aimante de la personne du Christ[2], elle se continue par la prise de conscience de notre éloignement de Dieu. Cette prise de conscience s'appuie sur la volonté qui tend à agir selon le bien. La conversion est l'alliance entre la grâce qui touche notre cœur, notre cœur qui se porte vers le bien et veut se conformer au Christ, et notre intelligence qui discerne de plus en plus « quelle est la volonté de Dieu, ce qui est bon, agréable [à Dieu], parfait[3] ». L'intensification d'une vie de communion avec le Christ, et en Lui et par Lui avec la Trinité Sainte, favorise le développement de la crainte filiale[4] qui est respect de Dieu dans l'amour et nous fait vouloir nous conformer aux intensions et bons plaisirs de Dieu sur nous.

---

1. S. Jean de la Croix, *Maximes* 123, *op. cit.*, p. 987.
2. « Le temps est accompli, et le royaume de Dieu est tout proche : convertissez-vous et croyez en l'Évangile », Mc 1, 15.
3. Rm 12, 2.
4. La crainte filiale n'est pas la crainte servile. La conversion par la peur des châtiments est crainte servile. Ce chemin de conversion est imparfait car cette crainte implique une caricature de Dieu qui punit. Or la conversion par la crainte filiale est présidée par l'amour. « Il n'y a pas de crainte dans l'amour ; mais l'amour parfait bannit la crainte, car la crainte appelle un châtiment, et celui qui craint n'est pas accompli dans l'amour », 1 Jn 4, 17-18.
La crainte servile n'est pas méprisable dans la mesure où elle conduirait à la crainte filiale. Nous pouvons regretter qu'aujourd'hui, dans les sociétés sécularisées, les craintes servile et filiale disparaissent au point que les hommes ne voient plus et relativisent la portée et les conséquences de leurs actes peccamineux. La crainte nous met devant notre conscience, devant la réalité des conséquences des actes que nous posons et qui rejaillissent en nous-mêmes, à l'égard des autres et de Dieu et dont leur portée, si l'on ne se repent, peut avoir des répercussions pour notre vie éternelle.

La conversion au Christ part du haut, touche notre cœur et vient s'emparer de chacune des dimensions de notre personne qui s'ouvre à l'action de Dieu, favorisant la purification. La conversion exige un travail sur nous-mêmes, dans toute notre personne. Elle va porter sur notre *intelligence* pour qu'elle soit purifiée de toute forme d'idéologie, d'*a priori* et de préjugés, pour qu'elle puisse se développer dans l'humilité et que tout jugement qu'elle pose soit dans la vérité. La conversion de l'intelligence permet que celle-ci ne soit pas dans un jugement, un raisonnement qui convoite, qui calcule à des fins égoïstes et orgueilleuses. Notre conversion, notre purification et guérison à l'égard des maladies de l'âme s'opérera conjointement avec la conversion de notre intelligence, de notre manière de juger, de percevoir la vie, l'existence. La conversion porte aussi sur notre *cœur* afin qu'il soit de plus en plus libéré de la convoitise et de l'égoïsme, et qu'il puisse être mû par des intentions droites. La conversion et purification du cœur lui permettent d'être de plus en plus – selon sa nature – dans le don, dans la gratuité, porté au bien. La conversion du cœur et sa purification, ainsi que la conversion de notre intelligence permettent la liberté en notre vie et la capacité à faire des choix libres. La conversion du cœur favorise une saine relation à soi-même, à Dieu et aux autres, dans la liberté, le respect, la fidélité. La conversion en notre personne, en notre vie nous invite à acquérir la *prudence* et les autres vertus humaines. La prudence nous porte à faire les bons choix, ceux qui respectent notre personne et autrui, à retrancher le mal de notre vie et à préférer le bien, à faire des choix qui favorisent la croissance et la fécondité jusque dans l'accueil du don de Dieu. La conversion de la personne se traduira aussi dans la manière de considérer et de vivre notre *travail*, que celui-ci soit selon le bien et qu'il puisse être un moyen pour vivre et non une fin, mais qu'il soit par-dessus tout liturgie, prière, offrande à Dieu. La conversion porte aussi sur la relation à notre *corps*, elle porte sur notre perception et notre accueil de celui-ci. La conversion dans notre relation au corps consiste à ce que nous puissions l'accueillir, le respecter et que nous prenions garde de ne pas en être esclave, idolâtre, ou de ne pas plus le mépriser.

La conversion au Christ est un don de Dieu qui s'empare de notre cœur et qui l'unit de plus en plus à Lui dans l'amour. Cette conversion rejaillit dans toute la personne. L'accueil du don de Dieu et la volonté à se conformer au Christ nous fait entrer toujours plus dans « un même vouloir et un même “ne pas vouloir”[1] » que Lui. Cela réclame une conversion de toute la personne, de tout l'être, et pour cela un travail sur soi. Ce travail et chacune des conversions que nous vivrons accompagneront toute notre vie. Mais ils seront rendus aisés parce qu'animés par l'amour qui rend fort et audacieux, mais aussi parce qu'il n'y a pas de conversion dans le Christ sans qu'il y ait béatitude, sans qu'il y ait joie, surcroît de paix. Il n'y a pas de conversion dans le Christ sans qu'il y ait de profondes guérisons, libérations et surcroît de vie. Ainsi, le *je suis* de toute la personne de celui qui se convertit devient chrétien parce qu'accueillant à la grâce de Dieu et par le travail sur lui-même.

La conversion au Christ – Chemin, Vérité et Vie – nous fait entrer dans la filiation au Père éternel et insuffle en notre âme le feu de l'Esprit Saint, venant restaurer en elle l'icône de la Trinité Sainte que jadis le péché et toute forme de servitude avaient souillée et éloignée de Dieu. L'accueil de Dieu, par la conversion progressive et de plus en plus enracinée, favorise la purification de notre âme, la divinisation de toute la personne, et en l'âme la réceptivité de nos sens spirituels aux motions de l'Esprit Saint.

> « Tard je vous ai aimée, Beauté si ancienne et si nouvelle, tard je vous ai aimée. C'est que vous étiez au-dedans de moi, et, moi, j'étais en dehors de moi ! Et c'est là que je vous cherchais ; ma laideur se jetait sur tout ce que vous avez fait de beau. Vous étiez avec moi et je n'étais pas avec vous. Ce qui loin de vous me retenait, c'étaient ces choses qui ne seraient pas, si elles n'étaient en vous. Vous m'avez appelé, vous avez crié, et vous êtes venu à bout de ma surdité ; vous avez étincelé, et votre splendeur a mis en fuite ma cécité ; vous avez répandu votre parfum, je l'ai respiré et je soupire après vous ; je vous ai goûté et j'ai faim et soif de vous ; vous m'avez touché, et je brûle du désir de votre paix[2]. »

---

1. « *Idem velle atque idem nolle* » Salluste, *Conjuration de Catilina*, XX, 4, cité par Benoit XVI dans l'encyclique *Deus caritas est*, 17.
2. S. Augustin, *Les Confessions*, Livre X, chap. XXVII. Traduction par J. Trabucco, éd. Garnier-Flammarion, 1964, p. 229-230.

2. Les purifications

La conversion réclame parfois de se faire violence pour être en mesure de quitter de vieilles habitudes. Cette violence est rendue possible par le désir d'une vie nouvelle, animé par l'amour de Dieu que l'on a goûté[1], dont on a fait l'expérience. Plus on s'approche de Dieu, plus éclate à nos yeux la conscience de nos pauvretés et de notre éloignement de Lui. Alors se fait jour la nécessité de la conversion dans notre vie. Plus je m'approche de Dieu plus j'apprends à me connaître en Lui, dans une clarté nouvelle. L'amour m'unit au Bien-Aimé qu'est le Seigneur, et cet amour enlève toute saveur aux anciennes attaches et liens de la vie passée qui étaient entretenus comme autant de compensations, de fuites et de palliatifs. Plus on s'approche de Dieu et Lui est uni, plus on écoute la Parole de Dieu, plus la prière s'enracine en nos cœurs plus alors notre conscience des zones d'ombre s'affine. Les zones d'ombre et les liens dans notre vie, aussi infimes soient-ils, peuvent empêcher l'âme de continuer sa course vers le Bien-Aimé et de vivre une croissance dans l'union à Dieu. C'est alors que nous sommes invités à rompre ces liens quels qu'ils soient par la conversion, à nous purifier des conséquences de ces liens qui rejaillissent en notre âme affectant notre relation au Seigneur, afin d'être toujours plus libres et dociles à son action. « L'oiseau qui se repose sur la glu, s'engage en une double peine : l'une de se détacher et l'autre de se nettoyer. Ainsi celui qui satisfait son appétit travaille-t-il doublement : premièrement à s'en détacher, puis, une fois détaché, à se débarrasser de la souillure de l'attachement[2]. »

Nous pouvons participer à l'œuvre de purification de notre âme par notre action qui vient coopérer à l'œuvre salvifique de l'Esprit Saint en nous. En effet l'Esprit Saint sanctifie notre âme, Il la rend pure et limpide, pour autant que nous Le laissions agir en nous et que nous n'entretenions pas d'habitudes peccamineuses, vicieuses.

Notre action, dans cette grande œuvre de purification, consiste à nous détacher de tout ce qui peut nous éloigner de Dieu. La purifica-

1. Ps 34 (33), 9.
2. S. Jean de la Croix, *Maximes* 29 et 30, *op. cit.*, p. 978.

tion consistera à adopter une manière d'être et de vivre contraire aux vices, aux maladies de l'âme, en accomplissant des efforts, comme par exemple la tempérance et le jeûne pour lutter contre la gourmandise. Mais la purification réclame d'aller plus loin, car il ne suffit pas seulement de rompre avec d'anciennes habitudes, mais il s'agit aussi de purifier nos pensées à l'égard de ce mal, pensées que nous pourrions entretenir en nous-mêmes. Ainsi, l'homme luxurieux rompt avec ce mal qu'est la luxure par la chasteté, mais celle-ci doit s'emparer de tout l'être pour favoriser la pureté du cœur, de la mémoire, de l'imaginaire. Être purifié de la luxure dans toute sa personne contribue à ne pas entretenir de lien avec ce mal dans l'imaginaire et à ne pas donner de prise à l'esprit d'impureté. Il en va de même avec chacune des maladies de l'âme. La conversion est nécessaire pour la purification, mais la purification doit se réaliser en chacune des facultés qui ont pu être affectées par la maladie.

Notre purification comprend des degrés auxquels nos efforts doivent participer. Dans la progression de la purification, il sera nécessaire qu'il y ait la purification des facultés sensibles pour favoriser la purification des facultés internes (imaginaire, mémoire, passions) afin de permettre de plus en plus la purification des facultés supérieures, intelligence et volonté, permettant à cette dernière une plus intense et véritable union à Dieu. Si nos efforts sont nécessaires pour notre purification, celle-ci est cependant grandement favorisée, de manière paisible et en profondeur, par l'union à Dieu dans la prière[1], l'adoration, l'accueil de la Parole de Dieu[2], dans le sacrement de réconciliation, dans l'Eucharistie, dans la charité fraternelle et l'aumône, ainsi que par toutes les armes que nous verrons. La purification vient dissiper les zones d'ombre en nous, ainsi s'accomplit le *Benedictus*[3], cette grande bénédiction en notre âme, où il nous est dit : « C'est l'effet de la bonté profonde de notre Dieu : grâce à elle nous a visités le soleil levant venu

1. « L'eau des larmes de l'oraison [...] rend l'âme nette et pure de toutes ses fautes », S. Thérèse de Jésus, *Le Chemin de la Perfection*, chapitre 21. Dans *Œuvres complètes*, traduction du P. Grégoire de S. Joseph, Carme déchaussé, éd. du Seuil, 1948, p. 677.
2. Mt 13, 10-17.
3. Lc 1, 68-79.

d'en haut, pour éclairer ceux qui se trouvent dans les ténèbres et l'ombre de la mort, afin de guider nos pas sur la route de la paix. »

Cette grande œuvre de purification en notre âme, de manière mystérieuse, se réalise et s'approfondit encore sous l'action du Saint-Esprit et du Seigneur Jésus. Il arrive que nous puissions être plongés dans l'aridité, dans une tristesse[1], indépendamment de notre volonté, ou sans que cela ne soit causé par nos actes. Il est des permissions divines auxquelles nous devons nous abandonner pour entrer et aller plus loin dans le Mystère de Dieu, tel Moïse approchant du Buisson ardent[2], ou encore Abraham quittant sa terre pour un pays que Dieu lui indiquera[3]. Comme pour eux, la grâce agit en notre âme ; Dieu peut alors se révéler à nous d'une manière nouvelle[4]. Dieu ainsi agit en notre âme, la purifie et vient embellir l'icône qu'Il a jadis écrite en elle, pour que ses couleurs brillent avec plus d'éclat. L'œuvre de Dieu en notre âme s'accompagne toujours d'une croissance et d'une fécondité, ainsi que l'exprime saint Syméon : « Celui qui m'avait illuminé touche de ses mains mes liens et mes blessures ; là où touche sa main et où son doigt s'approche, aussitôt tombent mes liens, les blessures disparaissent[5]. » L'œuvre du salut manifestée dans les Évangiles, et qui culmine dans le Mystère de la Croix – mort et résurrection du Christ – s'accomplit en nous dans l'accueil de ce Mystère pascal où nous sommes invités à mourir à nous-mêmes pour que Lui vive en nous. Pour vivre de ce Mystère pascal, il nous faut entrer dans cette grande purification où nous immolons notre volonté propre pour nous conformer à la Volonté divine. Par ce mystère nous naissons à une vie nouvelle, nous passons de la malédiction à la bénédiction, de la mort à la vie, du péché à la liberté des enfants de Dieu, des ténèbres à son admirable lumière.

Cette grande œuvre de purification qui s'opère avec le secours de Dieu et notre bonne volonté, contribue à diviniser notre âme. La divinisation c'est devenir, par participation à la vie même de Dieu, pur

1. Cf. « Causes divines », chapitre 3, II.B.3. et cf. « Esprit de tristesse », chapitre 4, II.F.
2. Ex 3.
3. Gn 12, 1-4.
4. Os 2, 16-25.
5. S. Syméon le Nouveau Théologien, *Prière mystique*, Cerf, 1989, p. 48.

comme l'or dans la fournaise[1]. L'or dans la fournaise est libérée de toutes ses scories et permet alors au raffineur de se contempler en ce métal purifié et étincelant. Ainsi la Trinité Sainte pourra être contemplée toujours plus en notre âme purifiée, libérée de ses impuretés.

> « Sentez en vous ce qui est dans Jésus. Il dit : sentez, c'est-à-dire saisissez par expérience ce qui se passait dans Jésus. Remarquons bien qu'il nous faut sentir cela de cinq manières, c'est-à-dire par le moyen des cinq sens.
>
> D'abord, regardez sa Charité, pour, ainsi illuminés, devenir semblables à lui (Is 33,17 ; 2 Co 3, 18).
>
> En deuxième lieu : entendez sa sagesse pour être remplis de béatitude (1 R 10, 8 ; Ps 17, 45).
>
> En troisième lieu : sentez le parfum des grâces de sa bonté bienfaisante pour vous hâter au-devant de lui (Ct 1, 3).
>
> Quatrièmement : goûtez la douceur de sa bonté pour que nous soyons toujours aimés en Dieu (Ps 33, 9).
>
> Cinquièmement : touchez sa force pour être sauvés par lui (Mt 9, 21).
>
> Et ainsi, sentez comme en touchant par des œuvres d'imitation[2]. »

3. Persévérance dans la conversion

Comme nous venons de le dire, il est indispensable de se convertir pour accueillir les dons de Dieu, et pour pouvoir être véritablement libéré de notre péché et des maladies qui peuvent affecter notre âme dans sa course vers Dieu. La conversion véritable réclame la purification qui nous permet d'être en vérité en présence du Dieu trois fois Saint et d'entrer de plus en plus dans Sa perfection.

Il nous faut bien comprendre que la conversion et la purification sont des éléments de la vie chrétienne qui nous accompagneront tout au long de notre pèlerinage sur cette terre. Être chrétien consiste à marcher avec détermination à la suite du Christ. La détermination du

1. Si 2, 1-9.
2. S. Thomas d'Aquin, *Commentaire de l'épître aux Philippiens*, chapitre 2, leçon 2, v. 5-18. Traduction révisée par l'auteur.

chrétien à la suite du Christ est cette invitation à tout mettre en œuvre dans sa vie pour faire croître et faire vivre l'enfant de Dieu en lui, à tout mettre en œuvre pour que la vie d'union avec la Source de son existence s'intensifie. Cette détermination à la suite du Christ se traduit dans la manière d'être et de vivre, dans les mœurs de la vie au quotidien. De plus en plus, le chrétien est appelé à vivre dans la lumière et à éloigner de sa vie tout ce qui peut aller à l'encontre de celle-ci et de l'amour, tout ce qui peut nuire au bien, à la justice et à la paix en sa vie.

Pourtant, il est des chrétiens qui n'apportent pas toute l'application nécessaire[1] pour favoriser la croissance de la vie divine en eux, pour vivre en vérité avec l'esprit de l'Évangile. Ces chrétiens favorisent l'emprise de la tentation en eux et ainsi de nouvelles chutes dans le péché. Il est des chrétiens qui sont inconséquents avec eux-mêmes, qui à certaines heures pleurent leurs péchés et s'en repentent, et à d'autres retombent dans leurs fautes, et accumulent ainsi la matière de larmes futures. Il faut rappeler que, bien que chrétiens, la non-conversion, des comportements pervers, des liens entretenus dans notre vie peuvent devenir comme autant de portes ouvertes[2] qui peuvent créer des liens avec le démon, favorisant une emprise de celui-ci. Le démon ainsi s'efforcera d'intensifier toujours davantage son influence sur de tels hommes, les enfermant dans ses filets. C'est par la conversion, la prière et le secours de l'Église qu'ils pourront être libérés par Dieu des filets du démon, et qu'ils devront continuer une conversion permanente à l'égard de leurs anciennes mœurs.

Les chrétiens qui tombent dans le péché, du fait de leurs négligences ou non, ne doivent jamais désespérer de la miséricorde. Ceux qui tombent dans le mal par négligence et oubli de Dieu risquent l'endurcissement du cœur, d'où l'invitation expresse qu'ils se convertissent. Mais la miséricorde s'offre à tout homme qui est conscient de son péché et se repend, pour une vie nouvelle et de nouvelles victoires sur le mal.

1. « Comme l'âme est mobile de nature, elle est sujette au changement ; si elle néglige l'assiduité aux choses divines, elle tombe alors dans les préoccupations terrestres », S. Nicéthas Stéthatos, *De l'âme*, 48, SC 81. « L'intellect qui rejette le souvenir de Dieu succombe soit à la colère, soit à la concupiscence », Paphnuce cité par S. Macaire, *Homélies*, 54, 10, *op. cit.*, p. 389.
2. Lc 11, 24-26 ; 2 P 2, 19-22.

La persévérance dans la conversion nécessite patience, endurance, fidélité dans le travail sur soi. Celui-ci s'appuie sur la patience pour pouvoir s'inscrire et durer dans le temps. Sainte Thérèse de Jésus a cette parole magnifique où elle nous exhorte : « Que rien ne te trouble, que rien ne t'épouvante, tout passe. La patience obtient tout. À qui possède Dieu, rien ne manque. Dieu seul suffit. » La patience est une grande vertu que l'on acquiert en entrant de plus en plus dans la confiance et l'abandon à Dieu. La confiance et l'abandon à Dieu nous font nous appuyer sur Sa sagesse qui ne déçoit jamais, et nous font entrer dans la liberté en nous décentrant de notre volonté propre. « Il faut tout endurer avec patience, quoi qu'il arrive, avec reconnaissance même, pour l'amour de Dieu[1]. » On acquiert aussi la patience par notre volonté en travaillant sur soi, en développant le sens de la mesure dans nos réactions, tant dans les bonnes choses de la vie que dans les difficultés que l'on rencontre. La patience porte sur notre manière d'être et de réagir qui doivent prendre en compte le temps nécessaire à l'évolution des événements. La patience n'est pas une faiblesse ; au contraire elle creuse notre cœur et permet une plus grande force intérieure.

La persévérance dans la conversion est favorisée par le choix radical de Dieu en notre vie qui nous fait mettre un ordre de priorités dans notre existence. Elle est favorisée par l'accueil de la vie divine en nous qui transforme notre jugement, notre manière de percevoir les choses de la vie, et transforme notre cœur. Le désir et la connaissance aident à vivre dans le souvenir de Dieu. Notre persévérance à la suite du Christ est encouragée et favorisée par l'amour en acte en notre cœur qui nous unit à la personne du Christ et nous fait vivre plus intensément dans le don. « Dieu ne force pas notre volonté, il prend ce que nous lui donnons. Mais il ne se donne pas complètement tant que nous ne nous sommes pas, nous aussi, donnés à lui complètement[2]. »

L'amour en notre cœur nous permet de mieux comprendre et accueillir les purifications passives comme une grâce et un don qui

1. Starets Séraphim de Sarov, *Les instructions spirituelles*, « De la patience et de l'humilité », p. 210. DDB – Abbaye de Bellefontaine, Coll. Théophanie, 1991.
2. S. Thérèse de Jésus, *Le Chemin de la Perfection*, chapitre 30, *op. cit.* p. 727.

nous disposent à entrer dans une nouvelle dimension dans la relation au Bien-Aimé. L'Amour vivant en nous, nous permet, dans les difficultés, de pouvoir être tout abandonné et de vivre dans la fidélité, dans la persévérance, dans la confiance au-delà des apparences.

« 1. Au monde (quel bonheur extrême)
J'ai dit un éternel adieu !...
... Élevée plus haut que moi-même
Je n'ai d'autre Appui que mon Dieu.
Et maintenant je le proclame
Ce que j'estime près de Lui
C'est de voir et sentir mon âme
Appuyée sans aucun appui !...
2. Bien que je souffre sans Lumière
En cette vie qui n'est qu'un jour
Je possède au moins sur la terre
La vie céleste de l'Amour...
Dans le chemin qu'il me faut suivre
Se rencontre plus d'un péril,
Mais par l'Amour je veux bien vivre
Dans les Ténèbres de l'exil.
3. L'Amour, j'en ai l'expérience
Du bien, du mal qu'il trouve en moi
Sait profiter (quelle puissance)
Il transforme mon âme en soi.
Ce Feu qui brûle dans mon âme
Pénètre mon cœur sans retour
Ainsi dans sa charmante flamme
Je vais me consumant d'Amour[1] !... »

4. Liberté et paix

La conversion au Christ, Seigneur de la Vie, conduit la personne qui en fait l'expérience à être libérée de l'esclavage du péché, de ses anciennes mœurs et de leurs conséquences. Celui qui accueille dans sa

1. S. Thérèse de l'Enfant Jésus et de la Sainte Face, *Poésies,* du 30 avril 1896 *« Glose sur le Divin »*, PN 30. Éd. Cerf-DDB, 1988 ; p. 163.

vie le Christ, celui qui marche à sa suite, reçoit le don de la grâce. De plus en plus purifié, il fait l'expérience de la liberté intérieure. Le Christ lui apparaît comme Celui qui libère de l'esclavage et qui lui donne, en devenant enfant de Dieu, de devenir pleinement lui-même en se conformant à l'œuvre de la grâce en sa nature, grâce qui guérit et ennoblit. La conversion au Christ invite le chrétien à vivre en vérité[1] avec lui-même, face à Dieu et dans sa relation aux autres. La vérité dans la charité transforme son regard et sa perception sur l'existence, elle libère de tout *a priori* et préjugé, et aide à vivre dans la vérité de son être.

La conception que beaucoup d'hommes et de femmes ont de la liberté, est idéologique. Elle consiste à penser, à dire que la liberté c'est faire ce que l'on veut, quand on veut, avec qui ont veut, c'est gommer toute limite et interdit. Rangés derrière cet étendard de la liberté, un grand nombre d'hommes et de femmes fourvoient leur nature, leur condition humaine. En réalité la liberté n'existe et n'est manifeste que dans nos actes. Ce sont les actes que nous posons qui nous rendent libres ou qui garantissent notre liberté. Ce ne sont que les choix qui s'inscrivent dans le respect de notre nature humaine et des autres qui nous donnent l'expérience de la liberté.

En revanche les choix qui sont faits au mépris et au détriment de notre nature humaine et des autres, dictés par nos égoïsmes, nos ignorances, nos passions, favorisent en nous et autour de nous le désordre. Maintenir de tels choix, même au nom d'une prétendue liberté, favorise dans le temps aveuglement, aliénation, endurcissement, tristesse, désillusion. Ainsi il n'est pas rare de voir des personnes qui, renfermées dans une manière d'être et de vivre, fût-ce dans le plaisir, deviennent esclaves de cette existence parce qu'ils réduisent leur vie à cela. Alors que la liberté consiste à mettre dans sa vie un ordre[2] où Dieu a toute sa place, et où tout le reste Lui est relatif. Cet ordre qui respecte la nature profonde de l'homme rend possible la liberté intérieure et permet de vivre et d'assumer toutes difficultés et contrariétés de l'existence qui passeront.

1. Jn 8, 32.
2. Jc 1, 21-25 ; Rm 8, 13-18.

La liberté va consister dans notre vie à exercer notre libre arbitre, à manifester nos préférences par nos choix. Notre libre arbitre ira-t-il dans le sens de nos passions qui le sollicitent ou encore du regard des autres, des courants de pensée, des forces adverses, au risque de la soumission et de la dépendance ? Ou, au contraire, nos choix seront-ils ceux de la vie et de la croissance humaine, du refus du mal, et de la réponse aux appels de Dieu et aux mouvements de la grâce en nous qui sont chemins de liberté ? « Celui qui n'obéit pas à ses appétits, volera avec légèreté selon l'Esprit, comme l'oiseau à qui ne manque pas une plume[1]. »

Le terme grec *eleutheria* veut dire « liberté ». Avec l'Ancien Testament il prenait le sens de la liberté politique et temporelle, alors que dans le Nouveau Testament ce terme revêt le sens de liberté spirituelle, celle des enfants de Dieu, acquise par le Christ, qui dans le don de sa vie nous communique l'Esprit de liberté.

Dans la plénitude des Temps, Dieu en son Fils Jésus[2] nous fait entrer dans la liberté des enfants de Dieu en répandant en nous la Loi nouvelle qui est l'Esprit Saint[3] et ce qu'il opère en nous, en écrivant en nos cœurs le commandement nouveau, celui de l'amour[4] et en nous donnant en son Église les moyens de la croissance en vue d'une plus intense union avec le Père, nous établissant toujours plus dans la liberté intérieure. C'est seulement par le Christ, avec Lui et en Lui que nous pouvons entrer dans l'état d'homme libre et parfait.

Liberté et paix intérieure

La libération dans la conversion au Christ appelle l'expérience de liberté intérieure, fruit d'une vie de communion au Seigneur de la Vie. La liberté intérieure se développe par cette autre expérience qui est celle du silence. Le silence intérieur est le fruit d'une vie de plus en plus unifiée qui devient libre à l'égard de toute forme d'agitation intérieure et extérieure. L'unification qui favorise le silence s'obtient par la maîtrise de soi et l'intensification de la charité en l'âme qui permet une vie

---

1. S. Jean de la Croix, *Maximes* 31. *Op. cit.*, p. 978.
2. Ga 5, 1.
3. 2 Co 3, 17.
4. Ga 5, 13.

de communion, de don, pourtant sans se répandre et se disperser au-dedans comme au-dehors. L'union à Dieu favorise la liberté intérieure, l'unification qui devient chemin de paix.

La paix, la quiétude est un don[1] en l'âme qui manifeste la stabilité et la fidélité dans le Seigneur. Elle est préservée et garantie par l'abandon, la confiance en Dieu en toute situation et toute circonstance de l'existence, qu'elles soient favorables ou difficiles. « La paix de Dieu, qui surpasse toute intelligence, gardera vos cœurs et vos pensées en Christ Jésus[2]. »

La paix du cœur est favorisée par une manière d'être et un art de vivre tels que le silence intérieur et extérieur favorisés par des moments de solitude, le fait d'éviter l'agitation, ainsi que le désordre et l'encombrement du cadre de vie. Il s'agit encore d'éviter toutes paroles inutiles, blessantes, toute recherche de conflits, les murmures intérieurs, les curiosités, etc. Et par-dessus tout, pour acquérir et préserver la sérénité de l'âme, il convient de se convertir et de se préserver du développement des maladies de l'âme. Toute cette manière d'être et cet art de vivre n'ont de sens et ne peuvent conduire à la paix que pour autant que cela est ordonné à l'union à Dieu qui ne peut se réaliser que par la foi, l'espérance et la charité. Tout cet art de vivre est un moyen, il est de l'ordre de la disposition et n'est pas une fin en soi.

La paix intérieure comme la paix entre les hommes, ne peut aboutir et être préservée sans ces exigences[3] de communion, de vérité, de justice, de charité et de liberté.

> « Je vous laisse la paix, c'est ma paix que je vous donne ; ce n'est pas comme le monde la donne que moi je vous la donne. Que votre cœur ne se trouble ni ne craigne[4]. »

1. Cf. Jn 14, 27 et Jn 20, 19-21.
2. Ph 4, 7.
3. Rm 14, 17-19 ; Col 3, 12-17 ; cf. Bx Jean XXIII, *Pacem in Terris*, § 167.
4. Jn 14, 27.

B. Le nécessaire secours de Dieu

Dans le combat spirituel, les seules forces humaines ne suffisent pas à rendre l'homme victorieux des tentations et des maladies spirituelles. Comme nous allons le voir, il est indispensable pour être victorieux de faire appel au secours de la grâce par les vertus théologales. C'est pour autant que la grâce de Dieu est profondément enracinée et vivante dans le cœur de l'homme, qu'elle peut rendre celui-ci victorieux de toute tentation. Cette victoire requiert de sa part que dans le combat auquel il est confronté il s'ouvre à l'action de la grâce, mais aussi qu'il mette tout en œuvre humainement pour se convertir et éviter les occasions de pécher.

1. Les actes anagogiques

Nous avons souligné, dans le point précédent, que la conversion au Christ nous ouvrait à la vie de la grâce et que celle-là, à l'intérieur d'un chemin de purification, faisait de nous des hommes nouveaux dans le Christ. L'action de la grâce fait entrer l'homme dans une dignité nouvelle et une profonde liberté intérieure. Il nous faut tenir que la grâce transforme la nature humaine mais qu'elle ne la supprime pas. Cette transformation est un long chemin qui s'inscrit dans le temps, et au travers des difficultés et épreuves de la vie. Les difficultés et les épreuves de la vie, comme autant de tentations, nous mettent devant ces combats que nous avons à livrer tout au long de notre pèlerinage terrestre. Les tentations que nous rencontrons, nous les portons dans notre nature humaine blessée par le péché originel ainsi que bien souvent par notre histoire personnelle. Et c'est pourtant en notre nature humaine[1], avec le secours de la grâce de Dieu, que nous allons pouvoir être victorieux de ces tentations qui dégradent notre humanité si nous y consentons. Nous serons victorieux par des choix qui manifestent notre préférence du bien sur le mal, de l'amour sur l'égoïsme, de la lumière sur les ténèbres. Mais pour aller plus loin dans notre victoire sur la tentation ou pour que celle-ci soit possible, nous devons nous appuyer sur la grâce. C'est cela que le Seigneur enseigne à Paul lorsque celui-ci est

1. 2 Co 4, 7-10.

confronté à une épreuve qu'il définira d'écharde dans sa chair. Après qu'il a demandé à trois reprises au Seigneur de l'en délivrer, Celui-ci lui dit : « Ma grâce te suffit[1]. »

La grâce

Ce que l'on appelle la grâce est un don gratuit de Dieu. Ce don est une communion[2] à la Vie même de la Trinité Sainte que nous recevons de la plénitude du Christ[3] en vertu des mérites de sa Passion[4], et cette Vie nous est communiquée par le Saint-Esprit[5]. La grâce est don de l'Esprit Saint, par elle il opère en nous. Par le don de l'Esprit Saint nous sommes sanctifiés des conséquences du péché, régénérés et recréés à l'effigie du Christ, en lequel nous devenons fils adoptifs, bien-aimés du Père. La grâce nous est donnée avant tout pour que nous participions à la vie divine par la divinisation de notre personne, ainsi nous sommes toujours plus intensément unis à la vie de communion de la Trinité Sainte. Ce don est tel des arrhes[6] qu'il nous faut faire fructifier jusqu'au Jour de Dieu où nous serons habités par la plénitude de l'Esprit Saint dans la mesure de notre capacité, de notre désir de Lui tout au long de notre vie sur cette terre. Cette vie divine, la grâce, nous pouvons la faire croître en nous. En effet avec le don de l'Esprit nous recevons les vertus théologales et ses sept dons sacrés[7]. En recevant le don de l'Esprit, nous recevons les arrhes en vue de la vie éternelle. Il nous appartient, avec le secours de Dieu de faire croître en nous cette vie divine, c'est pourquoi les vertus théologales sont infusées en l'âme avec le don de la grâce, pour que par elles nous puissions développer et intensifier la vie de communion avec Dieu. La grâce nous donne dès maintenant d'anticiper l'éternité au moyen de la prière, par les vertus théologales qui permettent une relation personnelle avec Dieu.

1. 2 Co 12, 6-9.
2. 2 P 1, 4.
3. Jn 1, 16.
4. « Si quelqu'un est en Christ, c'est une nouvelle création : ce qui est ancien a passé, voici qu'a paru du nouveau. Et le tout vient de Dieu qui nous a réconciliés avec lui par Christ », 2 Co 5, 17-18.
5. Rm 5, 5.
6. Ep 1, 4 ; 2 Co 1, 21-22 ; 2 Co 5, 5.
7. Is 11, 2-3.

Les vertus théologales

La grâce infuse en l'âme les vertus théologales. Celles-ci rendent la nature humaine capable de se disposer, de s'ouvrir, de se porter vers le surnaturel. Elles permettent à l'enfant de Dieu de poser des actes qui le relient à la Trinité Sainte. Les vertus théologales sont un don de Dieu, mais leur exercice relève d'actes volontaires[1] de l'homme qui lui permettent de s'unir au surnaturel, d'entrer dans une vie de communion et de croissance spirituelle. C'est en posant des actes volontaires que nous coopérons à l'œuvre de la grâce en nous. En effet, mus par la grâce nous posons des actes de foi, d'espérance, d'amour. Je veux prier et cela se fait par les vertus théologales. Ma volonté est sollicitée et plus celle-ci est aimante, désireuse, plus s'intensifie la vie théologale en mon âme. La vertu de foi si elle est vivante en l'âme permet de s'unir à Dieu et de vivre dans l'obéissance de la foi. La charité vivante permet de s'unir à Dieu et porte vers Lui. L'espérance nous fait désirer Dieu et la vie à venir. Les vertus théologales sont nécessaires pour diriger la vie présente, pour s'unir à Dieu qui est leur origine, leur motif et leur objet.

> « Les démons redoutent, mais Dieu et ses anges désirent l'homme qui avec ferveur cherche Dieu dans son cœur jour et nuit et repousse loin de lui les agressions de l'ennemi. Le pays spirituel de l'homme pur en son âme est au-dedans de lui. Le soleil qui brille en lui est la lumière de la Sainte Trinité. Et l'air que respirent les pensées qui l'habitent est le Saint-Esprit Consolateur. Avec lui demeurent les saintes natures incorporelles. Leur vie, leur joie, leur réjouissance sont le Christ, lumière de la lumière du Père. Un tel homme se réjouit à toute heure de la contemplation de son âme, et il s'émerveille de la beauté qu'il y voit, cent fois plus lumineuse que la splendeur du soleil. C'est Jérusalem. Et c'est le Royaume de Dieu caché au-dedans de nous, selon la parole du Seigneur. Ce pays est la nuée de la Gloire de Dieu, où seuls entreront les cœurs purs pour contempler la face de leur Maître, et leurs intelligences seront illuminées par le rayon de sa lumière[2]. »

---

1. « Croire est un acte de l'intelligence adhérant à la vérité divine sous le commandement de la volonté mue par Dieu au moyen de la grâce », S. Thomas d'Aquin, S. th. II IIae, 2, 9, cité dans le CEC § 155.
2. S. Isaac le Syrien, *Œuvres spirituelles I, Discours ascétiques. Op. cit.*

Les actes anagogiques

Dans le combat spirituel, les vertus théologales vont s'avérer indispensables à la victoire. Elles apportent un éclairage pour diriger la vie présente. Elles vont aussi s'avérer indispensables à l'égard des tentations que l'on subit, qui peuvent avoir pour origine le Mauvais. Elles permettent de les débusquer et de radicalement les repousser. Les vertus théologales nous unissent à la Trinité Sainte. Un acte de vertu théologale permet radicalement de repousser le Mauvais qui ne peut supporter que l'on s'unisse à Dieu et que ses tentations, ses suggestions nous conduisent à nous unir plus encore à Celui qui est notre Salut, notre Sauveur et notre Vie éternelle. On peut fuir les tentations de manière horizontale soit par l'exercice des vertus humaines, c'est-à-dire en adoptant des comportements contraires aux vices, soit en évitant les situations de péché, situations que l'on sait dangereuses. Il est une autre manière de fuir les tentations, par la verticale, surtout lorsque celles-ci nous assaillent soudainement. Cette manière de fuir, toute spirituelle, est ce qu'on appelle les actes anagogiques. *Anagogique*, du grec *anagôgê*[1] (action de faire remonter) dérivé d'*anagein* (conduire en haut), ce que rendent possible les vertus théologales par l'élévation mystique de l'âme. À l'encontre d'une tentation soudaine, poser tout de suite un acte de foi, d'espérance ou de charité, permet que la tentation n'ait pas de prise en l'âme, parce qu'elle s'unit à Dieu[2], et bien souvent on verra disparaître la tentation aussi soudainement qu'elle est apparue. Cette pratique favorise, dans l'attitude du spirituel, l'abandon à Dieu dans la confiance, elle favorise la croissance et une plus grande union spirituelle. Cette pratique dans le temps s'affine et s'appuie sur le discernement des esprits.

Soulignons succinctement, à partir de la Parole de Dieu et de la Tradition, l'importance des vertus théologales pour notre vie spirituelle et plus précisément dans le combat spirituel.

1. Ce terme désigne aussi la lecture, l'interprétation mystique des Écritures.
2. 1 Jn 4, 4.

La foi

La Parole de Dieu, notamment en Matthieu[1], nous met devant l'importance et la nécessité de la foi pour être victorieux du Mauvais. La foi consiste à s'appuyer sur le Seigneur tout-puissant à qui rien n'est impossible. Par la foi, nous nous tournons vers le Seigneur et nous lui demandons tout ce dont nous avons besoin. Cela nous est aussi suggéré dans un récit de Marc[2], où il est précisé que nos demandes doivent impliquer la confiance et la certitude d'être exaucé. La foi vivante nous tourne vers le Seigneur avec cette volonté que nos demandes et notre vie soient accordées à sa Volonté qui est Sagesse et Amour. Au sujet du combat spirituel, en plus d'être sobre et de veiller, saint Pierre mettra en lumière l'importance de la foi pour résister au démon qui « comme un lion rugissant circule, cherchant qui engloutir[3] ». Il ajoute : « Résistez-lui solides dans la foi. » De manière imagée saint Paul nous montre l'importance des actes anagogiques qu'il compare au « bouclier de la Foi, grâce auquel vous pourrez éteindre tous les traits enflammés du Mauvais[4] ». La foi vivante nous fait goûter Dieu, elle nous fait le contempler dans la Révélation, ainsi que dans la prière, nous permettant de toucher combien il est proche et fidèle. C'est ce qu'exprime ce papyrus :

> « Ayant pris la brebis sur ton épaule, tu l'as ramenée à son troupeau.
> J'ai reconnu le Fils pour le pasteur et j'ai retrouvé le pâturage paternel.
> Je marcherai à travers les puissances redoutables, sans souffrir d'elles aucun dommage.
> Christ, levant mes regards vers toi, j'échapperai aux dangers.
> Je ferai vibrer les harpes et me mêlerai aux chœurs des saints.
> Ô Verbe du Père mystérieux, à toi gloire et puissance pour l'éternité[5] ! »

1. Mt 17, 14-21.
2. Mc 11, 20-26.
3. 1 P 5, 8-10.
4. Ep 6, 16.
5. Papyrus du IVe siècle dans *La spiritualité des premiers siècles*, éd. C.L.D., coll. « Prières de tous les temps », 1979 ; p. 56.

L'espérance

L'auteur de la lettre aux Hébreux nous dit que la foi nous fait déjà posséder les biens que l'on espère et qu'elle nous permet d'adhérer à ce que l'on ne voit pas encore[1]. L'espérance nous fait désirer ce que l'on ne voit pas encore, mais que l'on connaît par la foi comme un bien qui peut déjà combler et transformer notre cœur et qui dans l'éternité sera pleinement connu dans un face-à-face, sans ombre, sans voile[2]. L'espérance nous fait tendre vers les biens désirables et nous fait nous appuyer sur Celui qui dispense ces biens[3]. L'espérance nous permet de nous unir maintenant à Celui que, dans l'éternité, nous n'aurons plus à espérer parce que nous Lui serons pleinement unis. « En elle [l'espérance] nous avons comme une ancre de l'âme, sûre et ferme, et qui pénètre par-delà le rideau, là où Jésus est entré pour nous en avant-coureur, devenu grand prêtre à jamais selon l'ordre de Melchisédech[4]. »

L'espérance est un bien vital pour notre vie spirituelle, elle est cette énergie qui lui permet de « tendre vers… » cela dans la constance[5], au-delà des difficultés et épreuves, au-delà des tentations. Il est important pour notre vie spirituelle de faire croître l'espérance au risque, sinon de l'éteindre, de devenir tiède et d'être atteint par la tristesse voire le désespoir. Les actes d'espérance font grandir cette vertu qui se nourrit de la connaissance des mystères par la foi et qui trouve tout son déploiement et sa force dans une charité en acte. Le démon veut que l'espérance disparaisse de nos cœurs ; cependant, cette vertu est une arme

1. He 11, 1.
2. 1 Jn 3, 2-3.
3. « L'espérance a un double objet : l'un, le bien futur dont nous attendons l'obtention ; l'autre, le secours de la personne qui doit, d'après notre attente, nous procurer ce que nous espérons », S. Thomas d'Aquin, *Somme théologique* II-IIae q.19 a.1; *op. cit.*, t. 3, 1985.
4. He 6, 19-20.
5. Rm 8, 23-25 : « Nous aussi, qui possédons les prémices de l'Esprit, nous aussi, nous gémissons en nous-mêmes dans l'attente de l'adoption, du rachat de notre corps. Car c'est en espérance que nous avons été sauvés. Or, voir ce que l'on espère, ce n'est pas espérer : ce que l'on voit, comment l'espérer encore ? Mais si nous espérons ce que nous ne voyons pas, nous l'attendons avec constance. »

redoutable contre lui. L'espérance nous permet de lutter et d'échapper aux tentations de l'ennemi et de lutter contre tout ce qui pourrait être en opposition avec elle, tels que la tristesse, le désespoir, la culpabilité, le désir de mort, le sentiment de damnation… Dans la foi et l'espérance nous savons que rien ne peut nous séparer de Dieu pour autant que nous accueillions sa miséricorde. L'espérance peut nous libérer de tout enfermement dans le péché. Avec Catherine de Sienne, accueillons l'espérance comme nécessaire et indispensable pour la croissance de notre vie spirituelle ainsi que dans les combats que nous avons à livrer.

> « Ô espérance ! douce sœur de la Foi, tu es celle qui, avec les clefs du Sang, ouvre la vie éternelle. Tu gardes la cité de l'âme contre l'ennemi de la confusion ; tu ne ralentis point tes pas lorsque le démon, par le poids des fautes commises, veut troubler l'âme et la porter au désespoir ; mais tu persévères généreusement dans la vertu, en mettant dans la balance le prix du Sang ; tu places la couronne de la victoire sur la tête de la persévérance, parce que tu espères l'avoir par la vertu du Sang. Tu es celle qui enchaîne le démon de la confusion dans les liens d'une foi vive ; tu réponds à toutes les perfidies dont il use contre l'âme pour la tenir dans les ténèbres et l'agitation[1]. »

La charité

« L'amour de Dieu a été répandu dans nos cœurs par le Saint-Esprit qui nous a été donné[2] », Lui qui est le Don, qui est l'Amour. La charité est le Bien suprême. C'est elle qui nous fait entrer dans une relation d'union et de communion à la Trinité Sainte. Par elle, l'âme et tout l'être, toute la personne s'unifie[3] et se simplifie. Par elle, l'âme acquiert sa consistance éternelle. Par la charité, l'homme spirituel tend vers le Bien éternel que la foi lui donne de connaître. La charité se révèle dans le désir de ce Bien qu'elle espère et vers lequel elle tend. La charité donne au spirituel de vivre dans le présent de Dieu, la confiance et l'abandon.

---

1. S. Catherine de Sienne, *Lettre à Renaud de Capoue*, CCXLIV (236), § 9. Traduction par E. Cartier, éd. Téqui, 1976, t. 2.
2. Rm 5, 5.
3. Jn 17, 22.

La charité unit à la Trinité Sainte, elle unifie l'être qu'elle habite, mais aussi elle est amour du prochain. La charité[1] permet d'être victorieux de l'égoïsme[2], elle purifie et transforme les facultés humaines, elle permet de se tourner vers les autres, de les aimer, de les accueillir, de les respecter, d'être fidèle, elle rend possible le pardon. La charité en acte est un bien tel qu'il dépasse celui qu'il habite. Elle sanctifie l'âme et efface une multitude de péchés[3].

Dans le combat spirituel, celui qui est habité par l'amour divin peut résister à toutes les tentations[4], les épreuves et les assauts de l'ennemi : « Quiconque demeure en lui ne pèche pas[5]. » Les actes anagogiques d'amour vont consister à se souvenir, désirer et tendre vers le Bien-Aimé, et ainsi à échapper à tout ce qui pourrait nous détourner du Bien et ce qui nous unit à Lui : « En toutes tes actions souviens-toi de ta fin, et jamais tu ne pécheras[6]. » C'est ce que Syméon le Nouveau Théologien nous fait comprendre dans le passage qui suit : « L'âme unie à Dieu par l'amour ne saurait être entraînée par les plaisirs et les appétits du corps, ni même vers aucun autre désir pour rien de visible ni même d'invisible, soit objet, soit passion, car le doux amour de Dieu tient lié l'élan de son cœur, ou pour mieux dire, tout le penchant de sa volonté. Et celle-ci, une fois attachée à son propre Créateur, comment donc peut-elle brûler de fièvre par le fait du corps ou réaliser si peu que ce soit ses propres désirs ? En aucune façon[7]. »

1. 1 Co 13, 4-7.
2. Cf. chapitre 4, II. A. « Guérison de la *philautia* ».
3. 1 P 4, 8 « Avant tout, ayez les uns pour les autres une ardente charité, parce que la charité couvre une multitude de péchés. »
4. Rm 8, 35-39 « Qui nous séparera de l'amour du Christ ? L'affliction, ou l'angoisse, ou la persécution, ou la faim, ou la nudité, ou le danger, ou le glaive ? Selon qu'il est écrit : À cause de toi nous sommes mis à mort tout le jour, on nous estime comme des brebis d'abattoir. Mais en tout cela nous sommes plus que vainqueur par celui qui nous a aimés. Oui, j'en ai l'assurance : ni mort ni vie, ni anges ni principautés, ni présent ni avenir, ni puissances, ni hauteur ni profondeur, ni aucune autre créature ne pourra nous séparer de l'amour de Dieu qui est en Christ Jésus, notre Seigneur. »
5. 1 Jn 3, 6. Cf. 1 Jn 4, 16.
6. Si 7, 36.
7. S. Syméon le Nouveau Théologien *Catéchèses*, XXV. Traduction par J. Paramelle, « Sources chrétiennes » n° 113, 1965, p. 59.

L'espérance et la charité en acte produisent en l'âme de nombreux fruits[1] dont la joie. Saint François souligne que le diable veut détruire ce fruit, et plus profondément il veut détruire l'espérance et la charité qui la produisent. Devant le trouble qui pourrait gagner et envahir l'âme, François invite à réagir immédiatement en se tournant vers Celui qui est la source de l'espérance, de l'amour et de la joie en nos cœurs, afin de recouvrer la paix. Les troubles auxquels on peut être confronté appellent le discernement des esprits pour en vérifier la cause.

> « Contre toutes les machinations et les ruses de l'ennemi, ma meilleure défense, c'est encore l'esprit de joie. Le diable n'est jamais si content que lorsqu'il a pu ravir à un serviteur de Dieu la joie de son âme. Il a toujours une réserve de poussière qu'il souffle dans les recoins de la conscience, afin de rendre opaque ce qui est pur ; mais dans un cœur gonflé de joie, c'est en vain qu'il essaie d'introduire son mortel poison. Les démons ne peuvent rien contre un serviteur du Christ qu'ils trouvent plein de sainte allégresse ; tandis qu'une âme chagrine, morose et déprimée se laisse facilement submerger par la tristesse ou accaparer par de faux plaisirs [...]. Au premier trouble, le serviteur de Dieu doit se lever, se mettre en prière et demeurer face au Père tant que ce dernier ne lui aura pas fait retrouver la joie de celui qui est sauvé. Mais s'il persévère dans sa tristesse, alors grandira en lui le mal babylonien recouvrant le cœur d'une rouille tenace que les larmes sont seules capables de déterger[2]. »

2. La Lumière

Christ, Lumière du monde

Dans le cheminement spirituel de l'âme, plus particulièrement dans les combats, la recherche de la lumière est source de grandes victoires et de profonde liberté intérieure.

Le Christ se présente dans l'Évangile comme étant Celui qui est la Lumière du monde : « Moi, je suis la lumière du monde ; celui qui me

1. Ga 5, 22-23.
2. Paroles de S. François d'Assise rapportées par Thomas de Celano, *Vita secunda*, n° 125. *Op. cit.*, p. 430-431.

suit ne marchera pas dans les ténèbres, mais il aura la lumière de la vie[1]. » Le Christ est le Verbe de Dieu fait chair, Il est la Sagesse éternelle qui revêt notre humanité, qui assume celle-ci et qui nous apprend à devenir homme. Dans sa manière d'être homme, Il nous montre comment devenir Dieu. C'est en marchant à sa suite que nous saisissons le mieux qui nous sommes, Lui qui nous révèle tout au long des Évangiles notre dignité d'enfants de Dieu. Il nous révèle dans sa personne le Visage de tendresse du Père, Il nous communique l'Amour divin qu'Il manifeste dans le don de sa vie. Il nous fait entrer dans la Vérité de Dieu et Il nous révèle à nous-mêmes qui nous sommes en Lui.

Dans le grand combat contre le Mal, le Christ, venu nous sauver par son Incarnation et par le Mystère pascal, est venu vaincre les ténèbres et nous communiquer la vie. C'est toujours en Lui que nous sommes et serons victorieux des ténèbres : « En lui était la vie, et la vie était la lumière des hommes ; et la lumière brille dans les ténèbres, et les ténèbres ne l'ont pas arrêtée[2]. »

Le chrétien et l'homme de bonne volonté, participants de la Lumière

L'homme qui se convertit, accueille la grâce. Appelé à entrer dans une vie de communion avec la Trinité Sainte, il est appelé aussi à vivre à la suite du Christ dans la lumière, c'est-à-dire à ce que sa vie soit configurée à celle du Christ, qu'elle soit en vérité, en adéquation avec l'enseignement et les commandements divins, à ce que sa vie soit dictée par la loi nouvelle de l'Évangile, celle de l'amour de Dieu et du prochain.

Cependant le chrétien, dans sa marche à la suite du Christ, s'approprie de plus en plus par choix cette lumière qui se révèle et s'offre à lui. Et cette appartenance au Christ lumière du monde[3], se vérifie et s'incarne dans une authentique vie spirituelle qui est chemin de communion avec Dieu et avec les autres.

« Salut, Ô lumière – s'exclame saint Clément d'Alexandrie – car en nous, plongés dans les ténèbres, enfermés dans les ombres de la mort,

1. Jn 8, 12.
2. Jn 1, 4-5.
3. 1 Jn 1, 5-7.

la lumière a brillé, venant du ciel, plus pure que le soleil, plus douce que la vie ici-bas. Cette lumière, c'est la vie éternelle et vit tout ce qui y participe. »

Des Ténèbres à la Lumière

Pourtant bien qu'appelés à la lumière et à une vie de communion, il est des hommes qui préfèrent les ténèbres à la lumière. Ceux-là dissimulent leurs œuvres en vivant dans le mensonge, ils étouffent leur conscience pour ne pas se remettre en question, ils s'éloignent de la lumière afin de ne pas paraître coupables[1]. D'autres sont tellement dans l'obscurité qu'ils ne voient plus la différence entre bien et mal, au point de ne plus dissimuler leurs œuvres de ténèbres.

Ces hommes ne pourront s'ouvrir au salut que pour autant qu'ils se convertissent[2], et – comme pour chacun – qu'ils excluent toute complicité avec les ténèbres, complicité qui relativise.

La victoire sur les forces des Ténèbres, pour tout baptisé, consiste à river ses yeux sur le Christ et à marcher à sa suite dans la fidélité ; même les épreuves et tentations ne pourront le détourner du Christ. Par nos seules forces humaines nous ne pouvons vaincre les forces des Ténèbres : « On ne peut comparer aucune puissance humaine à [celle du démon], et pourtant la seule puissance divine suffit pour le vaincre et la lumière divine seule peut pénétrer ses ruses[3]. » Notre victoire, nous la puisons en la Source de la lumière à laquelle nous communions, et celle-ci nous rend capable de discerner et de déjouer les embûches et artifices de l'ennemi. « L'ami du silence s'approche de Dieu, et en s'entretenant avec lui dans le secret, il reçoit sa lumière[4]. » Lorsque nous nous approchons du Seigneur, Celui-ci illumine notre intelligence, et par elle il nous montre les œuvres que nous devons accomplir. Et lorsque nous refusons notre consentement à la tentation, nous gardons cette pureté du cœur, béatifiée par Jésus, en ces termes : « Heureux ceux

1. Jn 3, 19-21.
2. Jn 9, 4-5 et 35-41.
3. S. Jean de la Croix, *Cantique spirituel*, IIIe couplet.
4. S. Jean Climaque, *L'Échelle sainte*, 11e degré, 5. *Op. cit.*, p. 143.

qui ont le cœur pur, parce qu'ils verront Dieu[1] » ; et nous parviendrons ainsi au *lumen gloriae* à la vision de Dieu.

Dans le combat contre les Ténèbres, c'est-à-dire contre les mauvaises pensées et suggestions ainsi que contre les mauvaises intentions et mauvaises œuvres, il est nécessaire de faire la lumière en notre vie et en notre for intérieur, de confronter nos pensées, toutes formes de suggestions, intentions, notre histoire, à la vérité qui est lumière, afin que celle-ci nous libère de toute confusion et tout mensonge, et qu'elle nous arrache à l'anesthésie d'une conscience endormie par le relativisme. Souvent on fera l'expérience que de mettre en lumière nos pensées par la recherche de vérité sur elles, permettra de les conforter si elles sont bonnes, ou au contraire de les confondre si elles sont mauvaises ; elles perdront alors toute consistance. « Dès qu'une pensée mauvaise est apparue à la lumière, elle perd toute son acuité. Avant même que le discernement ait pu en juger, l'horrible serpent, poursuivi hors de sa caverne ténébreuse et souterraine et tiré en pleine lumière par la vertu de l'aveu, s'enfuit pour ainsi dire, comme déshonoré ; et ses suggestions pernicieuses n'ont sur nous d'empire qu'autant qu'elles demeurent cachées au fond du cœur[2]. »

Dans notre cheminement à la suite du Christ, dans notre vie spirituelle, dans nos choix ainsi que dans les difficultés que nous rencontrons, nous pouvons faire l'expérience d'exposer notre for intérieur à un Père ou une Mère spirituel reconnu en ce ministère. Si le Seigneur nous éclaire par une vie de prière, par sa Parole, par ses commandements, Il peut aussi, par un ministre, nous confirmer, nous éclairer sur ce que nous vivons. La Tradition de l'Église encourage à l'accompagnement spirituel. Elle réclame de ces ministres, pour un tel ministère, qu'ils soient des hommes ou femmes de prière, de science, de prudence et de charité. « Observe toujours bien la tête du serpent, c'est-à-dire le commencement de ses tentations, et fais-les connaître sur-le-champ à ton ancien. Tu briseras sa tête, tu déjoueras toutes ses ruses, si tu ne rougis pas de découvrir ainsi toutes les pensées qu'il te présente[3]. » « Rien

1. Mt 5, 8.
2. S. Jean Cassien, *Coll.*, 2, 10. *Op. cit.*, p. 78.
3. S. Jean Cassien, *Inst.*, 4, 37. *Op. cit.*, p. 77.

en effet, ne contrarie le démon [...] comme de révéler ses œuvres, et rien ne le réjouit comme de cacher ses pensées[1]. »

3. Pour ne plus pécher

Nous allons ici souligner les conditions qui permettront à l'homme spirituel de ne plus pécher ; nous devons comprendre par cela « ne plus pécher » de manière délibérée et volontaire. Le spirituel est un homme juste au sens biblique[2], et si dans sa faiblesse il lui arrive de tomber ce n'est pas volontairement, et alors il se relève. Les différentes conditions ci-dessous seraient à mettre en relation avec les commençants, progressants et parfaits[3].

Prudence et actes anagogiques

Le chrétien dans sa marche à la suite du Christ, porte au plus profond de son cœur, l'intention et la volonté de ne plus pécher, et c'est pourquoi dans sa vie concrète il va fuir, éviter les occasions de tentations, de chutes. Il va développer dans sa vie la fuite horizontale, qui implique l'exercice de la prudence, sagesse pratique, qui donne le sens de la mesure pour toutes les choses de la terre. La prudence consiste à éviter les situations qui vont à l'encontre des vertus morales, ainsi que celles qui vont à l'encontre de l'union à Dieu et des mœurs divines en notre vie. « Voici que moi je vous envoie comme des brebis au milieu de loups ; montrez-vous donc prudents comme les serpents et simples comme les colombes[4]. » Le Christ nous invite, par la prudence à éviter les situations de péché ou encore à gérer des situations qui sont pour nous de véritables épreuves, afin qu'elles soient chemin de croissance et non de révolte ou de désespoir. La prudence est tout ordonnée à garantir la candeur, la pureté dans notre vie. C'est bien là le meilleur qu'apporte cette belle et grande vertu.

1. *Les apophtegmes des Pères du désert*, série alphabétique. Traduction par J.-Cl. Guy, « Spiritualité orientale » n° 1, Abbaye de Bellefontaine, 1966, p. 328, n° 32.
2. Pr 24, 16 ; 1 Jn 2, 29 ; 1 Jn 3, 7.
3. Cf. chapitre 3, II.B. « Discernement des esprits, cause divine ».
4. Mt 10, 16.

Comme nous l'avons vu, une autre manière de ne plus pécher est celle de fuir de manière verticale, vers le haut, par l'exercice des actes anagogiques.

Fuir les tentations par la prudence ou encore par les vertus théologales, cela n'est aucunement une lâcheté. Mais au contraire nous sommes appelés à l'habileté par la prudence, qui nous permet d'éviter les situations de dialogue avec la tentation, et de trouver la victoire par l'exercice des vertus théologales face à l'antique serpent.

Union à Dieu – Amitié divine

L'amitié divine se réalise en nous au moyen de l'intensification de la vie théologale qui favorise l'union à Dieu. La vie théologale permet à l'ami de Dieu, confronté au combat spirituel, de vivre dans la fidélité et dans le respect à l'égard du Seigneur.

L'amitié divine, fruit de l'amour, dispose l'enfant de Dieu à ne plus pécher. Ainsi l'exprime Jean au sujet de celui qui demeure dans l'amour : « Quiconque demeure en lui ne pèche pas[1]. » La grâce habite le cœur de celui qui demeure dans le Seigneur, elle fait de lui un enfant de Dieu. Elle est une semence qui ne demande qu'à s'emparer de toute la pâte tel le levain[2]. La grâce de Dieu et les vertus théologales permettent d'échapper aux tentations, aux sollicitations du monde[3], et de l'ennemi et à ne pas lui donner prise : « Nous le savons : quiconque est né de Dieu ne pèche pas ; mais celui qui a été engendré de Dieu le garde, et le Mauvais ne le touche pas[4]. » « Les vieux amis de Dieu, ce serait merveille s'ils venaient à faillir à Dieu, car ils sont déjà au-dessus de tout ce qui pourrait les faire faillir[5]. »

Mœurs divines – Vivre dans la lumière

L'amitié divine incite l'enfant de Dieu à réformer sa vie et à la conformer toujours plus aux commandements divins. Ces commandements sont lumière et ils aident à remonter à la source qu'est Dieu. Ils éclairent

1. 1 Jn 3, 6.
2. Mt 13, 33.
3. 1 Jn 5, 5.
4. 1 Jn 5, 18 ; cf. 1 Jn 3, 9.
5. S. Jean de la Croix, *Maximes* 181, *op. cit.* p. 992.

la loi naturelle dans le cœur de l'homme, ils transforment et élèvent celle-ci au plus haut des cieux permettant à l'homme qui vit selon la droite raison de devenir pleinement homme. Par les commandements divins l'homme communie à la source de son être qui est Sagesse[1].

Par les commandements, l'enfant de Dieu vit selon les mœurs divines. Par eux il vit dans la justice, la droiture et ne pèche plus en conformant sa vie au Juste. « Petits enfants, que personne ne vous égare : celui qui pratique la justice est juste comme Celui-là est juste[2]. » Vivre selon les commandements de Dieu permet à l'enfant de Dieu de demeurer en Celui qui les a dictés et insufflés au plus profond du cœur de l'homme par son Esprit Saint. Ces commandements dans la Parole de Dieu convergent tous vers celui de l'amour de Dieu, de soi et du prochain. De cet amour naissent tous les comportements respectueux du bien de soi et de l'autre[3]. « Celui qui garde ses commandements demeure en Dieu et Dieu en lui, et en cela nous connaissons qu'Il demeure en nous : par l'Esprit qu'Il nous a donné[4]. » « Ceux donc qui possèdent les arrhes de l'Esprit et qui, loin de s'asservir aux convoitises de la chair, se soumettent à l'Esprit et vivent en tout selon la raison, l'Apôtre les nomme à bon droit "spirituels", puisque "l'Esprit de Dieu habite en eux"[5]. »

> « Voici ce que doit être le point de départ d'une conduite profitable selon Dieu. Il faut repasser toujours dans ta mémoire et conserver en une méditation incessante le souvenir de la bonté de Dieu qui a organisé le cours de ta vie selon son dessein, de ses bienfaits visant au salut de ton âme ; ne va pas laisser obscurcir ta mémoire par le vice, source d'indifférence, ni perdre le souvenir de la multitude et de l'importance de ses grâces et passer en conséquence le reste du temps sans profit, dans l'ingratitude. Car ce souvenir incessant excite le cœur à la manière d'un aiguillon, le pousse en tout temps à la confession, à l'humilité, à l'action de grâce avec une âme broyée, à un grand zèle envers le bien, pour offrir en retour un mode de vie, des mœurs profitables et toute vertu selon

1. 1 Jn 1, 5-7
2. 1 Jn 3, 7.
3. Cf. chapitre 4, dans *Philautia* « Aime et fais ce que tu veux… » de S. Augustin.
4. 1 Jn 3, 24 ; cf. 1 Jn 3, 9-10.
5. S. Irénée, *Contre les hérésies*, V, 8, 2. *Op. cit.*, p. 588.

> Dieu [...]. Celui qui conserve toujours ce raisonnement et ne laisse pas tomber dans l'oubli de tels bienfaits, se le rend favorable, se corrige, s'oriente vers toute la bonne ascèse de la vertu et vers toute œuvre de justice avec une ardeur toujours soutenue et toujours disposée à exécuter la volonté de Dieu[1]. »

C. Les vertus pour lutter contre les tentations et les pathologies de l'âme

Dans le processus qui favorise et permet la libération à l'égard des tentations et des maladies de l'âme, nous avons souligné l'importance de vouloir se convertir et de persévérer en cette résolution. La conversion qui permet la liberté à l'égard de nos anciennes mœurs et qui permet la paix du cœur, s'appuie sur le secours de Dieu dans l'usage des actes anagogiques. Il faut ajouter que cette conversion ne peut se faire sans notre coopération, par l'acquisition des vertus morales. Très souvent dans notre vie, elles seront le premier rempart devant tous les assauts des tentations que nous subissons. En outre, les vertus morales acquises permettront de lutter contre les maladies de l'âme en corrigeant nos mauvaises tendances, nos manques et nos excès.

Les vertus aujourd'hui

On peut regretter qu'aujourd'hui dans les sciences humaines et dans l'éducation, on ne parle plus de l'importance des vertus humaines acquises pour le bon développement de la personne. Diverses idéologies ont imprégné la vision que l'on a de la personne et de son approche éducative. On a psychologisé à outrance la relation à autrui entraînant des excès dans le discours et la manière de faire. Ainsi on a voulu supprimer toute forme d'interdits, de limites, de restrictions. La culture ambiante se fait l'écho de cette tendance, au point que lorsque l'on parle de vertu on ne sait plus de quoi on parle, et que souvent on les ridiculise, les faisant apparaître comme désuètes et comme appartenant

1. S. Marc le Moine, *À Nicolas*, 2, *op. cit.*, p. 134-135.

au patrimoine judéo-chrétien que l'on est tenté de bannir, au profit d'une vision idéologique de la personne que l'on voudrait émancipée. Dans l'éducation, la conscience du bien et du mal exige des limites et des repères. Leur absence fait que l'on ne voit plus la nécessité de l'acquisition des vertus, ce qui entraîne la perte de repères de l'individu, favorisant le non-sens. La non-acquisition des vertus provoque un déficit de volonté, faisant des jeunes des êtres faibles, chancelants et changeants. De plus en plus on retrouve ces fragilités dans les comportements de personnes dites adultes.

L'importance des vertus et leur acquisition

Le premier rôle des vertus est de permettre à celui qui les acquiert de devenir plus homme. Les vertus ne sont pas innées, elles sont des qualités que l'on acquiert par l'exercice de la volonté, et qui ennoblissent la nature humaine. On n'acquiert pas les vertus pour elles-mêmes, mais toujours en fonction d'une finalité, d'un bien aimable qui exige les vertus pour atteindre ce bien et le préserver, car en dehors de ce principe l'acquisition des vertus rend la personne volontariste et moralisatrice.

Normalement, c'est au sein de la famille et par une saine éducation que l'on va aider l'enfant, dès son jeune âge, à acquérir les vertus. Elles vont permettre à l'enfant, par l'éducation de la volonté et par de sains repères dans la perception de lui-même et des autres, d'acquérir progressivement les attitudes qui corrigent les excès ou les défauts dans le comportement. Cette acquisition des vertus se prolonge tout au long de l'éducation, de l'enfance à l'adolescence, jusqu'à la vie adulte qui est la capacité à se diriger et à agir par soi-même dans la conformité au bien, et dans le respect de sa personne ainsi que des autres.

Quant à ceux qui, dans l'enfance, n'ont pas bénéficié d'un milieu propice à l'acquisition des vertus, il n'est jamais trop tard pour qu'ils se mettent au travail dans une auto-éducation. Ce travail, cette ascèse n'est pas peine perdue tant les bénéfices et les fruits des vertus, dans la nature humaine, sont grands. Elles nous permettent de vivre en conformité à la fin et d'être déterminés dans le bien ; elles permettent le sens de la mesure, d'éviter d'agir dans les excès ou les défauts ; elles perfectionnent de l'intérieur et ennoblissent la nature humaine ; elles permettent et préservent la liberté à l'égard des excès ou des défauts dans le vivant[1], elles favorisent la capacité à faire des choix libres et à les assumer, elles permettent d'être libre à l'égard des préjugés et des opinions.

L'acquisition des vertus morales s'opère par la répétition d'actes volontaires bons. Les vertus sont ces qualités qui vont accroître nos capacités d'agir de manière volontaire, bonne, conforme à la fin aimée. Les vertus sont les fruits d'actes bons réitérés. La bonté des actes est mesurée par la conformité à la droite raison, c'est-à-dire que nos actes, notre agir sont conduits et animés par des intentions conformes au bien et au respect de ma personne et des autres, dans la prise en compte de mon conditionnement, de mon environnement, et des possibles conséquences de mes actes.

Les vertus, comme le suggère l'étymologie de ce mot – *virtus* = force de l'homme, de *vir* = homme – sont pour celui qui les acquiert une force. Elles le font entrer dans un chemin de liberté en structurant sa personne. La vertu de prudence[2] permet le sens de la mesure, elle est un gouvernail qui garantit l'orientation des choix dans la prise en compte de ce que l'on est ; la vertu de justice[3] permet d'acquérir le sens du bien pour soi-même, prend en compte et préserve le respect des autres, plutôt que de se laisser mener par des attitudes égoïstes ; les vertus de force et de tempérance permettent d'acquérir la maîtrise des mouvements dus aux passions humaines et aux appétits instinctifs qui nous habitent. Elles permettent de vivre selon la justice et la prudence, elles sont tout ordonnées à ces deux vertus. Ces quatre vertus – prudence, justice, force, tempérance – sont appelées « cardinales », tant elles sont importantes et parce que toutes les autres peuvent s'y relier. La prudence est de première importance, en tant qu'elle est sagesse et qu'elle préside à l'exercice de toutes les autres vertus.

« Aime-t-on l'excellence, ses labeurs, ce sont les vertus ; elle enseigne, en effet, tempérance et prudence, justice et force : ce qu'il y a de plus utile pour les hommes dans la vie[4]. »

---

1. Cf. chapitre 2, II. A. « Nature et éléments de la tentation ».
2. Pr 20, 5 ; Dn 12, 3 ; Pr 3, 13 ; Si 6, 6 ; Job 12, 12 ; Mt 10, 16.
3. Dn 12, 3 ; Mi 6, 8 ; Mt 5, 6.10.
4. Sg 8, 7.

Les vertus pour lutter contre la tentation et les maladies de l'âme

La prudence et toutes les autres vertus permettent d'avoir le sens du bien, de garantir l'orientation de vie en fonction de celui-ci, et de lutter contre tous les excès, les défauts, les inclinations qui pourraient nous en détourner. Les vertus, dans leur acquisition et exercice, permettent de se préserver des occasions de chute, et encore de se corriger et de lutter contre les mauvaises inclinations. Les comportements excessifs engendrent en nous des habitudes qui favorisent le développement de vices, selon les maladies de l'âme auxquelles on laisse libre cours et à l'égard desquelles on devient esclave. Parmi les remèdes pour lutter contre les maladies, les vertus morales contribueront à corriger nos mauvaises habitudes et seront notre coopération à l'œuvre de la grâce en nous.

« Chacun doit discerner le vice qui est son plus grand adversaire, celui qu'il combattra le plus vigoureusement, celui contre lequel il agira constamment. Une fois libéré d'une telle passion, il faut rentrer en soi-même, et discerner de nouveau celle qui semble la plus maléfique. Alors, rassemblant toutes les forces spirituelles, on commencera à l'abattre, en utilisant les armes de l'esprit. Ainsi, partant des vices les plus anciens, chacun luttera jusqu'à triompher plus facilement des autres ; en effet, devenue plus affermie dans ces victoires successives, et rencontrant désormais de plus faibles adversaires, l'âme, en de tels combats, ira de victoire en victoire[1]. »

> « Salut, reine Sagesse, que le Seigneur te garde, avec ta sœur, sainte et pure Simplicité.
>
> Dame sainte Pauvreté, que le Seigneur te garde, avec ta sœur, sainte Humilité.
>
> Dame sainte Charité, que le Seigneur te garde, avec ta sœur, sainte Obéissance.
>
> Vous toutes, saintes Vertus, que le Seigneur vous garde, lui de qui vous procédez et venez.

1. S. Jean Cassien, *Coll.*, 5, 14. *Op. cit.*, p. 84.

Nul homme en ce monde, si d'abord il ne meurt, ne peut posséder une seule d'entre vous.

Qui possède l'une et ne blesse pas les autres, il les possède toutes.

Qui blesse l'une les blesse toutes et n'en possède aucune.

Chacune d'elles met en déroute les vices et péchés :

Sainte Sagesse confond Satan et toutes ses malices.

Pure et sainte Simplicité confond toute sagesse de ce monde et toute sagesse de la chair.

Sainte Pauvreté confond cupidité, avarice, et les soucis matériels de ce monde.

Sainte Humilité confond l'orgueil et tous les vaniteux de ce monde et toutes les prétentions de ce monde.

Sainte Charité confond toutes les tentations, qu'elles viennent du diable ou de la chair, et toutes les craintes égoïstes.

Sainte Obéissance confond toute volonté propre et tout charnel attachement, et toute charnelle obstination.

C'est elle qui tient le corps mortifié pour qu'il obéisse à l'esprit, pour qu'il obéisse à son frère.

C'est elle qui rend l'homme docile et soumis à n'importe quel homme de ce monde, et non seulement aux hommes, mais aux bêtes et aux fauves eux-mêmes, les laissant disposer de lui comme ils veulent, autant que d'en-haut leur permet le Seigneur[1]. »

1. Des remèdes pour guérir de l'esprit de gourmandise

À ce point de notre réflexion, il est bon de se rappeler ce que nous avons développé au sujet de la gourmandise[2] en tant que maladie de l'âme. La personne qui laisse libre cours à la gourmandise dans sa vie, laisse se développer en elle un vice qui, comme une habitude, devient une dépendance, un esclavage à l'égard des aliments. Les plaisirs et satisfactions que produisent les aliments, telles des idoles, laisseront

1. S. François d'Assise, *Prières « Salutation des vertus »*. *Op. cit.*, p. 148-149.
2. Cf. chapitre 4. II.B.

toujours la personne dans l'insatisfaction et la frustration, alors celle-ci sera toujours en quête de nouveaux plaisirs. Le mal que produit cette pathologie, ses conséquences, dépassent le domaine du corps en contaminant, en appesantissant l'âme et ses facultés spirituelles.

Prendre conscience

Pour entrer dans la liberté à l'égard d'un tel mal, il faut prendre conscience que la gourmandise est un fléau tant pour la santé du corps que pour celle de la vie spirituelle. À cette prise de conscience, il est indispensable d'ajouter la volonté de sortir de cet esclavage. La motivation sera d'autant plus grande que ma vie sera orientée vers une finalité existentielle, qui relativise radicalement le plaisir immédiat de l'aliment ou de ses substituts. La liberté s'obtiendra en rétablissant en la personne un ordre qui prend en compte le fait que l'aliment est pour la subsistance, et que les plaisirs qu'il peut produire sont relatifs au travail, à l'amitié, à la recherche de vérité, à la dimension religieuse, etc., et qu'ils ne sauraient être une fin.

Les vertus et l'ascèse pour la santé

Les vertus jouent un rôle important dans le chemin de guérison et de libération à l'égard du vice de la gourmandise. Ces bienfaits atteignent le corps et bénéficient plus encore à la santé de l'âme. Par l'acquisition de la tempérance la personne obtient la maîtrise à l'égard des aliments et des plaisirs sensibles. La tempérance s'acquiert par des efforts de la volonté, orientée par la prudence qui donne le sens de la mesure et des limites, selon la droite raison, au profit d'un bien supérieur. Les vertus qui luttent contre l'esprit de gourmandise corrigent les comportements que dictent la *philautia*[1], amour égoïste.

Les efforts de tempérance aident la personne à se corriger des excès à l'égard de l'esclavage que représente l'esprit de gourmandise. Ces efforts permettent l'acquisition des vertus, d'une plus grande volonté, de force intérieure, de sobriété. On acquiert la tempérance par la privation de petites choses inutiles qui pourtant peuvent être envahissantes. À l'égard des aliments, on peut encore acquérir la tempérance en

1. Cf. chapitre 4. II.A.

apprenant à ne pas se resservir d'un plat, à ne pas manger entre les repas, à ne pas manger à satiété. La tempérance accompagne l'exercice du jeûne qui est l'abstinence occasionnelle des aliments, vécue dans le discernement et la prudence pour ne pas tomber dans l'excès, ce qui pourrait conduire à un mal plus grand, la vanité et l'orgueil spirituel.

L'exercice de la tempérance et du jeûne dépasse le simple effort à l'égard des aliments. Il porte sur tout ce qui peut dans la vie constituer une forme de dépendance, comme les médias (revues, Internet, blogs, téléphone, etc.), le cinéma... L'exercice de la tempérance va permettre d'acquérir la force d'exercer l'abstinence, à l'égard des mouvements de l'âme qui lui nuisent tels que l'envie, la curiosité, la médisance, la colère, la vaine gloire.

« Le premier degré de la sobriété c'est de souffrir avec patience et sans nous plaindre lorsque nous ne pouvons avoir selon notre désir, soit à boire, soit à manger. Le second degré c'est de consentir par amour pour la sobriété et la pauvreté, et aussi par désir du bon exemple, à nous passer de ce que nous pourrions nous procurer. Le troisième degré c'est de se priver de bon cœur de tout ce que nous possédons de propre à flatter notre goût[1]. »

La victoire à l'égard de l'esprit de gourmandise aidera à mener des combats plus difficiles contre les autres vices. Mais cette victoire ne peut être attribuée qu'à nos seuls efforts humains ; elle sera aussi le résultat de l'action de la grâce accueillie en notre cœur et qui nous unit à un bien plus grand, supérieur. La vie contemplative donne saveur à l'existence, rend relatifs tous les autres biens et ternes les passions humaines. La vie contemplative, chemin d'union à Dieu, croît par les divines nourritures que sont la Parole de Dieu qui permet de communier à la Lumière, le Pain eucharistique qui permet de communier à la nature même de Dieu, et l'obéissance qui permet de communier à la Sagesse divine. Ces divines nourritures sont les véritables aliments de l'âme qui la nourrissent et l'unifient.

Toute l'ascèse qui peut être mise en œuvre pour lutter contre l'esprit de gourmandise est chrétienne et agréable à Dieu lorsque vécue dans

---

1. S. Bonaventure, *Du combat spirituel contre les sept péchés capitaux*, chapitre 1 « Contre la gourmandise ». Dans *Œuvres spirituelles*, traduction par M. l'Abbé Berthaumier, éd. Louis Vivès, 1854.

la prière et la charité. Dans la charité elle est respect de son corps[1] et des autres, elle est victoire sur tous nos penchants et égoïsmes au profit du don de soi.

> « Par la tempérance, l'homme recherche au plus haut point la sérénité de l'âme[2]. »
>
> « Le jeûne guérit les malades [...] il repousse les démons, expulse les pensées malsaines. Il rend l'esprit plus clair et purifie le cœur. Il sanctifie le corps et transporte l'homme sur le trône de Dieu. Le jeûne est une grande force. Il mène à de grands succès[3]. »

2. Des remèdes pour guérir de l'esprit de luxure

Il est important de revenir sur ce que nous avons dit de la luxure[4]. Elle est une véritable maladie du cœur. Elle rejaillit dans l'imaginaire, les passions et le corps.

Prendre conscience

Il est important de prendre conscience de ce mal qui se développe dans le cœur. Il fait souffrir les personnes qui vivent dans la convoitise, qu'elles soient seules ou en couple, ou encore qui multiplient les partenaires. Par la luxure des couples sont brisés à cause de la trahison souvent commencée dans le secret du cœur. Le Seigneur nous a indiqué la source de ce mal : le cœur impur. Car c'est de là que sortent « intentions mauvaises [...] adultères, inconduites »[5].

Dans notre société ce mal est très souvent relativisé, au point qu'il apparaît normal de regarder l'autre et de le convoiter pour le plaisir qu'il pourrait apporter. Aujourd'hui, on relativise le fait de regarder des films pornographiques à tout âge. Différents médias véhiculent des images, suscitent la curiosité et transmettent une véritable pollution des cœurs et des comportements. La convoitise et les comportements pervers génèrent souvent la désillusion, la solitude, la tristesse et le

1. 1 Co 6, 19.
2. S. Ambroise.
3. S. Athanase.
4. Cf. chapitre 4. II.C.
5. Mt 15, 19.

désespoir. Mettre la main sur l'autre pour son plaisir, même par l'imaginaire, ne comble jamais le cœur.

Les vertus et l'ascèse pour la santé

Parmi les remèdes qui vont contribuer à permettre la maîtrise de soi en vue de la liberté intérieure et de la pureté du cœur, la tempérance est nécessaire car elle contribue déjà à devenir plus fort et à avoir une maîtrise de soi tant à l'égard des aliments que des autres biens sensibles. La tempérance sera vitale pour préserver la qualité de la relation aux autres, en gardant la juste distance dans les relations. La chasteté[1], loin d'être désuète, lutte d'une manière particulière contre les dérèglements de la luxure. Elle s'acquiert par une saine éducation et des efforts de la volonté. Cette vertu, comme toutes les autres, s'acquiert par amour et dans l'amour, sa finalité est le bien. L'acquisition de la chasteté sans le sens de la finalité devient volontariste et moralisatrice.

Cette vertu s'exerce tant à l'égard du regard sur les autres, qu'à l'égard des paroles et de la maîtrise du corps, en particulier dans la garde de nos cinq sens. Elle réclame de se préserver de toute pollution des images, des paroles, des situations qui provoquent la convoitise et la recherche de jouissance égoïste. La chasteté est au service de la garde du cœur pour qu'il se purifie en luttant contre l'égoïsme. Le cœur rempli du véritable amour est appelé à entrer dans une vie d'union, de communion, de don. Et c'est donc en apprenant à aimer et à se donner dans la gratuité qu'on lutte d'une manière privilégiée contre la luxure.

Il faut aussi noter parmi les remèdes qui contribuent à lutter contre la luxure que le travail ainsi que le sport et l'hygiène de vie permettent de lutter contre l'oisiveté qui favorise l'imaginaire.

On peut ajouter aux moyens qui permettent la maîtrise de soi, le jeûne égal et modéré[2]. Au jeûne on doit encore ajouter le fait d'éviter les situations, les rencontres qui peuvent être comme autant d'occasions de chuter. Dans le travail sur soi, on prendra soin de substituer aux pensées perverses de saines pensées, et plus encore des pensées pieuses et de saints désirs.

1. 1 Th 4, 3-8.
2. Un jeûne *égal* c'est-à-dire constant dans la durée, *modéré* c'est-à-dire sans excès.

Le combat contre la pathologie de luxure est long et ardu, plus particulièrement pour certaines personnes. Dans ce combat, les seules forces humaines et la volonté ne suffisent pas pour la vaincre. Un autre remède s'offre au chrétien, celui de l'humilité par laquelle il reconnaît sa pauvreté et offre dans le sacrement de la réconciliation ces tendances auxquelles il a consenti. Dans le repentir il se laisse pardonner par le Miséricordieux qui le libère du péché et guérit son cœur malade. La croissance de la vie spirituelle favorise un cœur unifié et tourné vers les choses d'en-haut. C'est pourquoi le croyant prendra soin de développer dans son quotidien une vie de prière qui est communion et rencontre avec le Seigneur de la Vie. Cette fidélité au Seigneur par la prière, contribue à fortifier la vie théologale et, par elle, à pouvoir poser des actes anagogiques qui permettent d'échapper à la tentation. La chasteté est tout ordonnée à l'esprit de virginité qui jaillit de la Trinité Sainte en vue des Noces éternelles.

3. Des remèdes pour guérir de l'esprit d'avarice

Ici il nous faut regarder les remèdes qui vont contribuer à la guérison de ce mal qu'est l'avarice[1].

Prendre conscience

Il nous faut prendre conscience du danger que représentent l'avarice et ses conséquences. La personne qui est atteinte de ce mal et qui lui laisse libre cours sera de plus en plus attachée à l'avoir, à l'argent, aux œuvres d'art, aux maisons, aux bijoux, à toutes sortes de biens matériels, au point d'en devenir dépendante et esclave. Un tel attachement favorise dans la personne des comportements d'injustice, jusqu'au mépris des autres, dictés par l'égoïsme. Les biens auxquels est attaché l'avare deviennent des idoles. Celui qui est rongé par ce mal ne sera jamais satisfait et vivra dans la tristesse et la peur, la méfiance d'autrui.

Dans ce mal qu'est l'avarice, c'est le cœur qui est atteint. Plus ce mal se développe, plus le cœur de l'avare est atrophié et ne voit plus que lui-même. C'est pourquoi le chemin de guérison d'un tel mal passe par

1. Cf. chapitre 4. II.D.

sa prise de conscience, puis par le fait de se décentrer de soi et de s'ouvrir aux autres. La victoire sur la racine d'un tel mal nécessite la conversion du cœur et le secours de la grâce.

Les vertus et l'ascèse pour la santé

Le mal qu'est l'avarice se manifeste par les désirs que nous avons de possession. Ces désirs rongent l'avare et le motivent à vouloir posséder, à avoir davantage, à s'attacher. Le désir pour l'avare est tel un feu brûlant. Celui-ci ne pourra s'éteindre et s'apaiser qu'avec l'acquisition de la vertu de justice et de l'esprit de pauvreté. Apprendre à vivre et à avoir le juste nécessaire, et à considérer le reste comme superflu, c'est là une grande liberté intérieure. Cette liberté s'acquiert plus encore par le détachement du regard des autres sur soi, en intégrant que l'on n'existe pas ou que l'on n'est pas quelqu'un parce que l'on a des possessions. Les antidotes qui permettent de se libérer de l'avarice introduisent dans une profonde liberté intérieure. Parmi eux, l'acquisition de la vertu de justice permet d'user des biens qui sont à notre disposition avec mesure, mais aussi de ne pas s'approprier les biens d'autrui injustement comme par le vol ou le mensonge, jusqu'au crime comme on le lit dans le premier livre des Rois[1]. La justice respecte et prend en compte les autres, elle favorise le partage. La justice aide à prendre conscience que tout ce qui est à notre disposition, si nous le possédons de manière égoïste, est volé à autrui. L'acquisition de la justice est une grande richesse, elle donne le sens de soi et des autres, elle permet de vivre dans le respect et la liberté en relativisant toute forme de possession. L'acquisition de la justice est favorisée par la tempérance et la vertu de force, rendues plus aisées par un regard qui se réjouit pour autrui, plutôt qu'il n'ambitionne ou ne jalouse. Se réjouir de la réussite des autres est une saine disposition qui permet de lutter contre la convoitise. Humainement, depuis la petite enfance, on apprend à lutter contre l'avarice en luttant contre l'égoïsme par le partage de ce que l'on a et de ce que l'on est. Apprendre à donner de ses biens matériels doit s'accompagner, pour ne pas être superficiel, du don de soi en donnant de son temps, en donnant de sa personne, en partageant de ses

1. 1 R 21, 1-16.

compétences, jusqu'à la fatigue, en aidant ou en soutenant les autres, que ce soit dans le soin de malades ou dans le travail, ou le partage de nos compétences même intellectuelles.

La justice et le partage favorisent l'acquisition de l'esprit de pauvreté. Cette béatitude, la première, qui rend possible les autres, fait la louange des pauvres de cœur et dit d'eux « heureux ceux qui ont une âme de pauvre, parce que le royaume des Cieux est à eux[1]. » L'esprit de pauvreté permet à celui qui en est animé de n'avoir aucune idole en son cœur, aucun attachement aux choses qui passent et ainsi d'être habité par une profonde liberté intérieure qui permet de mettre son absolu et toute priorité en sa vie dans le Seigneur. L'esprit de pauvreté permet de se contenter du nécessaire et de ne rien avoir de superflu.

L'esprit de pauvreté s'acquiert de manière absolue par l'adoration qui tourne notre regard et notre cœur vers Celui qui est la source de notre être. L'adoration nous fait vivre dans la confiance et l'abandon en Celui qui est Père et Providence, et qui pourvoit à tous nos besoins essentiels. L'adoration établit l'âme dans l'attitude de mendicité et celui qui mendie devient sensible à tout ceux qui autour de lui sont dans le besoin, dans l'attente ; alors à son tour, l'adorateur devient un être qui donne et partage. Il donne dans l'aumône, mais il se donne en devenant pain pour ses frères et sœurs de multiples manières. Il apprend à donner et à se donner sans compter[2]. Il goûte alors à cette autre béatitude : « Il y a plus de bonheur à donner qu'à recevoir[3]. »

L'aumône est la manifestation d'un cœur qui aime et d'une main ouverte. C'est cet amour qui rend féconde toute action et qui opère la guérison de tout égoïsme du cœur[4]. « L'homme vaut plus par ce qu'il est que par ce qu'il a[5]. »

---

1. Mt 5, 3.
2. Mt 6, 3-4 : « Pour toi, fais-tu l'aumône, que ta main gauche ignore ce que fait ta main droite, afin que ton aumône reste dans le secret ; et ton Père, qui voit dans ce qui est secret, te le rendra » ; cf. Lc 21, 1-4.
3. Ac 20, 35.
4. Tb 12, 8-10 ; Tb 4, 7-11.16.
5. Concile Vatican II, *Gaudium et spes*, chapitre 3, n° 35.

4. Des remèdes pour guérir de l'esprit de colère

Nous pouvons estimer qu'en certaines circonstances il y a de saines colères. Celles-ci pourtant peuvent dégénérer. Il nous faut regarder quelles vertus sont nécessaires pour la maîtrise de la colère, plus encore pour lutter contre la pathologie de colère[1].

Prendre conscience

Le mouvement de colère face au mal, dans notre vie ou autour de nous, du fait de l'injustice, est légitime tant qu'il reste dans la mesure et la maîtrise, et tant qu'il devient un levier en vue de rétablir le bien et l'ordre.

Nous devons prendre conscience de ces colères qui dépassent l'entendement, la raison et la mesure.

La colère rend aveugle, fausse le jugement et introduit dans les excès, tels que l'irritabilité, les querelles, le mépris, les injures, les cris, les emportements, les blasphèmes. Pour lutter contre elles, il convient d'apprendre à se connaître et à décoder les causes de ses colères. Il est des colères qui sont le fruit de nos impatiences à l'égard de nous-mêmes, de nos impuissances, de nos limites. Elles peuvent être encore la conséquence d'un idéal auquel on n'arrive pas à correspondre... Mais il est encore des colères qui peuvent être la conséquence de nos impatiences à l'égard des autres, de nos intolérances, de jugements influencés par le sentiment d'injustice animé par l'avarice, la vanité et l'orgueil. On peut encore ajouter qu'il y a des colères qui sont dues aux regards et attitudes des autres qui nous ont blessés...

Quelle que soit notre colère, il est bon de discerner son origine, de manière à la maîtriser et à canaliser toutes nos énergies vers le bien plutôt que vers le mal, prendre conscience de nos colères pour mieux nous connaître en vue de la maîtrise de nous-mêmes, pour la liberté et la paix intérieures.

1. Cf. chapitre 4. II.E.

Les vertus et l'ascèse pour la santé

Nous ne saurions nous libérer de la colère et en guérir en nous isolant ou en rejetant les causes de celle-ci sur les autres. Bien au contraire il nous faut identifier les causes de nos colères et adopter les jugements et les attitudes qui permettent de neutraliser les mouvements d'irritabilité en nous. Par des actes volontaires répétés nous pouvons obtenir une plus grande maîtrise de nous-mêmes dans l'acquisition des vertus de patience, de force et d'humilité. La vertu d'humilité nous aide à regarder la réalité des situations auxquelles nous sommes confrontés, avec modestie et respect de nous-mêmes et des autres. L'humilité rectifie notre jugement et nous aide à ne pas nous sentir lésés, en cherchant le vrai, ce qui est juste, ce qui est bon. L'acquisition de la vertu de force aide à vivre dans une plus grande unité intérieure et douceur. La douceur est le fruit d'une maîtrise de soi que rend possible la force intérieure. La vertu de patience, par des actes répétés, avec le secours de la force et de l'humilité, aide à ne pas s'emporter impulsivement et à ne pas donner cours à la colère contre soi ou contre les autres.

Nous pouvons aller plus loin dans notre maîtrise et notre victoire sur la colère, par une foi vivante et le secours du Christ qui nous invite à vivre de la béatitude des doux. Le Christ répand dans notre cœur l'Amour de Dieu qui renforce les vertus de patience, de force et d'humilité.

Dans notre marche à la suite du Christ nous faisons parfois l'expérience de nos faiblesses telles que nos colères. Même celles-ci ne doivent pas nous freiner ou nous arrêter dans notre course à la suite du Christ. Pour cela il est nécessaire de reconnaître ses pauvretés, de lutter contre elles par l'acquisition des vertus mais aussi de pouvoir en guérir par un surcroît d'amour dans le pardon, en étant miséricordieux avec soi-même, en pardonnant à ceux qui nous ont fait du mal et en accueillant le pardon des autres et de Dieu qui est notre Paix.

> « Si donc tu présentes ton offrande sur l'autel et que là tu te souviennes que ton frère a quelque chose contre toi, laisse ton offrande là, devant l'autel, et va d'abord te réconcilier avec ton frère, et alors viens présenter ton offrande[1]. »

1. Mt 5, 23-24 ; Ep 4, 26.

5. Des remèdes pour guérir de l'esprit de tristesse

Ainsi que pour la colère, il existe une saine tristesse, conséquence de la conscience que l'on a d'un mal dans notre vie. Une telle tristesse ne doit pas être enfermement, mais un passage qui doit conduire à la réconciliation, au deuil assumé, à la lutte contre l'injustice…

Nous allons plus particulièrement regarder ici ce qui peut nous guérir de la mauvaise tristesse[1] qui est enfermement et qui détruit l'âme tel un ver rongeur.

Prendre conscience

Nous devons prendre conscience que cette pathologie est souvent la conséquence du mal que l'on a fait ou subi et dans lequel on s'enfermerait. En effet, la gourmandise, l'avarice, la luxure ont cette particularité d'engendrer le plaisir ou la tristesse selon qu'elles nous mettent en possession de l'objet qu'elles convoitent ou qu'elles nous en frustrent. Il faut ajouter que toutes les maladies de l'âme enfantent la tristesse parce qu'elles créent un désordre en la personne, laissent toujours un goût amer, ne satisfont jamais vraiment et ne rendent donc jamais heureux. Il nous faut donc prendre conscience des causes de notre tristesse et lutter contre elles à leur racine. On ne saurait lutter contre la tristesse par la fuite. C'est en regardant l'objet de nos mauvais désirs et de nos frustrations que nous prendrons conscience d'où se portent notre cœur et nos intentions.

Les vertus et l'ascèse pour la santé

La lutte contre la tristesse réclame l'acquisition des vertus contraires aux vices qui sont sources de la tristesse. Ces vertus sont au service d'une intention droite, c'est pourquoi nous devons regarder l'objet de nos intentions : où vont nos désirs ? Sont-ils respectueux de notre personne ainsi que des autres ? Nos choix sont-ils ordonnés au bien ? Parmi les vertus, la prudence joue un rôle particulier pour vivre selon la droite raison, selon le bien et faire que nos actes, nos décisions demeurent mesurés et

1. Cf. chapitre 4. II.F.

conformes à la fin. À la lumière de la prudence toutes les autres vertus sont mobilisées de manière à vivre dans la justice.

Parmi les vertus à acquérir pour lutter contre la tristesse et le désespoir, nous avons l'espérance[1] qui est ce mouvement qui nous fait désirer et tendre vers les biens supérieurs. Toute notre vie prend en compte ces biens et nous invite à nous y conformer et à en vivre dès maintenant. L'espérance se nourrit de la volonté divine, qui renforce en nous la conviction de vivre selon l'intention de Dieu qui est sagesse pour notre vie. La volonté de Dieu s'offre à nous par la conscience éclairée par la loi naturelle, les commandements de Dieu dans la Bible et d'une manière particulière dans le Nouveau Testament et dans l'enseignement actuel du Magistère de l'Église.

Pour lutter contre la tristesse il est en outre vital de se décentrer de soi et de s'ouvrir par la charité aux autres, ainsi qu'à Celui qui en est la Source. La charité nous sort de nous-mêmes, nous rend accueillants, forts. Elle est respect des autres. Elle fait jaillir au plus profond de l'âme la joie, la paix, la douceur, la bonté[2]. Cette même charité envers Dieu est communion et source de louange.

> « En pardonnant, tu retrouveras le calme et la paix : le calme de la vie, la paix et la prière. Ô toi qui combats et imites la Passion du Christ, combats en toi-même afin d'être digne de goûter à sa gloire[3]. »

6. Des remèdes pour guérir de l'esprit d'acédie

Il nous faut regarder maintenant les remèdes qui permettront de faire face à cette autre maladie qu'est l'acédie[4].

Prendre conscience

La paresse, le dégoût à l'égard des efforts qui portent au bien favorisent la lassitude, l'endormissement, source des mélancolies, des états

1. He 6, 19-20 ; Rm 8, 23-25.
2. Ga 5, 22-23 ; Rm 8, 35-39 ; 1 Co 13, 4-7.
3. S. Isaac le Syrien, *Œuvres spirituelles*, *op. cit.*
4. Cf. chapitre 4. II.G.

d'âme et des tristesses. L'acédie fausse le jugement de celui qui en est rongé, étiole et endort sa volonté devant les efforts, développant ainsi en celui qui en est atteint l'instabilité, la dissipation, la fuite du réel et du devoir, la recherche de la nouveauté, l'ennui dans la solitude et le mépris des autres.

Ces différents symptômes se prolongent dans la vie spirituelle. Ainsi celui qui se laisse gagner par l'acédie est enclin à fuir les exercices et les efforts de la vie spirituelle devant l'ennui qu'il éprouve à leur égard. Alors il est gagné par l'apathie devant l'exigence des commandements de Dieu.

Les vertus et l'ascèse pour la santé

De même que pour les autres maladies spirituelles, nos efforts sont nécessaire pour vaincre l'acédie. Nous ne pouvons vaincre celle-ci par la fuite, mais seulement en lui résistant par notre fidélité et endurance dans les efforts.

Par nos efforts, l'acquisition des vertus de force et de courage favorise et rend possible la constance dans nos entreprises, nos choix de vie qui réclament la détermination et la fidélité. Il est nécessaire, dans nos engagements, de faire de bons choix, adaptés à notre capacité et à notre résistance afin que ce que nous entreprenons ne nous écrase pas. Ces choix doivent être réalisés dans la connaissance de soi, dans la prudence, avec le sens de la finalité. Il faut préciser que le sens de la finalité, devant de grandes exigences de la vie, peut rendre audacieux et permettre des dépassements. Le sens de la finalité donne la saveur à ce que l'on entreprend et l'amour donne le goût dans les efforts pour l'atteindre.

Parmi les moyens de fortifier la volonté on peut souligner la persévérance dans le travail[1], et en particulier le travail manuel, le fait de ne jamais remettre en question un engagement sans une véritable raison, de durer dans les efforts au-delà des difficultés, de développer une hygiène de vie, d'avoir autant que possible des horaires et d'éviter de

1. 2 Th 3, 11-12 : « Nous apprenons que certains parmi vous vivent dans le désordre, sans rien faire et toujours affairés. À ces gens-là nous prescrivons, et nous les y exhortons dans le Seigneur Jésus Christ : qu'ils travaillent dans le calme, pour manger un pain qui soit à eux. »

vivre dans le virtuel et dans la fuite du réel que suscitent entre autres les nouveaux médias et les drogues.

Dans tous les développements de notre humanité, il nous faut respecter le principe de croissance, accepter de ne pas être arrivé avant même d'avoir commencé. Dans leur générosité beaucoup veulent avoir atteint le but alors qu'ils se mettent en route. Il faut accepter de nous mettre en marche et de persévérer dans les divers aspects de notre croissance, sinon c'est au risque d'être rapidement déçu devant les efforts, de nous relâcher, de nous lasser, de changer d'avis, de devenir comme une girouette et de rechercher la facilité.

La vie spirituelle dans son développement implique ce principe de croissance. Avant d'être dans la voie des « parfaits », il faut accepter d'être dans la voie des commençants et des progressants. Lutter contre l'acédie dans la vie spirituelle, c'est mettre en place une vie de prière correspondant au ici et maintenant pour moi, et tendre de l'avant dans la charité. C'est mettre en place une vie ascétique dont les efforts nous font grandir. Cette vie ascétique ne doit aucunement être idéaliste. La vie spirituelle comme tous les aspects de notre humanité peut être exposée à un père ou une mère spirituelle, à un homme ou une femme d'expérience qui saura prendre en compte cette réalité des maladies de l'âme, dont celle de l'acédie, et nous aider à la surmonter ou à l'éviter par la mise en œuvre dans notre vie d'un chemin de croissance.

> « Non que j'aie déjà atteint le but ou que je sois déjà parvenu à la perfection ; mais je poursuis ma course pour tâcher de le saisir, puisque j'ai été moi-même saisi par Christ Jésus. Frères, je ne compte pas encore l'avoir saisi. Je n'ai qu'une pensée : oubliant ce qui est derrière, tendu de tout mon être en avant, je cours droit au but vers le prix que Dieu m'appelle à recevoir là-haut en Christ Jésus. Nous tous donc, les parfaits, ayons cette pensée ; et si sur quelque point vous pensez autrement, là-dessus encore Dieu vous éclairera. Seulement, où que nous soyons arrivés, marchons dans la même ligne[1]. »

1. Ph 3, 12-16.

7. Des remèdes pour guérir de l'esprit de vaine gloire

Il nous faut regarder les remèdes qui permettront d'affronter avec habileté la vaine gloire[1], cette maladie, subtile et omniprésente tant ses artifices et ses rejetons sont nombreux.

Prendre conscience

La lutte, le travail pour la libération et la guérison de l'odieuse vanité nécessite que l'on connaisse d'une manière particulière cet adversaire. Nous devons être conscients qu'elle prend bien des formes dans notre vie. Elle se nourrit des apparences, elle enfle avec la flatterie, par elle nous nous prenons à exister. Ceux qui en sont atteints se prennent pour des personnages et deviennent le centre du monde. Elle rend superficiel et toujours insatisfait, inquiet de toute rivalité. Elle a un fond narcissique.

Mais la subtilité de ce mal est grande au point qu'il revêt bien des masques. Celui qui se libère de son emprise et de son esclavage par la prise de conscience et par les efforts de la vertu peut voir naître à nouveau au plus profond de lui-même ce vice qui vient à le flatter d'avoir su dominer la vaine gloire et trouvé la liberté. Il se flatte d'être devenu libre à l'égard de l'avarice, de paraître au bras d'homme ou de femme, d'avoir des mets délicats, d'avoir su dominer sa colère. Il se flatte d'être devenu libre à l'égard de ses origines, ses performances, du fait de paraître pour un homme éloquent, intelligent, beau ou encore pieux et humble…

Les vertus et l'ascèse pour la santé

Notre combat et notre vigilance à l'égard de ce vice qu'est la vaine gloire dureront toute notre vie. Cela ne doit aucunement nous désespérer, mais dans ce combat nous est donné l'occasion de dépassements et de nombreuses victoires dont nous devrons nous garder de nous glorifier ! Comme nous le soulignerons, d'une manière absolue, la victoire ne peut être due à notre seule habileté humaine.

1. Cf. chapitre 4. II.H.

Pour guérir et se libérer d'un tel mal, pour le voir diminuer dans notre vie au point qu'il ne régisse pas notre existence, il nous faut être conscient de tous ses artifices en nous, et avoir la volonté de nous en dégager. Pour cela on prendra un soin particulier à voir ce qui motive nos intentions et nos actes, à éviter tout ce qui pourrait nous faire remarquer et nous attirer l'estime particulière des hommes.

On devra être vigilant à préserver dans de droites intentions ce que l'on a entrepris, de manière à ce que le ver ne corrompe pas le fruit qu'il n'avait pu gâter avant sa maturité. Parmi les vertus qui favoriseront les victoires sur la vaine gloire et sa guérison, nous devons mettre en avant l'humilité, la modestie, la simplicité.

L'humilité, cette belle vertu que l'on ne doit aucunement caricaturer, est la reconnaissance de ce qui est, elle « est l'intégralité de la vérité », c'est-à-dire qu'elle n'est aucunement une attitude fausse. C'est reconnaître la vérité sur soi-même, dans sa relation aux autres et à Dieu, reconnaître et admettre ses pauvretés, ses défauts comme ses qualités, ne pas s'en justifier mais se corriger de ses défauts, et pour ce qui est des qualités rendre grâce pour les dons de la nature que la Providence nous a donnés et que l'on a su faire fructifier. Car en effet l'humilité n'est jamais source de trouble ; s'il y a trouble, c'est de la dévalorisation. Dans la relation aux autres, l'humilité consiste à accueillir d'eux leurs conseils, leurs encouragements comme leurs remarques, leurs reproches et leur pardon. Dans la relation à Dieu, l'humilité consiste à se recevoir du Créateur, à s'abandonner à Lui, à Lui faire confiance, à Lui rendre grâce pour tous les bienfaits en notre vie, en reconnaissant qu'Il est la Source de tout bien. En présence du Créateur qui est Père des miséricordes, l'humilité consiste aussi à reconnaître nos limites, faiblesses, pauvretés, à Lui demander pardon et à accueillir de Lui sa miséricorde. Saint Bernard, commentant le Cantique des cantiques, dit de l'humilité qu'elle est un bon parfum, qui monte de cette vallée de larmes, se répand sur tout le pays d'alentour et embaume de ses effluves le lieu même où se repose le Roi.

Parmi les vertus à acquérir, la modestie et la simplicité favorisent la liberté à l'égard de la vaine gloire en ne recherchant pas la singularité, les honneurs, les flatteries, les louanges.

Par-dessus tout, l'amour qui fait sortir de l'égoïsme, nous permet de lutter contre la vanité en recherchant le bien et l'intérêt des autres. L'amour rend possible le fait de se décentrer de soi. C'est pourquoi, comme nous l'avions développé dans la *philautia*[1], il est important d'aimer Dieu, le prochain et soi-même. Mais on ne saurait s'aimer vraiment au détriment des autres. C'est pourquoi dans nos relations aux autres, l'humilité qui implique la vérité, implique aussi d'être vécue dans l'amour pour être pleinement elle-même. « Tant que le vase du cœur est plein d'amour propre spirituel ou temporel, il ne peut se remplir de l'amour divin[2]. »

Il est un moyen excellent de lutter contre la vaine gloire, c'est celui de la prière qui nourrit la relation à Dieu et qui nous maintient dans la vérité de notre être en présence de Celui qui est le Tout-Autre. En présence du Tout-Autre, l'objet de nos vanités, de nos idoles devient relatif et inconsistant. Nous sommes transformés par la contemplation du Visage de Jésus, « doux et humble de Cœur[3] », lui le Christ Pantocrator qui tient l'univers en sa main, a marché sur nos routes tel un pauvre, pour que ce soit de lui et de la vie éternelle que nous devenions riches.

> « Est-il autre chose que Dieu aime et agrée volontiers qu'un cœur contrit et humilié, qu'un sentiment de soumission en esprit d'humilité ? C'est dans une âme en telles dispositions que Dieu en personne établit sa demeure et se repose et que, d'autre part, toute ruse du diable reste entièrement inefficace et que toutes les affections nocives du péché s'effacent complètement. En elle, ne prospère plus alors que le fruit de l'Esprit Saint : la charité, la mansuétude, la bonté, la fidélité, la douceur, la modestie et la tempérance qui entraînent à leur suite de belle façon la connaissance divine, la sagesse du Verbe et l'abîme des desseins cachés et des mystères du Christ[4]. »

1. Cf. chapitre 4. II.A.
2. S. Catherine de Sienne, *Lettre à Maître Jean*, CLXIX (123), § 2. *Op. cit.*
3. Mt 11, 29.
4. S. Syméon le Nouveau Théologien, *Prière mystique. Op. cit.*

8. Des remèdes pour guérir de l'esprit d'orgueil

Intimement lié à la vaine gloire, il est parmi les maladies spirituelles un autre redoutable ennemi, l'orgueil[1], qu'il nous faut connaître et débusquer afin de le vaincre et de nous en préserver tant l'enjeu est important.

Prendre conscience

L'orgueil est un redoutable ennemi, et nous devons être conscients de tous les dommages qu'il peut causer en l'âme et dans toutes les relations. La vaine gloire est le terreau de l'orgueil, c'est pourquoi ils sont étroitement liés, mais l'orgueil se distingue de la vanité par l'exaltation de l'autonomie. L'orgueilleux, dans toutes les dimensions de sa vie, y compris spirituelle, exalte et affirme la suprématie de son moi. Il affirme sa supériorité et ne veut dépendre de personne. Il veut toujours avoir raison et est intolérant, il est prêt à tout pour atteindre ses fins.

Les dommages de l'orgueil portent atteinte d'une manière singulière à toutes les vertus. Plus que toutes les autres maladies spirituelles, il porte atteinte à la justice et à la santé de l'âme.

Nous avons souligné que l'orgueil a cette caractéristique d'affirmer l'autonomie. Cette affirmation peut se prolonger dans la vie spirituelle, dans l'exaltation du moi à l'égard des dons de Dieu, jusqu'à leur appropriation. Pour d'autres, l'orgueil spirituel va jusqu'à l'autonomie existentielle, jusqu'au refus de Dieu.

Les vertus et l'ascèse pour la santé

Pour lutter contre l'orgueil, outre les vertus que nous avons soulignées au sujet de la vanité, il faut ajouter l'obéissance qui favorise l'attitude d'écoute et qui permet d'accueillir humblement d'une autorité son expérience, une sagesse qui peut nous être profitable. L'obéissance diminue l'ardeur de l'orgueil qui peut se manifester dans la volonté propre, dans le moi qui estime avoir toujours raison et se suffire à lui-même.

1. Cf. chapitre 4. II.I.

De manière à extraire de nos relations l'aiguillon de l'orgueil, il est nécessaire de cultiver la bonté, fruit et expression de l'amour[1]. La bonté est l'antidote à toutes ces attitudes de mépris que génère l'orgueil. La bonté veut le bien pour autrui et rétablit toute forme d'injustice qu'encourage l'orgueil dans son dédain d'autrui. Par la bonté, l'homme dans sa relation aux autres se réjouit de leurs progrès, de leurs vertus, de leurs dons et ainsi lutte contre toute forme d'arrogance et de jalousie orgueilleuse.

La vertu de justice permet de lutter contre les attitudes égoïstes qui sont souvent l'expression de l'orgueil. La justice implique le respect et la fidélité à l'égard des autres. Elle permet de corriger les inclinations d'une volonté orgueilleuse, rend possible de s'en libérer et de goûter à la paix et à la joie, fruits de la concorde entre les personnes.

Il est un secours divin qui permet de lutter contre l'orgueil spirituel, il consiste à entrer dans l'attitude d'adoration. Ce mouvement du cœur par l'amour est reconnaissance de la grandeur de Dieu, est abandon et confiance en Lui. Par l'adoration « en esprit et en vérité[2] », avec le secours des vertus théologales, l'adorateur se tient devant la Trinité Sainte. Tout mouvement d'orgueil vient se briser contre ce Rocher. L'adoration aide le croyant à recevoir les progrès de sa vie spirituelle comme un don de Dieu et non du fait de sa propre habileté.

On peut ajouter, pour lutter contre l'orgueil, la crainte filiale[3]. Elle naît de l'amour et de la révérence que l'on a pour Dieu. La crainte filiale est ce profond sentiment de respect dans l'amour qui fait que l'on ne veut pas offenser l'Être aimé. Elle lutte contre l'orgueil en permettant à celui qui en est habité de garder les yeux rivés sur l'Être aimé. Elle le préserve de consentir à toute pensée, parole, action qui l'éloigneraient de Lui.

Parmi les secours de Dieu, les actes anagogiques, par l'union qu'ils favorisent avec la Trinité Sainte, permettent d'échapper aux tentations,

1. Col 3, 12-17.
2. Jn 4, 23.
3. Cf. dans ce même chapitre : I. A.1. « Convertissez-vous ! » sur la crainte filiale et sa note.

aux assauts et aux fièvres de l'orgueil qui jadis perdit Lucifer lequel veut entraîner l'homme dans sa chute.

> « J'ai vu tous les filets de l'Ennemi tendus sur la terre, et je disais en gémissant : "Qui donc passera au travers ?" et j'entendis une voix me dire : "l'humilité"[1]. »
>
> « Abba Macaire, se rendant un jour du marais à sa cellule en portant des feuilles de palmier, rencontra en chemin le diable avec une faux. Ce dernier, comme il voulait, mais en vain, le frapper, lui dit : "Quelle force sort de toi, Macaire, que je suis impuissant contre toi ! Tout ce que tu fais, je le fais aussi : tu jeûnes, moi aussi ; tu veilles, moi je ne dors pas du tout ; tu ne me bats que sur un point." Abba Macaire demanda lequel. Il dit : "Par ton humilité. À cause d'elle je ne puis rien contre toi"[2]. »

D. De la nécessité des prières de délivrance

Il est des situations et des difficultés, auxquelles peuvent être confrontés certains, qui nécessitent le ministère de prière de délivrance. L'exercice de celui-ci est l'aboutissement d'un discernement dans lequel on a pris soin de mettre en lumière la nature des difficultés. Comme nous l'avons vu dans le discernement des esprits[3] une cause n'en exclut pas une autre, elle peut même en masquer une autre[4]. C'est pourquoi il est bon, raisonnablement, de prendre en compte les différentes possibilités dans un discernement. Comme nous l'avons souligné, le développement d'un désordre moral, d'une blessure, d'une souffrance… peut être le terreau d'emprises démoniaques. De manière ultime, il faudra avec circonspection prendre en compte, dans le

---

1. Apophtegme d'Abba Antoine (moine 251-356) dans *Les apophtegmes des Pères du désert. Op. cit.*, p. 21, n° 7.
2. Apophtegme d'Abba Macaire dans *Les Apophtegmes des Pères du désert, op. cit.*, p. 172, n° 11.
3. Cf. chapitre 3, II.
4. « Je lui demandai ce qu'il pensait d'une personne qui semblait prise de rage à la vue d'un prêtre ou d'un crucifix. Il me répondit : "Il y a là un peu de nerfs, un peu de folie et un peu de *grappin*" », M. Dufour témoignant du Curé d'Ars, *Procès apostolique in genere*, p. 360. (*Grappin* : expression courante qu'utilisait le saint Curé d'Ars pour nommer le diable).

discernement, le poids et l'influence des ancêtres sur les générations suivantes, qui pourraient expliquer en certains cas des entraves et des manifestations surnaturelles. Ces manifestations peuvent mettre en lumière qu'en d'autres temps des ancêtres ont pu commettre des actes très graves, pactiser avec des forces occultes, blasphémer, outrager le Nom de Dieu.

Il est des tendances erronées qui peuvent nuire à un bon discernement : celle de nier l'influence d'esprits mauvais sur les choses, les lieux ou les personnes, comme celle qui consisterait à spiritualiser toutes les difficultés auxquelles on est confronté. Ni l'une ni l'autre de ces attitudes ne sont bonnes. La première attitude s'appuie fortement sur le développement des sciences humaines, en particulier de la psychologie par laquelle on expliquerait tous les mal-être auxquels sont confrontés les hommes d'aujourd'hui. À cette influence de la psychologie on peut ajouter une lecture « moderne » des Évangiles qui consiste à expliquer les manifestations d'esprits mauvais et les exorcismes des récits évangéliques comme étant dus à l'ignorance psychologique et médicale des rédacteurs. Finalement toutes nos souffrances et pathologies seraient identifiées symboliquement à des forces et des esprits mauvais. Il est plus que nécessaire de corriger cette lecture des Évangiles qui est fausse et qui rejaillit dans la vie spirituelle d'un grand nombre de chrétiens. Les auteurs évangéliques mettent en lumière que la personne du Christ, qui sonde les reins et les cœurs, exerçait un discernement et un diagnostic quant à la souffrance de ses contemporains. Des passages d'Évangile distinguent maladies, infirmités, influence d'esprits mauvais, ainsi que par ailleurs les conséquences du péché des hommes dans leur vie et dans la société. « En cette heure-là Jésus guérit beaucoup de gens de maladies, d'infirmités et d'esprits mauvais et il donna la vue à beaucoup d'aveugles[1]. » « Il donna la vue à beaucoup d'aveugles »... Demandons au Seigneur qu'Il nous libère de la cécité spirituelle, de jugements erronés, et que par la prière et une saine vision de l'homme dans la lumière de la Parole de Dieu, nous puissions discerner les causes de nos maux et la Volonté du Seigneur.

1. Lc 7, 21. Cf. Lc 8, 1-2 ; Mc 16, 17-18.

Dans le cheminement des chrétiens, le plus souvent il ne sera pas nécessaire de faire appel au ministère de prière de délivrance. La vie de celui qui se convertit et persévère sur ce chemin, qui accueille la grâce et la fait fructifier en son cœur, qui fait grandir les vertus théologales et se tourne vers le Seigneur dans le combat spirituel, plonge son âme dans la lumière qui la purifie et la libère du mal. Cette vie est chemin de guérison et « exorcise » l'âme du mal et de tout lien contracté dans le passé.

Cependant des résistances dans l'âme et dans la marche à la suite du Seigneur peuvent apparaître. Celles-ci pourront se comprendre du fait de liens, dans notre passé, qui n'ont pas été suffisamment mis en lumière. Si la grâce et notre volonté de marcher à la suite du Christ nous libèrent du mal et nous en guérissent, Dieu dans sa pédagogie permet cependant que la guérison et la libération s'inscrivent dans le temps, dans la prise de conscience du mal que l'on a pu faire, et que dans cette prise de conscience nous nous repentions, convertissions et que nous nous confessions de ce mal, de manière à ne pas renouveler nos fautes passées et à persévérer dans la conversion.

Le premier ministère de la délivrance est celui du sacrement de la réconciliation qui accompagne notre volonté de marcher à la suite du Christ, par la prise de conscience de tout ce qui dans notre vie vient blesser la charité, tout ce qui peut blesser et altérer l'amour et le respect à l'égard de Dieu, du prochain et de soi-même. Le sacrement de la réconciliation est un don de Dieu à son Église, permettant aux hommes qui y font appel d'offrir à Dieu leur misère et de recevoir toute grâce de Lui, le Miséricordieux. Le Christ continue d'agir dans le cœur de l'homme de manière efficace par ses sacrements ; par celui de la réconciliation Il nous libère du péché[1] et nous guérit de ses conséquences. Ce sacrement, vécu et accueilli de manière théologale, renouvelle l'âme dans la charité et inonde celle-ci de lumière. Il guérit et fortifie l'âme et la renouvelle dans les dons du Saint-Esprit. Le pardon de Dieu dans ce sacrement est source de libération, de guérison et communique à l'âme la paix de l'Esprit. Ce ministère de libération, dans le sacrement de la réconciliation, se perpétue dans l'Église selon la volonté de Dieu, pour que nous vivions avec la certitude d'avoir reçu le pardon de Dieu par ces

1. Jn 20, 21-23.

médiateurs que sont les prêtres. « Ainsi donc, si quelqu'un est en Christ, c'est une nouvelle création : ce qui est ancien a passé, voici qu'a paru du nouveau. Et le tout vient de Dieu qui nous a réconciliés avec lui par Christ et nous a donné le service de la réconciliation. Car c'était Dieu qui en Christ se réconciliait le monde, ne tenant pas compte aux hommes de leurs fautes et mettant en nous la parole de la réconciliation. Nous sommes donc en ambassade pour Christ, comme si Dieu exhortait par nous. Nous vous en prions pour Christ : réconciliez-vous avec Dieu. Celui qui n'a pas connu de péché, pour nous Il l'a fait péché, afin que nous devenions justice de Dieu en lui[1]. » Le poids du passé, de nos actes, le mal-être qui peut être dû à ces culpabilités qui nous rongent, nos peurs, nos doutes et confusions, le bien que l'on n'a pas fait et le mal qu'on a fait et que pourtant on ne voulait pas faire… nous pouvons déposer tout cela dans le Cœur de Dieu dans le sacrement de la réconciliation, par lequel le Christ accorde toujours son pardon à qui se repend. Par lui nous pouvons recevoir grâce sur grâce et recouvrer la paix de Dieu.

Charisme de délivrance

L'exercice du charisme de délivrance[2] est l'aboutissement d'un discernement des esprits. Il présuppose que la personne ait manifesté la volonté de se convertir et de vivre selon la lumière. On pourra faire appel à ce charisme pour tous ceux qui veulent marcher à la suite du Christ, Lumière du monde, qui ont pu déposer dans le Cœur de Dieu, par le sacrement de la réconciliation, leurs pauvretés et misères, et pourtant qui peuvent être confrontés aujourd'hui dans leur marche à des entraves, des résistances inexpliquées, des oppressions, des obsessions diaboliques, des vexations ou des infestations malignes[3]. Il faut comprendre que bien qu'une personne accueille la grâce dans sa vie et se convertisse, qu'elle vive des sacrements, Dieu peut permettre que pour l'âme qui cherche la lumière, des zones d'ombre apparaissent. Celles-ci peuvent

1. 2 Co 5, 17-21.
2. Un charisme est une aptitude que l'on reçoit de Dieu et que l'on exerce avec la reconnaissance et le discernement de l'Église. Il est capital d'exercer le charisme de délivrance dans l'obéissance, et d'avoir une formation qui rend possible tout discernement préalable.
3. Cf. chapitre 3, II. B. 4. « Conséquences de l'emprise du diable ».

être dues à d'anciennes mœurs, à d'anciennes pratiques telles que l'occultisme, la divination, ou encore à des événements que l'on a subis et qui ont pu engendrer en la personne une souffrance qui développe en l'âme rancœur, amertume, haine, colère, ainsi que des réactions violentes, des rejets de l'autre, des fermetures à la vie (comme après un viol, un avortement, etc.). Ces événements et les réactions qu'ils provoquent peuvent favoriser l'emprise d'un esprit mauvais, renfermant l'âme dans son mal-être. La prise de conscience du mal dans notre vie peut être salutaire quand elle nous permet de réaliser que ce que nous avons fait ou subi n'est pas anodin. On ne peut être à la fois pleinement dans le Christ et en même temps entretenir dans sa vie des pratiques avec les forces du mal. Le mal-être dû à ces pratiques doit conduire le chrétien à prendre conscience de l'antinomie qui existe entre la lumière et certaines pratiques ou événements, vécus ou subis. On encouragera le chrétien qui prend conscience des zones d'ombre dans sa vie à les déposer dans le Cœur de Dieu par le sacrement de la réconciliation. Après quoi, selon les fruits qui en découlent, si des symptômes de mort et des résistances demeurent, on pourra faire appel au ministère de prière de délivrance.

Il peut être encore nécessaire de prier pour une personne qui entreprend un chemin radical de conversion et que le démon malmène en manifestant sa rage contre elle de multiples manières, et plus particulièrement dans son milieu de vie. Il pourra encore y avoir nécessité de prière de délivrance pour des personnes, voire des familles qui sont victimes de pratiques occultes d'un ancêtre, d'un proche, ou de la méchanceté d'une personne qui fait appel à la sorcellerie, etc.

Des liens apparaîtront souvent à l'intérieur d'un cheminement de conversion et de croissance, au cours duquel se manifestent des résistances, sans pour autant que celles-ci puissent se comprendre par la seule psychologie ou médecine. Quelqu'un d'avisé, ayant l'expérience et le discernement, pourra mettre en lumière qu'une personne est empêchée de progresser dans son cheminement spirituel par une certaine emprise du démon. Celui qui discerne, après avoir pris le temps d'éprouver les esprits et vérifié l'authenticité de la vie en Christ de la personne, s'assurera que celle-ci a pu remettre son histoire dans le sacrement de la réconciliaion où la Toute-Puissance du Christ rédempteur libère la personne de ses péchés. S'il y a encore des résistances, il sera nécessaire de faire appel au charisme de délivrance par lequel la Toute-Puissance du Christ, dans le mystère pascal, sera rendue victorieuse des forces des ténèbres. Mais il est certain qu'il n'y aura pas de délivrance sans repentir et renoncement aux anciennes pratiques.

La prière de délivrance est pratiquée par des chrétiens qui s'efforcent dans leur propre vie de vivre dans la charité et la lumière, qui vivent dans la prière et les bonnes mœurs. La prière de délivrance doit s'exercer en prenant des précautions, d'où la nécessaire expérience. Il est plus que souhaitable, si cela est possible, de prier à plusieurs dans la charité fraternelle, pour la personne pour laquelle on demande une délivrance – « Là où deux ou trois se trouvent rassemblés en mon nom, je suis là au milieu d'eux[1]. »

Il sera bon d'entrer dans l'esprit de louange, puis de demander la protection du Christ pour tous ceux qui sont présents à cette intercession. On peut demander la protection « par le Précieux Sang du Christ ». La prière de délivrance prendra la forme et le mode déprécatif, c'est-à-dire un mode d'intercession où l'on demande la grâce de Dieu, le secours de la Vierge Marie, des saints anges et de tous les saints, et où l'on fait appel à la puissance de Dieu, au mystère de la Passion du Christ et du Saint Nom de Jésus, en demandant à Dieu de libérer la personne entravée de l'influence d'esprits mauvais, d'entités et de rompre tous les liens qui nuisent à son âme, à son psychisme, à son corps. On demande au Christ, dans sa Toute-Puissance, de lier les esprits mauvais qui exercent leur pouvoir sur elle, et de la délivrer des liens des mauvais esprits. Puis on demandera à l'Esprit Saint de combler de sa présence la personne pour laquelle on vient de prier, et on la confiera plus particulièrement à la Vierge Marie.

Cette prière, vécue dans la foi, dans la communion de toute l'Église visible et céleste, produit en la personne qui demande le secours de Dieu, des fruits de vie. Parfois il sera nécessaire de renouveler cette démarche, mais jamais sans un discernement qui permettra de comprendre pourquoi il peut y avoir encore des résistances. Celles-ci pourraient être dues à des zones d'ombre, des pratiques, des objets en la possession de

1. Mt 18, 20.

la personne, qui n'ont pas été mis à la lumière, discernés et perçus comme mauvais. Dieu peut permettre qu'il n'y ait pas encore une pleine libération tant que la personne n'a pas pleinement connaissance des causes de son mal, et tant qu'elle ne les rejette pas parce que contraires à l'esprit de l'Évangile.

Quant aux lieux et objets qui peuvent être sous une emprise démoniaque, on pourra aussi faire appel au charisme de prière de délivrance pour que Dieu, dans sa miséricorde, libère ces lieux et objets de toute infestation. Ce ministère, exercé par un prêtre ou un diacre, conduira celui-ci à bénir les lieux et objets, comme le prévoit le rituel de bénédiction, afin que Dieu les sanctifie.

Dans des cas plus graves où l'emprise du démon s'avérerait particulièrement tenace, du fait qu'il aurait pu y avoir dans ces lieux des pactes, des messes noires, des sacrifices humains, homicides… le prêtre pourra célébrer dans un sanctuaire une Eucharistie en réparation. Devant la persistance et la gravité de l'infestation d'un lieu ou d'un objet, on fera appel au ministère de l'exorciste.

Dans le contexte de nos sociétés où l'occultisme est de plus en plus en vogue, et où beaucoup de gens sont confrontés à une histoire personnelle douloureuse, il est important que dans l'Église on soit attentif à reconnaître la nécessité du ministère d'accompagnement et le charisme de délivrance, et à former des personnes pour cela, afin que des chrétiens ne s'improvisent pas dans ces domaines. Il est important aussi que dans leur ministère les prêtres – et plus particulièrement ceux qui parmi eux exercent une paternité spirituelle – soient attentifs à ce problème des liens.

Ministère d'exorcisme

Dans les cas les plus graves d'emprise démoniaque[1], il revient à l'exorciste – qui est toujours un prêtre, nommé par son évêque – d'exercer son ministère au nom de l'Église. Celui-ci après discernement utilisera des prières de délivrance et dans les cas plus graves fera appel au rituel d'exorcisme dont les prières sont sous les modes déprécatif et

1. Cf. chapitre 3, II. B. 4. « Conséquences de l'emprise du diable ».

impératif. Sous ce dernier mode il exerce toute l'autorité de l'Église. Au travers de lui se prolonge la mission des apôtres qui avaient autorité sur les esprits mauvais. Les Actes des Apôtres montrent que l'on ne doit pas s'attribuer à soi-même l'autorité et le « pouvoir » de chasser les esprits, au risque d'être soi-même malmené par ceux-ci. « Quelques exorcistes juifs ambulants entreprirent de prononcer le Nom du Seigneur Jésus sur ceux qui avaient les esprits, les [esprits] mauvais : "Je vous adjure, disaient-ils, par le Jésus que Paul proclame." Or, un certain Scévas, grand prêtre juif, avait sept fils qui faisaient cela. Mais, prenant la parole, l'esprit, l'[esprit] mauvais, leur dit : "Jésus, je le connais, et Paul, je sais qui il est ; mais vous qui êtes-vous ?" Et, sautant sur eux, l'homme en qui était l'esprit, l'[esprit] mauvais, maîtrisa les uns et les autres, et il fut si fort contre eux qu'ils s'enfuirent de cette maison, nus et couverts de blessures. Cela fut connu de tous les Juifs et Grecs qui habitaient Éphèse ; la crainte tomba sur eux tous, et le nom du Seigneur Jésus était magnifié. Beaucoup de ceux qui étaient devenus croyants venaient avouer et déclarer leurs pratiques. Bon nombre de ceux qui avaient exercé la magie apportaient leurs livres et les consumaient devant tous. On en estima la valeur : cela faisait cinquante mille pièces d'argent. Ainsi, selon la force du Seigneur, la Parole croissait et gagnait en puissance[1]. »

Le discernement et la prudence accompagnent l'exorciste dans l'exercice de son ministère. L'exorciste, pour mûrir son discernement, pourra s'aider de l'avis de médecins psychiatres, de manière à ne pas attribuer à l'action du démon ce qui pourrait être une pathologie psychologique. Mais l'exorciste sera vigilant, car il n'est pas rare que l'action du démon se confonde avec des pathologies psychologiques. En certains cas il sera souhaitable que le ministère de l'exorciste s'exerce dans la complémentarité avec un professionnel médical, alors qu'en d'autres cas cela ne sera pas nécessaire tant la présence et l'action du démon seront évidentes.

Grand est le ministère de l'exorciste. Étant donné sa fonction, il risque d'encourir des vengeances du démon. De manière à ne pas donner prise à ce dernier, il devra être vigilant à vivre dans la lumière et les

1. Ac 19, 13-20.

bonnes mœurs, et par-dessus tout que rien ne vienne entamer dans sa vie sa fidélité au Christ. Il sera aussi important qu'il soit bien entouré de frères et sœurs chrétiens qui le porteront dans la prière, et si besoin qui pourront le soutenir dans sa mission.

On voit la nécessité qu'il y ait des exorcistes dans les diocèses afin que ceux-ci rassurent les personnes, chrétiennes ou non, qui ont tendance à voir partout l'action du démon, et qu'ils les éclairent en leur montrant que toute difficulté ne vient pas nécessairement de celle-ci, mais aussi pour qu'ils puissent intervenir au nom de l'Église à chaque fois que cela est nécessaire auprès des victimes de l'action du démon. L'exorciste par son accueil, son discernement, ses conseils et sa prière chaque fois que nécessaire évitera que des chrétiens laissés à eux-mêmes ou mal éclairés soient tentés de faire appel à des guérisseurs, des marabouts, des sorciers… et dans leur solitude, qu'ils cherchent des solutions auprès de gens qui ne feront que les mettre dans la confusion, ou qui amplifieront leur mal.

Dans le grand combat entre la lumière et les ténèbres, celui qui a la foi ne doute pas que le Christ Lumière est victorieux. « La lumière brille dans les ténèbres, et les ténèbres ne l'ont pas arrêtée[1]. » À la suite du Christ, en enfants de la Lumière, nous sommes appelés à entrer dans la victoire du Christ sur les ténèbres, à faire nôtre cette grande victoire, et par notre vie et notre prière, dans la charité fraternelle, à repousser et dissiper toujours davantage les ténèbres de notre monde.

II. Les permissions divines

A. Sagesse divine et épreuves

Dieu peut permettre qu'il reste dans notre vie des pauvretés et fragilités, ceci en vue d'un bien que Lui connaît dans sa Sagesse. Mais il ne s'agit pas d'être passif devant nos pauvretés, fragilités, faiblesses, souffrances qui sont des occasions de dépassement, de croissance par

1. Jn 1, 5.

l'effort personnel et le secours de Dieu. « Aucune tentation ne vous est survenue, qui passât la mesure humaine. Dieu est fidèle : il ne permettra pas que vous soyez tentés au-dessus de vos forces, mais avec la tentation il vous donnera le moyen d'en sortir et la force de la supporter[1]. »

« Qui est faible, que je ne sois faible ! Qui est scandalisé, qu'un feu ne me brûle ! Sil faut se glorifier, c'est de ma faiblesse que je me glorifierai[2]. » L'apôtre Paul fait l'expérience que ses faiblesses lui permettent d'être proche des faibles, de compatir avec ceux qui tombent. L'apôtre met en avant que s'il doit se glorifier c'est de ses faiblesses, qui sont pour lui l'occasion de dépassements mais aussi l'occasion de manifester sa fidélité à Dieu, en dehors de ces moments de grande bénédiction qu'il connut tels les prodiges et la fécondité apostolique. Saint Paul, dans sa pauvreté accueillie, expérimente que Dieu agit avec puissance au-delà de sa seule habileté humaine. Dans sa Sagesse, Dieu enseigne et montre à Paul qu'il doit s'appuyer sur Lui afin que Lui agisse, préservant ainsi Paul des écueils de la vaine gloire et de l'appropriation des dons du Seigneur. « Ma grâce te suffit ; car la puissance se déploie dans la faiblesse[3]. »

> « Es-tu tombé dans les filets des adversités ? eh ! ne regarde pas ton aventure, ni les pièges dans lesquels tu es pris ; regarde Dieu et le laisse faire, il aura soin de toi. “Jette ta pensée sur lui, et il te nourrira !” Pourquoi te mêles-tu de vouloir ou ne vouloir pas les événements et accidents du monde, puisque tu ne sais pas ce que tu dois vouloir, et que Dieu voudra toujours assez pour toi tout ce que tu pourras vouloir sans que tu t'en mettes en peine ? Attends donc en repos d'esprit les effets du bon plaisir divin, et que son vouloir te suffise, parce qu'il est toujours très bon ; car ainsi ordonna-t-il à sa bien-aimée, sainte Catherine de Sienne : “Pense en moi, lui dit-il, et je penserai pour toi”[4]. »

1. 1 Co 10, 13.
2. 2 Co 11, 29-30.
3. 2 Co 12, 9 ; cf. 2 Co 12, 1-10.
4. S. François de Sales, *Traité de l'amour de Dieu*, livre IX, chap. XV, citant Ps 54, 23. *Op. cit.*, t. 2, p. 117.

Regard positif sur les épreuves

> « Vous exultez, même s'il vous faut pour un peu de temps encore être attristés par diverses épreuves, afin que le caractère éprouvé de votre foi – plus précieuse que l'or périssable et qu'on éprouve cependant par le feu – vous assure louange, et gloire et honneur lors de la Révélation de Jésus Christ[1]. »

Comme nous l'avons dit, Dieu peut permettre qu'il reste dans notre vie des épreuves afin que dans la confiance nous nous appuyions sur Lui. À la suite de Pierre, il nous faut ouvrir les yeux pour voir que l'épreuve peut avoir un caractère positif. Nous faisons bien souvent l'expérience que lorsque tout est aisé nous pouvons progressivement nous attiédir et nous détacher de Dieu. Nos fragilités peuvent contribuer à nous maintenir dans l'esprit d'enfance[2], dans l'attitude de celui qui a besoin du secours de Dieu. Les épreuves permises par Dieu vont participer à notre purification et nous fortifier, si nous les accueillons et nous appuyons sur la grâce de Dieu. « Tout ce qui t'arrive, accepte-le, et dans les vicissitudes de ton humiliation, sois patient ; car c'est au feu qu'on éprouve l'or, et les hommes agréés au creuset de l'humiliation. Aie foi dans le Seigneur, et il te viendra en aide, fais-toi des chemins droits et espère en lui[3]. »

Il faut remarquer que certaines épreuves sont les conséquences de situations difficiles que nous favorisons et mettons en place malheureusement dans notre vie, par imprudence ou manque de justice, de tempérance, ou encore de force. La maladie peut être par exemple la conséquence directe d'excès dus à nos intempérances. Même dans cette situation qui engage notre responsabilité, l'épreuve acceptée peut être un chemin vers Dieu. Dans sa Bonté et sa Providence, Il sera notre secours et notre force. Dans sa Sagesse Dieu peut permettre que jaillisse un bien d'un mal. Ainsi, toute épreuve peut devenir un chemin de croissance, de bénédiction, mais en aucun cas nous ne devons la rechercher, la favoriser ou l'entretenir.

---

1. 1 P 1, 6-7.
2. Ps 131 (130).
3. Si 2, 4-6 ; Si 34, 10 : « Qui n'a pas été éprouvé sait peu de chose. »

Les permissions de Dieu dans le combat spirituel

Les tentations comme les épreuves de l'existence vont permettre à l'enfant de Dieu de manifester sa fidélité au Seigneur. « Le Christ nous enseigne à demander au Père non pas la grâce de ne pas être tentés, mais bien celle d'éviter de nous établir passivement dans l'état où nous met la tentation. C'est en effet en surmontant et en dominant la tentation que l'homme mérite la "couronne de gloire" incorruptible[1]. […] Saint Jacques[2] déclare encore : "Heureux l'homme qui supporte la tentation : sa valeur une fois reconnue, il recevra la couronne de vie"[3]. » Nous devons livrer le combat spirituel tout au long de notre vie, animés par l'amour, en nous appuyant sur la grâce de Dieu et toutes les armes que la Providence met à notre disposition. Au soir de notre vie, après avoir livré le bon combat, nous saisirons la couronne de vie éternelle. Cette couronne ne sera pas le fruit de nos seuls efforts, car elle est un don de Dieu qui nous est offert par les mérites du Christ. Mais nous nous disposons à accueillir cette couronne par nos combats qui manifestent notre préférence du bien sur le mal et notre volonté d'être avec Dieu, Lui qui est le Bien suprême.

Dans ce que nous avons dit jusqu'à présent, nous pouvons comprendre que les tentations et épreuves peuvent être bénéfiques dans l'existence humaine, pour qui adopte les attitudes et les armes qui permettent de les assumer et de les dépasser. Mais les permissions divines nous confrontent parfois à un grand mystère, celui que des hommes et des femmes enracinés dans la grâce, la vie en Christ, puissent être sujets à des *vexations* du démon. Cette permission rappelle la réalité de la lutte contre Satan, et par conséquent la nécessité de la prière, de la conversion et du secours de Dieu. Plus encore ces *vexations*, d'une manière mystérieuse, unissent les chrétiens qui les subissent à la victoire du Christ sur le Mal jusque dans ses racines. Le chrétien est rendu participant de la victoire définitive du Christ sur le règne de Satan, par la Croix du Christ et sa Résurrection. Il participe à cette

1. 1 Co 9, 25 ; 1 P 5, 4.
2. Jc 1, 12.
3. S. Thomas d'Aquin, *Explication du Notre Père*, § 85. *Op. cit.*, p. 135.

victoire par la grâce de Dieu qui découle du Christ et par sa libre volonté à résister aux assauts du démon. « Il est fidèle, le Seigneur : il vous affermira et vous gardera du Mauvais[1]. » Si les *vexations* et les *obsessions diaboliques* portent sur le corps et le psychisme, si le diable peut *infester* l'environnement de l'enfant de Dieu, cependant il ne peut rien sur l'âme du chrétien qui demeure fidèle à son Seigneur. L'âme du croyant ne peut pas être dominée par le démon, la perte de sa liberté ne peut se faire sans l'assentiment de sa volonté. La victoire des chrétiens unis au Christ dans le combat spirituel est source de grâce pour le monde. Pour le chrétien qui vit ce mystère de la lutte contre les forces des ténèbres, ce combat est toujours un chemin de croissance et de vie au-delà des apparences.

B. Lorsqu'on chute dans la tentation

1. La miséricorde au cœur de notre chute

Entrer dans la miséricorde de Dieu

L'Évangile de la Vie, c'est la miséricorde de Dieu en acte, qui déploie toute son action et ses effets dans notre existence. Le mot miséricorde en hébreu est *rahamim* qui signifie *entrailles.* La miséricorde, c'est cet amour infini de Dieu qui se penche sur notre misère, c'est cet amour infini de Dieu qui vient nous communiquer la vie. L'amour de Dieu, c'est cette matrice qui nous fait renaître à la vie d'En-Haut.

Avec le Nouveau Testament, l'amour infini de Dieu se rend visible dans le temps en s'incarnant en la personne de Jésus. « Dieu a tant aimé le monde qu'il a donné le Fils, l'Unique, pour que tout homme qui croit en lui ne périsse pas, mais qu'il ait la vie éternelle[2]. » Jésus, vrai Dieu et vrai homme, vient exprimer toute la tendresse et l'amour du Père en remettant les péchés, en guérissant les malades, en consolant les affligés, en ouvrant grand les portes du ciel aux hommes par le don

1. 2 Th 3, 3 ; cf. Ac 20, 32.
2. Jn 3, 16.

de sa vie. Le repentir dispose l'homme pécheur à accueillir le pardon divin dans sa misère. Accueilli en vérité, il sera pour lui source de libération et de guérison. Notre repentir doit être habité par le ferme désir de ne pas réitérer ces actes qui ont pu nous éloigner de Dieu. « Ce ne sont pas les gens valides qui ont besoin de médecin, mais ceux qui vont mal. Allez donc apprendre ce que signifie : C'est la miséricorde que je veux, et non le sacrifice ; car je ne suis pas venu appeler des justes, mais des pécheurs[1]. »

> « Si tu tombes, relève-toi et tu seras sauvé.
>
> Tu es pécheur, tu tombes sans cesse, apprends à te relever ; sois empressé à acquérir cette science. Voici en quoi elle consiste : apprendre par cœur le psaume : "Pitié pour moi mon Dieu, dans ton immense bonté", inspiré par le Saint-Esprit au roi-prophète David, et le réciter avec une foi sincère, avec confiance, avec un cœur humble et contrit. Lorsque tu auras ainsi exprimé avec les mots du roi David, ton profond repentir, le Seigneur fera briller sur toi le pardon, et toutes tes facultés spirituelles seront en paix[2]. »

Miséricorde et pardon

Lorsque nous succombons à la tentation, le chemin du pardon, de la miséricorde de Dieu nous est toujours ouvert, comme à l'enfant prodigue de l'Évangile[3]. À celui qui marche en vérité vers le Christ, il n'y a rien qui ne puisse être pardonné.

« Si nous disons que nous n'avons pas de péché, nous nous égarons nous-mêmes, et la vérité n'est pas en nous. Si nous confessons nos péchés, Il est fidèle et juste : Il nous remettra les péchés et nous purifiera de toute injustice. Si nous disons que nous n'avons pas péché, nous faisons de Lui un menteur, et sa parole n'est pas en nous. Mes petits enfants, je vous écris cela, pour que vous ne péchiez point. Et si quelqu'un vient à pécher, nous avons auprès du Père un "Paraclet", Jésus-Christ, le Juste. Et il est lui-même victime de propitiation pour nos

---

1. Mt 9, 12-13 ; cf. Mt 12, 7.
2. Père Jean de Cronstadt, citant Ps 51 (50), 3, *Ma vie en Christ*. Traduction par le P. Louis-Albert Lassus, o.p., « Spiritualité orientale » n° 27, Abbaye de Bellefontaine, 1979, p. 267.
3. Lc 15, 11-32.

péchés, non seulement pour les nôtres, mais aussi pour ceux du monde entier[1]. »

> « Oui, je le sens, quand même j'aurais sur la conscience tous les péchés qui peuvent se commettre, j'irais le cœur brisé de repentir, me jeter dans les bras de Jésus car je sais combien il chérit l'enfant prodigue qui revient à lui[2]. »
>
> « Non, les fautes que tu as commises ne peuvent vaincre l'immense miséricorde de Dieu. Tes blessures ne sont pas au-dessus de la science du grand Médecin qu'est Dieu. Remets-toi seulement à Lui avec confiance ; dis à ton Médecin ce que tu souffres[3]. »

« Là où le péché a abondé, la grâce a surabondé[4] »

Avec les anges, réjouissons-nous pour le pécheur qui se convertit[5], entrons dans l'action de grâce avec ceux qui reviennent de « la vallée de la mort », avec ceux qui faisaient des vices leur pain quotidien, et qui aujourd'hui entrent dans la conversion par le secours de la grâce. Nous pouvons nous émerveiller devant le témoignage des grands convertis d'hier et d'aujourd'hui. Il est grand de voir que l'Évangile est d'actualité.

« Il n'est pas de péché qui ne puisse être pardonné, sinon celui dont on ne se repent pas », dit saint Isaac le Syrien.

« Qu'importe ce que nous sentons ; Lui, Il est l'Immuable, Celui qui ne change jamais : Il t'aime aujourd'hui comme Il t'aimait hier, comme Il t'aimera demain. Même si tu Lui as fait de la peine, rappelle-toi qu'un abîme appelle un autre abîme et que l'abîme de ta misère, petite Guite, attire l'abîme de sa miséricorde[6]. »

Il est parfois surprenant de rencontrer des chrétiens qui sont gênés de ne pas avoir vécu une grande conversion dans leur vie. Ils devraient pourtant s'émerveiller avec nous devant leur propre témoignage de ferveur et

---

1. 1 Jn 1, 8 à 2, 2.
2. S. Thérèse de l'Enfant Jésus et de la Sainte Face, *Histoire d'une âme*, fin du manuscrit C. Éd Cerf-DDB, 1995, p. 257.
3. S. Cyrille de Jérusalem.
4. Rm 5, 20.
5. Lc 15, 10.
6. S. Élisabeth de la Trinité, *Lettre* 298, *À sa sœur.* Dans « J'ai trouvé Dieu », *Œuvres complètes,* t. 1B, *Lettres du Carmel.* Éd. Cerf, 1980, p. 408.

de fidélité à la suite du Christ. Nous ne pouvons pas être moins dans la joie devant ces personnes qui ont su être fidèles au Christ tout au long de leur vie, car cela est aussi un don de la Miséricorde. La fidélité des chrétiens à la suite du Christ est un encouragement pour les plus faibles, et aussi pour ceux qui entrent dans la conversion. Saint Bernard dit que l'ingratitude est un vent brûlant qui dessèche la rivière de grâce divine.

2. Chute et désespoir

Il est un autre chemin au cœur de la chute, celui du désespoir. « Rien n'égale ni ne surpasse les miséricordes de Dieu. C'est pourquoi celui qui désespère est son propre meurtrier[1]. »

Une grande tentation guette le cœur de l'homme pécheur, celle du désespoir. Notre psychologie et le démon peuvent favoriser le doute que nous puissions espérer en la miséricorde de Dieu. Ce doute peut être favorisé aussi par notre endurcissement volontaire dans l'habitude du péché.

Le « péché contre l'Esprit »

« Tout péché ou blasphème sera remis aux hommes ; mais le blasphème contre l'Esprit ne sera pas remis[2]. » Le péché contre l'Esprit, c'est cet endurcissement orgueilleux qui consiste à refuser délibérément d'accueillir la miséricorde de Dieu. Notre liberté peut aller jusque-là. L'homme dans sa liberté peut aller jusqu'au refus éternel d'être avec Dieu, au risque de la souffrance éternelle dans la privation de la vision béatifique.

Il est certain que nous ne pouvons pas porter de jugement sur la destinée d'autrui, surtout pas à partir des apparences. Judas en est la parfaite illustration, lui qui renia le Seigneur et qui, dans sa misère et sa souffrance, au lieu de se jeter dans la miséricorde de son Dieu qu'il avait vu tant à l'œuvre, se suicida dans son désespoir[3]. Personne ne peut

1. S. Jean Climaque, *L'échelle sainte*, 5e degré, 46, *op. cit.*, p. 106.
2. Mt 12, 31.
3. Mt 27, 5.

présumer du salut ou de la damnation de Judas. Pour lui comme pour tous les pécheurs – dont nous sommes – il est important de prier, pour que chacun se convertisse et expérimente la miséricorde et la tendresse de Dieu. « Judas – écrit saint Grégoire de Nazianze – le Maître ne te renierait pas, il te sauverait en scrutant ton cœur. Il ne pourrait pas ne pas manifester sa bonté. Mais il ne peut sauver personne contre son gré. »

Il faut tenir que Dieu ne veut pas la mort du pécheur mais qu'il vive[1]. Pourtant, Dieu permet que l'homme dans sa liberté puisse se séparer de Lui éternellement, par son obstination jusqu'à la fin dans le péché mortel. Lors de la mort, lors du jugement particulier l'âme peut demeurer dans une aversion volontaire à l'égard de Dieu.

1. 2 P 3, 9.

Chapitre 6

LE CHRIST, MÉDIATEUR DE TOUTE GRÂCE

Après avoir considéré les maladies de l'âme et les moyens d'en être victorieux, il est bon de revenir avec force au Seigneur Jésus, Lui qui est la source du salut et qui rend possible toute victoire sur le mal à sa racine. Il est indispensable dans le combat spirituel d'enraciner au plus profond de nous-même cette conviction que Jésus est Seigneur, qu'Il est l'unique voie du salut, qu'Il est pour nous Le Médiateur[1] auprès du Père et que toutes les autres médiations qu'Il a voulu dans « l'économie du salut[2] » participent de son unique médiation et se comprennent en Lui.

Revenir sur la personne du Christ, c'est aussi comprendre que toutes les armes – que nous verrons dans le chapitre 7 – sont des moyens salvifiques parce qu'elles sont tout ordonnées à la vie trinitaire et nous lient au Christ.

1. 1 Tm 2, 3-6.
2. Organisation de différents éléments dans le plan divin en vue du salut de l'homme. Cette œuvre s'accomplit au travers de l'Histoire, des gestes, paroles et événements, et trouve son unité et son accomplissement par et dans le Christ. Cf. Concile Vatican II, *Dei verbum*, § 2.

I. Le Seigneur Jésus notre Rocher

A. L'Esprit Saint dans la Passion et la Résurrection du Seigneur Jésus

1. La nouvelle création

La Tradition biblique fait état de la création dans le livre de la Genèse où nous pouvons discerner dans un regard de foi l'acte créateur du Dieu unique, Trinité Sainte[1]. Ce mystère de la Trinité sera pleinement dévoilé dans les Évangiles qui nous annoncent que le Verbe de Dieu, l'une des Personnes de la Trinité Sainte, s'est fait chair et a assumé notre nature humaine. Cette Personne, c'est le Seigneur Jésus[2], Fils bien-aimé du Père de toute éternité. En sa mission, le Christ vient nous révéler le visage de tendresse du Père et nous insuffler le Saint-Esprit[3] qui est Seigneur, donateur de vie.

La première création, révélée dans le livre de la Genèse, est une œuvre trinitaire. « Le Verbe et l'Esprit sont les deux mains du Père » nous dit saint Irénée[4].

> « Gloire à Dieu le Père et au Fils, Roi de l'univers.
> Gloire à l'Esprit, digne de louange et totalement saint.
> La Trinité est un seul Dieu qui créa et remplit toute chose :
> le ciel, d'êtres célestes, et la terre, d'êtres terrestres.
> La mer, les fleuves et les fontaines, il les remplit d'êtres aquatiques,
> vivifiant toute chose par son Esprit,

---

1. Gn 1, 1-3. 26 et aussi Gn 11, 7 et Gn 18, 1-5.
2. Le Seigneur Jésus possède deux natures, divine et humaine. Ces deux natures en sa personne ne sont pas confondues mais unies. Dans le Christ, c'est la personne du Verbe qui assume la nature humaine. « Le Christ, étant vrai Dieu et vrai homme, a une intelligence et une volonté humaines, parfaitement accordées et soumises à son intelligence et sa volonté divines, qu'il a en commun avec le Père et le Saint-Esprit. L'Incarnation est donc le mystère de l'admirable union de la nature divine et de la nature humaine dans l'unique Personne du Verbe » Catéchisme de l'Église Catholique § 482 et 483.
3. « Je crois en l'Esprit Saint qui est Seigneur et qui donne la vie ; Il procède du Père et du Fils ; avec le Père et le Fils Il reçoit même adoration et même gloire ; Il a parlé par les prophètes », Conciles de Constantinople en 381 et de Tolède en 675.
4. *Contre les hérésies*, V, 6, 1. *Op. cit.*, p. 582.

> afin que toute créature chante louange à son sage Créateur,
> cause unique de la vie et de la durée.
> Plus que toute autre, que la créature raisonnable le célèbre sans cesse
> comme le grand Roi et le Père plein de bonté[1]. »

La première création ayant été abîmée par le péché originel, l'amour indéfectible de Dieu pour le genre humain appela une nouvelle création[2]. Celle-ci est aussi trinitaire. « Dieu a tant aimé le monde qu'il a donné le Fils, l'Unique, pour que tout homme qui croit en lui ne périsse pas, mais qu'il ait la vie éternelle[3]. » La re-création s'opère par le Fils et l'Esprit Saint. C'est le Fils qui est le « canal[4] » par lequel l'Esprit Saint nous est donné. Celui-ci nous communique la vie nouvelle et fait de nous dans le Christ, les fils bien-aimés du Père.

Toute la vie du Christ est une hymne à la gloire du Père. Jésus nous recrée dès sa conception ; mû par l'Esprit Saint, tout au long de sa vie, sa seule intention est la Volonté du Père, volonté aimante que jadis nous avons trahie. Jésus nous dit : « Personne n'a de plus grand amour que celui qui livre sa vie pour ses amis[5]. » Il ira jusqu'à la Croix pour manifester la surabondance d'amour de Dieu pour nous. Jésus nous a engendré dans sa prédication, il nous fait naître à la vie nouvelle dans l'Esprit à la Croix. Nous y sommes baptisés dans le feu et l'Esprit. L'Église est manifestée à la Pentecôte ; ce même Esprit qui a mû la Tête, meut aujourd'hui les membres. « Le Fils et le Saint Esprit – nous dit saint Cyrille – sont les deux mains avec lesquelles Dieu le Père est en train de pétrir la pâte pour en faire l'Église. »

> « L'Esprit n'est proprement appelé Don qu'en raison de l'Amour [...]. Donc l'amour qui est de Dieu et Dieu, est proprement l'Esprit-Saint par qui est répandue en nos cœurs la charité de Dieu, en vertu de laquelle la Trinité tout entière habite en nous. Voilà pourquoi le Saint-Esprit, quoique Dieu, est à très juste titre appelé aussi Don de Dieu. Et ce don, quel peut-il être au

1. S. Grégoire de Nazianze, *Poèmes dogmatiques,* XXXI. PG 37, traduction par l'Abbé Migne.
2. 2 P 1, 4.
3. Jn 3, 16.
4. Jn 1, 16 : « De sa plénitude nous avons tous reçu, et grâce sur grâce. »
5. Jn 15, 13.

fond, sinon la charité qui conduit à Dieu, et sans laquelle aucun autre don de Dieu ne conduit à Dieu[1] ? »

2. La volonté du Christ

La volonté humaine du Christ est parfaitement accordée à sa volonté divine, qu'il a en commun avec le Père et le Saint-Esprit. La volonté du Christ est toute aimante, elle est sagesse et nous manifeste l'intention de Dieu pour nous. Cette intention est de nous redonner notre dignité humaine par le Salut qui se réalise pour nous, par et dans le Christ. Ainsi en Lui nous sommes justifiés.

La nourriture du Christ, c'est de faire la volonté de son Père et de mener son œuvre à bonne fin[2]. Cette volonté dans le Christ est toute aimante[3]. Cet amour provient de la volonté divine du Verbe dans le Christ qui est tout relatif et uni au Père de toute éternité[4]. L'œuvre que le Christ vient accomplir et mener à bonne fin, est celle de notre rédemption, œuvre trinitaire[5]. Pour que cette œuvre s'accomplisse en nous, il nous faut nous mettre aussi à l'œuvre en coopérant à l'accueil du Salut en notre vie. « "Travaillez à acquérir non la nourriture qui périt, mais la nourriture qui demeure pour la vie éternelle, celle que le Fils de l'homme vous donnera ; car c'est lui que le Père, Dieu, a marqué d'un sceau." Ils lui dirent donc : "Que nous faut-il faire pour travailler aux œuvres de Dieu ?" Jésus répondit et leur dit : "L'œuvre de Dieu, c'est que vous croyiez en celui qu'il a envoyé"[6]. »

3. Jésus donne l'Esprit

« Jésus sachant que maintenant tout est accompli, dit pour que l'Écrit s'accomplisse : "J'ai soif." [...] Quand donc Jésus a pris le vinaigre, il dit : C'est accompli. Inclinant la tête, il livra l'Esprit[7]. »

---

1. S. Augustin, *De Trinitate*, Livre 15, ch. 18. Dans *Œuvres complètes*, traduction par M. Devoille, Bar-le-Duc, 1868.
2. Jn 4, 34.
3. Jn 13, 1.
4. Jn 1, 1.
5. Jn 5, 17 ; Lc 12, 49-50.
6. Jn 6, 27-29 ; cf. Jn 9, 3-5.
7. Jn 19, 28.30.

« Tout est accompli » a ce double sens : sens de la plénitude, de la perfection ; cela se comprend aussi dans le sens de l'achèvement, de but atteint, donc d'œuvre faite et parfaite.

« J'ai soif » peut s'entendre dans le sens physique comme spirituel. Selon le sens spirituel, pour les commentateurs médiévaux, la soif du Christ sur la Croix est la soif de notre salut. Le salut, Jésus l'accomplit en buvant la coupe[1] jusqu'à la lie, cette coupe des ignominies de la passion tant redoutées à Gethsémani. Le « j'ai soif » de Jésus sur la Croix est comme un ultime acquiescement à ce nouvel « admirable échange », qu'après l'Incarnation, la Rédemption nous assure en Lui. Cette soif de notre salut sera aussi signifiée dans cet admirable rencontre de Jésus avec la Samaritaine[2]. Comme à elle, à ceux qui accueillent le salut le Christ accorde le don de Dieu, l'eau vive qu'est l'Esprit Saint.

« Inclinant la tête, Il livra l'Esprit. » Ici il s'agit de la mort du Christ, mais plus encore Il livre, transmet l'Esprit. Le mot utilisé pour « Esprit[3] » désigne aussi bien le souffle que l'Esprit de Dieu. Dans ce texte saint Jean nous suggère qu'en cette mort et par elle Jésus donne l'Esprit Saint, comme il va le faire « sacramentellement » en soufflant sur ses Apôtres, dès le soir de Pâques[4]. Le rapprochement entre « j'ai soif » et « Il inclina la tête et livra l'Esprit » confirme que la soif qui tourmentait Jésus en ses derniers instants de vie terrestre était que s'ouvrent enfin ces temps nouveaux de l'effusion de l'Esprit, annoncés entre autres par Ezéchiel et Joël[5] et que l'on voit se réaliser dans les témoins de la résurrection de Jésus-Christ, ainsi que tout au long de l'histoire de l'Église commencée dans les Actes des Apôtres[6].

Dans sa mort Jésus remet son Esprit au Père[7] comme il transmet, insuffle, communique l'Esprit de Vie à son Église.

1. Mt 26, 39 ; Mc 14, 36 ; Lc 22, 42.
2. Jn 4, 1-26.
3. Les termes grec *pneuma* (le souffle) comme hébreu *rûah* (le vent) désignent l'esprit.
4. Jn 20, 22.
5. Ez 36, 25-27 ; Jl 3.
6. Ac 2, 14-36.
7. Lc 23, 46.

« Tu envoies ton souffle, ils sont créés, et tu renouvelles la face de la terre[1]. »

4. Le Cœur transpercé

Parce que c'était le jour de la Préparation du sabbat, afin que les corps des suppliciés ne restent pas en croix, les juifs demandèrent à Pilate que l'on brise leurs jambes. Les jambes brisées, les suppliciés alors mouraient d'asphyxie et dans de terribles douleurs. Lorsqu'ils voulurent briser les jambes de Jésus, voyant que celui-ci était déjà mort « l'un des soldats, de sa lance, lui piqua le côté, et il sortit aussitôt du sang et de l'eau ». Ainsi s'accomplit la prophétie : « Aucun de ses os ne sera brisé[2]. »

Dans sa prédication, Jésus avait annoncé qu'il serait élevé sur le bois de la croix[3]. Il fit cette autre prophétie qui voit son accomplissement avec le coup de lance et sa glorification : « Le dernier jour, le grand jour de la fête, Jésus se tenait là ; et il cria : "Si quelqu'un a soif, qu'il vienne vers moi, et qu'il boive, celui qui croit en moi ! Selon ce qu'a dit l'Écriture, de son ventre couleront des fleuves d'eau vive." Il dit cela de l'Esprit que devaient recevoir ceux qui croiraient en lui ; car il n'y avait pas encore d'Esprit, parce que Jésus n'avait pas encore été glorifié[4]. »

La liturgie de Carême nous invite à chanter : « Du Christ, notre Rocher[5], ont coulé des flots d'eau vive. Venez puiser aux sources du salut ». Puiser aux sources du salut, nous le pouvons par la foi qui nous fait reconnaître en Jésus le Sauveur et Celui qui vient restaurer l'image de Dieu au plus profond de notre être. En puisant à la source du salut qu'est le Christ, nous recevons l'eau vive qu'est l'Esprit Saint qui vient nous régénérer et nous configurer à l'image du Fils bien-aimé. En lui nous devenons enfants du Père et nous sommes, par l'action de l'Esprit Saint, incorporés à la vie trinitaire avec toute la communion de l'Église.

Le Cœur de Jésus est cette source intarissable. Elle jaillit de son côté[6], elle assainit, elle donne la vie, la fécondité, elle procure la guérison.

---

1. Ps 104 (103), 30.
2. Jn 19, 31-37.
3. Jn 3, 14-15 ; Jn 8, 28-30 ; Jn 12, 32-34 ; Jn 18, 32.
4. Jn 7, 37-39 ; cf. Za 12, 10 à 13, 1.
5. Ex 17, 6.
6. Ez 47, 1-12.

> « C'est ce que te montra ma vérité, s'il t'en souvient, lorsque tu lui demandas : "Hélas, doux agneau immaculé, tu étais mort quand ton côté fut ouvert, pourquoi donc as-tu voulu que ton cœur fut frappé et brisé ?" Et lui, s'il t'en souvient bien, te répondit : "J'avais plusieurs raisons, mais je vais te dire la principale. C'est que mon désir du genre humain était infini, alors que les tourments et les souffrances que j'endurais étaient finis. Aussi n'est-ce point avec ce qui était fini que je pouvais vous montrer tout l'amour que j'avais pour vous, puisque mon amour était infini. Je voulus donc, en vous montrant mon côté ouvert, que vous voyiez le secret du cœur, afin que vous voyiez que j'aimais beaucoup plus que je ne pouvais le montrer avec ma souffrance finie[1]." »

Dans « l'eau et le sang » qui coulent du côté du Christ, la Tradition voit le symbole des deux sacrements fondateurs de l'Église : le saint Baptême[2] et l'Eucharistie. Par rapprochement avec la création d'Ève tirée du côté d'Adam, la Tradition reconnaît que par la blessure de son Cœur, Jésus, Nouvel Adam, fait naître l'Église, nouvelle Ève, l'Épouse toute neuve, sainte et immaculée qu'Il veut s'unir. « Maris, aimez vos femmes, tout comme le Christ a aimé l'Église et s'est livré pour elle, afin de la sanctifier en la purifiant par le bain de l'eau qu'une parole accompagne, afin de se la présenter à lui-même, [cette Église] glorieuse, sans souillure ni ride ni rien de tel, mais sainte et irréprochable[3]. »

> « Le sang du Sauveur coula mêlé d'eau ; et ainsi fut versé le prix de notre salut, prix qui, venant à s'échapper du secret de son cœur comme d'une source, donna aux sacrements de l'Église la vertu de conférer la vie de la grâce, et devint pour ceux qui vivent en Jésus-Christ, un breuvage d'eau vive qui rejaillit jusque dans la vie éternelle[4]. »
>
> « Que le sang et l'eau, émanés de ton flanc, soient pour moi la piscine du baptême et le breuvage qui absout les péchés, afin que

1. S. Catherine de Sienne, *Livre des Dialogues*, Traité de l'oraison, LXXV. Traduction par Louis-Paul Guigues, éd. du Seuil, 1953, p. 237.
2. Jn 3, 5.
3. Ep 5, 25-27.
4. S. Bonaventure, *L'Arbre de Vie*, XXX. Dans *Œuvres spirituelles*, *op. cit.*

purifié je puisse, Verbe de Dieu, dans Tes paroles vivifiantes trouver l'onction sainte et l'étanchement de ma soif[1]. »

5. *L'Arbre de Vie où nous sommes recréés*

« Qu'ils le veuillent ou non, les hommes d'iniquité ne peuvent pas demeurer insensibles à la douceur de cette harmonie. Beaucoup se laissent prendre à son charme, et sa séduction les arrache à la mort pour les ramener à la vie. Tous les saints ont attiré les âmes par cette musique. Le premier qui ait fait entendre ce concert de vie fut le doux Verbe d'amour, lorsque, après avoir pris votre humanité pour l'unir à la divinité, il fit entendre sur la croix un si doux chant qu'il attira à lui le genre humain, et subjugua le démon auquel il enleva le pouvoir usurpé qu'il avait possédé si longtemps par la faute de l'homme[2]. »

À l'époque de l'Empire romain, la croix était considérée comme un effroyable objet de supplice et de malédiction pour celui qui en était victime. Par la croix, Jésus a enduré la passion de la main des pécheurs. Sur elle, Il subit une mort infâme et injuste. Pourtant, la croix devient pour les croyants le signe de la Rédemption et de la Vie[3]. Par sa mort le Christ a vaincu la mort; dans son humiliation sur la croix le Christ a terrassé le vil orgueil de Lucifer. Ainsi aujourd'hui la contemplation de la Croix du Christ nous dévoile la réalité de l'amour de Dieu pour nous. La Croix devient l'objet et le signe de notre salut. Contempler la Croix[4] dans la foi et la piété, c'est nous tenir devant l'Autel sur lequel le Grand Prêtre s'offre comme victime pour notre salut. Lorsque les chrétiens tracent sur eux le signe de la Croix, ceci dans la foi, ils s'immergent dans ce mystère de l'amour de Dieu pour eux et plongent en la Trinité sainte. Se signer de la Croix, c'est se laisser embrasser par l'amour divin qui nous témoigne son amour.

---

1. S. André de Crète.
2. S. Catherine de Sienne, *Dialogues*, chapitre 13 (147). Traduction R. P. J. Hurtaud, op., éd. Téqui, 1976.
3. Jn 12, 32 : « Et moi, une fois élevé de terre, j'attirerai tous les hommes vers moi. »
4. Jn 3, 14-16 : « De même que Moïse éleva le serpent au désert, ainsi faut-il que soit élevé le Fils de l'homme, pour que tout homme qui croit en lui ait la vie éternelle. Dieu en effet a tant aimé le monde qu'il a donné le Fils, l'Unique, pour que tout homme qui croit en lui ne périsse pas, mais qu'il ait la vie éternelle » ; cf. Nb 21, 8-9.

Il est d'usage dans l'Église de demander la bénédiction de la main des clercs[1]. Ceux-ci tracent le signe de la Croix et bénissent les personnes ainsi que toute chose confiée au bon usage des hommes, en demandant ce qui est bon, en souhaitant le bien. La Croix est source de fécondité pour celui qui se tourne vers elle et l'accueille dans la foi. Dans l'épreuve, dans le combat spirituel, les chrétiens – comme on peut le voir dans la vie des saints – peuvent être réconfortés et victorieux des assauts du diable par le signe de la Croix.

« Qu'avez-vous fait lorsque le démon vint brûler votre lit ? – demande-t-on au saint Curé d'Ars – J'ai fait le signe de la Croix et le grappin s'est enfui [...]. Parfois, j'offre mes ennuis pour la conversion des pécheurs. Alors le démon, qui ne saurait travailler contre lui-même, me laisse tranquille et s'en va. »

> « Cet arbre est pour moi une plante de salut éternel ; de lui je me nourris, et de lui je me repais. Par ses racines je m'enracine et par ses branches je m'étends, sa rosée me réjouit et son esprit comme un vent délicieux me fertilise. À son ombre j'ai dressé ma tente, et fuyant les grandes chaleurs j'y trouve un abri plein de rosée. Ses feuilles sont ma frondaison, ses fruits mes parfaites délices, et je jouis librement de ses fruits qui m'étaient depuis l'origine réservés. Il est dans la faim ma nourriture, dans la soif ma source, et mon vêtement dans la nudité, car ses feuilles sont l'Esprit de vie. Quand je redoute Dieu, il est ma protection, et quand je chancelle, mon appui, quand je combats, mon prix, et quand je triomphe, mon trophée[2]. »

B. Le Christ notre Pâque

1. Le Christ Grand Prêtre et Pontife

Nous avons souligné ci-dessus que la Passion du Seigneur Jésus est rédemptrice, ainsi l'exprimera Pierre dans sa foi : c'est « par ses meurtrissures [que] vous êtes guéris[3]. » Ce mystère du salut réalisé en

1. Évêques, prêtres et diacres.
2. Disciple d'Hippolyte de Rome, *Homélie Pascale I.*
3. 1 P 2, 21-24.

Jésus-Christ a été prophétisé dans l'Ancienne Alliance par Isaïe : « C'est à cause de nos forfaits qu'il était transpercé, à cause de nos fautes qu'il était écrasé. Le châtiment qui nous vaut la paix était sur lui, et par sa meurtrissure nous avons été guéris [...] mon serviteur juste en justifiera beaucoup, et c'est lui qui prendra la charge de leurs fautes[1]. »

> « Sur mes pas tu es descendu jusqu'à l'angoisse de la mort, afin que, sur tes pas, je sois rappelé à la vie. Tu souffres, Seigneur, non de tes blessures, mais des miennes. Non de ta mort, mais de mes faiblesses. Car tu es devenu faible, mais à cause de mes péchés. Cette faiblesse, tu ne l'as pas reçue de ton Père, tu l'as prise pour moi, car il était bon que tes blessures guérissent nos plaies[2]. »

La vie de Jésus, jusque dans le mystère de sa Passion, est toute tournée vers le Père. Dans son amour il s'offre en victime propitiatoire. Jésus est à la fois le prêtre et la victime parfaits[3], tournés vers le Père. En tant que victime et prêtre, il peut satisfaire et réparer pour la faute dont les conséquences étaient infinies car elle avait jadis séparé l'homme de Dieu. Aucun prêtre, aucune victime avant lui ne pouvait satisfaire ou réparer car le prêtre et la victime étaient imparfaits. « Ce n'est certes pas à des anges qu'il vient en aide ; mais c'est à la descendance d'Abraham qu'il vient en aide. En conséquence, il devait se faire en tout semblable à ses frères, afin de devenir un grand prêtre miséricordieux et fidèle dans le service de Dieu, pour expier les péchés du peuple. Car du fait qu'il a lui-même été éprouvé par ses souffrances, il peut venir au secours de ceux qui sont éprouvés[4]. »

Jésus est pour tout le genre humain le grand prêtre, pontife. Il est le pontife en ce sens qu'il fait le pont entre la créature et le Créateur, et qu'il rend possible la réconciliation en sa personne[5]. En venant à Jésus nous pouvons nous désaltérer et nous immerger en sa miséricorde. Il est pour nous le prêtre qui nous libère du péché, il est aussi le

1. Is 53, 5.11.
2. S. Ambroise de Milan.
3. He 7, 26-28 ; He 9, 11-15.
4. He 2, 16-18.
5. He 4, 15-16.

bon Samaritain[1], le médecin qui soigne nos âmes et nous guérit de tout mal. En Lui et par Lui nous recevons toute grâce[2].

> « Le Christ est tout pour nous !
> Si tu veux guérir une blessure, il est le médecin ;
> si tu es brûlant de fièvre, il est la fontaine ;
> si tu es opprimé par l'iniquité, il est la justice ;
> si tu as besoin de secours, il est la force ;
> si tu as peur de la mort, il est la vie ;
> si tu désires le ciel, il est la voie ;
> si tu es dans les ténèbres, il est la lumière.
> Goûtez et voyez comme le Seigneur est bon :
> bienheureux l'homme qui met son espérance en Lui[3]. »

> « Que Dieu, le Père de notre Seigneur Jésus-Christ, et lui-même, le grand prêtre éternel, le fils de Dieu, Jésus-Christ, vous fassent grandir dans la foi et dans la vérité, en toute douceur et sans colère, en patience et longanimité, endurance et chasteté ; qu'il vous donne part à l'héritage de ses saints, et à nous-mêmes avec vous, et à tous ceux qui sont sous le ciel, qui croient en notre Seigneur Jésus-Christ et en son Père qui l'a ressuscité d'entre les morts[4]. »

2. « Les disciples furent illuminés au baptistère de la Cène[5] »

Il est juste de relire les Évangiles à la lumière du mystère pascal et d'y découvrir la soif des contemporains de Jésus dans l'attente et la quête du Sauveur Messie. C'est en la personne de Jésus que le salut va leur être donné, mais la libération qu'apporte le Christ dépasse une libération temporelle à laquelle un grand nombre de ses contemporains aspiraient. Jésus comme Messie, vient libérer l'homme de son péché, de ses égoïsmes, aveuglements et endurcissements, il vient lui donner un cœur

1. Lc 10, 29-37 ; Mt 9, 12-13 ; Ps 147 (146-147), 3.
2. Cf. chapitre 5, I. B.1. « Les actes anagogiques. »
3. S. Ambroise de Milan, *De Virginitate*, 16, 99. Cité par Benoît XVI, audience générale du 24 octobre 2007.
4. S. Polycarpe de Smyrne, *Lettre aux Philippiens*, XII, 2. Dans « Les écrits des Pères apostoliques », traduction de P.-Th. Camelot, op, éd. Cerf, 1963, p. 216.
5. Liturgie de l'Église d'Orient, *Tropaire du Jeudi Saint*.

nouveau. Jésus, le Fils bien-aimé, en sa mission vient nous révéler le visage du Père éternel. Le Christ se révèle pour nous comme la voie du salut[1], l'unique voie. Il est « le Chemin, et la Vérité, et la Vie[2] ». Et ce chemin consiste à marcher à la suite du Christ avec l'élan de l'amour, dans la vérité, pour la plénitude de la vie en notre existence et pour l'éternité. Le Christ vient nous offrir la charte des Béatitudes[3] en nous donnant de pouvoir les vivre dès aujourd'hui. Elles sont bénédiction pour celui qui les met en acte dans sa vie, elles sont mélodie de bonheur et antidote devant les malédictions et les écueils auxquels on peut être confronté. Jésus, auprès de ses contemporains, s'est révélé comme étant le Seigneur, mais sans jamais s'imposer. Les solutions radicales auxquelles il nous invite, sont toujours pour nous conversion, dépassement, mais elles sont toujours un « plus » comme le signe de la croix. Il n'a pas libéré ses contemporains par les armes, si ce n'est celle de l'amour dont la fécondité rejaillit sur toutes les générations et le genre humain. En son amour il vient neutraliser le mal à sa racine, sans pour autant supprimer la liberté et la responsabilité de l'homme.

Nous sommes invités à vivre dans le Christ le mystère pascal, à mourir avec lui pour naître à une vie nouvelle. En vivant notre Pâque dans le Christ, nous passons de la malédiction à la bénédiction, du péché à la liberté des enfants de Dieu, de la mort à la vie, des ténèbres à la lumière, des blessures à la guérison. Pour vivre cette réalité au plus profond de notre être, il nous faut accueillir et étreindre le Christ comme le Seigneur de notre vie et de notre existence, cela dans un esprit de pauvreté. Alors tout ce que Jésus opérait auprès de ses contemporains, il le réalisera en nous et autour de nous. Son enseignement deviendra alors lumineux pour nos esprits obscurcis, et nous comprendrons que tous les signes qu'il opérait manifestent une réalité invisible et essentielle : la guérison de l'âme, du cœur. Approchons-nous d'un tel Sauveur avec désir, avec soif, tels des mendiants.

> « La vérité de tout cela apparut lorsque le Verbe de Dieu se fit homme, se rendant semblable à l'homme et rendant l'homme

1. Jn 10, 7-9.
2. Jn 14, 6.
3. Mt 3-12.

> semblable à lui, pour que, par la ressemblance avec le Fils, l'homme devienne précieux aux yeux du Père. Dans les temps antérieurs, en effet, on disait bien que l'homme avait été fait à l'image de Dieu, mais cela n'apparaissait pas, car le Verbe était encore invisible, lui à l'image de qui l'homme avait été fait : c'est d'ailleurs pour ce motif que la ressemblance s'était facilement perdue. Mais, lorsque le Verbe de Dieu se fit chair, Il confirma l'une et l'autre : il fit apparaître l'image dans toute sa vérité, en devenant lui-même cela même qu'était son image, et il rétablit la ressemblance de façon stable, en rendant l'homme pleinement semblable au Père invisible par le moyen du Verbe dorénavant visible[1]. »

L'ardente soif du Christ, exprimée auprès de la Samaritaine comme sur le bois de la Croix, traduisait au-delà d'une soif physique le désir et la volonté de sauver l'homme et de lui communiquer l'eau vive de l'Esprit, en vue de désaltérer tous ceux qui seraient habités par la soif du salut, de la vérité et de l'amour infini. Cette recherche éperdue du Christ est cette volonté de nous combler en plénitude comme seul lui peut le faire : « Adam, où es-tu ? » Jésus dans le mystère pascal descend aux enfers pour y arracher Adam qui, telle une brebis perdue, est conduit par le Bon Pasteur vers les verts pâturages[2] avec toute l'humanité égarée.

Dans la nouvelle création, le Christ et l'Esprit nous font naître à une vie nouvelle. Par le don de la grâce, l'Esprit forme en nous l'Homme Nouveau, le Christ, pour que nous puissions avec lui dire « Abba – Père[3] ». Nous pouvons accueillir le don de la grâce au travers de tous les sacrements. Le Saint Baptême qui rend possible l'accès aux autres sacrements, nous immerge dans le mystère pascal où nous devenons dans le Christ, en vertu de sa mort et de sa résurrection, enfants bien-aimés du Père. Par le Baptême l'image de Dieu est restaurée en nous, et dans l'image retrouvée nous pouvons nourrir et intensifier la ressemblance par les autres sacrements et les nourritures divines. Aujourd'hui, la vie du Christ sur la terre se prolonge d'une manière visible dans son Corps Mystique, l'Église, qu'Il nourrit et vivifie par le don de l'Esprit dans les

1. S. Irénée, *Contre les hérésies*, V, 16, 2. *Op. cit.*, 617-618.
2. Ps 23 (22).
3. Rm 8, 15 ; Ga 4, 6.

sacrements. Les sept sacrements prolongent et perpétuent l'action du Christ inaugurée en son Incarnation. Par eux, Il ne cesse d'agir dans les croyants et de leur communiquer le salut. « Quand Il [le Saint-Esprit] vient, puisqu'Il chasse toute maladie et toute infirmité dans l'âme, il est appelé santé, parce qu'Il nous accorde la santé de l'âme[1]. »

Le chrétien, c'est-à-dire celui qui est du Christ, s'efforce de vivre du Baptême qu'il a reçu, en passant du signe à la signification de ce sacrement. Comme le chante la liturgie de l'Église d'Orient, « les disciples furent illuminés au baptistère de la Cène ». Par l'eau du Baptême, l'homme pécheur est purifié de la souillure du péché et retrouve la communion avec Dieu qui ouvre à la vie éternelle. Il est configuré au Christ en son âme et incorporé à une grande famille qu'est l'Église dont la Tête est le Christ. Le baptisé, avec toute l'Église, est appelé à la vie trinitaire. L'âme du disciple à la suite du Christ, par la vie théologale, est appelée à devenir amie du Christ et épousée.

« Notre esprit, illuminé par l'Esprit, fixe son regard sur le Fils, et en Celui-ci, comme en une image, contemple le Père[2]. »

II. Le mystère de l'Église, les « gras pâturages »

> « Le Christ est la lumière des peuples ; réuni dans l'Esprit-Saint, le saint Concile souhaite donc ardemment, en annonçant à toutes créatures la bonne nouvelle de l'Évangile, répandre sur tous les hommes la clarté du Christ qui resplendit sur le visage de l'Église[3]. **L'Église étant, dans le Christ, en quelque sorte le sacrement, c'est-à-dire à la fois le signe et le moyen de l'union intime avec Dieu et de l'unité de tout le genre humain**, elle se propose de préciser davantage, pour ses fidèles et pour le monde entier, en se rattachant à l'enseignement des précédents Conciles, sa propre nature et sa mission universelle[4]. »

1. S. Syméon le Nouveau Théologien, *Traités théologiques et éthiques*, VII. Traduction par J. Darrouzès, « Sources chrétiennes » n° 129, éd. Cerf, 1967, p. 181.
2. S. Basile le Grand, *Lettres*, CCXXVI. *Op. cit.*
3. Mc 16, 15.
4. Concile Vatican II, *Lumen Gentium* § 1.

Les paroles du Concile Vatican II citées ci-dessus illustrent admirablement l'évangile du bon Pasteur[1]. Jésus, Lumière du monde, est pour toute l'humanité[2] le bon Pasteur, Il conduit toute l'Église et les hommes de bonne volonté vers les gras pâturages, Il appelle chacune de ses brebis par son nom. Tout ceux qui le connaissent[3] le suivent parce qu'ils reconnaissent sa voix. Dans cette parabole Jésus dit avec insistance : « En vérité, en vérité, je vous le dis, je suis la porte des brebis [...]. Je suis la porte : si quelqu'un entre par moi, il sera sauvé, il ira et viendra et trouvera de quoi se nourrir [...] moi, je suis venu pour que les hommes aient la vie et qu'ils l'aient en abondance. » L'insistance de Jésus dans cette parabole, c'est qu'Il est Lui la porte, Il est l'unique porte ; il n'y a pas d'autre accès au salut[4] et à la vie éternelle que Jésus, Seigneur, Sauveur du genre humain. Cette porte, c'est le Cœur ouvert de Jésus qui nous donne la vie en abondance. Du Cœur ouvert du Christ nous pouvons naître à une vie nouvelle, nous pouvons avoir accès aux sacrements et aux mystères du Cœur de Dieu. C'est par le Christ que toute l'humanité en Lui peut être réunie en un même peuple, en une même Église pour célébrer la louange et la gloire de Dieu, et tous les bienfaits qu'Il réalise. L'Église, ce sont tout ceux qui confessent la Trinité Sainte et Bienheureuse, et à ceux-ci sont appelés à s'unir « tous les hommes sans exception que la grâce de Dieu appelle au salut[5] ». Tout ceux qui confessent la Trinité Sainte et qui se laissent conduire par Jésus bon Pasteur ont accès aux nourritures divines, aux sacrements qui donnent vie et croissance.

On peut parler du mystère de l'Église en tant que celle-ci est Épouse[6], qu'Elle est « une, sainte, catholique, et apostolique[7] ». L'Église est ce peuple en chemin. Les imperfections et les péchés de ses membres blessent le Corps tout entier, mais ne doivent aucunement

1. Jn 10, 1-21.
2. Ap 12, 5.
3. Dans le langage sémite, la connaissance ne se réduit pas à l'intelligence, mais elle implique l'expérience, le discernement, la connaissance intime, d'où l'élection, le choix.
4. Ps 108 (107), 13-14.
5. Concile Vatican II, *Lumen Gentium*, n° 14.
6. Ep 5, 25-27.
7. Symbole de Nicée-Constantinople.

voiler à nos yeux la grandeur de ce mystère qu'est l'Église. Ses membres sont appelés à la conversion et à se laisser transformer par l'action de la grâce, tel le levain dans la pâte[1], pour que le visage du Christ transfiguré puisse luire sur ses membres et que cet éclat attire toute l'humanité en recherche.

> « Ne vous éloignez pas de l'Église ! Rien n'est plus fort qu'Elle. Elle est votre espérance, votre refuge. Elle est plus haute que le ciel et plus vaste que la terre. Elle ne vieillit jamais[2] ! »

> « Là où est l'Église, là est l'Esprit de Dieu, et là où est l'Esprit de Dieu, là est l'Église et toute grâce[3]. »

A. Les gras pâturages – L'Église, milieu de vie

Il nous faut comprendre l'Église en tant que ses membres baptisés, sauvés par le Christ sont aujourd'hui greffés sur Lui tels des sarments sur la vigne véritable[4]. Ils reçoivent du Christ la sève et la vie qui donne à leur existence sens et fécondité. Le baptisé, qui est un autre Christ – « oint » – devient ami de l'Époux. Il accueille Sa Parole et ses commandements, et demeure avec Lui. Greffés sur la vigne, tous les baptisés sont appelés à vivre de la vie trinitaire et à accueillir ce grand commandement qui est celui de l'amour.

L'Église a pour vocation de faire croître la charité entre ses membres, charité dont la source est la Trinité. Unis par la charité, les membres de l'Église manifestent l'unité et la communion des personnes de la Trinité Sainte, Dieu Un.

Les chrétiens obtiennent la croissance de la charité en se tournant vers la source, en communiant à elle par la prière, mais aussi en accédant aux divines nourritures, telles la Parole de Dieu, l'Eucharistie, la volonté divine… L'Église est véritablement le lieu des gras pâturages[5]

1. Mt 13, 33.
2. S. Jean Chrysostome.
3. S. Irénée, *Contre les hérésies*, III, 24, 1. *Op. cit.*, p. 395.
4. Jn 15, 1-17.
5. Ps 23 (22) ; Ez 34 ; Jn 10, 1-11 ; Jn 21, 15-17.

où sont dispensées les divines nourritures, en cela elle est un milieu de vie. Par elle, les baptisés peuvent épanouir et faire grandir en eux la vie baptismale. Dans le milieu de vie qu'est l'Église nous est donnée la grâce, en vue de ne faire plus qu'un avec le Christ qui est la vigne véritable. En elle nous sont donnés tous les moyens en vue de l'union à Dieu. Tous ces moyens trouvent leur force et leur cohérence parce que vécus en Église. Ces moyens vont être comme autant d'armes mises à notre disposition dans le combat spirituel pour lutter contre tout ce qui pourrait nous détourner de l'union avec Dieu. Il nous faut donc être vigilants à demeurer dans ce milieu de vie qu'est l'Église, Corps Mystique.

> « Ton âme cherche la vie véritable et sa nourriture propre. La nourriture de l'esprit, c'est la vérité ; la nourriture du cœur, c'est la paix et le bonheur ; la nourriture de la volonté, c'est une direction droite et autorisée. Approche-toi de l'Église : elle te donnera tout cela en abondance, elle possède tout cela en surabondance. Elle est "colonne et support de la vérité[1]" parce qu'en elle se trouve la Parole de Dieu, qui révèle l'origine de toutes choses, l'origine du genre humain, la création de l'homme à l'image et à la ressemblance de Dieu, sa chute, sa rédemption par le Sauveur des hommes, les moyens du salut : la foi, l'espérance et l'amour. Elle nous dispense la paix et le bonheur par sa liturgie, et surtout par les sacrements. Elle nous dit : "Venez à moi, vous tous qui peinez et ployez sous le fardeau et moi je vous donnerai le repos[2]." Elle nous apprend la voie de vérité, que notre volonté doit suivre sans défaillance, et qui nous conduira à la vie éternelle, c'est-à-dire la voie des commandements de Dieu[3]. »

B. Médiations dans l'Église et combat spirituel

Dans l'Église, le Christ, unique Médiateur entre le Père et les hommes, a établi des médiations qui sont comme autant de visages de

1. 1 Tm 3, 15.
2. Mt 11, 28.
3. Père Jean de Cronstadt, *Ma vie en Christ*, *op. cit.*, p. 148.

l'unique paternité manifestée dans le Christ[1]. Les médiations entre le Père et le peuple de Dieu sont confiées à des ministres habilités, que ce soit pour la sanctification par les sacrements, pour éclairer le peuple de Dieu par l'enseignement, ou encore pour gouverner. Il existe dans l'Église de nombreux autres ministères confiés aux clercs et aux laïcs. Cette diversité des ministères[2] est tout ordonnée à la croissance du Corps mystique. Les chrétiens pour cela mettent leurs dons au service du bien commun et répondent à l'appel de Dieu dans le don de leur personne.

Les baptisés, constitués « peuple de Dieu » dans l'Église, sont confrontés au combat spirituel dans leur pérégrination vers le Royaume de Dieu. Dans ce combat les chrétiens sont solidaires, ils prient les uns pour les autres, ils s'entraident dans les épreuves. La charité qu'ils se témoignent ainsi contribue à manifester la victoire que le Christ a acquise pour tout le Corps mystique et tout le genre humain au prix du don de sa vie. L'Église, dans son enseignement et gouvernement, rappelle à tous les chrétiens, dans la vérité de l'Évangile qu'ils ne peuvent pas à la fois accueillir en plénitude le Christ et en même temps frayer avec les idoles et toutes formes de divination, de pratiques occultes. La parole de l'Église prolonge et actualise l'enseignement de Jésus auquel elle s'attachera à être fidèle, mue par l'Esprit Saint. Dès les commencements de l'Église, les premiers chrétiens, dont l'Apôtre saint Paul, avaient une vision très claire sur la vie chrétienne et la relation au Christ. Lors de leurs voyages apostoliques les Apôtres seront confrontés à des sorciers et magiciens qui ont recours aux forces occultes et aux divinations[3]. Les Apôtres sans ambages, avec clarté et fermeté affirmeront la foi chrétienne face aux faussaires et aux séducteurs qui détournent des voies du Seigneur. On voit cela en particulier dans cette rencontre de Paul et Silas avec cette servante qui faisait de la divination et rapportait beaucoup d'argent à ses maîtres. Elle disait, parlant de Paul et ses compagnons : « Ces hommes sont les serviteurs du Dieu

1. Lc 10, 16 ; Ep 3, 14-21.
2. Rm 12, 4-13 ; 1 Co 10, 17 ; 1 Co 12, 4-31 ; Ep 4, 4-16.
3. Ac 8, 5-24 ; Ac 13, 6-12 ; Ac 16, 16-19 ; Ac 19, 11-20.

Très-Haut ; ils vous annoncent une voie de salut[1]. » Devant son insistance, excédé, Paul chassa l'esprit qui l'inspirait. Elle perdit alors ses pouvoirs. Il est important de relever que les Apôtres n'annoncent pas *une* voie de salut mais *la* voie du salut. Tout au long de l'histoire, dans le sillage des Apôtres, l'Église devra constamment clarifier toute ambiguïté et rappeler qu'il n'y a qu'une voie de salut, le Seigneur Jésus, que toute autre proposition est tromperie, et que les pratiques occultes et divinatoires sont des chemins qui conduisent à l'esclavage et à la mort.

Parmi les ministères dans l'Église, il en est qui ont pour but d'aider et de secourir les baptisés dans le combat spirituel[2]. Il y a entre autres le ministère du père spirituel qui peut être d'un grand secours. Par l'accompagnement, il est au service de notre croissance dans le Christ ; il aide à vivre dans l'esprit évangélique, il nous confirme et conforte dans un chemin d'union à Dieu et de conversion, nous amenant ainsi à vivre toujours plus en conformité avec le Christ dans des mœurs divines, et dans son intimité. Pour le bien de ceux qu'il accompagne, le Père spirituel s'appuie sur un réalisme humain et spirituel. Il est à leur écoute, soucieux de leur croissance, de ce qui est bon pour eux dans le *ici et maintenant*, et à chaque fois que nécessaire il use du discernement des esprits. Il aide ceux qu'il accompagne sur leur route vers l'éternité à user des nourritures divines que la Providence offre en son Église.

Cette tradition de la paternité[3] et de la maternité spirituelles, nous la retrouvons dès les origines du christianisme, notamment avec saint Paul lorsqu'il écrivait aux Corinthiens : « Ce n'est pas pour vous confondre que j'écris cela, c'est pour vous avertir comme mes enfants bien-aimés. Auriez-vous en effet des milliers de pédagogues en Christ, que vous n'avez pas plusieurs pères ; car c'est moi qui, par l'Évangile, vous ai engendrés en Christ Jésus. Je vous exhorte donc : montrez-vous mes imitateurs[4] », et aux Galates : « Mes enfants, pour qui j'endure à

1. Nous pouvons regretter que ce verset (Ac 16, 17) soit souvent traduit dans les Bibles par : « ils vous annoncent la voie du salut », ce qui ne correspond pas au texte grec et permet de moins bien comprendre par conséquent l'attitude de Paul.
2. Cf. chapitre 5. I. D. « De la nécessité des prières de délivrance ».
3. En Orient chrétien, le Père spirituel est appelé *starets*, ce qui signifie « ancien », *gerontas* en grec.
4. 1 Co 4, 14-16.

nouveau les douleurs de l'enfantement jusqu'à ce que Christ soit formé en vous […][1]. »

Il est peu aisé de trouver dans l'Église un Père ou une Mère spirituel, c'est pourquoi il est important de demander conseil, et surtout de prier Dieu de mettre sur notre chemin un guide selon son Cœur. Saint François de Sales donne quelques indications quant aux qualités d'un tel guide : « Il le faut plein de charité, de science et de prudence : si l'une de ces trois parties lui manque, il y a du danger. Mais je vous dis encore une fois : demandez-le à Dieu, et l'ayant obtenu bénissez sa divine Majesté, demeurez ferme et n'en cherchez point d'autres, mais allez simplement, humblement et avec confiance, car vous ferez un très heureux voyage[2]. »

III. Marie, Mère de Dieu, Mère de l'Église

Jusqu'à présent en approfondissant le sujet du combat spirituel, nous n'avions pas eu l'occasion de parler de la Vierge Marie. À ce moment de notre réflexion il est inévitable et il est heureux de parler d'elle, elle qui dans l'économie divine a eu un rôle très important pour le genre humain et le salut de celui-ci. De même aujourd'hui dans la vie de l'Église, elle ne cesse d'accomplir sa mission maternelle pour le Corps mystique et chacun de ses membres.

A. Marie, Mère de Dieu

Marie, la très sainte, toute pure, comblée de grâce, est l'icône, le miroir de l'humanité restaurée. Dans cette illustre vocation à enfanter le Seigneur Jésus, notre Sauveur, pour laquelle elle a été prédestinée, de manière mystérieuse elle a été préservée de la tache du péché originel[3]. Elle est le fruit précoce de l'Arbre de Vie[4] par lequel elle a été rendue

---

1. Ga 4, 19.
2. S. François de Sales, *Introduction à la vie dévote*, 2e partie, 4. « De la nécessité d'un conducteur… ». Éd. du Seuil, 1962. Page 26.
3. Cf. Constitution apostolique *Ineffabilis Deus*, Pie IX, 8 décembre 1854 : définition et proclamation du dogme de l'Immaculée Conception.
4. Cf. dans ce même chapitre : I.A.5.

digne de pouvoir enfanter en son sein le Verbe de Dieu, le Tout-Autre, qui tient tout en sa main. Elle est le Trône de Dieu, l'Arche admirable. Marie, en sa nature préservée du péché originel, est une femme toute resplendissante et toute simple, exempte de la complexité qu'engendre la disharmonie due au péché. Marie est profondément contemplative, elle est disponible aux motions de l'Esprit. Son intelligence lumineuse est toute ordonnée à l'amour, et à l'amour de Celui qui est la source de son être. Marie, habitée par la vie théologale, est toute unie et rivée à l'Époux auquel elle consacre tout son être, toute sa personne. Dans sa profonde liberté intérieure, elle n'a qu'une volonté, celle de faire la Volonté de Dieu, ce qui la rend encore plus libre parce que disponible à l'action de Dieu. Ainsi, Marie est véritablement instrument, elle est servante, parce que pauvre et fidèle. Tout ce qu'elle est appelle, attire la présence de Dieu.

À la plénitude des Temps, le cours de l'Histoire va être bouleversé par le « oui » de Marie. Son « oui » à la volonté de Dieu rend possible au Verbe de Dieu, par la puissance du Saint-Esprit, d'assumer notre chair, notre nature humaine. Ainsi le Verbe s'est fait chair et Dieu a demeuré parmi nous[1]. Dans la conception virginale du Christ, Marie n'est pas moins mère. En elle va grandir le Fils de Dieu, celui que l'on appellera Jésus, celui qui en sa personne est vrai Dieu et vrai homme, celui qui par son incarnation sauve le genre humain et dont toute la vie ne cesse d'accomplir l'Œuvre du salut.

Le « oui » de Marie à l'Annonciation revêt toute sa force et son intensité au pied de la Croix, où là encore elle dit « oui » et offre son enfant bien-aimé au Père des Cieux. Au pied de la Croix, comme l'avait annoncé la prophétie de Syméon[2], son âme est transpercée d'un glaive de douleur. D'une manière mystique elle est unie à l'Œuvre rédemptrice de son Fils pour le genre humain. Alors elle reçoit de Jésus lui-même sa nouvelle vocation, en la personne du disciple Jean, d'enfanter le Corps mystique : « Jésus [...] dit à sa mère : "Femme, voilà ton fils." Ensuite il dit au disciple : "Voilà ta mère[3]." » Elle qui a

1. Jn 1, 14.
2. Lc 2, 34-35.
3. Jn 19, 26-27

engendré en son sein le Sauveur par la vertu du Saint-Esprit, continue sa mission maternelle à l'égard des membres du Corps mystique, l'Église rachetée par son enfant bien-aimé. Sa mission est d'aider tous les enfants de Dieu à accueillir le don de la grâce et à laisser celle-ci s'emparer d'eux pour qu'ils deviennent configurés au Christ. Elle enfante en chacun des membres de l'Église son enfant bien-aimé pour la plus grande gloire du Père. Elle a enfanté la Tête, aujourd'hui elle enfante les membres du Corps du Christ.

> « Qui refusera de te proclamer Bienheureuse, ô Vierge Sainte, qui ne voudra louer ton enfantement virginal : car le Fils unique, le reflet du Père intemporel qui est sorti de ton sein ô Vierge Pure, ineffablement s'est incarné pour nous sauver. Dieu par nature, il a pris la nature de l'homme et sans être divisé en deux personnes, il s'est fait connaître en deux natures sans confusion. Ô Vierge Sainte et Bienheureuse, intercède auprès de lui pour qu'il accorde à nos âmes sa miséricorde[1]. »

B. Marie, Mère de l'Église

Comme nous l'avons évoqué ci-dessus, nous pouvons nous adresser à Marie sous le beau vocable de « Mère de l'Église » parce qu'elle est Mère de Dieu. Elle reçoit cette maternité au pied de la Croix, par la charité qui l'unit à son Fils et qui la rend participante du mystère de la Rédemption d'une manière toute particulière. Jésus est l'unique Médiateur entre le Père et les hommes, Il est l'unique Sauveur. Mais elle participe à la médiation de son Fils, Lui qui aime à passer par elle. Il a fait d'elle la « Porte du Ciel » pour venir en notre humanité. Dans son infinie gratitude, Il continue et ne cesse de nous bénir par elle, elle qui est la nouvelle Ève, la Vivante, celle en qui fleurissent et s'épanouissent tous les dons de Dieu.

En la contemplant dans les Évangiles, elle nous invite, comme pour les serviteurs aux noces de Cana[2], à faire tout ce que Jésus nous demandera. Plus encore si nous le lui demandons, elle nous aidera à

1. Extrait d'une homélie prononcée au Concile d'Éphèse en 431.
2. Jn 2, 1-11.

accomplir tout ce qu'Il nous demandera, parce qu'elle est bienveillante comme Mère et que tout ce qu'elle accomplit en nous est pour la gloire de Dieu. Comme Mère elle ne veut pas que les grâces de la Passion de son Fils soient rendues stériles en nous.

Marie est pour nous modèle de vie théologale. Avant de concevoir par l'Esprit Saint, elle a conçu dans la foi, elle a vécu et elle est demeurée dans la fidélité de la foi, y compris dans les épreuves dont elle n'a pas été préservée[1]. Grande était l'espérance qui l'animait, elle qui portait en son cœur le désir du plein accomplissement de la mission de son Fils. Ce désir était l'expression en elle de la divine charité, cette même charité qui la faisait courir au-devant de sa cousine Élisabeth[2], qui l'a conduite à marcher fidèlement à la suite de son Fils jusqu'au pied de la Croix. Cette charité, fruit de l'Esprit Saint dont elle est l'Épouse, animera sa prière au Cénacle avec l'Église naissante[3], désirant et appelant la venue de l'Esprit sur tous ses membres. Marie aujourd'hui ne cesse de prier, d'intercéder, de visiter, d'éduquer les membres de l'Église, en particulier les plus pauvres et les plus désireux. « Marie – nous dit Bossuet – est mère de Dieu pour tout recevoir, mère des hommes pour tout accorder. »

Dans la charité qui l'anime, Marie aujourd'hui ne cesse de venir au devant de ses enfants qui l'invoquent. D'une manière toute particulière elle intervient auprès des membres les plus pauvres, ceux qui souffrent, y compris dans le combat spirituel. Elle vient les réconforter, jeter une lumière pour les éclairer quant aux causes de leurs maux ; elle vient repousser l'antique serpent par sa présence, par sa prière, elle qui ne cesse d'évoquer leur défaite aux forces des ténèbres. En effet par son « oui » Marie, nouvelle Ève vient écraser la tête de l'antique serpent[4]. Jamais en sa vie terrestre, Marie ne succombera aux tentations et aux assauts du vénéneux serpent[5]. L'humilité de Marie, son obéissance inconditionnelle à l'Esprit, sa simplicité, les vertus théologales en elle, ont été pour elle un

1. Lc 2, 34-35 ; Mt 2, 13-18 ; Lc 2, 44-51 ; Jn 19, 25 ; Ap 12.
2. Lc 1, 39-56.
3. Ac 1, 13-14.
4. Gn 3, 15. Catéchisme de l'Église catholique § 2853.
5. Ap 12, 4 et suivants.

bouclier sur lequel a été brisé l'Adversaire. L'adoration établit Marie dans le Cœur de Dieu où elle demeure dans la fidélité.

« Marie [...] en la suivant, impossible de te perdre ; en la priant, de te décourager ; en pensant à elle, d'errer. Ta main dans la sienne, tu ne tomberas pas ; sous sa protection, tu ne craindras pas ; sous sa conduite, tu ne connaîtras pas la fatigue ; avec son appui, tu atteins le but[1]. »

Dans le combat spirituel, dans les tentations, les épreuves, nous pouvons trouver réconfort auprès de Marie, elle qui comme le chante le Cantique des cantiques « [...] est celle qui surgit [...] redoutable comme des bataillons[2] ». Dans le combat nous pouvons nous tourner vers la source du salut, Jésus qui nous donne tous les remèdes de vie ; nous pouvons aussi nous appuyer sur cette solidarité qui anime toute l'Église dans la charité, la communion des saints : l'Église visible, c'est-à-dire ceux qui sont encore en marche, unis à tout ceux qui sont déjà dans la gloire. L'Église glorieuse, c'est la victoire du Christ dans le cœur des saints. Parmi eux préside la Reine des Cieux, Marie toute belle et immaculée. Par elle nous pouvons obtenir la victoire dans nos combats spirituels quand nous l'invoquons[3].

Au-delà de nos besoins, de nos combats spirituels, il est bon que nous ayons pour Marie la gratitude des enfants à l'égard d'une mère aimante. Ne redoutons pas d'être de véritables enfants auprès d'elle et dans notre relation à elle, ainsi elle nous aidera à aller de l'avant et à surmonter bien des obstacles. Nous pouvons l'invoquer de multiples manières, parmi elles la prière du Rosaire[4] est à encourager pour sa simplicité et aussi pour sa grandeur dans les mystères qu'il nous invite

---

1. S. Bernard, *A la louange de la Vierge Marie*, Homélie II § 17. Traduction révisée par l'auteur.
2. Ct 6, 4.10.
3. « Si vous l'invoquez [la Vierge Marie] lorsque vous êtes tentés, cette bonne Mère si pleine de tendresse viendra tout de suite à votre secours », S. Curé d'Ars.
4. « Par le Rosaire, l'esprit de Marie se répand sur ses enfants. Par lui, l'Église remporte contre les puissances des ténèbres de continuels triomphes », S. Pie X. Bénédiction du Rosaire pour une prise d'habit : « Accorde à ce rosaire un tel pouvoir de l'Esprit Saint que celui qui le portera et par lui te priera persévère dans la vie sainte [...] qu'il soit en ce monde libéré de tout ennemi visible et invisible, toujours et partout [...]. Qu'il mérite d'être présenté à toi par la bienheureuse Vierge Marie elle-même, la Mère de ton Fils notre Seigneur [...]. »

à méditer. « Il n'y a pas un petit enfant qui, en bégayant l'*Ave Maria*, ne la loue ; il n'y a guère de pécheurs qui, en leur endurcissement même, n'aient en elle quelque étincelle de confiance ; il n'y a pas même le diable dans les enfers qui, en la craignant, ne la respecte[1]. »

> « Oui, c'est elle [Marie], cette "noble étoile issue de Jacob" (Nb 24, 17) dont les rayons illuminent le monde entier, dont la splendeur éclate dans les cieux, pénètre les enfers, illumine le monde, réchauffe les âmes plutôt que les corps, enflamme les vertus, consume les vices. Oui, c'est elle, cette étoile étincelante et magnifique que rien n'empêche de s'élever au-dessus de "cette mer vaste et immense" (Ps 103, 25). Elle resplendit par ses mérites et éclaire par ses exemples. Ô toi qui te vois, dans les agitations de ce monde, ballotté au milieu des bourrasques et des tempêtes de manière plus périlleuse que si tu marchais sur la terre ferme, ne détourne pas les yeux de l'éclat de cet astre si tu ne veux pas sombrer dans les flots. Si les vents des tentations se lèvent, si tu vas au-devant des écueils des épreuves, regarde l'étoile, appelle Marie. Si tu es submergé par les vagues de l'orgueil, ou de l'ambition, ou du dénigrement, ou de la jalousie, regarde l'étoile, crie vers Marie. Si la colère, ou l'avarice, ou les attraits de la chair ébranlent le vaisseau de ton âme, regarde vers Marie. Si, oppressé par l'énormité de tes fautes, accablé par la souillure de ta conscience, terrifié par l'horreur du jugement, tu commences à sombrer dans le gouffre de la tristesse, dans l'abîme du désespoir, pense à Marie. Dans les périls, les angoisses, les incertitudes, pense à Marie, invoque Marie. Que son nom ne quitte pas tes lèvres, qu'il ne quitte pas ton cœur. Et pour obtenir le secours de ses prières, ne t'écarte pas des exemples de sa vie. En la suivant, impossible de te perdre ; en la priant, de te décourager ; en pensant à elle, d'errer. Ta main dans la sienne, tu ne tomberas pas ; sous sa protection, tu ne craindras pas ; sous sa conduite, tu ne connaîtras pas la fatigue ; avec son appui, tu atteins le but. Et ainsi tu expérimenteras en toi-même combien cette parole est juste : "Et le nom de la Vierge était Marie" (Lc 1, 27)[2]. »

---

1. S. Louis Marie Grignion de Montfort, *Traité de la vraie Dévotion à la Sainte Vierge*. Éd. Les Traditions françaises, Tourcoing, 1947, p. 5 (introduction).
2. S. Bernard, *Homélie* II § 17, *op.cit.*, p. 169-171. Traduction révisée par l'auteur.

Chapitre 7

LES SECOURS ET LES ARMES DANS LE COMBAT SPIRITUEL

Dans ce chapitre nous verrons toute la fécondité du Mystère pascal, Source de Vie, manifestée dans les nourritures spirituelles ainsi que dans les armes qui permettent la croissance et la lutte contre les tentations. Les nourritures et les armes sont comme autant de remèdes qui poussent sur l'Arbre de Vie. Comme Il l'a fait pour les disciples d'Emmaüs[1] et tant d'autres, le Christ veut nous ouvrir les yeux et nous guérir par ces remèdes[2]. Chacun de ces remèdes sont des nourritures de vie qui viennent donner sens et croissance. De manière concrète nous pourrions voir les effets de chacun de ces remèdes et les bienfaits qu'ils produisent pour des figures de l'Évangile ou des visages de sainteté tout au long de l'histoire de l'Église. Ainsi nous constaterions que ces remèdes suscitent et affermissent la vie théologale, qui restaure l'image de Dieu et réalise dans les enfants de Dieu l'Homme Nouveau[3].

I. « Ma grâce te suffit »

> « Aucune tentation ne vous est survenue, qui passât la mesure humaine. Dieu est fidèle : il ne permettra pas que vous soyez tentés au-dessus de vos forces, mais avec la tentation il vous donnera le moyen d'en sortir et la force de la supporter[4]. »

---

1. Lc 24, 13-35.
2. Ap 3, 18.
3. Ep 4, 24 ; Col 3, 10.
4. 1 Co 10, 13.

C'est avec la vie de la grâce, qui déploie toute sa vitalité dans les vertus théologales et les dons du Saint-Esprit, que nous pourrons sortir de la tentation ou encore que nous pourrons arriver à la supporter, sans pour autant désespérer. « Ma grâce te suffit ; car la puissance se déploie dans la faiblesse[1]. » Il n'y aura d'armes chrétiennes pour lutter dans le vrai combat que pour autant que ces armes soient portées par la vie théologale. « Nous qui sommes du jour, soyons sobres, ayant revêtu la cuirasse de la foi et de l'amour, et pour casque l'espérance du salut[2]. » La vigueur au combat réside dans l'intensité et l'enracinement de la vie théologale en nous. La vie théologale est en nous comme cette aspiration, ce souffle qui fait que notre cœur est animé et brûle pour Dieu. La vie théologale permet ce chemin d'union à Dieu et réclame pour cela que nous devenions enfants de lumière par des mœurs divines. « Rejetons donc les œuvres des ténèbres et revêtons les armes de la lumière[3]. »

Saint Paul, en Père et Maître spirituel, en écrivant aux Éphésiens, met en lumière que le chrétien dispose de six armes essentielles pour le combat spirituel. Toutes les armes que nous allons évoquer par la suite dans ce chapitre pourront se rapprocher de celles évoquées par saint Paul. Ces armes vont permettre et garantir au chrétien de vivre des trois attitudes suivantes : en premier lieu « tenir contre les manœuvres du diable[4] », en second lieu « résister[5] » et rester fidèles, et en troisième lieu « annoncer l'Évangile de la paix[6] ».

« Au reste, rendez-vous puissants dans le Seigneur et dans la vigueur de sa force. Revêtez la panoplie de Dieu, afin de pouvoir tenir contre les manœuvres du diable. Car notre lutte n'est pas contre la chair et le sang, mais contre les Principautés, contre les Pouvoirs, contre les Souverains de ce monde de ténèbres, contre les Esprits pervers qui sont dans les régions célestes. Voilà pourquoi prenez la panoplie de Dieu,

1. 2 Co 12, 1-10.
2. 1 Th 5, 8.
3. Rm 13, 12.
4. Ep 6, 11.13.
5. Ep 6, 13.
6. Ep 6, 15.

afin qu'au jour mauvais vous puissiez résister, mettre tout en œuvre et tenir. Debout donc ! ayant aux reins *la vérité pour ceinture*, pour vêtements *la cuirasse de la justice*, et pour *chaussures aux pieds la promptitude à annoncer l'Évangile de la paix*. Avec tout cela, prenez *le bouclier de la foi*, grâce auquel vous pourrez éteindre tous les traits enflammés du Mauvais. Recevez aussi *le casque du salut* et *le glaive de l'Esprit, qui est la parole de Dieu*[1]. »

II. Connaissance de soi

Nous avons cité saint Thomas d'Aquin dans le premier chapitre : « La grâce ne détruit pas la nature, mais la parfait. » La grâce transforme la nature accueillante au mystère de Dieu, mais ne la supprime pas. La transformation s'opère dans le temps. C'est pourquoi fort de ce principe qu'énonce saint Thomas, nous devons être attentifs à mieux connaître notre nature humaine dans sa richesse et sa complexité, et nous devons vivre avec notre humanité notre vie spirituelle, cela dans un profond réalisme.

A. Réalisme humain et spirituel

1. Réalisme humain

Une meilleure connaissance du vivant va aider l'homme à être plus lucide sur lui-même, à régir sa vie dans la prise en compte de tout ce qu'il est. La connaissance de soi permet à l'homme la prise en compte de sa complexité, de ses limites qui pourraient l'entraîner vers l'éclatement plutôt que de tendre vers l'ordre et l'unification.

Mieux se connaître réclame de comprendre le processus de la vie sensible en l'homme, et toutes ses implications jusque dans l'éveil des passions. Cette connaissance de la vie sensible et de ses conséquences dans le vivant nous invite à retrouver le chemin du réalisme, du jugement

1. Ep 6, 10-17.

d'existence[1]. Nos multiples expériences quotidiennes nous poussent à ce constat et à cette réflexion. En effet nous pouvons voir en elles des exemples concrets de la place que peuvent prendre notre imaginaire, nos passions, notre vécu et nos souvenirs qui influencent nos sentiments, émotions et désirs jusque dans nos actes. L'influence de l'imaginaire et des passions débordantes peut entraîner des difficultés dans nos relations d'amitié (confusion entre amitié utilitaire, amitié de jouissance et amour d'amitié), dans la vie de famille ou communautaire, dans le travail, dans le choix, l'orientation d'une vocation...

Dans l'éducation, il faut prendre en compte l'importance du *moi* psychologique. On doit être conscient de l'enracinement, du développement et de la complexité de la psychologie en la personne, et de son influence dans le développement de celle-ci. Dans l'éducation, la connaissance de la nature humaine consiste aussi à prendre en compte tout le potentiel de vie qui habite l'homme, à canaliser toutes ses énergies, ses capacités qui demandent à être tout ordonnées vers ce qui le finalise. La connaissance du vivant et de ce qu'est la personne permet à l'homme de mieux situer sa personnalité. Elle permet aussi à l'homme et à la femme de mieux voir leurs différences et leurs complémentarités. La connaissance de soi peut favoriser un réalisme humain qui devrait trouver toutes ses applications en aidant l'homme à vivre humainement l'amour d'amitié, le travail, la vie en communauté tel que dans la cité, ainsi que sa relation à Dieu.

La philosophie du vivant, en posant le principe de l'âme et de sa source, et la métaphysique de la personne à sa suite invitent l'homme à prendre conscience de sa dignité et à s'ouvrir à l'infini. Les vertus humaines, acquises dans l'éducation, permettent de mettre de l'ordre dans le vivant, lui donnant ainsi de mieux vivre en conformité avec sa nature humaine. Les vertus humaines, en permettant à l'homme de vivre selon ce qui convient, contribuent à éloigner toute attitude d'excès ou de défaut. On peut dire que les vertus sont ce premier rempart face aux tentations et aux attaques du démon, en tant qu'elles

1. Le jugement d'existence réclame nos expériences sensibles, et par lui notre intelligence reconnaît que telle réalité existe, qu'elle est.

contribuent à réformer toute forme d'excès ou de faiblesse que le tentateur ne peut qu'encourager.

L'importance de l'éducation n'est plus à démontrer pour la croissance et le développement de la personne. Il nous sera souvent d'un grand secours de revenir au réalisme humain pour faire face à toutes les formes de pauvreté humaine auxquelles on peut être confronté, que ce soient les assauts de l'imaginaire et des passions, une grande solitude qui conduit à l'isolement, les difficultés dans les relations, les difficultés à persévérer dans le travail ou autre engagement, etc. On peut se fortifier et s'accomplir par et dans le travail, par l'accueil et le développement de nos qualités humaines, et plus encore il sera nécessaire de découvrir un véritable sens par ce qui peut nous finaliser : notre volonté, en faisant l'expérience d'amitiés authentiques, fidèles et respectueuses ; l'intelligence permettant la recherche et la découverte de la vérité à l'égard de nous-même et des autres, et la recherche et la découverte de la vérité « sur Dieu et en Dieu » ; la découverte du Bien ultime qu'est Dieu, et la relation avec Lui par une vie d'adoration.

Une connaissance réaliste du vivant que nous sommes a comme application immédiate une meilleure connaissance de nous-même. Cette connaissance sera approfondie, enrichie, pour un chrétien, par l'apport de la théologie. On peut dire que le réalisme spirituel, s'appuyant sur une saine théologie, nécessite et appelle un réalisme humain. Il n'est pas rare de voir des personnes commençant ou non à cheminer dans la vie spirituelle, qui prolongent leurs difficultés humaines dans leur relation à Dieu. Il sera bien souvent nécessaire d'aider une personne qui chemine en Dieu, à se construire, à se structurer dans une saine éducation, voire à se re-construire à la lumière d'un réalisme sur l'homme qui implique la connaissance et la prise en compte de tout ce qu'elle est.

2. Réalisme spirituel

La théologie, loin de supprimer l'apport de la philosophie réaliste, l'enrichit et lui permet d'aller beaucoup plus loin. Tous les grands spirituels, docteurs de l'Église… insistent, au début de leurs traités, sur l'importance de la connaissance de soi. La connaissance de soi, pour un chrétien, prend en compte le réalisme humain, tout en l'assumant dans une nouvelle connaissance, qui est de se découvrir, de se connaître à la lumière de Dieu. La théologie permet à l'homme d'aller plus loin dans la connaissance qu'il a de lui-même. Elle permet au chrétien de mieux comprendre d'où viennent les concupiscences, les désordres qui l'habitent, cela à la lumière de la Parole de Dieu et de la théologie morale. Se connaissant mieux, le chrétien peut mieux connaître les processus de la tentation dans sa vie, et y faire face. La théologie permet à l'homme de comprendre comment coopérer à ce surcroît de vie qui lui est donné dans la grâce, en vue de vivre conformément aux finalités qui lui permettent de devenir pleinement lui-même.

> « La foi et la raison sont comme les deux ailes qui permettent à l'esprit humain de s'élever vers la contemplation de la vérité. C'est Dieu qui a mis au cœur de l'homme le désir de connaître la vérité et, au terme, de Le connaître lui-même afin que, Le connaissant et L'aimant, il puisse atteindre la pleine vérité sur lui-même[1]. »

B. Hygiène de vie

L'hygiène de vie est très importante pour notre existence. Elle doit trouver toute sa place et retenir notre attention dans la gestion de celle-ci. L'hygiène de vie est l'application, par la prudence, d'un réalisme humain et spirituel pour nous-même. L'hygiène de vie, c'est nous respecter, c'est savoir jusqu'où nous pouvons aller, savoir nous arrêter dans les efforts, au seuil de nos limites, dans la prise en compte de notre santé, de nos potentialités. L'hygiène de vie concerne chacune des dimensions de notre personne dans la prise en compte de notre milieu de vie.

La connaissance de soi nous invite à un gouvernement de toute notre personne, dans la prudence qui est sagesse pratique. La prudence nous permet d'organiser notre quotidien et d'anticiper les choses autant que faire se peut, cela non dans la rigidité, mais dans la

1. Jean-Paul II, encyclique *Fides et ratio* (prologue), 1998.

souplesse. Organiser mon quotidien se fera en fonction de ce que je suis, de mes besoins. L'hygiène de vie s'inscrit dans la croissance. Je dois être tout tendu vers ce qui me finalise et me construit, vivre en fonction de ce qui est bien pour moi, dans le respect de ma personne et des autres. En premier lieu l'hygiène de vie consiste à donner un véritable sens à ma vie. Je dois vivre en fonction de ce qui me finalise véritablement. Tout ce qui pourra se surajouter ne doit pas me détourner de ce qui me finalise profondément, cela au risque de régresser, de m'aliéner dans mon humanité. La prudence m'invite à apprendre à bien penser afin de ne pas devenir le jouet des opinions et des préjugés, et à apprendre à aimer pour ne pas vivre selon les caricatures.

Le sport, la détente (art, lecture, cinéma, etc.) la relaxation, les divertissements font partie de l'hygiène de vie. Ils doivent être pris en compte et faire partie de ma vie, mais ils ne peuvent pas m'absorber totalement, ils ne peuvent pas être ce qui finalise ma vie. Nous devons apprendre à vivre avec notre corps et à prendre soin de lui, sans pour autant qu'il devienne une idole. Prendre soin de notre corps, cela se fait par les soins que l'on peut lui apporter, ainsi que par une saine nourriture, la régularité dans le sommeil dont nous avons besoin, ainsi que par la détente et le sport, apprendre à respirer et à évacuer toute forme de stress[1]. L'hygiène de vie, c'est apprendre à habiter son corps, à habiter ses sens, à assumer son corps, à l'aimer et à le respecter. L'hygiène de vie, c'est faire appel à la médecine, dès que notre corps le nécessite. Mal vivre avec son corps, souvent cela favorisera la fébrilité, les sensations de mal-être et le développement de l'imaginaire. Les différents états qui pourraient en découler, nous rendent plus faibles dans les différents combats que nous avons à livrer dans notre vie.

L'hygiène de vie consiste aussi pour nous à donner une place au quotidien au travail des mains. Le travail est une réalité noble qui souvent peut nous permettre de développer de nouvelles qualités dont par exemple des qualités d'art culinaire, ou encore de peintre, de musicien, d'artisan, etc. Le développement de qualités nouvelles nous ennoblit,

1. L'attention que nous portons à notre hygiène de vie doit se faire dans la simplicité, sans adhérer ou devenir esclave de techniques ou de pratiques qui dans certaines associations ou mouvements sont le vestibule d'idéologies, de philosophies ésotériques.

nous valorise, nous permet de nous émerveiller et d'apprendre à mieux vivre avec nous-même, et à nous ouvrir aux autres en partageant nos dons. Le travail dans la durée, comme le sport, permet aussi de fortifier notre volonté, d'être plus endurant. Il est très important de ne pas mépriser le travail manuel, bien au contraire de lui donner une place dans notre vie. Souvent des gens sont faibles parce que démunis de capacités manuelles, de volonté, d'endurance, de persévérance dans le travail.

L'hygiène de vie est aussi l'acquisition des vertus qui nous permettent de nous structurer par des repères moraux, en percevant mieux ce qui est bien ou mal pour nous, dans notre relation aux autres, ou encore dans la vie de la cité... Une saine éducation fait partie de l'hygiène de vie. Bien souvent, pour beaucoup, il sera nécessaire de faire appel à une autoéducation, ce qui réclamera que l'on s'appuie sur une personne de conseil et respectueuse de l'individu. L'acquisition des vertus est en vue de mieux vivre de la finalité, de nous déterminer en elle, et de faire que toute notre vie soit en fonction d'elle.

L'hygiène de vie, c'est aussi apprendre à vivre avec notre milieu de vie (famille, communauté, groupe, mouvement, etc.). Le milieu dans lequel nous sommes doit toujours être ou devenir un milieu de croissance. Cela réclame que l'on apprenne à vivre avec les autres, à sortir de nos égoïsmes, à être accueillant à l'autre, à chercher à comprendre pourquoi j'ai des difficultés avec l'autre. Souvent, le partage, le dialogue, l'écoute me permettront de contribuer à construire le milieu dans lequel je vis. Trop de vie commune peut devenir étouffant, aliénant. Il est sain de s'ouvrir à ce qui se passe en dehors de son milieu familial ou communautaire, tout en apprenant à ne pas le fuir et le rejeter.

Les difficultés dans la vie commune peuvent engendrer bien des mal-être. Il y a à la fois à construire la communauté et à comprendre les difficultés qu'on y rencontre. Il est important d'apprendre à vivre avec les autres et à construire la communauté, sinon c'est au risque de subir des batailles, des conflits, d'avoir à faire face, au sein de la communauté, à des tentations, des épreuves que l'on aurait pu éviter.

Voici un conseil pour être concret et apprendre à relire ma vie. De manière à favoriser la mise en œuvre d'une hygiène de vie dans mon existence, je peux mettre sur une feuille sept colonnes représentant les sept jours de la semaine et y inscrire de la manière la plus réaliste, ce qui me semble être bon de vivre pour moi : l'horaire du temps gratuit que je veux donner à Dieu au quotidien, ou les moments les plus forts que je veux vivre avec d'autres pour le Seigneur dans la semaine, cela en n'étant pas trop idéaliste, mais en prenant bien en compte les obligations, les devoirs d'état, les temps de repos, de détente, etc. Ne pas mettre la barre trop haut, mais se donner la possibilité d'un chemin de croissance. Pareillement dans mon programme de semaine, j'indiquerai les lectures que je veux faire pour approfondir ma foi, mais aussi l'organisation de mon travail, tout comme les temps que je vais prendre pour rencontrer ma famille, mes amis. Cette manière de faire est un moyen. Il ne s'agit pas d'être rigide dans son application. Le Seigneur peut me montrer au quotidien d'autres priorités. J'ai à être à l'écoute. La non-application de ce moyen ne doit pas me faire entrer dans la culpabilité et l'anxiété. Mais ce moyen doit m'apprendre à relire ma vie pour mieux me connaître, en distinguant quelles sont mes priorités dans mon existence. Cette relecture aide à vérifier la croissance, et là où il y a difficultés à voir le pourquoi de celles-ci et à apporter des ajustements.

Il est vrai que notre vie ne doit pas être morcelée, mais tout ce qu'il m'est demandé de vivre au quotidien, parce qu'accueilli et vécu en présence du Seigneur, tendra à trouver toute son unité en Lui. La réalité de la vie spirituelle tendra à ce que toute notre vie soit en Dieu et que tout le reste en découle. Ainsi, on n'apprend pas seulement à réussir dans la vie mais à réussir sa vie.

> « Un homme qui chassait des bêtes sauvages dans le désert vit abba Antoine qui se délassait avec les frères et en fut scandalisé. Voulant le persuader qu'il fallait de temps en temps condescendre aux frères, l'ancien lui dit : "Mets une flèche dans ton arc, et bande-le." Il fit ainsi. L'ancien reprit : "Bande-le encore", et il le banda. L'ancien lui dit encore : "Bande-le". Le chasseur lui répondit : "Si je bande trop mon arc, il se casse." L'ancien lui dit alors : "Ainsi en va-t-il dans l'œuvre de Dieu ; si nous tendons les frères outre mesure, ils se briseront vite. Il faut donc de temps en temps condescendre aux frères." Ayant entendu ces paroles, le chasseur

fut pénétré de componction. Grandement édifié par l'ancien, il partit. Quant aux frères, ils s'en retournèrent chez eux fortifiés[1]. »

III. Ascèse (purifications actives)

A. L'esprit de l'ascèse : des remèdes à la guérison

L'ascèse est notre coopération à l'œuvre de l'Esprit Saint en nous. En effet, par l'ascèse, nous travaillons[2] à réorienter dans le sens de Dieu notre potentiel vital, afin de l'investir dans les œuvres de lumière plutôt que dans celles des ténèbres, dans la vie de l'Esprit plutôt que dans les besoins de la chair. Par l'ascèse nous travaillons sur nous-mêmes en vue d'une plus grande liberté, et nous nous disposons à nous laisser modeler, façonner par le Maître intérieur qu'est l'Esprit Saint. L'ascèse ne devra jamais être pour nous une contrainte moralisatrice, ou quelque chose qui relève d'un exploit à réaliser, mais elle devra toujours être ce moyen qui, loin d'être une fin, est tout ordonné à notre vie en Dieu. De manière à vivre sainement l'ascèse, nous prendrons soin autant que possible d'évaluer, auprès d'un Père spirituel, nos pratiques ascétiques et d'en estimer les bienfaits ou les dangers.

> « Les adolescents s'épuisent et se fatiguent, les jeunes gens finissent par trébucher ; mais ceux qui attendent le Seigneur renouvellent leur vigueur, il leur pousse des ailes comme aux aigles ; ils courent sans se fatiguer, ils marchent sans s'épuiser[3]. »

Chacune des grandes formes d'ascèse et de pénitence, vécue par amour, est un chemin qui contribue à la reconstruction de l'image de Dieu en tout chrétien. L'ascèse permet de rétablir un ordre dans le vivant. Elle favorise la guérison du cœur et permet ainsi une authentique relation au Créateur. L'enfant de Dieu retrouve alors son identité

1. *Apophtegme des Pères du désert*, *op. cit.*, p. 22, n° 13.
2. Ph 2, 12-13.
3. Is 40, 30-31.

profonde. « C'est *l'amour* que je veux, et non le sacrifice, *la connaissance de Dieu* plutôt que les holocaustes[1]. »

Avant de regarder plus profondément ce qu'est l'ascèse et ses bienfaits, il doit y avoir un premier acquis, que la première ascèse dans notre existence consiste tout d'abord en l'acquisition des vertus humaines.

> « Comme un vaisseau sans gouvernail est poussé çà et là par les flots, ainsi l'homme faible et changeant qui abandonne ses résolutions est agité par des tentations diverses[2]. »

B. Trois formes de pénitence

> « L'Écriture et les Pères insistent surtout sur trois formes de pénitence : le jeûne, la prière, l'aumône qui expriment la conversion par rapport à soi-même, par rapport à Dieu, et par rapport aux autres[3]. »

1. La vie de prière[4]

La vie de prière, chemin d'union à Dieu, est rendue possible en vérité[5] par les vertus théologales. Ces vertus dans leur exercice impliquent notre volonté. Plus celle-ci est aimante, plus l'élan vers Dieu est fort. La vie de prière peut être tantôt accompagnée de suavité tantôt aride. Au-delà des saisons de la vie spirituelle, l'enfant de Dieu est appelé à la fidélité et donc à l'ascèse, au travail, à la constance, à l'endurance dans la vie de prière, par-delà les moments où celle-ci peut être plus aisée.

Comme nous l'avons évoqué, notre vie de prière implique notre volonté qui par conséquent doit être affermie, afin d'être tout ordonnée, dans la constance vers les choses d'En-haut. Mais notre vie

1. Os 6, 6.
2. *Imitation de Jésus-Christ*, Livre premier, 13, « De la résistance aux tentations ». Traduction de F. de Lamennais, éd. du Seuil, 1961, p. 28.
3. CEC § 1434.
4. Mt 6, 5-15.
5. Jn 4, 24.

de prière réclame aussi une intelligence consacrée à la vérité et tout ordonnée à l'amour. Leur alliance favorise la contemplation des Mystères de Dieu. La prière peut encore se manifester par la participation de notre corps à l'expression des mouvements de notre cœur.

Dans l'intimité du Christ, de la Vierge Marie, des saints, en Église, l'enfant de Dieu apprend à prier. Et par l'enracinement de la vie spirituelle en lui, sa vie de prière se simplifie. Elle s'exprime par des bénédictions, l'adoration, des demandes et intercessions, et encore par la louange et l'action de grâce.

L'œuvre de la prière, toute accueillante à la grâce, avec le temps façonne et restaure dans le croyant, l'image de Dieu. Par la prière l'enfant de Dieu communie à la Lumière alors que son cœur aimant s'unit à Dieu.

« Priez pour ne pas entrer en tentation [...]. Qu'avez-vous à dormir ? Relevez-vous ! Priez pour ne pas entrer en tentation[1]. »

Dans le combat spirituel l'homme de prière, animé par l'amour, se tourne vers le Bien-Aimé pour trouver auprès de Lui secours et réconfort. Il sait qu'il trouve toujours auprès de Lui le salut. Même au-delà de l'apparent éloignement de Dieu, il persévère dans la fidélité et demeure dans la prière du cœur où le Nom de Jésus l'habite dans la puissance du Saint-Esprit, tel le Buisson ardent[2]. « Pour moi, tu es l'ancre au milieu du ballottement des flots, le port dans le naufrage, le secours dans la tribulation, la consolation dans la douleur. Tu es le soulagement dans l'angoisse, le secours dans les moments où tout va bien, la juste modération quand cela va trop bien, la joie dans l'attente, le rafraîchissement dans le labeur », écrit Adam de Perseigne.

Le Nom de Jésus dans le combat spirituel

Le souvenir constant de la présence divine et l'invocation du Saint Nom de Dieu, imprononçable dans l'Ancienne Alliance, parce qu'on ne pouvait nommer le Tout-Autre et à cause de la terrible puissance dont ce Nom était chargé, était remplacé par le nom de « Seigneur »,

1. Lc 22, 40.46 ; Mt 26, 40-41.
2. Ex 3, 2 ; Ap 3, 20.

ou par des attributs de Dieu : Elohim, Adonaï, El-chaddaï (Seigneur des montagnes), le Tout-Puissant, l'Éternel…

Avec l'avènement du Christ dans la Nouvelle Alliance, Jésus nous enseigne à sanctifier le Nom du Père[1]. Le Nom de Jésus, sur lequel, dès le début de leur prédication, les Apôtres avaient mis l'accent, qu'ils invoquaient pour guérir les malades, représentait une force ainsi qu'une source de salut. « Quiconque invoquera le nom du Seigneur sera sauvé[2]. » C'est pourquoi les membres du Sanhédrin interdisaient de le prêcher[3]. Dans son épître aux Philippiens, saint Paul, en parlant du Christ, écrit : « C'est pourquoi Dieu l'a souverainement exalté et l'a gratifié du Nom qui est au-dessus de tout nom, afin qu'au nom de Jésus tout genou plie, dans les cieux, sur la terre et sous la terre, et que toute langue proclame que Jésus Christ est Seigneur, à la gloire de Dieu le Père[4]. »

Jésus, l'Oint, par le mystère pascal, a fait l'expérience de la mort, et par sa résurrection, glorifié, il est vainqueur du mal ; il est pour nous source de salut. Au Nom de Jésus appartient une force salvatrice et vivifiante. Invoquer le Nom du Seigneur, c'est faire appel à sa présence, à ce qu'Il est, à sa toute-puissance. D'une manière privilégiée, la tradition chrétienne orientale développera une spiritualité de la prière du Nom de Jésus, tradition que l'on retrouve aussi en Occident notamment avec les oraisons jaculatoires qui sont de courtes et ferventes prières, telles que : « Jésus, prends pitié ! » « Jésus, sauve-moi ! » « Jésus, je t'aime ! »… Elles sont jetées comme des flèches, droit dans le Cœur de Dieu, par la foi de ceux qui les expriment au plus profond de leur cœur.

> « Il existe une indéniable analogie entre l'huile et le nom de l'Époux, et ce n'est pas gratuitement que l'Esprit saint les compare l'un à l'autre. Cette ressemblance tient à trois qualités de l'huile : elle éclaire, elle nourrit, elle sert d'onguent. Elle alimente le feu ; elle fortifie le corps ; elle apaise la douleur. On peut en dire autant du Nom de l'Époux. Il éclaire quand on le prêche ; il nourrit quand on le médite ; il est un baume apaisant quand on l'invoque

1. Mt 6, 9 ; Lc 11, 2.
2. Rm 10, 13.
3. Ac 4, 17-18 ; Ac 5, 28 ; Ac 5, 40-41.
4. Ph 2, 9-11.

[...] L'un de vous est-il triste ? Que le nom de Jésus lui vienne au cœur et de là monte sur ses lèvres, aussitôt à la lumière de ce nom les ténèbres se dissipent, le beau temps réapparaît. Quelqu'un a-t-il commis une faute grave ? Désespéré, court-il à la mort ? Qu'il invoque ce nom de Vie pour reprendre goût à la vie [...] Il n'est rien de plus efficace pour contenir la montée de la colère ou le gonflement de l'orgueil, pour guérir la blessure de la jalousie, repousser le torrent de la luxure, éteindre le feu des passions, calmer la soif de l'avarice et chasser toute envie de faire le mal. Quand je dis le Nom de Jésus, je me représente un homme "doux et humble de cœur" (Mt 11, 29), bon, sobre, pur et plein de compassion, tout rayonnant de sainteté ; et en même temps je me représente le Dieu tout-puissant, dont l'exemple me guérit et le secours me rend fort. Voilà tout ce que fait résonner en moi le Nom de Jésus [...]. Oui, c'est bien un remède, et très puissant, qui est capable de guérir chacune de tes maladies. Ayons-le toujours sur notre sein, à portée de la main, pour que tous nos sentiments et nos actes soient orientés vers Jésus. Sa parole nous y invite : "Pose-moi comme un sceau sur ton cœur, comme un sceau sur ton bras" (Ct 8, 6) [...]. Le Nom de Jésus est donc capable de réparer nos mauvaises actions et d'améliorer nos comportements encore imparfaits ; il empêche aussi nos sentiments de se dégrader et, s'ils ont commencé à le faire, nous donne le moyen d'y remédier[1]. »

Prière et veilles

Le Seigneur Jésus dans son enseignement nous invite non seulement à la prière, mais aussi à prier dans les veilles : « Veillez et priez, pour ne pas entrer en tentation[2]. » La prière nocturne est une grande grâce pour ceux qui peuvent la vivre, même occasionnellement. Dans la foi elle donne cette profonde conviction d'être en communion avec tous les hommes, de porter dans la prière ceux qui vivent dans les ténèbres loin de Dieu, comme de prier pour ceux qui vivent dans la nuit de l'épreuve, du doute, de la tentation. Être par la prière une lampe

1. S. Bernard, *Sermons sur le Cantique*, 15, 5-7. Traduction révisée par l'auteur.
2. Mt 26, 40-41.

dans la nuit est source de grâce pour tous les hommes en quête de Dieu.

> « Quand je me souviens de toi sur ma couche, durant les veilles je médite sur toi ; car tu as été mon secours, et je crie de joie à l'ombre de tes ailes. Mon âme est attachée à toi, ta droite me soutient[1]. »

> « Ouvre donc un atelier spirituel pour y façonner ton âme. Cette âme vieillie par le péché, plonge-la dans le creuset de la confession. Frappe à bras déployés, c'est-à-dire ne lui ménage pas les reproches, attise le feu de l'Esprit, la prière nocturne enlève la rouille du péché[2]. »

Liturgie

La liturgie des Heures est l'expression de notre vie de prière, vécue en Église. Elle est entièrement ordonnée à la grande liturgie eucharistique. La liturgie des Heures, par la prière des psaumes, vient sanctifier le quotidien et disposer le cœur de ceux qui prient les Offices pour que toute leur vie devienne prière. « Sept fois le jour, dit le Prophète, j'ai chanté tes louanges. Pour vous, vierges consacrées, dites plutôt : "toujours". "Sept fois", en raison des heures solennelles ; "toujours", en raison des chants et de la psalmodie de vos cœurs », dit Gilbert de Hoyland. Nous pouvons nous réjouir qu'aujourd'hui dans l'Église de nombreux laïcs aient pris goût à prier l'un ou l'autre Office dans leur quotidien, s'unissant à la prière des clercs, des moines et des religieux.

Quelle que soit la forme de notre prière, nos journées doivent être jalonnées de moments où l'on se tourne vers Dieu. Ces moments de prière deviennent l'offrande de la réalité de notre vie, si souvent exprimée dans la prière des psaumes. Ainsi, toute notre vie est ordonnée à Dieu telle une hostie dans l'Eucharistie. Aelred affirme : « Joignons-nous aux anges, et avec un cœur pur, une conscience innocente et une foi sincère, chantons un cantique au Seigneur par notre vie et notre conduite. »

---

1. Ps 63 (62), 7-9.
2. S. Jean Chrysostome.

> « Qu'est-ce donc que le psaume ? C'est un instrument de musique dont joue le saint Prophète avec l'archet du Saint-Esprit et dont il fait résonner sur la terre la douceur céleste[1]. »
>
> « Qu'y a-t-il de meilleur qu'un psaume ? C'est pourquoi David dit très bien : "Louez le Seigneur, car le Psaume est une bonne chose : à notre Dieu, louange douce et belle !" Et c'est vrai. Car le psaume est bénédiction prononcée par le peuple, louange de Dieu par l'assemblée, applaudissement par tous, parole dite par l'univers, voix de l'Église, mélodieuse profession de foi[2]. »

2. Le jeûne qui plaît à Dieu[3]

Le jeûne à la suite du Christ, dans l'esprit évangélique, dépasse le cadre de la simple abstinence et maîtrise de soi à l'égard des aliments. Le jeûne ne peut être au détriment de la santé et de l'intégrité de la personne. Dans l'ascèse chrétienne, le jeûne est un moyen qui contribue à lutter et à se défaire des anciennes habitudes, des anciennes dépendances. Ainsi on peut jeûner de média, de choses inutiles et secondaires afin de retrouver le sens de ce qui est premier dans notre existence et qui seul peut rendre heureux. Ainsi le jeûne devient chemin de libération et salutaire. Le jeûne chrétien est élevé au plus haut des cieux en étant vécu dans la prière et l'aumône. On y apprend à se libérer de ses esclavages, à se retrouver, tout en se tournant vers Dieu et les autres. C'est l'amour qui donne son sens et son souffle à l'ascèse chrétienne qui permet à l'enfant de Dieu de vivre dans la tempérance[4], d'être donné tel un pain pour ses frères et sœurs et de devenir artisan de paix et de justice.

> « N'est-ce pas ceci, le jeûne que j'aime – oracle du Seigneur : détacher les chaînes injustes, dénouer les liens du joug, renvoyer libres ceux qui sont maltraités, rompre tous les jougs ? N'est-ce point partager ton pain avec l'affamé, prendre chez toi les malheureux sans asile, couvrir celui que tu vois nu et à ta propre chair

1. S. Ambroise, *Psal.* 1, 9 : PL 14.
2. *Ibid.*, cité dans le CEC § 2589.
3. Mt 6, 16-18.
4. Cf. Chapitre 5, I. C. 1. « Des remèdes pour guérir de l'esprit de gourmandise ».

ne pas te dérober ? Alors comme l'aurore jaillira ta lumière, ta plaie aura tôt fait de se cicatriser ; devant toi marchera ta justice, la gloire du Seigneur sera ton arrière-garde. Alors, si tu appelles, le Seigneur répondra, si tu cries au secours, il dira : "Me voici !" Si tu ôtes de chez toi le joug, le geste menaçant et les propos coupables, si tu offres ton pain à l'affamé, si tu rassasies le gosier torturé, ta lumière se lèvera dans les ténèbres, et ton obscurité sera comme le plein midi. Le Seigneur te guidera constamment, il te rassasiera dans les endroits torrides, il rendra tes os vigoureux, tu seras comme un jardin irrigué, comme une source d'eau dont les eaux ne déçoivent pas. Tu rebâtiras les ruines antiques, tu relèveras les fondations des âges passés ; on t'appellera Réparateur de brèches, Restaurateur de demeures en ruines[1]. »

3. L'aumône[2]

Dans l'ascèse chrétienne, avec la prière on réapprend à se tourner vers Dieu, avec le jeûne à se libérer des idoles, à se retrouver et se tourner vers les autres. L'aumône[3] vient compléter ce grand travail sur nous-mêmes en nous apprenant à sortir de nos égoïsmes par le don de nous-mêmes et en donnant aux autres ce qui leur est indispensable pour vivre. Le jeûne et l'aumône nous aident à voir tout le superflu dans notre vie. Celui-ci nous encombre, nous freine dans notre course vers les réalités d'En-haut[4] et devient, lorsqu'on s'y attache, injustice et vol.

L'aumône, dans l'esprit évangélique, se vit dans la charité et la gratuité. « Quand je distribuerais tous mes biens en aumônes, quand je livrerais mon corps aux flammes, si je n'ai pas la charité, cela ne me sert à rien[5]. »

Tout chrétien peut vivre de cette belle et grande vertu qu'est l'aumône, à l'égard de Dieu en Lui consacrant chaque jour de son

1. Is 58, 6-12.
2. Mt 6, 1-4.
3. Cf. chapitre 5, I. C. 3. « Des remèdes pour guérir de l'esprit d'avarice ».
4. Lc 12, 33 et Mc 10, 21.
5. 1 Co 13, 3.

temps par la prière. L'aumône peut encore être effective dans notre vie par les bonnes œuvres et les libéralités à l'égard d'autrui[1].

L'aumône, qu'anime la charité, libère de l'atrophie égoïste et devient chemin de guérison pour l'enfant de Dieu. Elle purifie le cœur et libère du péché[2]. Celui qui cultive une telle vertu tout au long de son existence, n'aura pas à rougir[3] devant Celui qui a donné sa vie pour ses amis.

> « Mieux vaut la prière avec le jeûne, et l'aumône avec la justice, que la richesse avec l'injustice. Mieux vaut faire l'aumône qu'amasser de l'or. L'aumône délivre de la mort et elle purifie de tout péché ; ceux qui font l'aumône seront rassasiés de vie. Ceux qui commettent le péché et l'injustice sont leurs propres ennemis[4]. »
>
> « De tes biens fais l'aumône, et que ton œil n'ait pas d'envie quand tu fais l'aumône ; ne détourne ton visage d'aucun pauvre, et le visage de Dieu ne se détournera pas de toi. Suivant ce que tu as, selon l'importance de tes biens, fais l'aumône ; si tu as peu, ne crains pas de faire l'aumône selon ce peu. Car c'est un beau trésor que tu t'amasses pour le jour de la détresse, parce que l'aumône délivre de la mort et empêche d'aller dans les ténèbres. Car pour tous ceux qui la font, l'aumône est une belle offrande devant le Très-Haut[5]. »

Un séculier, dont la vie était très pieuse, se rendit chez abba Pœmen. D'autres frères également se trouvaient chez l'ancien et demandaient à entendre une parole. L'ancien dit alors au pieux laïc : « Dis quelque chose aux frères. » Mais l'autre le supplia : « Pardonne-moi, abba ; moi, je suis venu pour écouter. » Pourtant, sur les instances de l'ancien, il dit : « Moi, je suis un séculier qui vends des légumes et fais du commerce. Je délie les grosses bottes et j'en fais de petites, j'achète à bas prix et je revends cher. Évidemment, je ne sais rien dire de l'Écriture, mais je vais vous dire une parabole : Un homme dit à son ami : "J'ai grand désir de voir l'empereur, viens donc avec moi." L'ami lui dit : "Je t'accompagne jusqu'à mi-chemin." Puis il dit à un autre de ses amis : "Allons,

1. Ac 9, 36 ; Lc 21, 1-4.
2. Lc 11, 41 ; 1 P 4, 8 ; Pr 10, 12 ; Jc 5, 20 +.
3. Mt 25, 34-40.
4. Tb 12, 8-10.
5. Tb 4, 7-11.

toi, conduis-moi à l'empereur." Il lui répond: "Je te conduis jusqu'au palais de l'empereur." L'homme demande à un troisième: "Viens avec moi chez l'empereur." Et celui-là lui dit: "J'y vais; je te conduis dans le palais, je me présente, je dis un mot et t'introduis auprès de l'empereur." » Les frères demandèrent le sens de cette parabole et le séculier leur répondit: « Le premier ami, c'est l'ascèse qui conduit jusqu'à la route; le deuxième, c'est la pureté qui va jusqu'au ciel; et le troisième, c'est l'aumône qui introduit avec assurance jusqu'à l'empereur divin. » Et les frères s'en allèrent édifiés[1].

C. Les conseils évangéliques

Il nous faut aussi parler dans l'ascèse chrétienne de ce que l'on appelle *les conseils évangéliques*. Ceux-ci ne s'adressent pas seulement aux moines, mais aux chrétiens qui ont tous à vivre de leur esprit pour aller plus loin dans la conversion, pour que leur cœur s'enflamme et brûle pour Dieu. Cependant, pour les chrétiens qui sont dans le monde les conseils évangéliques ne se vivront pas au détriment de leur devoir d'état. Les moines, lors de leur profession perpétuelle, s'engagent à vivre tout au long de leur existence des vœux de pauvreté, de chasteté et d'obéissance. Il faut souligner que cet engagement s'enracine dans leur baptême qu'ils vont désormais vivre comme un absolu dans le célibat. Tout chrétien est appelé à vivre de *l'esprit* du baptême, à marcher à la suite du Christ quelque soit son état de vie. Même si la forme et la radicalité de la façon de vivre des conseils évangéliques diffèrent selon les états de vie, tout baptisé, dans sa marche à la suite du Seigneur Jésus, est appelé à vivre de l'esprit de ces mêmes conseils évangéliques.

Tout baptisé est appelé à vivre de l'esprit d'obéissance à la suite du Christ, ainsi qu'à vivre de l'esprit de pauvreté et de l'esprit de virginité. L'esprit de virginité ne consiste pas, pour ceux qui sont mariés, à vivre dans la continence, mais à vivre dans la chasteté qui implique une maîtrise du corps émanant de la pureté du cœur. Ainsi, le couple dans son mariage, par l'esprit de virginité, devient sacrement, devient

1. *Apophtegme des Pères du désert*, *op. cit.*, p. 239, n° 111.

signe du Mystère des épousailles entre Dieu et les hommes, alors que ceux qui sont consacrés dans le célibat[1] manifestent déjà sur terre l'absolu de Dieu qui nous aime d'une manière unique et singulière et qui dans l'éternité sera tout en tous.

Les conseils évangéliques sont tout ordonnés à la conversion, pour permettre au baptisé la consécration de tout leur être à Dieu. Ils constituent aussi pour le chrétien, marchant à la suite du Christ, de véritables armes pour lutter contre les inclinations au péché et pour lutter contre l'adversaire qui favorise de telles inclinations.

1. Esprit d'obéissance

> « Le Seigneur prend-il plaisir aux holocaustes et aux sacrifices comme dans l'obéissance à la voix du Seigneur ? Oui, obéissance vaut mieux que sacrifice, docilité mieux que graisse de béliers[2]. »

Tout baptisé est appelé à vivre de l'obéissance. Celle-ci, vécue dans l'amour et dans un esprit d'écoute, n'est jamais aliénation[3]. L'obéissance humaine comme spirituelle consiste en une coopération, en communiant à la sagesse de quelqu'un qui a autorité. L'autorité doit être toute ordonnée à la croissance de ceux qui obéissent. De mauvaises conceptions et caricatures de l'obéissance, ainsi que des excès dans l'exercice de l'autorité, rendent aujourd'hui difficile l'accueil et la pratique de cette vertu. L'apprentissage de l'obéissance depuis la petite enfance, se prolonge et se réalise dans la vie spirituelle[4] par l'attitude d'écoute de la Parole de Dieu, d'écoute du Saint-Esprit qui vient enseigner l'âme et la guider. Apprendre à écouter dans la vie spirituelle, c'est apprendre à devenir flexible dans la main de Dieu. Dans la vie spirituelle, l'obéissance se vit dans l'écoute et l'accueil de la volonté de Dieu[5] qui passe par les petites choses, les événements,

1. Mt 19, 12.
2. 1 S 15, 22.
3. « Obéir c'est aimer », S. Bernadette. Cf. 1 Jn 4, 17.
4. « Le péché "amour de soi jusqu'au mépris de Dieu" [...] est diamétralement contraire à l'obéissance de Jésus qui accomplit le salut », CEC § 1850.
5. 1 Jn 2, 15-17.

par une conscience éclairée par la prière, la Parole de Dieu, le magistère de l'Église, le Père spirituel.

Dans le combat spirituel, l'obéissance humble et docile, qui est une attitude d'écoute dans l'amour et la recherche du bien, aide à se libérer de l'encombrant orgueil et de toute vanité[1]. L'obéissance permet de lutter contre toute recherche de pouvoir et de paraître.

> « Ce qui rend l'obéissance digne de louange, c'est la charité qui l'inspire. Saint Grégoire dit : "Il faut obéir non par crainte servile mais par un sentiment de charité ; non par peur du châtiment mais par amour de la justice"[2]. »

2. Esprit de pauvreté

L'esprit de pauvreté qui permet de vivre de la première des béatitudes : « Heureux ceux qui ont une âme de pauvre, parce que le royaume des Cieux est à eux[3] », est attitude de détachement à l'égard des choses matérielles, mais elle est encore attitude de mendicité à l'égard des réalités d'En-haut.

Le baptisé qui marche à la suite de Jésus se considère comme un pèlerin sur cette terre. Il n'est pas esclave à l'égard des choses matérielles, mais il gère avec intelligence ce que la Providence lui confie. L'esprit de pauvreté aide à ne pas s'attacher aux choses matérielles, à ne pas les convoiter, à ne pas tomber dans l'avarice[4] et la vanité, mais à vivre dans le partage.

C'est dans l'esprit de pauvreté et d'obéissance qu'Abram se mit en marche : « Va-t-en de ton pays, de ta parenté et de la maison de ton père, vers le pays que je te montrerai [...][5]. »

Cette vertu des pauvres aide les baptisés à vivre dans la liberté intérieure, à se mettre en mouvement, à marcher au gré du souffle de l'Esprit. Cette vertu s'acquiert par le détachement des biens matériels,

---

1. Cf. chapitre 5, I. C. 7 et 8.
2. S. Thomas d'Aquin, *Somme théologique*, II-IIae q.104 a.3, *op. cit.*
3. Mt 5, 3.
4. Cf. chapitre 5, I. C. 3.
5. Gn 12, 1.

intellectuels, dons naturels… et par le désir de Dieu qui comble de richesse ceux qui se dépouillent de leur volonté propre pour s'attacher aux réalités d'En-haut. Pauvre, le baptisé devient mendiant et peut alors accueillir en plénitude le règne de Dieu qui lui est donné en partage.

> « Ces eaux de délices intérieures ne naissent point en la terre ; c'est vers le ciel qu'on doit ouvrir la bouche du désir, vide de toute autre plénitude, de telle sorte que la bouche de l'appétit, sans être rétrécie ni resserrée par aucune bouchée d'autre goût, demeure bien vide et ouverte vers Celui qui dit : "Ouvre et dilate ta bouche et moi je te l'emplirai." De sorte que celui qui cherche goût en chose quelconque cesse de se garder vide pour que Dieu le comble de son ineffable délice. Et tel il va à Dieu, et tel il s'en retourne : parce qu'il a les mains embarrassées et ne peut prendre ce que Dieu lui donnait. Dieu nous délivre de si tristes choses embarrassantes qui troublent de si douces et savoureuses libertés[1] ! »

3. Esprit de virginité

Tous les baptisés sont appelés à vivre de l'esprit de virginité. Cette admirable vertu est rendue difficile dans notre monde tant la pollution des images et du langage est grande. L'esprit de virginité consiste en la consécration de tout l'être et de toute la personne à Dieu. Il s'acquiert dans l'intimité et l'union à Dieu qui a pour fruit la pureté du cœur. La pureté du cœur réclame l'esprit de virginité qui exige la vigilance et la chasteté[2] à l'égard de nos sens, de nos opérations vitales[3] et de notre corps. L'esprit de virginité s'acquiert par des attitudes chastes, par la maîtrise de soi dans le respect du cœur, du corps, de tout l'être.

La chasteté ordonnée à l'esprit de virginité contribue à la guérison et à la purification du cœur[4]. Elle permet à l'enfant de Dieu de vivre de la béatitude : « Heureux ceux qui ont le cœur pur, parce qu'ils verront Dieu[5]. » Dans le combat spirituel, dans la garde du cœur la chasteté est

---

1. S. Jean de la Croix, *Lettre* VII (VI), citant le Ps 81 (80), 11. *Op. cit.*, p. 837.
2. Cf. chapitre 5, I. C. 2.
3. Opérations vitales : imaginaire, mémoire, passions, instincts.
4. Mc 7, 20-21.
5. Mt 5, 8.

un rempart contre toute forme de sollicitation qui a trait à l'impureté dans le cœur et par les sens, à la grossièreté du langage... Elle est un rempart contre les assauts de l'ennemi qui exploite nos faiblesses et nos inclinations.

> « On m'a raconté un fait qui dénote une pureté souveraine et extraordinaire. Quelqu'un, me dit-on, à la vue d'un corps d'une singulière beauté, en prit occasion pour glorifier grandement le Créateur ; et ce seul regard excita sa charité envers Dieu et lui fit verser un torrent de larmes. Et c'était étonnant de voir ce qui aurait pu être un gouffre pour l'un, devenir pour l'autre, d'une manière qui dépasse la nature, l'occasion de couronnes. Si un tel homme ressent toujours de tels sentiments et se comporte toujours d'une telle manière en de telles circonstances, c'est qu'il est déjà ressuscité incorruptible avant la commune résurrection[1]. »
>
> « Un frère habitant en solitude, par l'investigation du Diable, tombait souvent dans la luxure, mais ne cessait de se faire violence pour ne pas abandonner l'habit, et en faisant son petit office, il priait Dieu avec des gémissements et disait : "Seigneur, que je veuille ou que je ne veuille pas, sauve-moi. Parce que moi, pauvre que je suis, j'aime le péché ; mais toi, empêche-moi comme Dieu Puissant. En effet, que tu aies pitié des justes, ce n'est rien de grand, et que tu sauves les purs, il n'y a rien d'admirable car ils sont dignes de miséricorde. Mais en moi, Maître, fais éclater ta compassion et montre ton amour des hommes, car à toi est abandonné le pauvre." Voilà donc ce qu'il disait chaque jour, qu'il fut tombé ou non. Or une fois qu'il était tombé dans sa faute habituelle, la nuit, il se leva sur le champ et commença l'office. Mais le démon, stupéfié de sa confiance et de son audace, bonne assurément à l'égard de Dieu, lui apparut visiblement et lui dit : "Tandis que tu psalmodies, comment ne rougis-tu aucunement de te tenir devant Dieu ou de prononcer son Nom ?" Le frère lui dit : "Cette cellule est une forge. Tu donnes un coup de marteau et tu en reçois un : je persévère donc jusqu'à la mort à batailler contre toi, jusqu'à ce que j'arrive au dernier jour. Et je te jure au nom de Celui qui est venu sauver les pécheurs en les appelant à la pénitence, je ne m'arrêterai pas de prier Dieu contre toi tant que tu n'auras pas

1. S. Jean Climaque, *L'Échelle sainte*, 15e degré, 58, *op. cit.* p. 168.

arrêté de me faire la guerre et nous verrons bien qui vaincra, toi ou Dieu"[1]. »

IV. Vie théologale

A. Les vertus théologales

La vie théologale, don de la grâce, permet au baptisé de vivre en communion avec la Source de son être, et de vivre dans les bonnes mœurs par l'obéissance au Père des cieux. Nous avons souligné que la ferveur de la vie théologale intensifie l'union de l'enfant de Dieu à la Très Sainte Trinité. C'est pourquoi les baptisés doivent prendre un soin particulier à faire croître et à déployer dans toute leur vie les vertus théologales – foi, espérance et charité – qui ont non seulement pour effet d'unir à Dieu, mais qui contribuent à restaurer l'image de Dieu en l'âme. Il faut ajouter que dans le combat spirituel, la vie théologale est cette arme première qui donne sens et force à toutes les autres. Par les actes anagogiques[2] elle permet d'échapper aux tentations ainsi qu'aux impétueux assauts de l'ennemi. « Croyez-moi, le Roi de gloire ne viendra jamais dans notre âme, j'entends pour s'unir à elle, tant que nous ne nous efforcerons pas d'acquérir de solides vertus[3]. »

> « Dieu très haut et glorieux, viens éclairer les ténèbres de mon cœur ; donne-moi une foi droite, une espérance solide et une parfaite charité ; donne-moi de sentir et de connaître, afin que je puisse l'accomplir, ta volonté sainte qui ne saurait m'égarer[4]. »

---

1. Apophtegmes, Nau 582 (Regnault, p. 109), extrait de *La fournaise de Babylone*. Éd. Présence.
2. Cf. chapitre 5, B. 1. « Les actes anagogiques ».
3. S. Thérèse de Jésus, *Le Chemin de la Perfection*, chapitre 18, *op. cit.*, p. 657.
4. Prière de S. François d'Assise devant le crucifix de Saint-Damien, *op. cit.*, p. 154.

B. Les trois nourritures

Les divines nourritures – Parole de Dieu, Eucharistie, Volonté divine – révélées dans les Évangiles, sont pour nous dons de la Providence. Elles permettent la croissance de la vie théologale en l'enfant de Dieu et structurent sa vie spirituelle. C'est pourquoi tout baptisé désireux, affamé, en quête de sens doit leur donner une place dans son quotidien, dans sa vie. Par ces divines nourritures le Seigneur veut nous éduquer et nous communiquer sa vie divine. Aujourd'hui le Seigneur continue de dispenser ces nourritures en son Église[1].

1. La Parole de Dieu

La première des nourritures est la Parole de Dieu[2]. Lire la Bible en enfant de Dieu, dans la foi, c'est accueillir la Parole telle une semence dans la terre[3]. Nous devons, par toute notre vie et par un immense désir, œuvrer afin que notre cœur soit une bonne terre. La Parole de Dieu, c'est Dieu qui se révèle à nous, qui nous enseigne, qui nous montre le chemin[4] et qui nous révèle à nous-mêmes qui nous sommes. La Parole de Dieu, c'est Dieu qui agit en notre vie ; Elle est créatrice[5], Elle fait ce qu'elle dit pour autant que nous l'accueillions et la laissions agir en nous.

Elle est une nourriture qui fait croître la foi dans le baptisé ; et la connaissance plus intime de Dieu qu'Elle transmet attise notre amour et fait naître en nos cœurs l'amitié divine[6], don de Dieu. La cohérence de notre amour pour Dieu nous invite à écouter la Parole et à la mettre en pratique[7]. Ainsi la Parole peut produire en nous tous ses fruits ; et par notre manière d'être et de vivre nous annonçons la Bonne

1. Cf. chapitre 6, II. « Le mystère de l'Église, les "gras pâturages" ».
2. Mt 4, 4.
3. Mt 13, 3-8.18-23.
4. Ps 119 (118), 9.105 « Comment, jeune, garder pur son chemin ? En observant ta parole [...] Lampe pour mes pieds, ta parole, et lumière pour ma route ! »
5. Is 55, 10-11.
6. Jn 15, 15 ; Col 2, 2-3.
7. Lc 6, 46-48.

Nouvelle. Pour celui qui accueille, garde[1] la Parole de Dieu et la met en pratique, elle devient une force et un bouclier dans l'adversité[2].

> « En vérité, en vérité je vous dis que celui qui écoute ma parole et croit Celui qui m'a envoyé a la vie éternelle, et il ne vient pas en jugement, mais il est passé de la mort à la vie[3]. »

La Parole de Dieu produit ses effets en celui qui l'accueille. Elle le divinise[4], elle transforme toute sa personne, tel le levain dans la pâte. Par la foi toute l'existence du croyant est tournée vers Dieu. Malgré les vicissitudes, les difficultés et les nuits dans sa vie, l'homme de Dieu par la foi demeure dans la fidélité et la constance à la suite du Seigneur. Par la foi, tels Abraham[5] et la Vierge Marie[6], l'homme de Dieu vit dans l'obéissance, il se met en marche, il communie à la Lumière de Dieu, il demeure avec le Seigneur.

> « Si vous demeurez en moi et que mes paroles demeurent en vous, demandez ce que vous voudrez, et vous l'aurez. Ce qui glorifie mon Père, c'est que vous portiez beaucoup de fruit et que vous deveniez mes disciples[7]. »

2. L'Eucharistie comme nourriture

Une autre nourriture que nous donne la Providence divine est celle du Corps et du Sang du Christ présents et donnés dans l'Eucharistie. Dans l'Eucharistie, l'unique sacrifice du Christ au Golgotha est rendu présent, actuel. Le Seigneur Jésus, au soir de la Cène, que nous commémorons le Jeudi Saint, dit à ses Apôtres : « Faites cela en mémoire de moi[8]. » Ce commandement s'adresse aussi à tout ceux qui par la suite recevront l'imposition des mains, des Apôtres et de leurs successeurs. Ceux-ci participent à l'unique sacerdoce du Christ. Aujourd'hui encore par le

---

1. Ap 3, 10.
2. 1 Jn 2, 14.
3. Jn 5, 24.
4. Jn 15, 3.
5. He 11, 8-10.
6. Lc 1, 26-38.
7. Jn 15, 7-8.
8. Lc 22, 14-20 ; 1 Co 11, 23-26 ; Cf. Ep 3, 14-21.

ministère des prêtres, dans le sacrement de l'Eucharistie, nous pouvons nous unir à l'offrande sacrificielle du Christ au Père, et adorer un tel Seigneur qui nous manifeste tout son amour en livrant sa vie pour nous.

Nous avons dit ci-dessus que, pour qui accueille la Parole de Dieu, elle agit et elle produit de nombreux fruits. Mais le Seigneur, le Verbe s'est fait chair, Il a assumé notre nature humaine, et ce n'est donc pas seulement par la Parole qu'Il se révèle et se donne à nous, mais c'est aussi par les sacrements, et d'une manière particulière dans l'Eucharistie qu'il nous témoigne tout son amour. L'Eucharistie comme sacrement nous fait passer du visible à l'invisible, du signifiant au signifié, du sacrement au mystère. Dans l'Eucharistie nous recevons le Pain de Vie, et par Lui nous communions à la nature même de Dieu. « Ma chair est une vraie nourriture, et mon sang est une vraie boisson. Celui qui consomme ma chair et boit mon sang demeure en moi et moi en lui[1]. »

Les baptisés sont appelés à approcher de la Table sainte pour communier aux saints Mystères et recevoir la divine nourriture[2]. Celle-ci fait croître et nourrit la charité divine dans le cœur des enfants de Dieu. Les baptisés se disposent par le désir à recevoir le Corps et le Sang du Christ. Par le désir ils dilatent leur cœur pour accueillir ce si grand bienfait. Ils s'y préparent encore par l'accueil régulier du sacrement de réconciliation. Quant à ceux qui sont empêchés de communier sacramentellement, ils pourront recevoir tous les bienfaits de l'Eucharistie par une intense communion spirituelle animée par le désir.

La communion eucharistique produit de grands bienfaits : elle intensifie la charité dans le cœur, elle inonde de grâce et de bénédiction l'âme de celui qui l'accueille en vérité, elle intensifie l'union de l'âme avec le Bien-Aimé, elle fortifie, elle valorise l'enfant de Dieu pour qui le Seigneur a donné sa vie, elle purifie le cœur des péchés véniels[3].

1. Jn 6, 55-56.
2. « Je ne vous ai encore point parlé du soleil des exercices spirituels, qui est le très saint, sacré et très souverain Sacrifice et Sacrement de la messe, centre de la religion chrétienne, cœur de la dévotion, âme de la charité divine, et par lequel Dieu s'appliquant réellement à nous, nous communique magnifiquement ses grâces et faveurs », S. François de Sales à Mme de Chantal, en 1608 (A. XXI, 153).
3. Cf. Catéchisme de l'Église catholique § 1393 et 1395.

> « Lorsque nous communions (à ta chair et à ton sang immaculé) [...] tu ne participes pas à notre corruption et à nos souillures, mais c'est toi qui me donnes part à ta propre pureté incorruptible, ô Verbe; tu laves la souillure de mes vices et tu chasses l'obscurité (due à) mes fautes, tu purifies la honte de mon cœur, tu diminues l'épaisseur de ma malice, tu me rends lumière, moi qui auparavant étais plongé dans les ténèbres[1]. »

Dans le combat spirituel l'Eucharistie renouvelle la ferveur de la charité qui permet par les actes anagogiques d'échapper aux assauts de l'ennemi. Le Seigneur Jésus, par le sacrement de l'Eucharistie, nous manifeste la gratuité de l'amour, amour qui libère et guérit de l'égoïsme, égoïsme qui atrophie le cœur, tue l'amour et engendre le vice, l'angoisse, la culpabilité, l'aliénation. Il convient de rappeler que la liberté est donnée aux hommes pour aimer.

3. L'obéissance

Une troisième nourriture nous est révélée dans les Évangiles, c'est celle de « faire la volonté [du Père] et de mener son œuvre à bonne fin[2] ». Nous avons évoqué l'obéissance dans les conseils évangéliques, nous pouvons souligner maintenant celle-ci comme nourriture.

L'obéissance du Christ[3] est l'expression de son amour pour le Père. Elle nourrit sa course jusqu'à ce qu'il ait mené à bonne fin l'œuvre pour laquelle il a été envoyé. Dans le Christ l'obéissance est communion avec le Père. « Celui qui m'a envoyé est avec moi; il ne m'a pas laissé seul, parce que moi je fais toujours ce qui lui plaît[4]. »

À la suite du Christ nous sommes appelés nous aussi à faire la volonté du Père, ce qui est pour nous une nourriture. Elle fait croître en nous l'espérance qui intensifie notre union avec la Trinité Sainte. Celui qui fait la volonté de Dieu vit dans l'espérance parce qu'alors il est dans la main du Père. L'obéissance fait vivre le baptisé en conformité à

1. S. Syméon le Nouveau Théologien, *Hymne* XX. Traduction J. Paramelle et L. Neyrand « Sources chrétiennes » n° 174.
2. Jn 4, 34.
3. He 10, 5-10.
4. Jn 8, 29.

l'intention de Dieu sur lui. Par l'obéissance il communie à la sagesse de Dieu. L'obéissance fait vivre le croyant dans des certitudes, alors il n'est plus laissé à lui-même, il ne vit plus au gré des « vents », des opinions et des préjugés, il échappe à sa volonté propre, il entre dans une écoute, celle de Celui qui dans son amour veut notre bien.

Par l'obéissance nous vivons de l'espérance qui est désir, qui est tension vers... L'espérance nous fait tendre vers les réalités d'En-haut que l'amour nous fait déjà anticiper et goûter.

« Tous ceux qui sont conduits par l'Esprit de Dieu, ceux-là sont fils de Dieu[1]. » L'obéissance à la volonté du Père qui est communion à la sagesse divine, répand en l'âme le don qu'est le Saint-Esprit[2]. Elle fait vivre le baptisé sous le souffle de l'Esprit[3].

L'espérance que fait grandir l'obéissance contribue à la divinisation de la personne, elle sanctifie[4], elle rend pur comme l'or dans la fournaise. « Bien-aimés, maintenant nous sommes enfants de Dieu, et ce que nous serons n'a pas encore été manifesté. Nous savons que, s'il vient à se manifester, nous serons semblables à Lui, parce que nous Le verrons comme Il est. Et quiconque a cette espérance en Lui se purifie, comme Celui-là est pur[5]. »

Dans le combat spirituel l'espérance, qui nous fait tendre vers les réalités d'En-haut, intensifie la vie de communion avec le Très-Haut. Elle est une grande force qui permet d'échapper aux tentations que suggère l'Ennemi. L'espérance, qui fait vivre de la miséricorde, permet d'échapper à la tristesse et au désespoir dans lesquels l'Adversaire veut nous enfermer. Par l'obéissance et l'espérance nous pouvons lutter contre l'angoisse qui nous replie sur nous-mêmes. Elles permettent de lutter contre la peur de la mort et l'aiguillon de l'orgueil qui cherche toujours à nous faire accomplir notre volonté propre.

---

1. Rm 8, 14.
2. Ac 5, 32 : « Nous sommes témoins de ces événements, nous et l'Esprit Saint que Dieu a donné à ceux qui lui obéissent. »
3. Rm 8, 15 et Ga 4, 6.
4. 1 P 1, 22-23.
5. 1 Jn 3, 2-3.

« En elle [l'espérance], nous avons comme une ancre de l'âme, sûre et ferme, et qui pénètre par-delà le rideau, là où Jésus est entré pour nous en avant-coureur, devenu grand prêtre à jamais selon l'ordre de Melchisédech[1]. »

« [...] Car l'espérance procède de l'amour. Toujours la créature espère en celui qu'elle aime : si elle aime la créature, elle espère dans la créature ; si elle aime son créateur, elle espère uniquement en lui, et l'amour, le sentiment de la charité met toujours une grande joie dans le cœur qui la possède. Oui, l'espérance donne une grande joie ; tous les trésors de la charité se trouvent dans l'espérance, parce qu'elle vient d'elle [...]. Cette espérance, fondée sur la charité, est si utile, qu'elle rapporte au centuple. L'homme donne sa volonté seule, et il reçoit le centuple, la charité, avec laquelle il obtient la vie éternelle[2]. »

V. Vie sacramentelle

Dans le combat spirituel, les sept sacrements sont d'un grand secours, eux qui ont pour fin la sanctification des âmes. Ils accompagnent le développement de la vie humaine pour la croissance de la vie spirituelle, jusqu'à ce que l'enfant de Dieu devienne un homme parfait dans la foi au Christ.

Les sacrements de l'initiation chrétienne permettent par **le Baptême** d'être régénéré et de naître à la vie nouvelle dans le Christ, d'être configuré et incorporé à Lui ; par **la Confirmation** de recevoir un surcroît du don de l'Esprit Saint par lequel nous sommes plus intensément unis au Père par le Christ. Par ce surcroît du don de l'Esprit nous sommes renouvelés dans la vie théologale, les dons du Saint-Esprit et plus particulièrement le don de force, pour que nous puissions être témoins du Christ et constants à sa suite jusque dans l'adversité. **L'Eucharistie** est pour nous le Pain de Vie, nourriture des croyants qui nous unit au Christ et à la Trinité Sainte, et qui nous sanctifie. Elle est l'aliment qui fonde le Corps du Christ, l'Église, et favorise en elle la

1. He 6, 19-20.
2. S. Catherine de Sienne, *Lettre à Mme Lariella,* CCCXXXV § 3 et 4. *Op. cit.*

communion, prémices de l'union et de l'unité éternelle. « L'Église et le monde ont un grand besoin du culte eucharistique. Jésus nous attend dans ce sacrement de l'amour. Ne refusons pas le temps pour aller Le rencontrer dans l'adoration, dans la contemplation pleine de foi et ouverte à réparer les fautes graves et les délits du monde. Que ne cesse jamais notre adoration[1]. »

Les sacrements de guérison accompagnent aussi le développement de la vie baptismale en l'enfant de Dieu. **Le sacrement de la Réconciliation** est source de libération et de guérison[2]. À chaque fois que nous le recevons nous sommes en présence du Christ Juge, juste, bon et miséricordieux. Dans ce sacrement nous choisissons la vie plutôt que la mort en nous immergeant dans la miséricorde de Dieu. Qui reçoit ce sacrement dans la foi et le repentir de ses péchés est sanctifié par la grâce de Dieu, purifié il est renouvelé dans la charité divine qui efface une multitude de péchés[3]. « Le sacrement de la réconciliation avec Dieu apporte une véritable "résurrection spirituelle", une restitution de la dignité et des biens de la vie des enfants de Dieu dont le plus précieux est l'amitié de Dieu[4]. » Dans sa Providence le Seigneur a donné **le sacrement des malades** ou **onction des malades**, comme véritable secours pour tous les baptisés éprouvés par la vieillesse ou la maladie grave, et encore pour préparer ceux qui vont vivre Pâques, passage de ce monde à la vie éternelle. Ceux qui reçoivent ce sacrement sont unis au Christ, à sa Passion et reçoivent de lui tous ses bienfaits. En ce sacrement le Christ réconforte, fortifie, sanctifie, il donne sa paix, et quand cela est bon il accorde la guérison[5]. Par ce sacrement il dispose aussi à vivre une « bonne mort ». Il donne l'espérance qui nous fait nous exprimer comme Thérèse de l'Enfant Jésus : « Je ne meurs pas, j'entre dans la Vie. » La grâce accueillie de ce sacrement fortifie et libère des suggestions du Diable, suggestions de découragement et d'angoisse devant la maladie et la mort.

1. Jean-Paul II, *Lettre Dominicae Cenae*, § 3, 24 février 1980.
2. Mc 2, 3-12.
3. 1 P 4, 8.
4. CEC § 1468.
5. Jc 5, 14-15.

Les sacrements du service de la communion communiquent une effusion de l'Esprit Saint à ceux qui les reçoivent, pour que dans leur état de vie ils puissent se sanctifier et mener à bien leur mission, dans une vie de communion et de don. Par **le sacrement de l'Ordre**, l'Esprit Saint est donné, par l'imposition des mains, à des hommes pour qu'ils soient consacrés au Christ. Par ce sacrement ils sont identifiés au Christ prêtre et serviteur. Par la grâce du sacrement et la mission qui leur est confiée, ils sont appelés à être donnés dans le service de leurs frères. Ceux qui reçoivent la grâce d'un tel sacrement doivent s'appuyer sur elle pour demeurer dans la fidélité au don reçu. Le ministre ordonné, tout au long de sa vie, s'appuie et se nourrit du sacrement reçu, en gardant le sens de celui-ci, en s'identifiant au Christ prêtre et serviteur, en demeurant uni à Lui par la prière, Lui le bon Pasteur. Le ministre uni et identifié au Christ par le sacrement est tout au long de son existence soutenu et continuellement renouvelé par la grâce de Dieu dans sa mission actuelle. Tourné vers le Christ, en particulier dans le sacrement de l'Eucharistie, il s'offre avec Lui au Père, et dans le don total de sa personne il est livré et apprend à se donner gratuitement à son prochain. **Le sacrement du Mariage** sanctifie l'amour conjugal et fonde le lien matrimonial entre un homme et une femme. Par ce sacrement, ils deviennent signe de l'Amour de Dieu pour son Église. Par leur fidélité, ils manifestent l'alliance entre Dieu et son Église, et Sa fidélité envers Elle. Par ce sacrement, le don de l'Esprit consacre les époux et leur donne un surcroît de charité qui perfectionne leur amour et fortifie leur unité indissoluble. Le sacrement du Mariage donne aux époux le sens de leur vocation et de leur responsabilité. Par la grâce de ce sacrement ils apprennent à s'aimer dans le regard de Dieu ; dans les difficultés ils s'appuient sur la grâce du sacrement et le secours de Dieu qui est toujours fidèle ; et dans l'amour réciproque et gratuit ils s'ouvrent au don de la vie et à une paternité ou une maternité responsable par laquelle ils deviennent serviteurs à leur tour de leurs enfants, pour lesquels ils veulent le meilleur, leur transmettre la vie divine. « Il n'est pas possible pour l'homme de réaliser une parfaite donation de soi par ses propres forces. Il en devient capable en vertu de la grâce du Saint-Esprit. En effet, c'est le Christ qui révèle la vérité originaire du mariage. En libérant l'homme de la dureté du cœur, il le rend capable de réaliser entièrement cette vérité[1]. »

Dans la célébration de chacun des sacrements, c'est le Christ qui agit par ses ministres, c'est pourquoi les sacrements doivent être célébrés dignement dans la foi. Dans chacun des sacrements célébrés, une véritable effusion de l'Esprit est communiquée à ceux qui les reçoivent, ainsi l'Esprit agit et opère dans l'âme des baptisés. « Le fruit de la vie sacramentelle, c'est que l'Esprit d'adoption déifie les fidèles en les unissant vitalement au Fils unique, le Sauveur[2]. »

Après ce que nous venons de souligner ci-dessus, nous pouvons comprendre que dans le combat spirituel les sacrements sont de véritables armes. Dans chacun des sacrements, Dieu se donne. En eux nous faisons mémoire de l'action du Christ pour nous. En eux cette action est actuelle, le Christ agit avec puissance ici et maintenant. De plus, ils ont toujours une dimension prophétique, ils nous annoncent quelque chose de l'éternité. Par le Baptême nous sommes enfants de Dieu, en Sa main ; dans la Confirmation tous les dons de Dieu sont renforcés en nous ; tout au long de notre pèlerinage terrestre nous pouvons vivre de l'Eucharistie ; dans nos faiblesses, dans nos chutes, dans la vieillesse, la maladie nous pouvons vivre des sacrements de guérison ; dans notre état de vie, nous pouvons vivre toujours du baptême et nous appuyer sur les sacrements du service de la communion.

VI. Sacramentaux

Parmi les secours que Dieu nous donne dans sa Providence par son Église, on peut souligner les sacramentaux. Les sacramentaux sont institués par l'Église, ils sont des rites sacrés qui prennent la forme de bénédictions[3] dans la louange et la demande, pour sanctifier et obtenir des fruits spirituels. Ils sont tout ordonnés à la vie sacramentelle à laquelle

1. Vade-mecum à l'usage des confesseurs, 1 § 3, 1997.
2. CEC § 1129.
3. Cf. chapitre 6, I. A. 5. « L'Arbre de Vie où nous sommes recréés. »

ils disposent. Le sacramental consiste à bénir des personnes, des aliments, des objets, des lieux. On peut ajouter que tout baptisé peut bénir, mais plus une bénédiction concerne la vie ecclésiale[1] et sacramentelle[2] plus elle est réservée au ministère ordonné[3]. Parmi les sacramentaux, il y a les exorcismes pratiqués lors de la liturgie du Baptême et encore lors des scrutins pour les catéchumènes. Les exorcismes qui consistent à libérer les objets, les lieux, les personnes du pouvoir de Satan, ainsi que le « grand exorcisme[4] » ne peuvent être célébrés que par un prêtre mandaté par son évêque.

L'usage des sacramentaux, ainsi que de tout objet de piété[5] qui a été béni par la prière de l'Église, doit se vivre dans la foi, le respect et doit contribuer à l'édification. Tout cela est ordonné à la croissance de la vie spirituelle et a pour finalité la vie sacramentelle. Les objets de piété bénis ne sont aucunement magiques, ils ne sont pas des gris-gris, talismans, amulettes. Ils sont les signes de notre piété, de notre appartenance au Christ et de notre attachement filial. Par la bénédiction que les objets de piété ont reçue, nous puisons dans le mystère pascal dans lequel ils prennent toute leur signification.

Parmi les formes de piété dans lesquelles s'exprime la dévotion du peuple de Dieu, nous pouvons relever la vénération des reliques, les pèlerinages, les processions, le chemin de Croix, démarches qui, vécues dans la foi, peuvent être source de bénédiction et donc de grands bienfaits. Saint François de Sales dit la chose suivante au sujet des confréries : « J'entre dans toutes les confréries que je rencontre, parce qu'il n'y a rien à perdre et tout à gagner par les communications des prières et des bonnes œuvres. Les prières de ces gens simples me seront bien utiles. » De nombreux pèlerins et parmi eux des saints reçurent de

---

1. Exemples : bénédiction pour certains ministères d'Église (catéchistes, visiteurs de malades, lecteurs, acolytes), bénédiction d'un abbé ou abbesse, consécration des vierges et des veuves, profession religieuse, etc.
2. Exemples : bénédictions de l'eau, de l'encens, des cierges, des vases sacrés, des vêtements liturgiques, bénédiction des cloches, consécration des saintes huiles, autel, église, etc.
3. Évêque, prêtre et diacre.
4. Cf. chapitre 5, I.D.
5. Crucifix, médaille, chapelet, icône, statue, scapulaire, etc.

grandes grâces lors de pèlerinages vécus dans la foi. Nous pouvons encore mentionner François de Sales qui, lors d'une épreuve, étant habité par des tourments en perdait la santé, fut guérit et retrouva la paix lors d'une visite à Notre-Dame de Bonne Délivrance à Saint-Étienne des Grès (à Paris) en janvier 1587. En ce sanctuaire, il s'abandonna à Dieu par la Vierge Marie.

VII. Vie fraternelle

Nous avions brièvement évoqué que la vie communautaire peut être un milieu favorable à la croissance, au développement de la personne, mais aussi que selon sa qualité le milieu dans lequel on vit peut être source de tension, de conflit, de combat et par conséquent de tentation[1]. L'expérience communautaire féconde[2] est si importante pour le bien des personnes que l'on doit tout mettre en œuvre pour que nos communautés soient des lieux de vie. Nous contribuons à faire de nos communautés des milieux de vie par l'amour, la vérité, la justice, la liberté qui sont des conditions pour la paix. À ces éléments il faut encore ajouter, pour la concorde de la communauté et son développement paisible et harmonieux, la nécessité de la conversion personnelle, du partage, de l'écoute, du dialogue, du pardon[3], dans les conflits l'apport d'une aide extérieure constructive à chaque fois que nécessaire[4], s'appuyer sur le sacrement du mariage dans une cellule familiale chrétienne, s'appuyer et se nourrir de la prière commune, de la Parole de Dieu, du Pain eucharistique, favoriser des choix de vie éclairés par des intentions pures dans la prise en compte et le respect de l'autre. Devant les faiblesses et pauvretés de mon prochain, il est nécessaire d'être animé par la compassion et la miséricorde pour lui, et par la recherche ensemble

1. Cf. chapitre 2, III. B. 3.
2. Ps 133 (132).
3. « Si tu vois ton frère commettre le péché, jette sur lui le manteau de la miséricorde », S. Isaac le Syrien.
4. Cette aide peut être celle d'un Père spirituel, d'un médiateur, conseiller conjugal, de toute autre personne compétente soucieuse de construire l'unité plutôt que de séparer.

de ce qui saura l'aider, ceci dans un réalisme humain et spirituel[1]. N'oublions pas que la compassion, la miséricorde à l'égard d'un autre membre blessé du Corps dilate les cœurs, humanise les autres membres et est source de fécondité.

Toute expérience communautaire, familiale ou autre, passe par des hauts et des bas, par des crises dans son développement, par la nécessité de l'attention particulière à l'égard de ses membres, à certaines étapes de leur vie, selon leur maturité. On voit cela pour les adolescents comme pour les adultes, selon les âges de la vie. On passe par des paliers, par des crises qui nécessitent de se positionner, de se retrouver dans des repères solides. La communauté peut être là d'un grand secours, lorsqu'elle est un milieu de vie, par l'attention fraternelle à ses autres membres. Tous les efforts que l'on met en œuvre pour construire la communauté contribuent à se fortifier, à se dépasser et à aller vers de grandes victoires. « Bien-aimés, aimons-nous les uns les autres, parce que l'amour est de Dieu, et quiconque aime est né de Dieu et connaît Dieu[2]. »

L'expérience communautaire est pour nous un grand défi, aujourd'hui, pour lutter contre notre individualisme, nos égoïsmes, nos idéologies et toute forme de caricature. Dans ce défi nous devons apprendre à aimer, à accueillir l'autre, à nous donner, à aller vers l'autre dans le respect, dans le sens de la justice, à développer le sens des autres et la culture de la gratuité, du vrai, du bien, du beau et du bon. La richesse de l'expérience communautaire ennoblit et favorise le développement des dons, des capacités, des énergies. Elle est fécondité et déborde de la communauté de vie en faveur de ceux que nous rencontrons sur notre chemin.

« Tu vois la Trinité quand tu vois la charité[3]. »

Dans le combat spirituel un chrétien seul est en danger, il peut être exposé à la tentation du repliement, de la fuite, du désespoir. Aujourd'hui,

1. Cf. chapitre 3.
2. 1 Jn 4, 7.
3. S. Augustin, *De Trinitate*, VIII, 8, 12, CCL 50, 287, Bibliothèque augustinienne 16, Paris (1955), p. 65. Cité par Benoît XVI dans l'encyclique *Deus caritas est*, § 19.

la solitude et l'isolement accentuent la tentation, les épreuves d'un grand nombre. Les chrétiens sont appelés à laisser s'exprimer leur cœur catholique[1] en allant au devant des autres comme le bon Samaritain[2].

« Un frère aidé par son frère est une place forte et des amis sont comme les verrous d'un donjon[3]. »

VIII. Les saints anges

Dans le grand combat spirituel auquel nous sommes confrontés, nous faisons face à de redoutables adversaires, les anges déchus dont nous avons parlé à diverses occasions. Nous ne devons pas oublier cependant que, s'il y a des esprits mauvais, il y a aussi tous ces anges saints, ceux qui à l'aube de la création, lors d'une grande épreuve, dans l'humilité et l'amour demeurèrent dans l'adoration, dans le face-à-face avec le Créateur. Ils demeurent dans la contemplation de Dieu et l'accueil de la sagesse du gouvernement divin sur le monde visible. Les anges, ces purs esprits, sont les « incorporels », ils n'ont pas de corps, ils sont des esprits de lumière et d'amour. Comblés de grâce, ils demeurent dans l'aujourd'hui de Dieu pour l'éternité, dans la louange du trois fois Saint[4].

À l'aube de la création, dans sa bonté et sa sagesse Dieu créa les anges libres. Mais il y eut le *non serviam* orgueilleux de Lucifer qui le détourna de l'adoration, de la contemplation aimante, de l'accueil de la sagesse de Dieu. Il entraîna dans sa chute un grand nombre d'anges. Face à eux se dressa l'archange Michel[5] : « Mikaël et ses anges faisaient la guerre au Dragon. Et le Dragon fit la guerre, ainsi que ses anges, et ils n'eurent pas le dessus, et on ne trouva plus leur place dans le ciel[6]. » Les anges déchus continuent leur guerre sur la terre pour détruire le monde visible, et en particulier les benjamins de la création que sont

1. Du grec *katholikos*, c'est-à-dire : universel.
2. Lc 10, 25-37.
3. Pr 18, 19. Traduction d'après le grec, BJ, 1956.
4. Is 6, 1-3 et Ap 4, 8-11.
5. Du grec *Mikhaèl* et de l'hébreu *Mykâ'él* : « Qui est comme Dieu ? »
6. Ap 12, 7.

l'homme et la femme. Dieu qui fait tout avec poids, sagesse, mesure, sépara la lumière des ténèbres[1], et dans sa bonté infinie la victoire est déjà acquise à la lumière qui ne cesse de repousser les ténèbres.

> « Voici que moi je vais envoyer un ange devant toi pour te garder en chemin et pour te faire entrer dans le lieu que j'ai préparé. Sois sur tes gardes devant lui et écoute sa voix. Ne lui sois pas rebelle : il n'enlèverait pas vos forfaits, parce que mon Nom est en lui. Mais si tu écoutes vraiment sa voix, si tu fais tout ce que je dirai, je me ferai l'ennemi de tes ennemis et l'adversaire de tes adversaires. Car mon ange marchera devant toi[2]. »

Les saints anges sont nos frères aînés dans la création, ils nous précèdent dans le face-à-face éternel auquel nous sommes conviés. Dans la Providence de Dieu, les saints anges ont pour vocation de contempler, d'aimer, de louer la Trinité Sainte. Ces grands frères aînés ont envers nous, tout au long de notre pèlerinage terrestre, cette mission de nous assister, de nous guider, de nous éclairer pour orienter notre liberté vers les réalités d'En-haut. « De même en effet que certains frères, plus grands, veillent sur les plus petits, de même les Anges veillent sur nous. Et l'Écriture dit cela pour que tout homme sache que le Seigneur est proche de tous ceux qui L'invoquent en vérité, et combien Il garde dans sa Providence ceux qui se sont voués à Lui plaire[3]. »

Les êtres spirituels que sont les saints anges, de manière mystérieuse et respectueuse nous assistent tout au long de notre existence pour que nous retrouvions le chemin de la patrie céleste, pour que jaillisse en nous la source de vie éternelle qui vient restaurer l'image de Dieu. Ils nous aident à vivre dans l'humilité[4], dans des mœurs divines pour que nos actes soient en harmonie avec notre cœur désireux de Dieu, et que

---

1. Dans le quatrième jour symbolique de la création sont créés les astres que sont le soleil pour présider au jour et la lune pour présider à la nuit. Dans le premier jour symbolique, nous pouvons donc voir dans la création de la lumière celle des saints anges. Dieu dit de celle-ci qu'elle est bonne et Il la sépare des ténèbres, des anges déchus. Cf. Gn 1, 3-5.
2. Ex 23, 20-23a.
3. S. Isaac le Syrien, *Œuvres spirituelles I, Discours ascétiques, op. cit.*
4. « L'humilité fait monter l'homme jusqu'au Ciel et elle le dispose à faire chœur avec les Anges », Évagre le Pontique, *Traité pratique du Moine, op. cit.*

notre cœur puisse s'élever au plus haut des Cieux par la prière et puisse s'unir au chœur des anges. « Notre prière n'a pas la force de la confiance, ni les ailes de la pureté pour atteindre le Seigneur, si nos Anges protecteurs ne s'approchent de nous et ne la prennent pour la lui présenter[1]. » Les anges nous aident à nous tourner vers les réalités d'En-haut par des motions spirituelles et nous évitent bien des écueils, souvent à notre insu. Ce n'est qu'au Ciel que nous verrons combien ces Amis nous ont été chers. Pour qui entre dans la familiarité avec eux par la prière, l'écoute, la docilité, leur proximité est parfois palpable. Pour qui se laisse précéder par eux dans la confiance, leur action peut être manifeste dans les voyages, les activités, les rencontres et événements du quotidien. On le voit illustré de manière admirable dans la vie de Tobie[2].

> « Voici le ciel est en toi, si tu es pur. Tu verras au-dedans de toi les anges et leur lumière, et tu verras leur Maître avec eux et en eux[3]. »

> « Un jour que abba Moïse fut fortement combattu par la luxure et, ne pouvant plus rester dans la cellule, il s'en alla le dire à abba Isidore. Le vieillard lui conseilla de retourner dans sa cellule. Mais il n'y consentit pas disant : "Je ne peux pas, abba." Alors le prenant avec lui, il le fit monter sur la terrasse et lui dit : "Regarde vers le couchant." Il regarda et vit une foule innombrable de démons qui se démenaient dans le vacarme du combat. Puis abba Isidore lui dit : "Regarde vers le levant." Il regarda et vit des multitudes innombrables de saints Anges revêtus de gloire. Et abba Isidore dit : "Voici que ceux-ci sont envoyés aux saints par le Seigneur pour les secourir, tandis que ceux du couchant sont ceux qui les combattent. Ceux qui sont avec nous sont donc plus nombreux." Aussi abba Moïse, rendant grâce à Dieu, reprit courage et retourna dans sa cellule[4]. »

---

1. S. Jean Climaque, *L'Échelle sainte*, 5e degré, 18, *op. cit.*, p. 98.
2. Cf. le livre de Tobie dans l'Ancien Testament.
3. S. Isaac le Syrien, *Œuvres spirituelles I, Discours ascétiques*, 43. *Op. cit.*, p. 243.
4. *Apophtegmes des Pères du Désert.* « Spiritualité Orientale » n° 1, *op. cit.*, p. 183, n° 1.

Du commencement de notre existence terrestre[1] jusqu'à son terme[2] nous sommes confiés à la bienveillance d'un ange gardien. Ceux-ci glorifient Dieu non seulement par la louange au Créateur, mais aussi par la mission qui leur est assignée. Ils nous aident à entrer dans l'intimité et la contemplation des mystères de Dieu[3], mais aussi ils viennent pour nous garder de tout mal et nous délivrer du Mauvais.

Dans le combat spirituel notre saint Ange gardien nous aide par ses suggestions, par sa présence à ne pas entrer dans la tentation, et nous délivre des entraves et maladies spirituelles. Il nous préserve ainsi de bien des épreuves, bien que nous ayons à manifester notre bonne volonté et notre liberté dans le refus du mal, et notre préférence du bien. À l'heure de l'épreuve il se tient à nos côtés éclairant nos décisions, il intercède pour nous devant la Face de Dieu pour que nous recevions le don de force et que nous persévérions dans la fidélité. Sa présence et ses interventions ne sont pas magiques, mais elles sont pour nous le don de la Providence, un secours dans l'adversité et face aux ennemis redoutables que sont les anges déchus. Sans le secours de nos anges gardiens nous ne serions que des poussières devant la puissance des mauvais anges. Dans la foi nous pouvons développer une profonde relation d'amitié avec notre ange gardien, dans la prière nous pouvons nous unir à lui pour chanter et glorifier les merveilles de Dieu.

> « Quand les Anges nous approchent, ils nous emplissent de contemplation spirituelle. Toutes les adversités nous quittent. Il se fait en nous une paix et une sérénité ineffable, au temps où nous arrivent de telles choses[4]. »

---

1. Mt 18, 10.
2. Lc 16, 22.
3. « La charge de la garde angélique est ordonnée à l'illumination doctrinale comme à son but dernier et principal. Elle a pourtant bien d'autres effets qui ont trait aux enfants, comme de dominer les démons et d'empêcher les autres dommages corporels ou spirituels. Dès la naissance l'homme reçoit un ange chargé de le garder. » S. Thomas d'Aquin, *Somme théologique* Ia q.113 a.5 rép.2 (corps de l'article), *op. cit.*
4. S. Isaac le Syrien, *Œuvres spirituelles I, Discours ascétiques. Op. cit.*

Ô Christ, splendeur du Père

Ô Christ, splendeur du Père
vie et force des fidèles
laisse nos lèvres s'ouvrir à ta louange
en réponse au cantique des chœurs célestes.

Tu nous invites au festin de tes noces,
toi l'Époux qui nous as choisis
pour contempler avec les Saints Archanges
la Gloire que tu tiens du Père.

Que Michel nous protège de l'adversaire
que Raphaël nous assiste dans notre marche,
que Gabriel ne cesse d'annoncer
la venue en ce monde de ta sainte Lumière.

Toi, l'éternelle Parole du Père,
qui donnes aux hommes la paix,
viens réjouir l'Église de ta présence
par le doux baiser de l'Esprit.

À mon Ange gardien

Saint Ange, à qui Dieu lui-même a confié la mission de veiller sur moi, mon guide et ma défense, soyez mon conseiller très sage et mon ami très fidèle.

Saint Ange, enseignez-moi, corrigez-moi, gardez-moi et conduisez-moi sur le droit chemin de la Cité du Ciel. Présentez mes désirs au Seigneur, offrez-lui mes prières, montrez-lui mes misères et faites-moi savoir de sa miséricorde, comment en être guéri.

Au dernier jour de ma vie, soyez-moi un bouclier contre le démon, obtenez-moi d'entrer enfin dans l'éternité bienheureuse pour glorifier avec vous le Seigneur Dieu mon Créateur, Jésus mon Sauveur et la Vierge Marie, notre Souveraine. Amen.

Conclusion

ICHTHUS

Nous venons de considérer les armes spirituelles, ces moyens qui, dans la puissance de la grâce, permettent de recouvrer la liberté ou encore de demeurer les yeux rivés sur le Seigneur malgré les tentations et les épreuves de la vie. Il est certain que, malgré les difficultés que nous pouvons rencontrer, notre vie mérite d'être vécue. Elle prend tout son sens dans le but à atteindre qui est la vie éternelle et qui nous est offerte dans le Christ. Tout au long de notre existence terrestre nous pourrons être confrontés à des épreuves, à des souffrances, mais notre espérance s'enracine dans cette parole de saint Paul : « J'estime, en effet, que les souffrances du temps présent sont sans proportion avec la gloire qui doit être révélée en nous. Car la création attend avec impatience la révélation des fils de Dieu. La création, en effet, a été soumise au pouvoir du néant – non de son gré, mais à cause de celui qui l'y a soumise – toutefois elle garde l'espérance, parce que la création, elle aussi, sera libérée de l'esclavage de la corruption en vue de la glorieuse liberté des enfants de Dieu. Nous savons, en effet, que jusqu'à maintenant toute la création gémit ensemble dans les douleurs de l'enfantement. Elle n'est pas seule : nous aussi, qui possédons les prémices de l'Esprit, nous aussi, nous gémissons en nous-mêmes dans l'attente de l'adoption, du rachat de notre corps. Car c'est en espérance que nous avons été sauvés. Or, voir ce que l'on espère, ce n'est pas espérer : ce que l'on voit, comment l'espérer encore ? Mais si nous espérons ce que nous ne voyons pas, nous l'attendons avec constance[1]. »

1. Rm 8, 18-25.

Dans les premiers siècles de l'Église les chrétiens ont été persécutés à cause de leur foi au Christ, à cause de leurs convictions et de leurs mœurs chrétiennes qui ne pouvaient laisser indifférents ceux qui pensaient tout autrement. Ces persécutions furent pour certains politiques le prétexte pour asseoir leur pouvoir. Ils trouvèrent, dans ces chrétiens qui dérangeaient, des boucs émissaires. Derrière ces persécutions, bien souvent, était présente l'ombre du Diable, et s'exprimait l'hostilité de cet adversaire qui voyait dans tous ces chrétiens la victoire du Christ. Dans les persécutions la majorité des premiers chrétiens demeurèrent dans la fidélité au Nom de Jésus. Ils se retrouvaient pour célébrer le culte. Au plus fort de la persécution ils se cachaient dans des catacombes ou dans des lieux discrets. De manière symbolique ils manifestaient leur présence à d'autres chrétiens en gravant sur les murs un poisson. Celui-ci était chargé de toute une symbolique : poisson en grec se dit *ichthus*. Par ce mot les chrétiens persécutés exprimaient leur Credo. Par chacune des lettres d'ICHTHUS (*Ιχθύς*), ils exprimaient :

Ι Iesus
χ christos
θ théou
ύ uios
ς sôter

ce qui signifie : « Jésus Christ, Fils de Dieu Sauveur ».

Leur foi dans le Christ, Fils de Dieu Sauveur, leur a permis de supporter l'épreuve, et c'est en se tournant vers Lui, le Vivant que certains puisèrent la force d'aller jusqu'au martyre. Ils sont pour nous les témoins de la victoire du Christ et de l'absolu de Dieu en leur vie. Dans la grande communion de l'Église, leur martyre est pour nous une semence, tel que le dit Tertullien : « Le sang des martyrs est une semence de chrétiens[1]. »

Ichthus avait aussi pour eux cette signification que tels des poissons les chrétiens sont immergés par le baptême dans le Christ, et qu'en Lui ils doivent demeurer. Tout au long de leur pèlerinage terrestre, ils doivent être dans le monde sans être du monde[2]. Comme nous le dit encore

1. *Apologie*, 50, 13. PL 1, 534. Cité par Jean-Paul II, *Novo millenio ineunte*, 2001 et par Benoît XVI, *Audience générale* du 30 mai 2007.
2. Jn 17.

Tertullien : « Pour nous, petits poissons ainsi appelés du nom de notre *Ichthus*, nous naissons dans l'eau et ne pouvons conserver notre vie autrement qu'en demeurant dans cette eau. »

À la suite de nos frères et sœurs aînés dans la foi, nous sommes appelés à la fidélité, y compris dans les épreuves. Dans la grande communion de l'Église nous sommes invités à nous unir au Christ[1] et à faire de toute notre existence un « je t'aime », duquel découlera toute une fécondité qui se répandra sur toute l'Église et sur toute l'humanité en marche. Dans cette grande communion de l'Église, dans la charité, nous sommes pressés de prier les uns pour les autres, et dans notre grande intercession de demander à Jésus, Fils de Dieu Sauveur de libérer tout ceux qui sont entravés dans leur marche, pour la gloire du Père dans la puissance du Saint-Esprit. « Ainsi donc, nous aussi, environnés que nous sommes d'une telle nuée de témoins, rejetons tout ce qui alourdit et le péché qui nous entrave, et courons avec constance l'épreuve qui nous est proposée, les yeux fixés sur le Chef et le Consommateur[2] de la foi, Jésus qui, au lieu de la joie qui lui était proposée, a enduré la croix, au mépris de la honte, et est assis désormais à la droite du trône de Dieu. Songez, en effet, à celui qui a enduré de la part des pécheurs une telle contestation, et vous ne serez pas malades de la défaillance de vos âmes[3]. »

Pour la plus grande Gloire de Dieu !
En ce 25 novembre 2007,
solennité du Christ-Roi de l'Univers

1. Col 1, 24.
2. *Consommateur* : celui qui conduit à la perfection. Jésus est à l'origine et au terme de la foi.
3. He 12, 1-3.

Postface

Le lecteur qui vient de lire ces pages ne peut manquer d'avoir été un peu ébranlé, remis en question, décentré de sa vie spirituelle ordinaire ; et cela est salutaire, sans doute. Le plus souvent, nous avons le désir de mener une existence chrétienne mais nous sommes désarmés, sollicités par toutes sortes de tentations et déstabilisés par tant d'opinions fausses qui circulent dans le monde que nous finissons par ne plus savoir où se situent le bien et le bonheur ni quels sont les chemins qui ne conduisent nulle part. Nos grands-parents avaient à leur disposition de nombreux opuscules sur le « combat spirituel » et ces pieuses lectures leur étaient d'un grand secours, mais il n'existait pas d'équivalent adapté à notre époque. Si les conseils des ouvrages de jadis étaient bons, ils paraîtraient aujourd'hui naïfs et désuets, et il était donc grand temps de les dépoussiérer un peu.

L'expérience et la sagesse de Christian Poirier, admirablement secondé par Hélène – l'aide qui lui est accordée, selon le mot de la *Genèse* – nous livrent là un ouvrage réconfortant et dynamique. Avec lucidité et discernement, toutes les grandes questions humaines et spirituelles ont été abordées. Chacun se sera reconnu dans tel ou tel passage, chacun aura trouvé la réponse à une question qu'il n'osait peut-être pas formuler, chacun aura été surpris de la netteté avec laquelle sont débusqués des pièges qu'il croyait être le seul à affronter. Car les règles de la vie spirituelles sont bien connues de ceux qui ont un peu d'expérience des âmes ; que ces chemins de la vérité demeurent paradoxalement si méconnus des chrétiens « ordinaires » – comme si un chrétien pouvait être « ordinaire » – est un dommage que ce livre vient ainsi heureusement réparer.

À celui qui a donc parcouru ces pages avec un cœur sincère, à celui qui s'est laissé interroger par ces mots tirés du meilleur de la Tradition spirituelle de l'Église, à celui qui a le désir de mener une vie conforme à la foi et à l'Évangile, nous recommandons de conserver cet ouvrage, de le relire, et d'en parler avec son Père spirituel. Le progrès des âmes est une affaire aussi délicate qu'importante ; c'est l'affaire de toute une vie, c'est l'enjeu même de notre baptême et de notre salut. À celui qui a lu ces pages et qui a trouvé que l'idéal proposé était trop haut, trop ambitieux, à celui qui a identifié en lui d'obscures zones de résistance, nous demandons également de relire ce livre et d'en parler avec son Père spirituel. Ce chemin vers le bonheur est exigeant, personne ne le niera, mais il n'est pas impossible. Et même si l'on tombe, si l'on butte, si l'on achoppe sur des difficultés qui paraissent alors insurmontables, la prière et les conseils d'un ancien nous aideront bien vite à voir qu'il n'y a là rien de tragique, mais au contraire les étapes de la miséricordieuse pédagogie du Seigneur.

Que cet ouvrage invitant au sérieux et à la confiance soit, pour tous les chrétiens désireux de progresser, l'occasion d'un nouveau souffle et d'un pas en avant vers la sainteté.

Père Matthieu Rouillé d'Orfeuil

TABLE

Éditions Salvator
Extrait du catalogue

Académie Mariale Pontificale, *La Mère du Seigneur*

J. d'Argence, *L'Immaculée Conception et le péché originel*

J. d'Argence, *365 prières du matin*

M. Aupetit et C. Clavé, *Découvrir l'Eucharistie*

M. Aupetit, *La mort, et après?*

J. Bancal, *Découvrir les prières à la Trinité*

A. Bandelier, *Découvrir la prière avec Marie*

E. Belluteau, *Quand la Bible parle du handicap. Un autre regard*

J. Benoist et A. Montabone, *Découvrir la prière au Cœur de Jésus et au Cœur de Marie*

Benoît XVI, *Dieu est amour* (encyclique)

Benoît XVI, *Méditation sur Noël*

Benoît XVI, *Neuvaine de Noël*

Benoît XVI, *Méditation sur le Carême et Pâques*

Benoît XVI, *Méditations sur Marie*

F. Bouchard, *Le Saint Curé d'Ars*

F. Bouchard, *Sainte Bernadette*

F. Bouchard, *Sainte Jeanne de Chantal*

F. Bouchard, *Sainte Thérèse de Lisieux*

F. Bouchard, *Bernadette. Son histoire* (existe aussi en anglais, espagnol et italien)

M. Bourcereau, *Jacques Sevin, fondateur et mystique (1882-1951*)

E. Bourgois, *Les assassins sont si gentils*

A. Brunot, *Mariam la petite Arabe*

R. Cantalamessa, *Le Mystère pascal*

J.-P. Cazes, *100 prières d'urgence. Cris du cœur*

X. de Chalendar, *100 prières inspirées de l'Évangile*

Collectif, *Dieu te fait signe*

Collectif, *Sagesse des monastères*

Congrégation romaine pour le culte divin, *La Liturgie de l'Eucharistie*

M. Cressent et F. Monfort, *L'espérance m'a saisie. Un accompagnement spirituel*

L. Dardanello Tosi, *100 prières pour ceux qui ont du mal à prier*

Th. Dary, *Manifeste pour un christianisme engagé*

C. Delhez, J.M. Petitclerc, N. Deglin, *Tu peux changer le monde !*

P. Elet, *Petit Guide pour les groupes de prière*

F. Frost, *L'Église se trompe-t-elle depuis Vatican II ?*

F. Gabriel, *T'occupe pas, raconte ! La vie par-dessus tout*

G. Gigliozzi, *Padre Pio m'a dit*

G. Gilbert, *Cris de jeunes*

A. Grün, *Sortir des difficultés quotidiennes*

A. Grün, *Vous êtes une bénédiction*

A. Grün, *Diriger les hommes, les éveiller à la vie*

A. Grün, *À chaque jour sa bénédiction*

A. Grün, *Ouvre grand mon cœur*

A. Grün, *Retrouver en soi la source de la joie*

G. Guitton, *Découvrir François d'Assise*

Ignace de Loyola, *Le Récit du pèlerin*

Y. Jausions, *Découvrir la prière intérieure*

Jean-Paul II, *L'Église vit de l'Eucharistie*

Jean-Paul II, *Le Rosaire de la Vierge Marie*

Jean-Paul II, *Paroles joyeuses*

Jean-Paul II, *Reste avec nous Seigneur*

Jean-Paul II, *Testament spirituel*

J.-Y. Jaffré, *100 prières pour situations difficiles*

G. Jeanguenin, *Le Diable existe!* (nouvelle édition)

P. Joaozinho, *Les Douze Promesses du Sacré-Cœur*

J. Kammerer, *100 prières pour les malades*

I. Langres, *100 prières avec Marie*

L. Lécuru, *100 prières en famille*

T. Leveau, *Sainte Bernadette* (bande dessinée)

Lucien, *L'enfant qui jouait avec la lune*

Card. Martini, *Qui suis-je ? Qui es-tu ?*

P.-R. Mélon, *Pages arrachées au journal de Satan*

P. Monier, *Miettes spirituelles*

F.-X. Murphy, *Saint John Neumann*

N. Nabert, *100 Prières de chartreux*

N. Nabert, éd., *Le Chant des profondeurs*

C. Ollivier, *100 prières des Pères de l'Église*

Padre Pio, *Paroles de Padre Pio*

J.-M. Petitclerc, *Dire Dieu aux jeunes*

J.-M. Petitclerc, *Éduquer aujourd'hui pour demain*

J.-M. Petitclerc, *Respecter l'enfant*

J.-M. Petitclerc, *La Violence et les Jeunes*

J.-M. Petitclerc, *Chemin de croix*

J.-M. Petitclerc, *À la rencontre des jeunes*

G. Pietri, *Pourquoi je suis croyant*

K. Rahner s.j., *Homélies et Méditations*

J. Ratzinger, *La Collaboration de l'homme et de la femme dans l'Église et dans le monde*

J. Ratzinger, *Ils regarderont Celui qu'ils ont transpercé*

D. Rey, *Peut-on être chrétien et franc-maçon ?*

S. Rougier, *François d'Assise, troubadour et prophète*

C. Schilling, *Guérir au souffle de l'Esprit*

M. de Sigy, *100 prières de l'Église*

B. Souchard, *42 Questions sur Dieu*

Card. D. Tettamanzi, *Nouvelle Bioéthique chrétienne: Donner la vie, à quel prix?*

Card. D. Tettamanzi, *Nouvelle Bioéthique chrétienne: Vivre et souffrir, relever le défi*

Card. D. Tettamanzi, *Nouvelle Bioéthique chrétienne: Les derniers moments de la vie*

Card. D. Tettamanzi, *Nouvelle Bioéthique chrétienne: l'Évangile de la vie, fondements et enjeux*

X. Thévenot, *Éthique pour un monde nouveau*

H. Urs von Balthasar, *Qui est chrétien ?*

P. Vanderlinden, *Le Printemps du christianisme, histoire des cinq premiers siècles*

J. Vernette, *L'irrationnel est parmi nous*

J. Vernette, *Occultisme, Magie, Envoûtement*

J. Vernette, *Sectes, que dire ? que faire ?*

J. Villeroy de Galhau, *Solange Bazin de Jessey*

M. Wackenheim, *Découvrir le chemin de croix*

M. Wackenheim, *Le Rosaire médité et chanté*

M. Wackenheim, *La Messe en 50 questions*

G. Watts, *Benoît XVI, son histoire*

A. Zichichi, *L'univers a un Créateur*

Cet ouvrage a été composé
par Atlant'Communication
aux Sables-d'Olonne (Vendée).

Achevé d'imprimer en France
en février 2008
sur les presses de Corlet Imprimeur

Dépôt légal : février 2008
N° d'imprimeur : 111243